王振忠著作集

王振忠 著

修订版

明清以来徽州村落社会史研究

上海人民出版社

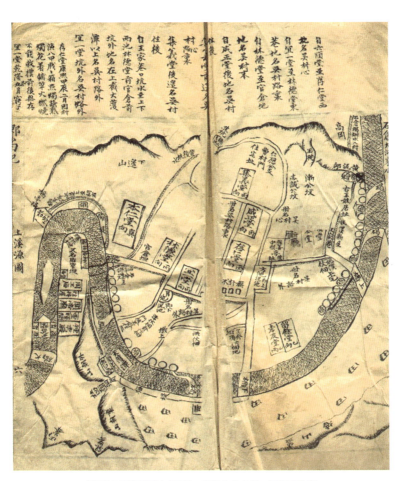

《新安上溪源程氏乡局记》，清代抄本1册，王振忠收藏

《新安上溪源程氏乡局记》，清代抄本 1 册，安徽省图书馆收藏

《书启》，清代抄本 1 册，王振忠收藏

《目录十六条》，民国抄本1册，王振忠收藏

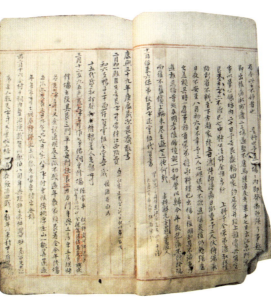

《畏斋日记》，清代稿本1册，安徽省中国徽州文化博物馆收藏

計原奏一紙

嘉慶十年三月十日行

螺蛳賦　余贊賢

客有遊蝸頭之利道蝸角之謀員水難之名不尋正業摘飛蚕之腳廿向下流者得財來而借其聲勢作販子而善彼營求出門則榜肩高而耽咭馬讓價則咬牙桑而青秈牛銀用九三越裸越醜地蝎不如放良心于腳板底豬狗儘罵挂招牌于頦角頭縣而稱之曰螺蛳客其泥裹求水裡去也有由來矣當夫鳥鳴四月本事初忙合夥計拙大排場爭搶風頭走戶家而擎飯袋要趁日腳寫屋契而

《钦定三府世仆案卷》，清代抄本 1 册，王振忠收藏

奏

嘉慶十年二月初四日具稟安徽婺源縣氏人

余澤山為例示兩歲呷

諭定事緣身祖余仁戆等契買葛胡各僕在家使別給婢相配日久生齒漸繁另給房屋與伊栖住給田與伊耕種給祖山任其殯葬使其看守身祖墳墓供應祠祭薪爨之役後因身族爭藏僕契幾乘族誼當顆給祖明四川布政余一龍吏部尚書余戆衞工部尚書余戆學大理寺卿余戆啟

照經發源縣憑鈴印載明日後子孫悉以印照為憑身契作爲故紙因此年久遺失歷世以來葛胡安業服役無異乾隆三十四年刁僕葛子輝等抗不服役經貢生余澄源赴縣府吳落晉撫爲衙門具空俱經迭結仍照舊服役在案嘉慶四年葛子輝等復行翻控又經安徽潘慈福撫憲李批斷有案嘉慶七年身以葬定僕其事赴都察院呈控葛子輝葛祥五胡延高等一案

《奏请钦定徽宁池三府世仆例案》，清嘉庆十年（1805 年）刻本 1 册，安徽省图书馆收藏

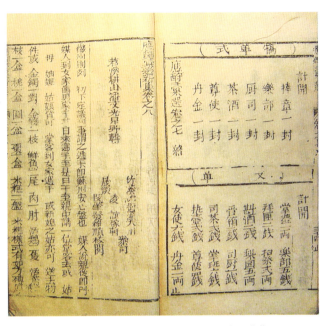

《应酬汇选新集》，清代刊本 1 册，王振忠收藏

《酬世汇编》，抄本共 10 册，
王振忠收藏

《保安善会五隅科钱簿》，民国抄本 1 册，王振忠收藏

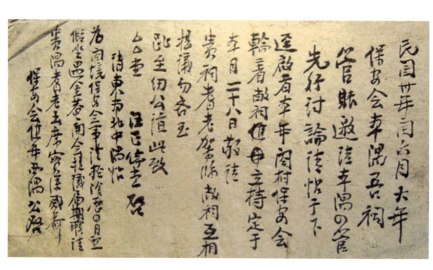

《阊村保安会开会记录》，民国抄本 1 册，王振忠收藏

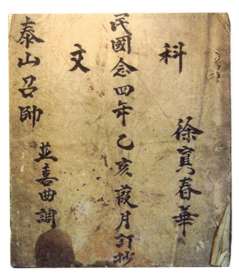

《泰山召帅》，民国宗教科仪抄本，王振忠收藏

佚名无题科仪，晚清或民国抄本 1 册，王振忠收藏

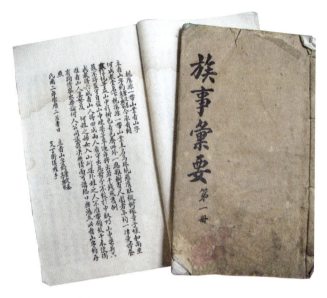

《族事汇要》，民国刊本 2 册，王振忠收藏

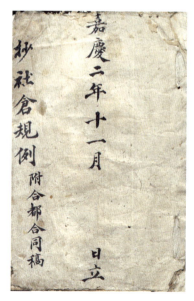

《抄社仓规则》，清抄本 1 册，
王振忠收藏

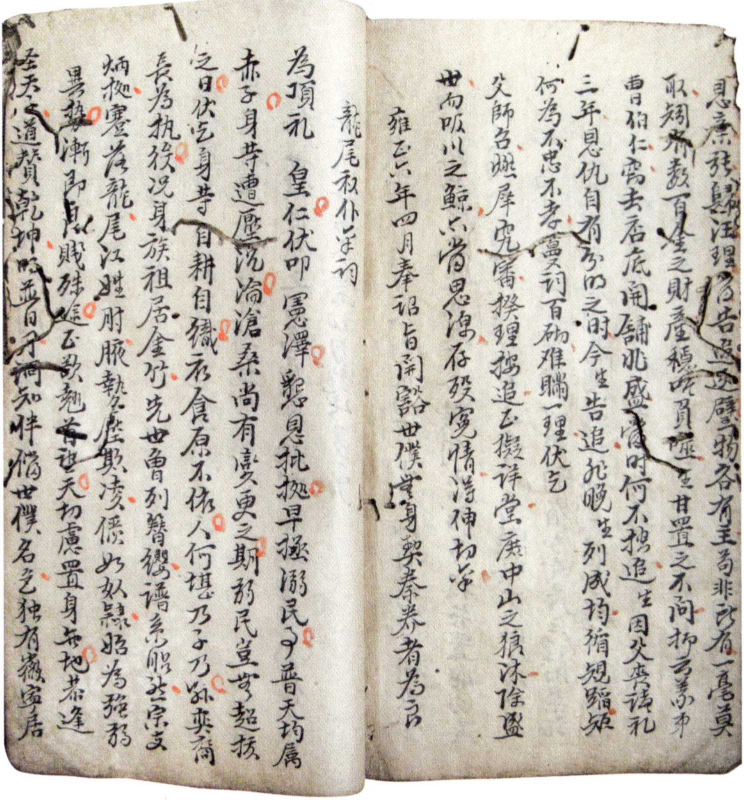

龍尾初作仆呈詞

為頂礼　皇仁伏叩　憲澤　罷恩批拟早撫瀾民乎晉天拘屬
赤子身荢遭塵沉淪滄桑尚有賣更之期勃民宣荢趨拔
之日伏乞身荢目耕自織石倉廪不依人何堪乃乃孫英商
喪為執役況身祖族祖居金竹先世魯列替總謙系船共宗文
炳拟憲莊龍尾江睢肘脈熱荢座熙凌儀以奴隸昭為雅羁
異勢衡印兒賊殊延玉歇荄置身無地恭逢
至天八道賀乾坤咏遍自子孫知伴偏世僕名乞獨有藏竄居

恩庶疑難然理居告盡逐磨物各有主為非�有一毫莫
取翻州義百生之財產穡曉員這置之不同抑亏莫亏
曹伯仁荢需去居底用舖兆盛荢門何不拖追生因父英語礼
三年恩仇自有報而之時今生告追九晚生列威詞循規蹈矩
何為不孝不思高夫詞百砌難瞞一理伏乞
父師告燃犀究審撥理拟玉擬詳堂廣中山之猴沐猴冠
世而吸川之鯨六省思獌存般窮情得神切荢

雍正六年四月奉詔旨開諭世僕掌身契奉奉者為呈

《告词》，清代抄本 1 册，王振忠收藏

詹鸣铎著《振先杂稿》抄本，晚清民国抄本 1 册，上海詹新友收藏

《豁然如见》，民国抄本 1 册，王振忠收藏

分闔書序

嗟予生不逢辰家業襄薄雞賴乾坤之覆育廷藉

祖宗之蔭庇內受父母嚴訓外得師友言惟夫惟婦朝夕

疲勞克勤克儉戴月披星謹身節用交朋以信侍止

撻下靡有不通予生三子二女長曰育鯉次曰育航三曰育英

長子婚聚生孫女已出適　雍正二年長子　育鯉穗信偉

言致生分爨身父文松不浮已立墨將所遺產業品作

三股闔分予猶拮据勞瘁卜買業石塘小尖芽慶穴地

安丞父母侉身夫妻生莖與遺後累績為次子育龍婚配

滿提同心篤義就意次子育龍　始為婚聚逐有分爨之念

三子育英　年僅古儒趑在外尚未婚配微貼傭婚之資其

餘苦置田園屋業及各項傢器皿後央親眷約保肥磽

均搭三股平分帖闌填住摩業匹掌專予壽旦

《天字号闔书》，清代抄本 1 册，王振忠收藏

〇豆關方人名今邀到親友叔姪兄弟名下

〇某老先生降舍播種天花懇施濟世之功澤及嬰孩之德其植
乎苗茂秀乎寶日朝依時勤傾倘而服騰貴之藥之定豆瘟金
幼男幸幼女某乎望勿計較伏祈早錫金功吾均感無既　敬題名目列后

〇豆攬包約人　某　今攬包到

〇容人名下坐落土名　某　处杉木大小數目几百有空根計工
食銀拿正照數實其杉木言定放至壹处交數沿河水次不
得失落如有此情照頂倍賠其杉木一槩薙坊將工食罸如

我乞亦不短欠恐口无凭立此攬包約存照

兹奉邀

諸位親友聯集一會除首會共成几股各出賬足錢華共成
錢厝文正付首會去生息每逢會期加利应付言定每年兩
次聚集閱揭上季月日下季月日為三日前首會相邀屆期
風雨不移午前齊集各擔現銀上棹當即抾包不得押欠即
蒙諸以雅愛務祈始終如一足荷通財高誼耳所有會　規開列
一議摇會用骰子六粒拈色挨次舉手點大者得會二同準　于后

《简要抵式》，民国抄本 2 册，王振忠收藏南宋咸淳七年（1271年）《千九上舍公兄弟关帐序》，见"《婺源沱川余氏族谱》"，抄本1册，美国哈佛大学哈佛燕京图书馆收藏

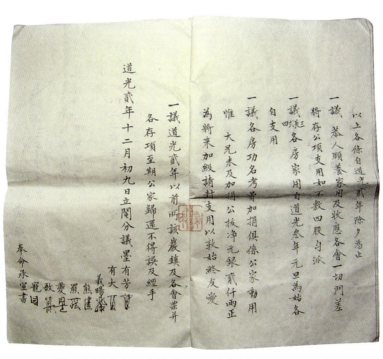

黟县典当商分家书——《畲经堂阄书》，清代抄本1册，王振忠收藏

总　序

（一）

2017 年，中西书局出版的"六〇学人文丛"，收录拙著《社会历史与人文地理：王振忠自选集》。当时，我在自序文末写道：

> ……光阴荏苒，转眼已知天命，或许应当对既往的学术研究多所反思，以便重新出发，在这个功夫多在学问之外的年代依旧摒弃杂念，"进取不忘其初"，做些自觉有趣、也更为重要的学术探索。

从那时起，流光渐过，转瞬之间又历经了六七个寒暑……梳理这六七年来的工作，或许可以对自己的学术研究看得更为清楚一些：从史料出发搜集、整理和研究，这充满挑战与乐趣的三部曲，是日常工作的主要内容。而寒来暑往去到田野乡间的访谈、寻觅，则让历史的图像与现实之场景沟通相连，带来种种史学研究者的鲜活体验。

史学研究的重要基础是文献史料。我一直认为：徽州遗存有目前所知国内为数最多的契约文书，其学术价值为同时代其他任何区域的民间文献所难以比肩。自从1998年我在皖南意外发现大批徽州文书之后，收集、整理和研究民间文献，便成了个人学术生活中最为重要的工作之一。在我看来，20世纪90年代以来徽州文书之再度大规模发现，各类稿本、抄本及散件已由此前普通人难以企及的珍稀文献，一变而为明清史研究者案头常备的一般史料。不过，在这方面仍有大量的工作尚待展开。在那部自选集出版前后，我即着手主持编纂《徽州民间珍稀文献集成》。编纂这样一套资料丛书，是本人长久以来的夙愿。经过多年的努力，受国家出版基金项目资助，《徽州民间珍稀文献集成》30册于2018年由复旦大学出版社推出。该丛书在更为广阔的学术视野中，收录日记、商书、杂录、书信尺牍、诉讼案卷、宗教科仪、日用类书和启蒙读物等，其中绝大多数都是首度向学界披露的珍稀文献，对于明清以来中国商业史、社会史、法制史、历史地理以及传统文化与遗产保护研究等方面，皆具有重要的学术价值。

迄至今日，已被发现的徽州文书总量多达百万件（册），其类型多样，内容丰富，持续时间长久。第一手新史料之收集、整理，始终是推进学术发展最为重要的基础。2017年以前，我曾出版过《水岚村纪事：1949年》《（新发现的徽商小说）我之小史》等。前者透过"站在历史和地理边缘"的一个山村少年的经历，展示了徽州地域文化之传承与嬗变，亦折射出1949年前后的风云变幻，为学界提供了了解徽州乃至传统中国基层民众日常生活情节的珍贵史料。后者原系来自民间未刊的两种珍稀稿本，是目前所知唯一的一部由徽商撰写、自叙家世的章回体自传，类似于此长达40余年、多达20余万字的连续记录，是民间文献的一次重要发现，对于中国的历史和文学研究具有多方面的学术价值，是当年徽州新史料发掘过程中最令人振奋的重要收获之一。此外，我对徽州日记、排日账和民间日用类书等的整理和研究，亦受到学界同行较多的关注。《明清以来徽州日记的整理与研究》一书，共整理了16部徽州日记，并从宏大历史事件的微观记录、社会实态之生动叙事、城乡景观和风俗民情的展现以及徽人性格特征的形象揭示等诸多侧面，阐述了徽州日记的学术价值。该书于2012年获国家社会科学基金项目资助，后收入"徽学文库"，于2020年底出版。《晚清一个徽州市镇的商业与社会生活——〈新旧碎锦杂录〉校订本二种之整理研究》一书，则聚焦于新安江畔一个市镇的日用类书，并加以较为细致的整理和研究。该成果此前已提交中西书局，将于近期出版。这些当然还只是一个开端，我希望将来能形成"民间历史文献整理与研究丛刊"系列，在今后数年乃至十数年内持续出版，为学界奉献一批第一手的新史料，多角度地展示鲜活的民间日常生活。

（二）

对徽州文书的收集、整理和出版，是徽学研究的基础工程，而在此基础上的进一步探索，则有助于南宋以后（特别是明清时代）中国史研究的拓展与深入。

2018 年，上海人民出版社组织出版"江南文化研究丛书"。根据总体规划，该丛书重在呈现构筑江南文化的内在因素，提炼江南文化之精神品质，希望推进学术研究系统、深入的发展，并为长三角社会文化建设提供必要的理论支持。为此，我整理、出版了《从徽州到江南：明清徽商与区域社会研究》一书。该书将皖南徽州与太湖流域的"江南"相对而言，较为深入、细致地探讨了"闭关时代三大商"——活跃在江南的典当、盐业、木业中的徽商，以及贸贩取赢的布商、徽馆业商等，并分析了徽人之居廛列肆对塑造江南社会文化的重要影响。全书在总体宏观把握的背景下，做了多侧面微观实证的具体研究。

与此差相同时，应商务印书馆之邀，旧著《徽州社会文化史探微——新发现的 16 至 20 世纪民间档案文书研究》一书，于 2020 年被收入"中华当代学术著作辑要"。根据丛书的"出版说明"，这一套辑要"主要收录改革开放以来中国大陆学者、兼及港澳台地区和海外华人学者的原创名著，涵盖文学、历史、哲学、政治、经济、法律、社会学和文艺理论等众多学科。丛书选目遵循优中选精的原则，所收须为立意高远、见解独到，在相关学科领域具有重要影响的专著或论文集；须经历时间的积淀，具有定评，且侧重于首次出版十年以上的著作；须在当时具有广泛的学术影响，并至今仍富于生命力"。当然，丛书主旨之悬鹄高远，主要是揄扬同一丛书内的卓越鸿才之作，而对拙著而言想来系属过邀奖誉。不过，《徽州社会文化史探微》最早出版于 2002 年，于 2020 年得以修订再版，本人实深感荣幸！该书是"徽学"

研究领域第一部从社会文化史角度，利用新发现的一手文书史料研究明清社会文化的学术专著。在我看来，自 20 世纪八九十年代以来，散落民间的徽州文书面临着一个"再发现"的过程。除了文书实物的收集之外，另一个更为重要的"再发现"，是指对文书研究内涵多角度的重新认识——也就是随着学术视野的拓展，人们将从狭义文书（即契约）的研究转向全方位民间文书、文献的探讨，这一"再发现"，将赋予徽州文书以更为丰富的内涵，它大大拓展了"徽学"乃至明清史研究的领域，多侧面展示了中国传统社会的丰富内涵。

2018 年，应复旦大学出版社之邀，我编选了《徽学研究十讲》。这册翌年出版的小书，被列入"名家专题精讲"丛书，所收录的十篇文章中，有多篇皆是从更为广阔的历史文献学视野中关注各类徽州文书，反映了近二十多年来我在"徽学"研究领域一些较为深入的思考与探索。此外，我还应黄山市地方志办公室翟屯建研究员之邀，撰写了《新安江流域城镇》一书，作为"新安文化研究丛书"之一种。另应安徽师范大学王世华教授之约，编选个人文集《明清时期徽商与区域社会史研究》，忝列"当代徽学名家学术文库"。上述二书，将于近期出版。

在出版个人专著和选集的同时，我还主编（或合作主编）了一些研究系列，与国内外同行积极开展学术合作与交流，以期推进"徽学"与明清以来中国史研究的深入。2016 年，我与安徽师范大学刘道胜教授商议，于翌年共同发起"徽州文书与中国史研究"学术研讨会。在我们的倡议和坚持下，从 2017 年开始迄今，复旦大学、安徽大学和安徽师范大学三校合作，连续轮流举办过六届"徽州文书与中国史研究"学术研讨会（第七届将于今年9月在屯溪召开）。在过去的数年间，每年一度国内外同行皆济济一堂，相互切磋，"见识新史料，交流新见解，讨论新问题"，此一主旨，成为我们共同的追求。以此为题的论文集，每辑皆收录二十篇上下的学术论文，资料、观点皆颇多新见，迄今已连续出版了4辑（第5辑近期即刊，第6辑则正在编辑）。如今，无论是此一会议还是会后出版的论文集，皆已成为"徽学"研究领域的一个学术品牌，在学界有较好的反响。

十多年前，我应法国学者劳格文教授（John Lagerwey）之邀，与他在徽州合作调查，多年间辗转奔走于山蹊野径，寻访故老通人，步履所及，音声所至，搜集了不少文献与口碑，并次第纂辑，于2011—2016年共同主编、出版了《徽州传统社会丛书》5种6册。该套丛书旨在以田野调查所获之口碑资料和地方文献，客观描述1949年以前徽州的传统经济、民俗与宗教，为人们提供一个地区较为完整的社会生活实录，"此类来自民间抢救性的调查报告，随着现代化对中国农村社会的冲击以及乡土文化的日渐瓦解，其学术价值将日益凸显"。

此外，在复旦大学中华文明国际研究中心和中国对外文化交流协会的支持下，我还与荷兰莱顿大学荣休教授包乐史（Leonard Blussé）等合作，在上海和莱顿、鹿特丹等地先后筹办了两届"莱茵河与长江历史文化比较研讨会"（River Societies: Old Problems, New Solutions: A Comparative Reflection about the Rhine and the Yangzi Rivers）。2017年的深秋和2019年的初夏，浦江之滨，莱茵河畔，中外同好聚会切磋，这些学术对话的成果，最终也以专题论文集的形式呈现，为中外学术交流留下了两份历史纪录。

（三）

除了历史地理、明清以来中国史研究之外，域外文献与东亚海域史研究，也是我着力探索的另一个学术领域。自 20 世纪 90 年代以后，我有一些机会陆续前往日本、美国、法国和西班牙等国学术交流，研学之余，也用心收集了不少珍贵的域外文献。2011 年，在东京大学召开的"世界史 / 全球史语境中的区域史：文化史的专题研究"国际学术研讨会上，我曾发表《东亚视域中的中国区域社会研究》，就区域社会史与域外文献研究的方法及其转向作了较为系统的阐述，指出：以区域视角重新透视域外文献，将国与国之间的经济、文化交流，还原而为具体人群之间的交往，这是将事件和人物放回到历史情境中的一种方法，这将促成传统的中外关系史从政治史、贸易史以及广义的文化史转向社会史的研究。此文后作为前言，冠诸 2015 年出版的《袖中东海一编开：域外文献与清代社会史研究论稿》一书的卷首。该文的日译版，后亦收入羽田正教授主编的《グローバルヒストリーと東アジア史》（东京大学出版会，2016 年版）。"客自长崎沓畔来，袖中东海一编开"，典出吟咏徽商汪鹏所著《袖海编》的这部同名论著，借鉴中国社会史研究的方法，在朝鲜燕行录、日本唐通事、琉球官话课本、美国传教士方言文献等方面，都有一些较具前沿性的新探讨，特别是利用了历史学界以往较少关注的语言学资料展开重点分析。有鉴于此，我还标点、整理了唐通事文献三种，作为书末附录，希望藉此能推进国内相关研究的深入。

在上述专著出版之后，我在域外文献与东亚海域史研究方面仍有一些新的探索。所撰《琉球汉文文献与中国社会研究》，通过对当年新近出版的《琉球王国汉文文献集成》提供的新史料之研究，指出：独具特色的琉球官话课本，不仅是方言研究的珍贵资料，而且对于明清时代中国城市生活史的研究，亦具有一定的史料价值。就目前所见的诸多官话课本来看，早期琉球官话课本的区域特色尚不明显。但随着时间的推移，伴随着琉球人在福州活动的日益频繁，清代官话课本中"福语"的色彩愈益显著。此文曾于2016年5月在东京召开的第61回东方学者国际会议上发表演讲，后由鹿儿岛大学琉球研究专家高津孝教授推荐，被遴选翻译成英文，刊载于日本东方学会《国际东方学者会议纪要》第61册。

2004—2014年，我受邀先后参加日本国文学研究资料馆渡边浩一教授主持的国际合作项目"历史档案的多国比较研究""9—19世纪文书资料の多元的複眼的比较研究"，与一些海外学者合作，比较研究东亚（中国、日本、韩国）、伊斯兰世界以及欧洲各国的历史档案。其间，曾担任该馆档案研究系古文书比较研究项目的海外合作教授，先后在土耳其伊斯坦布尔、安卡拉，法国巴黎、普罗旺斯、斯特拉斯堡，日本东京、镰仓，韩国首尔等地参与学术交流，也曾在上海牵头组织过两次相关的学术研讨会。2015年至2019年疫情之前，我又应邀参加法国国家科学中心吉普鲁（François Gipouloux）教授主持的"Eurasia Trajeco-GECEM"项目组织的国际会议，曾在意大利佛罗伦萨、葡萄牙里斯本、法国巴黎、西班牙塞维利亚和以色列耶路撒冷等地参加国际学术交流。与此同时，还多次受米盖拉（Michela Bussotti）博士、华澜（Alain Arrault）教授之邀赴法国远东学院访问、开会交流。这些场合在彼此的观点成果交流之余，也有了更多接触、阅读和收集域外汉籍的机会。

2017年，我在法兰西学院图书馆意外发现《燕行事例》抄本1册，该书颇为细致地记录了清代朝鲜使者的燕行惯例，对于时下方兴未艾的《燕行录》研究以及东北亚国际交流的探讨，具有重要的史料价值。特别是该书系由19世纪朝鲜著名诗人李尚迪编定，对于研究李氏的燕行译官生涯，提供了一份未为人知的新史料。类似于此的收获还有相当不少，让人颇多惊喜之感，这真是史学研究者的赏心乐事！

这些对域外文献的关注，较大地扩充了东亚海域史研究的史料来源，以此为契机，在东亚视域中将各类原本看似孤立的现象加以系统分析，也为中国史研究提供了诸多新的视角。2017年，我曾利用日本长崎历史文化博物馆庋藏的珍稀文献，由个案入手，对中日贸易中徽州海商之衰落过程作了新的细致探讨。所发表的《19世纪中后期的长崎贸易与徽州海商之衰落——以日本收藏的程稼堂相关文书为中心》一文，从东亚海域史的宏观视野，借鉴中国区域社会史研究的方法，纠正了此前的一些谬说，在一些方面较前人研究多所推进。

域外文献除了在海外实地收集之外，利用互联网之便利，有时亦能找到颇为有趣的资料。例如,《琼浦闲谈》就是我利用"Japan Search"搜索引擎偶然收集到的一份珍稀文献。该书原藏日本东北大学附属图书馆,是一册迄今尚未受到学界关注的珍稀抄本。根据笔者的研究,《琼浦闲谈》所述具有特别的史料价值,它为我们追寻长崎诹访神事的渊源,以及"九使"信仰由中国原乡福清之荒洞蟒神演变而为东亚海域史上舍生取义的神明之轨迹,提供了重要的线索。以此为核心史料溯流寻源,志其梗概,东亚海域跨文化风俗传播的复杂性与丰富内涵遂得以充分揭示。

(四)

在过去的数十年间,在撰写纯学术论文之外,我还发表过一些随笔。1996年,"书趣文丛"第4辑,收录我的第一部学术随笔《斜晖脉脉水悠悠》。1998年,应《读书》月刊编辑赵丽雅(扬之水)之邀,我在该刊上开设了"日出而作"专栏,此后每年或多或少皆有文章刊发,迄今已达二十五年之久。其间也曾结集为同名文集,列入生活·读书·新知三联书店出版的"读书书系"。2020年,《读书》编辑部的卫纯编辑邀我结集出版《山里山外》一书,收入三联书店的"读书文丛"。该书所收文字,皆是与徽州相关的学术随笔。"山里"是指新安山水之乡的"小徽州",而"山外"则指"大徽州"——亦即徽商广泛活动的江南乃至全国甚或东亚海域世界。我在该书序文中写道:"我们时刻关注着'山外'世界，聚焦于'山里'的一府六县；希冀伫立于黄山白岳的田野乡间，更好地理解'山外'中国的大世界。"的确，数十年来我们特别关注徽州，是因为那里有美丽的自然山水，丰富的地表人文遗存，更有着独一无二的徽州文书。以徽州文献为中心的研究，绝不仅仅局限于对徽州地方史的考察，而是希望充分利用当地层出叠现的民间文献，透过具体而微的细致探索，更为生动、深入地诠释中国的大历史。也正因为如此，"徽学"研究的学术视野，绝不应局限于皖南一隅，而是要将之放在明清中国乃至近世东亚海域世界的视野中去观察、去研究。2021年，上海人民出版社的"论衡"系列，收录了我的《从黄山白岳到东亚海域：明清江南文化与域外世界》一书，书中除了探讨明清时代徽州及江南社会的文化现象，也有不少篇什涉及对域外世界的状摹与追寻。之所以取名为"从黄山白岳到东亚海域"，是因为三十多年来我个人的学术探索，是以"徽学"为起点，逐渐延伸至域外文献与东亚海域史的研究。"在我看来，历史上的繁华废兴若山情水态，遥望千山竞秀，静听百鸟争鸣。吾辈远引旁搜，质疑求是，既需近观细思，又要遥瞻远眺。既要在更为广阔的视野中瞻顾中外，还应当溯流寻源，聚焦于水云深处的黄山白岳，较近距离地细致考察江南的那一域旷野沃壤"。这些随笔的撰写，虽不能像纯学术论文那样逐一详注，但自信每篇小文皆有新见史料作为支撑，亦属率循有自。

从2016年起意编辑自选集到现在，转瞬之间已是寒暑迭更。回头看看这些年的研究，仍主要集中在以下三个方面：一是徽州文书与明清以来中国史的研究，二是民间文献与历史地理研究，三是域外文献与东亚海域史的研究。从论著的内容来看，经由实地考察，抢救散落田野的各类文献，从第一手的原始资料收集做起，到研究论文、专著的撰写，再到撰写散文、随笔向知识界的普及。在这些研究成果形成的过程中，既有于蠹鱼尘网间淘漉辨识的辛苦，也有多方资料研读中豁然开朗的喜悦，还有进而构思动笔、与人分享的急切……关于学术随笔之写作，2017年我的自选集出版后，《学术月刊》曾刊出一篇《社会历史与人文地理——王振忠教授访谈》，在那篇专访中我曾提到："……史料绝不是冷冰冰的一堆文字，熟练驾驭史料的历史学者，可以透过不少看似枯燥的资料，理解乡土中国的人事沧桑，认识传统时代的浮云变幻。通过仔细阅读历史文献，我们可以尽最大程度地感受当事人的心曲隐微和感物叹时，这常会给研究者带来诸多的感动，而后者则可以透过轻松的笔调和独特的写法，将历史学前沿成果转化而为知识界的常识，从而将这份感动传达给普通读者，这也是作为历史学者的一种社会责任。"我一直认为，作为历史学者，我们有责任将博大精深的传统文化之美传达给世人。在这方面，希望能有独特的表述方式，叙事写情，意到笔随，将读书与行走之间的感悟，在更大范围内传达给知识界的广大读者。

（五）

此次出版的学术著作系列，最早收入的《明清徽商与淮扬社会变迁》初刊于 1996 年，该书将制度史与区域社会史研究相结合，是国内第一部有关徽商与区域研究的专著，曾收入"三联·哈佛燕京学术丛书"第三辑，并于 2014 年再版；《明清以来徽州村落社会史研究——以新发现的民间珍稀文献为中心》一书，于 2010 年获选收入首届"国家哲学社会科学成果文库"；而《从徽州到江南：明清徽商与区域社会研究》则如前所述，收入"江南文化研究丛书"。上述诸书先后皆蒙学界耆宿之考语奖荐，内心颇为感激。除此之外，目前所见者还有一部新的文集《区域社会史脉络中的徽州文书研究》，其中收录了本人最新的学术成果。除了书中各章节实证性的探索之外，该书前言还逐一讨论了来自旧书市场的文书之学术价值、文书的"归户性"与"史料环境"、民间文献研究中历史学者的角色等问题，条分缕析，回应了近年来滋蔓不休的一些质疑与误解，特别强调徽州"史料环境"之独特性与重要性。此一讨论澄泾辨渭，或许有助于今后包括徽州文书在内的民间历史文献之收集、整理与研究。

上述四部专著述旧增新，成书先后历时近三十年，皆聚焦于这些年来着力最深的徽州区域研究，从一般传世文献的利用到田野新见的一手文书之研究，在某种程度上或许也反映了近数十年来中国学术的发展走向。

时当大暑，追述往迹，不禁惭感交集。迄今为止，本人出版过论著十数种，受学力所限，这些小书恐难言高深。不过，我始终认为，学术研究当随缘自适、花开果结，而不应奔命于各类考核之匆促应对。我自 1982 年考入复旦大学，仰止心向于前辈斯文，芸窗十年苦读，将勤补拙。毕业留校后，逐渐于学术稍识径途，读书学问，略窥斑豹，一向颇多自得其乐。而今光阴瞬息岁月如流，将部分新著、旧作陆续结集、修订，既是对个人既往学术研究的一个小结，亦便于藉此求教于学界同好师友。

烦言絮嘱，敬书缘起。不忘所自，是为了看清前行的方向，以便更好地再出发……

癸卯盛夏于新江湾

前　言

地处皖南低山丘陵地区的徽州，明清以来是中国著名的商贾之乡。迄至今日，仍然保留有众多的人文景观和丰富的历史文献。这里，不仅有被联合国教科文组织列入"世界文化遗产保护名录"的皖南古村落（安徽省黟县的西递和宏村），而且还遗存有目前所知国内为数最多的民间文献。20世纪50—60年代，徽州文书的大规模发现，曾被学界称作是继甲骨文、敦煌文书、大内档案（即明清宫廷档案）和秦汉简帛之后20世纪中国历史文化的"第五大发现"。明清以来辉煌灿烂的徽州历史文化，引起了海内外学者的高度重视，"徽（州）学"在明清史研究中异军突起，愈益成为一门国际性的显学。而对徽州文书的研究，可以从一个独特的角度推动中国史研究的深入，这已成为学界的共识。

由于文献的巨量遗存，"徽学"研究的内涵极其丰富，而村落社会史的研究更是方兴未艾。村落是与都市相对，与土地关系密切，主要以农业、林业、畜牧业和水产业等维生的区域社会。

村落代表着一种地理景观，一种生活方式，因此，村落引起社会学、历史学、地理学、政治学和人类学等多方面的关注。对于村落社会性领域及两重境界（即地理性区域与社会性领域）相互关系的历史研究，即可称作村落社会史[①]。

村落社会史是社会史研究的重要领域，但在传统的历史文献学视域中，真正能反映历史时期村落中一般民众日常生活的史料极为分散、零碎，缺乏细致、丰富的情节。而通常的田野调查方法，最多也只能追溯到数十年之前的历史，这就使得此一领域的研究存在着相当的困难。而徽州文书（尤其是村落文书）的大批发现，则为村落社会史的研究提供了极佳的契机。

笔者自 20 世纪 90 年代初以来，在皖南做过数十次村落人文地理考察。其间，非常幸运地收集到大批的徽州文书，总数多达一万数千件（册）。这批新发现的徽州文书，无论是从数量还是质量方面，在海内外的公私收藏中均独具特色，具有极高的史料价值和广阔的学术前景。它为我们多侧面地展示了传统社会商业、风俗及文化的丰富内涵，对于研究 16—20 世纪徽州民众的日常生活，重新建构多姿多彩的社会文化史，提供了不可多得的第一手资料[②]。其中，有大批的村落文书。所谓村落文书，是指围绕着某一村落为中心，将本村及周遭之相关档案汇辑成册的抄本、稿本。具体言之，主要包括以下几类：一是比较完整的村落

---

① 参见陈芳惠：《村落地理学》（台北，五南图书出版公司 1984 年版）、蔡宏进：《社区原理》（台北，三民书局股份有限公司 1985 年版）等。

② 参见王振忠：《徽州社会文化史探微——新发现的 16—20 世纪民间档案文书研究》，上海社会科学院出版社 2002 年版。

文书（如抄稿本《新安上溪源程氏乡局记》等），这些文书，往往经过编者较为系统的整理，实为准村志。二是村落日用类书，如抄本《应酬便览》《目录十六条》《酬世汇编》和《书启》等，类似的村落日用类书计有数百册之多。较之以往学界所知的"万宝全书"系列（刊本），村落日用类书抄本更贴近村落实践，它们才是真正意义上民间日常生活的"实录"。三是社文书。在明清以前，敦煌文书中就包含有不少社文书，姜伯勤先生在其《敦煌社会文书导论》中即专列一章讨论。徽州文书也与敦煌文书一样，都有一些反映民间基层社会的史料，尽管由于年代及地域的不同而存在着明显的差异，但也有不少方面具有相同的性质。四是一些杂抄。如慎思轩自誊《杂稿》《慎思轩自集杂文》等，是以村落为中心随意抄录的乡土资料。此外，一些文集、族谱和大批的宗教科仪、契约、书信（如晚清黟县西递胡氏的数千封书信）、诉讼案卷、小说（如以婺源庐坑村为中心的徽商纪实性自传《我之小史》）[1]、日记（如婺源水岚村的《詹庆良本日记》[2]等）、启蒙读物以及图片、建筑学调查报告等，均有不少资料可供发掘。

内容丰富的村落文书，因其翔实的原始档案记录，理应受到学界更多的关注。我以为，徽州丰富的民间文献，必将为中国村

---

[1] 关于《我之小史》，笔者主持承担的教育部人文社会科学研究 2003 年度（博士点基金）项目"从徽州到江南：新发现的徽商小说《我之小史》研究"课题（项目批准号：03JB770004）已完成，并形成专著，于 2008 年由安徽教育出版社出版。

[2] 关于《詹庆良本日记》，笔者已出版《水岚村纪事：1949 年》，生活·读书·新知三联书店 2005 年版。

落社会史研究的展开奉献重要的史料。而以徽州民间文献为中心的实证性研究，或许可以确立村落社会史研究的一个区域类型，从而为村落社会区域类型的比较研究，奠定可靠的基础。

与以往学者对徽州文书的研究主要专注于商业、土地关系和诉讼案卷等专题不同，本书力图透过村落文书所展示的基层社会之不同侧面，着眼于徽州社会史特别是民众日常生活的研究：

一、《徽州村落文书的形成——以抄本〈新安上溪源程氏乡局记〉二种为中心》，概述了村落文书在明清时代的保存方式、现存的三种形态以及村落文书辑录的一般特点，并分析了村落文书的基本用途，指出：《新安上溪源程氏乡局记》一书，详细记录了婺源上溪源村落的社会组织、山林经济、佃仆制度等诸多方面的内容，对于了解清代前期徽州基层社会的生活实态，具有特殊的史料价值。倘若再结合婺东北其他的文书档案，便可更为全面、深入地理解 18 世纪前后徽州的地域社会史。此一研究，从总体上反映了徽州村落文书形成的动态过程及其基本功能。

二、《清代前期徽州民间的日常生活——以婺源民间日用类书〈目录十六条〉为例》，利用珍稀抄本《目录十六条》，结合其他相关的文献史料，对日用类书在村落日常生活中实际运用的情境作了具体揭示，以期了解一般民众日常生活的规范、价值信仰以及集体心态。论文将明清以来民间的日用类书分为综合性日用类书、商业类日用类书和村落日用类书三种，指出：村落日用类书将各地习惯作为规范命题加以表述，是我们观察民间习惯法的重要史料。利用这批资料不仅可以更为接近民间社会生活的实态，而且，还可进一步讨论利用坊刻的日用类书所引起的偏差。

从中可见，刊本万宝全书反映的内容，与"民间生活实录"仍有一定的距离。

三、《大、小姓纷争与清代前期的徽州社会——以〈钦定三府世仆案卷〉抄本为中心》，通过对发生在徽州婺源的葛、胡二姓与余姓互控案之分析，探讨了围绕着雍正开豁谕旨展开的大、小姓纷争，特别是对清代前期婺源、歙县等地社会的具体反应，作了较为细致的观察，指出：围绕着雍正开豁谕旨而展开的大、小姓纷争，应当置于长时段的区域社会变迁之背景中加以探讨。徽州自明代中后期形成宗族社会以后，任何人群都必须置于宗族所形成的社会网络中，唯有如此，才会有清晰、完整的传承脉络，一旦遭遇外部挑战，方能获得必要的援手。否则，在地域社会弱肉强食的生存竞争中，势单力孤，就很容易沦为小姓。换言之，徽州人重视修谱，绝非仅仅在于一般意义上的身份认同，或者是重在构筑商业网络，更重要的还是基于现实生存的迫切需要。

四、《礼生与仪式——明清以来徽州村落的文化资源》，利用族谱、文集、日记、启蒙读物、民间文书等资料，勾勒明清以来徽州礼生的活动，对礼生从事的仪式作一区域性的观照。论文指出：在徽州，目前只在各类仪式的记载中见到礼生的角色，但没有找到真正以此为业的"礼生"。这可能是因为商业的发展，社会流动的频繁，以及较高的识字率，除了一些专业性极强的仪式需要道士、僧人和堪舆师出场，一般情况下，各个村落或宗族均能依靠自身的文化资源（即村族中的"先生"或"斯文"）满足日常生活中诸多应酬的需要。此一研究，旨在发掘出更多有关礼生的相关史料，并关注可能存在的区域性差异，以期对明清以来中国社会中礼生的角色，作出更为全面的分析。

五、《迎神赛会与地缘组织——明清以来徽州的保安善会与"五隅"组织》，通过描述明清以来徽州保安善会的基本概貌，并力图复原1941年歙县大梅口保安善会的细节过程，勾稽"五隅"的不同形态，指出：保安善会是流行于皖南的一种傩俗，"五隅"的划分城乡皆有，可大可小，具有相当的灵活性。"五隅"既是一种民间约定俗成的地理划分，又是一个迎神赛会的组织机构，并由此衍化而为处理超越单个家族公共事务之基层组织，在一些地方，它实际上与后来的文会组织之作用颇相类似。不过，五隅组织与文会又有所不同。由徽州社会发展的基本轨迹推测，除了宗族、文会之外，五隅反映了地方基层组织较为原始的形态，而这则是既往的徽州研究所不曾涉及的重要问题。

六、《晚清民国时期的徽州宗族与地方社会——黟县碧山何氏之〈族事汇要〉研究》，较为细致地探究了宗族经济运营、祭祀以及何氏宗族与地方社会的关系，指出：晚清时期，"物竞天择，适者生存"的进化论思想深入人心。对于一个区域而言，宗族所处的生存环境，也如同列强环伺的国际环境一样，存在着弱肉强食的规则，故此，此种进化论的观点，很容易在地方社会中引发强烈的共鸣。另外，自明代中叶以来，随着徽州商业的发展，契约意识渗透到民间社会的各个角落，在徽州，各类的社会活动或公共事业（包括官方差役、迎神赛会等）均出现了股份化经营、商业化运作的特点，此类的股份化经营、商业化运作在徽州社会长盛不衰，使得无论是商业发展还是社会秩序均显得井井有条，这反映了传统社会的自我管理能力，也极大地提高了民间社会应对自然灾害和社会动乱的能力。

七、《清代一个徽州小农家庭的生活状况——对〈天字号阄书〉的考察》，首先利用新发现的史料，概述徽州分家文书的形成、收藏及其价值，继而重点介绍、分析了清代前期一份徽州农民的分家书，指出：徽州遗存有目前所知中国国内为数最多的契约文书，这本身也就折射出徽州的一个显著特征——这是一个纷繁复杂、即使是面对面也需要大量文字的社会。在徽州民间，兄弟之间的分家可谓锱铢必较，即使是很小的财物，产权都需要明细的规定，一旦发生转让，均须以契约的形式加以确认，这显然与徽州社会作为商贾之乡浓厚的契约意识有关。在金钱面前，乡土社会中的父子、兄弟成了契约关系中的甲方与乙方，商业的高度繁荣，产权的变动不居，人情亦遂变得异常淡漠。日常生活中这种浓厚的契约意识，使得徽州农村社会的人际关系，主要以"契约和理性"为其支撑点。徽州成为中国著名的商贾之乡，看来绝非偶然的巧合。

最后的余论《在田野中解读历史》，主要探讨徽州文书与实地考察的关系，指出：在明清以来中国社会研究方面，田野调查的方法由来已久。近年来在中国史学界影响日增的"华南学派"，其田野调查与文献分析的方法为学界所瞩目。而就徽州研究而言，由于当地的文献资料极为丰富，此前学界的注意力多放在对文书、文献的研究上，田野调查虽已出现了一些重要的成果，但亦尚有极大的开拓空间。如何以文本（徽州文书）为基本线索，从事实地调查，可能是今后需要进一步展开的工作。徽州文书在时代上绵延至晚近，而且直接来源于民间日常生活，因此，可以也应当放回到民间社会中去考察。徽州文书的这一特点，为在田野中解读历史，提供了可能。而这，将促成对徽州文书更大程度的利用。唯有如此，方能更好地理解民间社会的基本面貌。

上述诸文，皆立足于历史学的学科本位，通过细致、深入地分析文献史料，结合长期的实地田野考察，分别探讨徽州村落文书的形成、村落文书所见的民众日常生活、大小姓纷争与区域社会结构、礼生与仪式及其所反映出的区域文化背景、迎神赛会与民间基层组织的变迁、村落宗族与地方社会以及村落中的小农生活等，一组论文恰好自成体系，反映了笔者利用徽州珍稀文献从事明清以来村落社会史研究方面的主要成果。

目 录

一、徽州村落文书的形成——以抄本《新安上溪源程氏乡局记》二种为中心

　　在中国传统的历史文献学视野中，以地缘为视点，乡镇志（含村志）大概是了解民间基层社会最为重要的一种史料。目前所知的明清乡镇志，反映的区域主要集中于太湖流域、宁绍平原、福建滨海平原、珠江三角洲和皖南徽州以及沿海和沿京杭大运河一带。其中，徽州是修纂及保存乡镇志较多的一个地区，这与明清徽州经济及文化的发达息息相关。不过，在明清徽州的一府六县中，乡镇志的分布极不平衡，不仅是徽州核心地带与边缘县份有所差别，而且，一县之内，也往往因经济和文化的差异而迥然有别，有的县份甚至没有乡镇志问世或遗存。所幸的是，遗存迄今的徽州文书可谓浩繁无数。其中，村落文书的数量为数可观。所谓村落文书，是指围绕着某一村落中心，将本村及周遭的相关档案汇辑成册的稿本、抄本以及文书散件。较之村志，村落文书的内容显得庞杂且不完全成系统，但其内容却更为原始、翔实。

　　笔者收藏有清代前期（18世纪）编辑的《新安上溪源程氏

乡局记》(以下简称《乡局记》)抄本1册(以下简称为"王藏本"),全书计102页以上[①],42000余言,书于"孝友堂"簿册上,前附《上溪源(乡局)图》,也就是上溪源程姓村落的精美手工绘图,这是极富学术价值的一种珍稀文书。

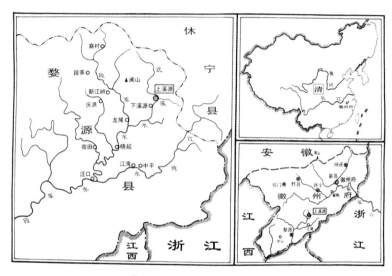

徽州婺源县上溪源及周边形势图

关于"乡局"的涵义,《乡局记规》开头即曰:

山川气聚而成局,人居局内而成乡,是人赖乡局以奠安也。然其中形势之偏全,气化之盛衰,人事之得失,得其人而维持调护之,始可钟地灵而致人杰,是乡局全赖人以培助

---

① 该书最后一页编码为第85页,但书中有不少未加编定页码者,且书前的《乡局记规》部分多被糊入封面。

也。若不培助而戕害之，不过贪利以为己耳。抑知乡局真元气所丧，灵秀不钟，灾殃递起，一乡固罹其祸，彼非局内居耶，安能独全其福哉？……

通常说来，"局"的涵义有二：一是形势之义，如现在的时局、大局和局势等均是。二是一种组织机构，如徽州民间修谱时常见的谱局之"局"，就是一个例子。但从上揭的内容来看，"乡局"之"局"应属前述的第一种涵义，这与徽州的风水学说存在着一定的关系。[①] 从理性的角度分析，风水学说中的合理部分或许在于——它反映了一定程度的人地关系，亦即地理环境与人文变迁的相互依存，所谓"人藉山川之气以钟秀，山川藉乎人力之培植，相须之功大矣。盖山川之胜本天然也，其不足者，自非人力培养以全胜概，曷克山川之秀，以钟人之杰哉"。[②] 譬如，"水无碣则不聚，不聚则财利不兴；……石无水则不秀，不秀则人文不振"。[③] 徽州村落尤其是水口景观的设计，主要根据的就是此种理念，这应当反映了18世纪徽州人的风水观或人地相关的环境观。

---

① "局"是式盘中的形势。所谓式盘，亦称"栻盘"或"星盘"，由天盘和地盘构成：天盘为圆形，绘有北斗及二十八宿的名称、方位；地盘为正方形，写有天干、地支的方位。天盘置于地盘之上，可以转动以便占卜或推算运命。明清时代堪舆家所用的罗盘较早期的式盘更为复杂，盘中央置罗盘针以定方位。参见陈永正主编：《中国方术辞典》，中山大学出版社1991年版，第145、308页。
② 安图本《后龙、朝山、水口封禁合同》。按：以下引文凡不注抄本的，均为王藏本；倘引用安图本，则另注出。
③ 《初造大碣记》。

《乡局记》的编者之一程兆枢（详下文考证），在 77 岁时曾疾声力呼："惟愿阖族同心，以宗祠、乡局为念，勿执己见，勿弛禁怀私，则族事昌大，定可光前裕后也。"可见，"乡局"是与"宗祠"并列相对的一个词汇，[①] 与"村局"的含义相近，[②] 接近于我们通常所说的村落 [③]，只是带有浓厚的风水色彩。换言之，"乡局"一词我们或许可以这样界定——以风水观念表述而成的村落。

《乡局记》扉页《上溪源（乡局）图》说明曰："乡局之山川，今与古同也；其中营作之变迁，则今与古异。无古不见今，

[①] 康熙三十三年（1694 年）三月初三日《甲震会换追远会曹溪寺田作义冢记》："……自今对换之后，石仓段田税扒付追远，朝山下田税扒付甲震，荒旱田税扒付乡局，事关祖保局，欲后有凭，立对换文契式张，追远、甲震各执一张为照。"此处的"乡局"像个实体，与宗祠相对，故称"保祖保局"。

[②] "乡局"与"村局"相近。清末民初詹鸣铎著《我之小史》第 17 回《从众劝因公往邑，小分炊仍旧训蒙》即有："查灶美这妇人有好闹的脾气，我村之内，无人不知，但此事不能怪他不是。他平日与人淘气，请骨家来讲活人命，兴师动众，无甚意思。他的舅子，走到村中，知他兵出无名，未免多事，要求族内公论，得些脸子，礼毕退班，这也不算什么稀罕。此番他有祖坟，葬高林庙背，被张姓某劈头跨葬两星。约族众往观，见张姓的风水，如高坐坑头，以他祖坟为脚踏，其形状确实难看。中人到昭大祠，命约、保唤张某到，向其品论。某谓自葬自业，与他何干，竟尔出言蛮抗。时灶美的孙子，跟随俞昆生在绿树祠读书，我乃与俞相商，此事村局攸关，万不可坐视不顾。"（王振忠、朱红整理校注，安徽教育出版社 2008 年版，第 268 页。原书"张"字均隐去，今补出）这里提及的"村局"，显然亦与风水有关。

[③] 与上溪源同处婺东北的庆源村，据詹元相《畏斋日记》康熙四十一年（1702 年）十一月初五条记载："段莘人至局内采樵，本村松叔、王锦弟、佑弟捉获斧头一把、锄头二把、镰刀一把、钮棒二条、柴篑二担，捉一人至祠中……"（载中国社会科学院历史研究所清史研究室编《清史资料》第 4 辑，中华书局 1983 年版，第 238 页）这里的"局"，与"村"的涵义相近。

无今不成古，合今古而为图，所以示今之有古也，所以示后之有古又有今，而今又成古也。"——这交代了《乡局记》写作的目的，也就是希望藉此反映上溪源一地程氏生息繁衍、人工营作的古今变迁，保存与村落演变相关的各类文书。对此，《乡局记规》详细指出：

> 一、文会振一乡之运，义仓济一乡之困乏，义学启一乡之贫蒙，皆盛举也。倡首某，输助某，规条若何，逐一入记，以传不朽。
>
> 一、前贤于堤路、埂圳、亭碣之类，胜绩虽存，芳名难查，族内有残简遗编，逐一检出，编次成记，以表前徽。
>
> 一、凡兴造助护乡局之类，某输银若干，输工若干，某日起工，某日完造，某吉日时作某事，督造某，协助某，匠首某，事完之日，逐一入记。
>
> ……

概乎言之，举凡文会、义仓、义学、堤路、埂圳、亭碣和兴作等事，都应将相关规条、残简遗编以及其他文字记录，逐一抄誊于《乡局记》中。从书中的说明来看，保存文书的目的是为了让人们了解村落之兴废变迁。《乡局记规》中说："乡局有为前人所已培助，有为前人未培助者，有为前人所已培助而复颓圮如故者，若能随财随力随时培助，则山川灵秀固结而不散，乡局福祥发越而不穷，世民居址，咸嘉赖之矣，是所望于有志乡局者。"

显然，之所以编纂《乡局记》，从大的方面着眼，是希望大家都来培护乡局，热爱自己生活的这一方土地。

承笔者指导的安徽大学徽学研究中心讲师陈联和吴媛媛二人之帮助，我得知安徽省图书馆古籍部收藏有《乡局记》的另一抄本（下简称"安图本"）[1]，并得以方便地利用。有鉴于此，本章拟分三个部分：首先比较《乡局记》的两种版本，藉以厘清村落文书编纂的动态过程；其次对《乡局记》涉及的主要内容及其史料价值作一评述；最后则是简短的结论，并结合笔者收藏的其他村落文书，对徽州村落文书的形成及其作用，作一总体上的探讨。

（一）村落文书编纂的动态过程

1. 两种《新安上溪源程氏乡局记》之比较

《乡局记规》称："有事必记，记各为篇，篇各立题，刻板续入，毋得因循积聚，刻赀繁重，致于废弛，因失证据。"这说明编纂《乡局记》一书的初衷是要出版的。揆诸实际，从王藏本的版式来看，每页书耳均注"乡局记"字样，其下则有篇名，并编

---

[1] 关于《新安上溪源程氏乡局记》，蒋元卿编《皖人书录》（黄山书社 1989 年版）和陈五元编《婺源历代作者著作综录》（婺源县图书馆 1997 年内部发行）均未著录。安徽省图书馆编《安徽省馆藏皖人书目》（黄山书社 2003 年版）则注录为："《新安程氏乡局记》，程矞辑，钞本，清，1 册。"（第 352 页）

有页码，与刊本的样式几无差别①，这也从一个侧面证实了前述的推测。不过，现存的这两种抄本，显然均非定本。兹将两种年代不同的《乡局记》之目录，列表于下：

王藏本与安图本《乡局记》结构比较

序号	安徽省图书馆藏本 （简称"安图本"）	王振忠藏本 （简称"王藏本"）	备　注
1	上溪源乡局图	上溪源乡局图	两书顺序略有不同
	来龙	来龙	
	蕉坑黄泥丘镇丙峰火星池	蕉坑黄泥丘镇火星池记	
		村中水渠	
	古沿溪鱼塘	古沿溪鱼塘	
	村中水渠		
		古朝山洞	
2	水口横山坳封禁合同	明正统四年封禁水口横山坳合同	
3	曹村迁居里门记	曹村迁居里门记	
4	成化社坛境神庙记 （附社庙钟文）	明成化年间社坛境神庙记	王藏本缺"社庙钟文"
5	后龙、朝山、水口封禁合同	明加禁后龙、朝山、水口	
6	通众山场并后龙、朝山、水口封禁合同	明嘉靖己亥封禁通众山场并后龙、朝山、水口合同	
7	朝山洞记	即前第1条下"古朝山洞"	
8	造阆山香岩院合同	造阆山香岩院合同	
9	枫洲记		

---

① 安图本每页书耳处有"上溪源程氏乡局记"字样，但其下未有篇名及页码，显得更为原始。

序号	安徽省图书馆藏本（简称"安图本"）	王振忠藏本（简称"王藏本"）	备注
10	曹溪寺义冢记	曹溪寺义冢记	
	见后第53条	甲震会换追远会曹溪寺田作义冢记	
		湖头义冢记	
		义冢续记	
11	水口石桥记		
12	上帝庙观音阁记	上帝庙观音阁记	
13	下边湾笏印环拱坦印笏记	下边湾笏印环拱坦笏印记	
14	初造大碣记	初造大碣记	
		修大碣记	
		大碣头路倒修筑续记	
15	水口庙住持屋记	水口庙住持屋记	
16	初造水口亭记	水口亭记（初造）	
	见下第39条	二造水口亭记	
	见下第43条	造水口亭护塝改亭背岭路记	
17	周王庙记（有目无文）	见后第29条下	
18	初造石仓碣注水入池记	初造石仓碣注水入池记	
19	二造石仓碣记	二造石仓碣记	
	见后第28条下	加石仓碣脊立水圳作水入池工食批约记	
	见后第40条	三造石仓碣记	
20	均图记		
21	石镇源接佛祈雨议约		
22	甲震文会记（有目无文）		

序号	安徽省图书馆藏本（简称"安图本"）	王振忠藏本（简称"王藏本"）	备 注
23	造烧纸埠至湖头大路记	造烧纸埠至湖头大路记	
24	筑前溪金坑圳口至下桥头墈记（附通外朝山路）	筑前溪金坑圳口至下桥墈记（附通外朝山麻榨坦路）	
25	造朝山下亭记	造朝山下亭记	
26	造上桥头至烧纸埠沿溪路记	造上桥头至烧纸埠沿溪路记	
27	下边湾环拱坦笏十八硪大碣记	下边湾护祠墈环拱坦硪十八硪路大碣记	
27		修祠下手墈头路记	
27	见下第30条	造水口湖［壶］头田头沿溪至大碣头穿田至白象卷湖［壶］大路记	
27		禁强剥仆人耕牛合墨	
28	加石仓碣立水圳作水入池工食批约记	见前第19条下	
29	造准提阁记		
29		（补）钟秀殿玄帝庙记	
29	（见前第17条下）	周王庙记（有目无文）	
29		社庙记（有目无文）	
29		境神庙记（有目无文）	
30	造白象卷湖头大路记	见上第27条下	
31	造关帝庙记		
32	程寄新公水口庙常贮输契	程寄新公水口庙常贮输契	
33	北港与汪口争舡垬合同		
34	与下村争曹村上屋充当差派合同		

序号	安徽省图书馆藏本（简称"安图本"）	王振忠藏本（简称"王藏本"）	备 注
35	水口庙常贮碑记	水口庙常贮碑记	
	见后第 38 条下	程寄新交付明照承管交单	
		清水口庙寄新公常贮租记	
		承佃约	
		新立规条	
36	黄茅胡、陈二姓至考坑烧炭戒约		
37	批助牛轩培山搭桥合同	批助牛轩培山搭桥合同	
		加禁牛轩培桥山合同	
	见后第 49 条	（禁桥山告示）	
		续记巡守桥山成材足用挑拼充公各记	
	见后第 51 条	瀛川桥记	
	见后第 52 条	平济桥记	
		造西板石圳路记	
		百丈冲石阑记	
		修理大冲石阑记	
		小冲岭路阑干记	
	见后第 57 条	造水口观音阁	
		续记原造准提阁	
	见前第 31 条	续造关帝庙记	
38	程寄新公付明诏承管水口庙交单	见前第 35 条下	
39	二造水口亭记		
40	三造石仓碣记	见前第 19 条	

序号	安徽省图书馆藏本（简称"安图本"）	王振忠藏本（简称"王藏本"）	备注
41	二修大碣记		
42	四造石仓碣记		
43	造水口亭护塝改亭背岭路记	见前第 16 条下	
44	修水口塅头路记		
45	湖头义冢记		
46	造石仓碣西板石圳路记		
47	复禁牛轩培桥山合同规条	见前第 37 条下	
48	二造大碣记		
49	禁桥山告示	见前第 37 条下	
50	立聚秀会保局合同		
51	瀛川桥记（即今上桥）	见前第 37 条下	
52	平济桥记（即今下桥）	见前第 37 条下	
53	甲震会换追远会曹溪寺田作义冢契	见前第 10 条下	
54	清水口庙寄新公常贮租记		
55	承佃约		
56	百丈冲石栏杆	见前第 37 条下	
57	造水口准提阁记（即今观音阁）		
58	重建水口桥记	水口石桥矼记	
59	请建水口桥帖	请建水口桥帖	
60	阖族在祠公立造桥议墨	阖族在祠公立造桥议墨	
		桥工纪事	
61	上溪源水口灵毓桥记	上溪源水口灵毓桥记	
		文昌阁记	

上述两种抄本在诸多方面颇有出入，主要表现如下：

其一，从成书的年代来看，安图本收录的文书仅到清雍正七年（1729年），而王藏本的下限则迄至乾隆二十五年（1760年）。安图本多直呼"天启""万历"，而王藏本则在"天启""万历"等年号前冠以"明"等字样。据此可知，安图本应早于王藏本的年代，显得更为原始。

其二，从编排顺序上看，安图本的目录与内容多有不符，先后顺序也不一致，资料编排显得颇为零乱。该书的后半部分甚至可能是刚刚收集来的，未经整理，尚未将新增资料抄入原书中的相关部分。在内容上，王藏本较安图本各条下都增加了一些晚近的资料。如第14条《初造大碣记》，不仅涉及的年代更多，而且，罗列的文献也更为丰富。王藏本各条下常有"又记"和"续记"等字样，多为续增的内容。如第15条《水口庙住持屋记》，王藏本即有程兆枢的"续记"。

其三，从图片及文字内容上看，安图本计78页，王藏本则有102页以上，后者内容更为丰富。卷首的插图——《上溪源（乡局）图》，王藏本的注记更为详细，且天头多出了不少说明。《批助牛轩培山搭桥合同》后，王藏本有"牛轩培桥山界碑图"，而安图本则未见。从书中的文字来看，两者也有一些差别，如第37条，王藏本较安图本要详细得多，特别是对雍正、乾隆年间佃仆活动的记载非常详细，为安图本所未见，具有独特的史料价值。不过，安图本也有一些特别的记载，如第20条的《均图记》即不见于王藏本；第4条安图本多出附录的《社庙钟文》；而第5条，王藏本则有缺佚。因此，两种抄本优长互见，实不可偏废。

以下以《造水口观音阁》(安图本作《造水口准提阁记》) 为例，列表进一步比较两种抄本的差异：

两种抄本文字之比较

安图本	王藏本
康熙三十八年岁在己卯，应炯、士登、士恺、士鼎创造水口亭文昌阁之后准提阁，崇奉准提圣像者，原古水师徒争功募化，师往南省投时阳公宅寓，希冀布施银钱而归，不期时阳公邀集斋友捐赏装成圣像，即今崇奉之圣像也。当时雇船装载募化之师大佛，其肯快快附圣像之舟而回。到寺时，徒已先装一像奉于庙已，一寺焉能奉二像？故复化石仓基址，创造庙宇，安奉南省舟来圣像。历年未久，庙宇失火成灰烬，圣像有灵而无恙。炯等见此神像之精丽，不忍见有神无庙，特示同志乐输，扑造文昌阁后，但费用浩繁，乐输之工银不能告厥成功，又不能半途而废。斯时也，惟炯倾囊完工，所费难以枚举，迎圣像而崇奉焉。后欣如将茶田价复造下首厨屋一间，其正阁装座栏杆左右神像，以暨厨屋、棂窗、门壁，概系炯捐己赀而乐输之迹也。	康熙三十八年己卯，应炯、士登、士恺、士鼎于水口亭之后，依山造观音阁，崇奉千手千眼观音圣像，其像系僧古水往南省募化，本村迁居江宁铜作坊讳时阳公捐赏装塑，船载而来者。因其徒先已塑准提圣像，亦塑千手千眼观音坐莲龛，供奉于庙，名准提阁，本族立会，以祀古水。另于石仓募化造庙，历年未久，庙遭回禄，而圣像完全，庄严如故，应炯等感激虔切，不忍有神无庙，特集同志乐输于水口亭后，构阁安奉，其左右神像、阁座、门窗以及厨屋，皆应炯独力完成。炯自记于本仁祠藏匣《乡局记》，枢于锡爵抄本，照原记删录。

从上述二本的文字来看，安图本的内容颇为详细，而王藏本的文字则更为精炼，对安图本多所润饰。值得注意的是，王藏本末注曰："炯自记于本仁祠藏匣《乡局记》，枢于锡爵抄本，照原记删录。"显然，安图本的文字应即程应炯自记。从上述小注可见，早在乾隆年间，《乡局记》就至少存在三种抄本：

本仁祠藏匣本 → 程锡爵抄本 → 程兆枢抄本

程兆枢抄本有可能就是王藏本，至少与王藏本比较接近。至于安图本，则显然要早于程兆枢抄本，甚至也早于程锡爵抄本[①]。但其间的确切关系如何，因文献不足征，尚难完全理清其源流脉络。

安图本《百丈冲石栏记》下注："雍正己酉兆枢补记未录，候再抄入。"这说明安图本并非定稿。而王藏本中的《周王庙记》《社庙记》和《境神庙记》均有目无文，后注："俱俟查补"。康熙四十二年（1703 年），汪氏输银 10 两造大冲阑干，蛟池寺僧诚一因募化上溪源族内乐助，"乐助银两芳名，俟查询登记"。[②]可见，编纂者仍在搜集相关的信息。另，《文昌阁记》在详细列出收支细目后总结道：

> 以上共收
>
> 共支

但无论是"收"或"支"之后，均未写出银两总数，可能的解释是——当时的工程尚未完工，故此还无暇列出总数。雍正七年（1729 年）造桥，《桥工纪事》后列有"乐助芳名"，其末曰："右俟两岸亭屋完全之日，照名勒石，永远垂芳。"因此，《乡局记》对捐输者名字的记录，有预先备案之意味。对于已抄

---

① 据《三造石仓碣记》的记载，程锡爵生活的下限至少要晚于乾隆十年（1745 年）。
② 《百丈冲石阑记》。

誊的文书，王藏本也仍有未及整理之处。譬如，在《加石仓碣脊立水圳作水入池工食批约记》之后，注有"癸酉五月霉水初涨，碣即崩泻，此记应誊三造石仓碣后"。另，第27页上天头注有一些文字，末云："……应誊《三造石仓碣（记）》后。"这些，都说明至少在编者眼中，王藏本《乡局记》在编排上仍未尽合理，同样也属于未定稿。另外，王藏本每页的左下方大多都编有页码，但明显有拼贴剪裁的痕迹，有多处并不连续，如：第9页后，有"又九""再九"；第17页后，有"又十七"；第19页后，有"又十九"及未注页码1页；第29、31、33、36、40、61页后，各有未注页码1页；第62页有2页；第63页后有5页未编页码，并缺第64页；第77页后有6页未编页码，并缺第78页……这些，都说明全书仍在不断删改，并补充新的内容。

2.《新安上溪源程氏乡局记》的编纂者

《乡局记》的两种抄本，虽然都题作"（程）曇编辑"，但仔细翻阅全书，却发现这并不表明两种抄本的内容完全为程曇所编，而只能说明该书最早是由程曇编辑。事实上，无论是安图本还是王藏本，都经过后人的增补。王藏本《乡局记》中的"牛轩培桥山界碑图"下注曰：

图系顾石公曇手绘家藏，今抄入便览。

碑系顾石公曇刊立，仍于山内蝴蝶岩石壁，凿明字号四至。

今按：程噐号顾石，"顾石公噐"云者①，显然是后人称呼程噐的文字。可见，《乡局记》虽题作程噐编辑，但仍有后人续编的痕迹。从《乡局记》来看，程噐活动的年份在康熙二年至五十五年（1663—1716 年）间，而王藏本的下限则至少迄至乾隆二十五年（1760 年），从这一点上看，显然有不少内容并非程噐编辑而成。那么，续编《乡局记》的人是谁？

《修大碣记》后有丙寅（乾隆十一年，1746 年）"续增"，作者是程兆枢。而《造水口观音阁》注中亦曰："枢于锡爵抄本，照原记删录。"类似于此的"枢"或"兆枢"的字眼，在《乡局记》中多次出现。其中，《小冲岭路阑干记》末署："扶杖观成七十八岁老人程兆枢详记并书，时乾隆壬申腊月二日"。"壬申"为乾隆十七年（1752 年）。另一处署曰："乾隆二十一年丙子秋八月旦日八十二岁老朽兆枢手书。"据此推测，程兆枢大约生于康熙十四年（1675 年），他应当就是续编《乡局记》之人。

从实际内容来看，《乡局记》中的文字，其来源大致可分为两种：一是编纂者辑录先前的文字，如《水口庙常贮碑记》即由斯文程嘉胤所作，《阖族在祠公立造桥议墨》则由程朝阳、程忠良"仝稿"（亦即合写），后来的编纂者只是将之抄誊入《乡局记》而已；二是编纂者自己所写的文字。揆诸史实，程兆枢除了将相关档案辑入《乡局记》外，自己也写了不少文字：

---

① 《续记巡守桥山成材足用挑拼充公各记》中，也有"顾石公噐倡集合议，将上、下桥仆编牌轮值，每日挨家传牌巡守，如遇内外侵害，立即报集擒拿，遵行毋懈，杉木蕃盛成林"，这也应是程噐身后的文字。

《新安上溪源程氏乡局记》中出自程兆枢之手的文字篇目

年　代	王藏本	备　注
康熙四十二年（1703 年）	《百丈冲石阑记》	
康熙五十一年（1712 年） 正月十一日	程兆枢撰合墨	见《曹村迁居里门记》
雍正元年（1723 年） 正月十一日	《请建水口桥帖》	安图本于此前另题《重建水口桥记》，作"督工兆枢手记"
雍正七年（1729 年）	《上溪源水口灵毓桥记》	
雍正十年（1732 年）	文昌阁议建合同	
乾隆八年（1743 年）	《水口庙住持屋记》续记	
乾隆十一年（1746 年）	《修大碣记》续增	
乾隆十二年（1747 年）	（水口桥）揭帖	
乾隆十六年（1751 年）	《（续记）巡守桥山成材足用挑拼充公各记》	
乾隆十七年（1752 年）	《小冲岭路阑干记》	
乾隆二十一年（1756 年）	（架桥）帖	

其中，雍正十年（1732 年）议建文昌阁合同，程兆枢是撰稿者之一，他也是当年经理文会之人。从《乡局记》来看，程兆枢的确参与了村落、家族的诸多管理。

程兆枢的活动史迹

年　代	事　务	资料来源
康熙四十二年（1703 年）	程兆枢于癸未秋客归。	《百丈冲石阑记》
康熙五十五年（1716 年）	族议移建关帝庙于钟秀殿右，匾额皆休宁进士赵继汴书，程兆枢镌助。	《造水口观音阁》续记
	移关庙，督工为程应炯、程兆枢和程忠良，是冬告成。程兆枢助完工银 8 两 8 钱 8 分 3 厘。此外，他还助奉关帝诰衔雕边金字青地匾额和金字青地联。	《续造关帝庙记》

年　代	事　　务	资料来源
雍正元年（1723年）正月十一日	程兆枢具帖倡议建水口桥，愿捐50金，以期有成。	《请建水口桥帖》
雍正元年（1723年）正月十二日	程兆枢为督理桥工者之一。	《阖族在祠公立造桥议墨^{朝阳}全稿》
雍正四年（1726年）五月	因下村程贵侵犯上溪源始祖程仁晓坟，程兆枢控讼，不能督工，通族会赏议存保祖讼费，将桥工暂停。	同上
雍正七年（1729年）三月十七日	程兆枢沿门邀请族众至祠，查看桥工各账。	同上
不详	"是年下桥一板，半系枢倩搭，每板费银五钱，共柒钱五分，逆仆欲因势催搭桥，纠衅跳梁，故倩搭以靖其悍，浅人不解也……"。当时，立议墨的人中，就有程兆枢。	王藏本第54页天头
雍正十年（1732年）	议建文昌阁合同，由经理文会程兆枢、程涵万同稿。	《文昌阁记》
雍正、乾隆年间	修建文昌阁，"凑会壹百两付阁工"，程兆枢出1股。另，建造文昌阁所需的砖瓦，均"附宸中（程兆枢）造屋窑场窑匠包定"。	同上
乾隆五年（1740年）	订文昌阁规条，其合同存文会，后栋付督工程兆枢执据。	同上
乾隆六年（1741年）	乾隆三年挑取桥山杉木2000零株，树存祠卖，所卖银于乾隆六年付程兆枢手造文昌阁工用。	《（续记）巡守桥山成材足用挑拼充公各记》
	造文昌阁，取桥山木，共用1224株，皆由程兆枢经手。	同上
乾隆十年（1745年）	程兆枢客南省。	《修大碣记》

年　代	事　务	资料来源
乾隆十二年（1747年）	又议兴工建桥，程兆枢以工费不足，从省暂修，具帖呈粘祠壁，请族众酌议可否。	《上溪源水口灵毓桥记》
乾隆十三年（1748年）	"因祠用告匮，祀典难举，议将已巳挑砍桥山杉木尚存东边未挑之木，再行挑取，以应祠急。……共围壹尺五寸以上杉木壹千零弌十株，计价银九五色壹百贰拾肆两肆钱四分，在祠公估，兑足银包，封存宸中（程兆枢）收藏，开文画字为据"。	《（续记）巡守桥山成材足用挑拼充公各记》
乾隆十四年（1749年）三月	"秀民、雨兴邀集族众至祠清算银，各帐列后"，其中之一为"支付挑拼与客合食酒银肆钱，外客付捌钱，又因各门邀集不周，异议藉口，宸中（程兆枢）认贴津钱"。	《（续记）巡守桥山成材足用挑拼充公各记》
乾隆十七年（1752年）	程兆枢鸠工筑造小冲岭路阑干，"阖族乐输，附同枢厂，取石修整"。程兆枢助珠石柱底共六条，计原工价壹两壹钱六分。	《修理大冲石阑记》
乾隆十九年（1754年）	程兆枢"乘林德堂重造祀厅需用朝山、水口杂木作柱，请众议将朝山、水口杂木，与林德堂后山松木换用，写定水口桥选用后山大松木二十四株架桥，朝山、水口任林德堂于无碍处取杂木，憩株树十根作柱，大枫树一株用八步梁，所取杂木枝桠，归积盛会卖银存匣"。	《上溪源水口灵毓桥记》
乾隆二十一年（1756年）	程兆枢"见桥山料木发卖有赀，架桥松木堆贮年余，而架桥之议无人启齿，因具贴［帖］复请众议，将帖实粘"。	同上
乾隆二十二年（1757年）	修建上溪源水口灵毓桥，程兆枢负责，并"充垫陆两叁钱五厘"。	同上
	程兆枢伴第三孙赴郡岁试。	
不详	复绩会瓜分后，本立户归积盛会，其合同由程兆枢拟稿。	《曹村迁居里门记》

程兆枢"于癸未秋客归"，癸未为康熙四十二年（1703年），当时他29岁。后来，乾隆十年（1745年），他又"客南省"，此处的"南省"是指江南省。关于程兆枢的生平事迹，民国《婺源县志》保存了他的一份传记，极具史料价值：

> （程兆枢）原名兆逵，字宸中，上溪头人。少业儒，年十五失怙恃，弃砚就商，业木。奉宪委航海采办材料，入河套，赴都门。由监生考授州同。归家创祠宇，助祀田，建义仓，督造水口桥梁及文昌阁，勤劳六载。敬兄抚侄，人无闲言，邑侯吴颜其堂曰"孝友"。妻汪贤淑，年六十，以戚友祝仪，酿赀集会生殖，修源头百丈冲岭并石栏杆。乾隆甲戌，邑侯俞聘邑绅修志乘，公举枢总理，坚辞未就，后以内翰王京函特荐，复请，乃偕子台奎在局襄校。辛酉得元孙如㮌，五世一堂，享年九十有三。①

"乾隆甲戌"也就是乾隆十九年（1754年），乾隆《婺源县志》卷端有"乾隆甲戌乙亥重修《婺源县志》名籍"，从中可见前述传记中的"邑侯俞"即知县俞云耕，当时参与纂修县志的有潘继善、江永和余炼金。其中，江永是清朝著名的经学家和音韵学家。②

---

① 民国《婺源县志》卷41《人物十一·义行七》，"中国地方志集成"江西府县志辑第27册，江苏古籍出版社1996年版，第14—15页。
② 江永字慎斋，婺源江湾人。笔者手头有《江慎斋草笔录》抄本1册，其内容包括婺东北段莘等地的禁苗合同、书信、诉讼案卷、诉讼教科书和砾语活套等。反映的年代，与《新安上溪源程氏乡局记》相近。以下引文中凡未注明收藏单位的文书，均为王振忠收藏。

而担任分校的 35 人中，程兆枢位居榜首。^①由此可见，程兆枢在婺源县应是为人瞩目的乡绅之一。王藏本《乡局记》书于"孝友堂"簿册上，应与县令吴之斑（约雍正九年至十三年在任）旌表其堂为"孝友"一事有关，故前文推测王藏本即程兆枢抄本，看来并非完全无据。

大概是外出经商游学的阅历，使得程兆枢显得博见多闻。乾隆年间，上溪源水口建灵毓桥等，程兆枢多次具帖，先后举出苏州胥门桥、金华府桥亭和江苏淮、扬等处木桥之例，以供族人借鉴参考。从上表可见，程兆枢还开有造屋窑场。雍正十年（1732年）建文昌阁，砖瓦即由程兆枢所开造屋窑场窑匠包定。

综上所述，现存的两种《乡局记》虽然都署作程嵩编辑，但实际上的编者却有两人，即康熙年间的程嵩和康、雍、乾时期的程兆枢。从上述两种抄本的比勘对校中，可以反映出徽州村落文书编纂的动态过程。

（二）《新安上溪源程氏乡局记》的史料价值

1.《新安上溪源程氏乡局记》所见村落社会

（1）村落概观

据《江西省婺源县地名志》记载，溪头位于武溪水沿岸，含

---

① 乾隆《婺源县志》，（清）俞云耕等修，乾隆二十年（1755 年）尊经阁刊、二十二年（1757 年）改正定本，"中国方志丛书"华中地方第 677 号，台北，成文出版社 1985 年版，第 55 页。

徽州婆源的村落

上溪头、下溪头两个自然村，南宋时期婆源长径人程护始居于溪水源头，后繁衍成为片村。[①]其中的上溪头亦即上溪源（在清乾隆时代的方志中，"溪头"和"溪源"二名即同时存在，就徽州地名的一般情况而论，"溪源"当为"溪头"一名之雅化）。此处位于婆源县东北部，属当时的十都，与清康熙年间詹元相所著《畏斋日记》涉及的十二都庆源村同属婆东北山区。[②]

---

① 婆源县地名委员会办公室编印：《江西省婆源县地名志》，1985 年，第 59 页。
② 有关婆东北的研究，此前，中外学界主要利用《畏斋日记》加以探讨。如刘和惠：《读稿本〈畏斋日记〉》，《中国史研究》1981 年第 1 期；［日］涩谷裕子：《清代徽州农村社会における生员のコミュニティについて》，《史学》第 6 卷第 3、4 号，平成七年（1995 年）四月；［韩］权仁溶：《清初一个生员的乡村生活——以詹元相〈畏斋日记〉为中心》，《徽学》第 2 卷，2002 年版；熊远报：《清代徽州地域社会史研究——境界・集団・ネットワークと社会秩序》，汲古书院 2003 年版。此外，近年来笔者利用手藏的徽州文书，作有：《清代徽州民间的灾害、信仰及相关习俗——以婆源县浙源乡孝悌里凰腾村文书〈应酬便览〉为中心》，载《清史研究》2001 年第 2 期；《清代前期徽州民间的日常生活——以婆源民间日用类书〈目录十六条〉为例》，载陈锋主编：《明清以来长江流域社会发展史论》，武汉大学出版社 2006 年版。

《乡局记》中收录的《曹村迁居里门记》，为我们勾勒出程氏在新安上溪源及其周遭地区的迁徙和繁衍[①]：

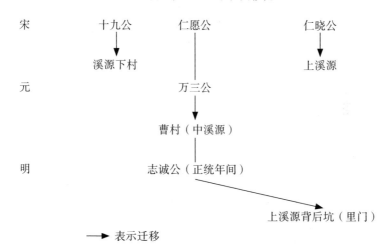

新安上溪源程氏的世系及其移徙

宋代的程仁愿和程仁晓是同胞兄弟，程仁晓首迁上溪源，程仁愿传九世程万三，迁曹溪为中溪源，又传七世程志诚，复迁上溪源，与程仁晓支共里而居。"其山地溪河，上溪源为吊字号，中溪源为民字号，字号虽别，界址相连；中溪源为二图，上溪源为三图，图虽分属，亲则一本"。这是从都图字号的角度，阐明了二者的关系。另外，《明成化年间社坛境神庙记》称："十九公自宋迁居溪源下村，六公迁居溪头上村，建坛于社屋溪。""六

---

① 另，目前所知与上溪源程氏有关的族谱计有两种：（宋）程祁传述，（明）程顼续，程时化校正，据明嘉靖本影抄，《溪源程氏势公支谱》7卷，4册，安徽省博物馆藏；（明）程凤等纂编：《溪源程氏本宗续谱》2卷附录3卷，嘉靖十二年（1533年）刻本，1册，上海图书馆谱牒研究中心，911067。

公"迁居溪头上村的时间不详，但从文字表述的顺序来看，应在明朝成化八年（1472年）以前。而从彼此的关系来看，程仁愿与程仁晓两支的关系较为贴近，故而在康熙五十一年（1712年）正月十一日合订规条，共立复绩会，"合业同守"，开始了同族统合的过程。而溪源下村的"十九公"一支，则关系似较疏远，甚至有时还发生一些冲突。①

其中的"志诚公"，在婺源县志中的记载稍有出入："程志成（引者按：当即上述志诚公），溪头人，八世祖迁居曹村。至永乐间，成力穑致富，率族还旧里，葺族众居宅，复建支祠集义堂，兴祀敦族。母病刲股，更散百金周乏，为母祈增算，事庶母，友庶弟，终身不衰。"②由此我们得知，程志成（诚）是以力穑致富，上溪源之集义堂支祠始建于明代。明人戴廷明、程尚宽

---

① 上溪源和溪源下村，共同参与一些婺东北一带的民间祭祀活动。中溪源一带的曹溪寺，"乃上、中、下三溪源香火也"。（《曹溪寺义冢记》）明万历元年（1573年），起造阆山香岩院殿宇，上溪源"与下村两半出价"。不过，龃龉亦时常发生。父老传言，万历年间建环拱坦埂，"恐下村阻挠，村众齐力，一夜筑起"。（《上帝庙观音阁记》）清康熙二十九年（1690年）五月初四日大水，大碣倒泻，族众欲移碣于钟秀桥旧址，下村以碣与田相依，不肯移改，遂付田鸠工，复造成碣，"两村角口大哄，族谊因此伤残"。（《修大碣记》）上溪源与溪源下村有时也发生山林纠纷，如《（续记）巡守桥山成材足用挑拼充公各记》载："雍正甲辰，下村盗砍，巡仆报集，各仆追擒，直至下村获夺赃理论，本族即行呈究，下村盗砍人央老成求情，托人至邑，挽留免呈，愿备银罚赎加禁。"雍正四年（1726年）五月，"下村程贵侵犯上溪源始祖仁晓公坟，兆枢控讼"。当然，除了上述的摩擦，及至清代仍保持着一定的合作。如雍正六年（1728年），上溪源架桥，"下村族内戏班子弟扮戏贺喜"。雍正八、九年间佃仆发生反抗时，"下村族老亦来会议"。

② 乾隆《婺源县志》卷19《人物九·孝友一》，（清）彭家桂等纂修，乾隆五十二年（1787年）刊本，"中国方志丛书"华中地方第678号，台北，成文出版社1984年版，第1289页。

等撰的《新安名族志》中，即列在"溪源"程氏一目。① 清乾隆甲戌、乙亥年间（1754—1755 年）重修的方志中，亦专门标注"上溪头程氏宗祠"及"下溪头程氏宗祠"。② 可见，上溪源程氏在明代即崭露头角，及至清代更为婺源当地所瞩目。程仁愿支集义堂和程仁晓支本仁堂，是上溪源程氏宗族的两房，两房均设有房长，各建有支祠。

上溪源程氏虽然僻处婺东北，但与徽州各地乃至其他地区仍然有着一定的联系。筼墩是新安程氏的发源地，为程氏世忠庙所在地。乾隆十四年（1749 年）三月以前，上溪源程氏出银 5 两，助黄敦（筼墩）程氏统宗祠购买祠旁基地。在清代，婺源的塾师相当有名，康熙《婺源县志》记载："士多食贫，不得已为里塾师，资束脩以自给，至馆百里之外不惮劳。"③ 上溪源程氏亦不例外，"六甲房长淑可、乔梓俱馆休宁"。婺源的粮食供应一直来自江西，康熙二十八年（1689 年），程氏以木价银 40 两，前往"江西买米存碓殖利"。上溪源程氏中，也有一些人迁居外地，如程

---

① 《新安名族志》，朱万曙等点校，黄山书社 2004 年版，第 75—76 页。

② 乾隆《婺源县志》卷 9《建置五·宫室》，（清）俞云耕等修，乾隆二十年（1755 年）尊经阁刊、二十二年（1757 年）改正定本，第 687 页。乾隆十九年（1754 年），程兆枢曾参校乾隆甲戌乙亥《婺源县志》。另据《婺源历代作者著作综录》提示：溪头程世炘在乾隆五十一年（1786 年）和嘉庆十年（1805 年）两次修校邑志。故此，县志专门提及上溪头和下溪头的程氏宗祠，可能与此有关。当然，修校邑志本身亦在一定程度上反映了个人的身份和家族的势力。

③ 康熙《婺源县志》卷 2《疆域·风俗》，（清）蒋灿等纂修，康熙三十二年（1693 年）刊本，"中国方志丛书"华中地方第 676 号，台北，成文出版社1985 年版，第 226 页。

时阳侨寓江宁铜作坊，[①]程怡振"寄居弋阳"等，这些人应当主要是从事商业活动。根据方志的记载，"婺远服贾率贩木"[②]。以江宁为例，当地的上新河历来就是徽州（尤其是婺源）木商的重要据点，程时阳迁居于江宁，从他捐赀装塑观音圣像的情形来看，当属商人无疑，或许其人亦与木材经营有关。另一方面，在上溪源一带，也活跃着一些徽州其他各县及江西、浙江等地的人。康熙十九年（1680年）重修水口亭，木匠程国顺、程国泰、程国元、程君志和程子美均为旌德县人。[③]雍正十年（1732年）建文昌阁，砖匠汪美先来自歙县，木匠方廷华来自旌德，竹匠汪于上、锡匠邱汉如则来自黟县。婺源与休宁等县毗邻，人员亦多有流动，偶尔亦会引发纠纷。如安图本《黄茅胡、陈二姓至考坑烧炭戒约》：

> 休宁县二十八都黄茅胡青等，今自不合带领多人，越界至婺源上溪头考坑封禁山误砍荫木烧炭，今被地方捉获呈官，身等知亏，不欲闻官，情愿立戒约，随设封山培养苗木。今立戒约之后，如有仍前入山盗砍，及放火烧山故害等情，一听执此戒约，指名呈官究治，身等甘罪无辞。今恐无凭，情愿立此戒约为照。
>
> 康熙十六年二月十五日情愿立戒约人胡青　　胡锦
>
> 　　　　　　　　　　　　见陈本先　　陈友之
>
> 　　　　　　　　　　　　代书朱华元

---

① 《造水口观音阁》。
② 康熙《婺源县志》卷2《风俗》，第232页。
③ 《二造水口亭记》。

立约人陈本先、五先、友之，今因身等至考坑误砍程宅养木烧炭，蒙念眷义谊，不愿闻官，身等日后不得入山侵害，如若仍前盗砍，一听闻官理治无辞，今恐无凭，立此约为照。

康熙十六年二月十五日　　　立约人陈本先

陈友之

陈五先

代书人朱华元

而至上溪源拼买杉木者，则有来自江西德兴县的客商叶见东。乾隆十七年（1752 年），上溪源程氏还请浙江开化县的石匠包造石仓碣。这些，都反映了上溪源一带与外界的往来和交流。

《乡局记》一书中提及不少店铺的名称，如日升店、日盛店、自新店、仁晓公支日泰店（亦作日泰铺）、中段店、浩兴铺、鼎泰铺、义泰铺和浩一铺等。这些店铺，有的显然是开在村中的。书中"百丈冲阑干（大冲重修）"部分天头注曰："乾隆甲子以前，杂工五、六分不等。乙丑以后，加至七分二厘。庚午、辛未、壬申，米骤贵，村店客米卖至三两五、六钱，柴价高至六分，杂工八分，并记遗知。"可见，上述的店铺，有些应属于"村店"无疑。

综上所述，我们可以对 18 世纪的上溪源作一速写：该处与外界有着一定程度的交流，不仅有一些人外出仕宦[①]、经商和开馆授徒等，而且村内亦开设了一些店铺，并有徽州其他县份的手工艺人和邻近的江西木商、浙江石匠等活跃其间。

---

① 关于这一点，清代的各版《婺源县志》中有诸多记载，兹不赘。

（2）村落管理

在明清时代的徽州，村落与家族是最基层的两种组织，前者是地缘的自然存在，后者则是血缘的结合。但在不少村落，由于血缘和地缘相重合，村落实际上也就表现为同姓血缘的结合。

《乡局记》开首的《乡局记规》，首先阐明了"乡局"的内涵及培护乡局的重要性，接着便是对乡局的管理，作了具体而微的说明，从中我们颇可窥见新安上溪源村落、家族的管理。

（1）后龙、护龙、朝山、水口，祖宗定界立墨，掌养荫木，护庇乡局，各宜凛遵。若斧刀入山者罚银壹两，捉获者赏银伍钱，折取枯枝、爬取松毛者罚银五分，给赏捉获人员，通同隐瞒者同罚，强梗合族呈治。至将屋基卖出外姓者，逐黜。

（2）后龙为一乡命脉攸关，朝山、水口为一乡关键所系，只宜培养助护，岂容剥削挖毁？以后紧要处，恃其己业，擅行剥削挖毁、戕害乡族者，立责培复，强梗呈治。

（3）遇外变兵乱，有财力者、有才能者须协心维持调护，使一乡安堵如故，若乘机勾引残害全族者，究治除之。

（4）上、下桥为往来切要津梁，因取树无所，批助牛轩培山，付搭桥之家封禁掌养，永为取用。如无知侵盗及纵火延烧，依后龙、水口、朝山例罚，梗众究治。

（5）造石仓碣注水上、下池，因水断截，又助工食，与上、下桥仆人轮次作水，以期长流，为镇火星，毓财秀也。如仍截放，罚银贰钱，强梗究治。

（6）搭桥田租及作池水工食，上、下桥仆分领，则家头多寡不同；照家头分领，则丁口老弱多寡不一，劳逸不均，恐生废弛。今众议：无论私仆、众仆，二十岁以上、五十岁以下住居村内者，匀领供应，小头递相总理，庶劳逸适均，永无废弛之患。

（7）桥田及水口神庙税粮，照旧装寄，依本仁祠例交纳，挟贴私役者，合族呈治。

上述的规条中，既有"乡""乡局"和"全族""合族"之类的字眼，又有"乡族"连称的词汇，可能反映了上溪源村、族一体的情形。为研究叙述上的方便，以上数字编号为笔者所加。第（1）（2）条是对村落风水攸关之关键部位的严格保护，规定——后龙、朝山、水口即使是属于族中个别人的产业，也不许他们擅行破坏性开发，这当然是为了维护"乡局"整体上的利益。第（4）（5）（6）条是对佃仆的管理，而第（3）条则是非常时期的危机处置。此外，还有是对村中贫民的安置。譬如，水口神庙由本族中的穷民订立承约住持，"食租治庙事神，并巡守朝山、水口，封禁荫木"，这既是村落家族给与穷民的一种福利，同时又赋予后者一定的义务，让他们看护庙宇，巡守朝山、水口，并封禁荫木。同时规定，"若勾引僧尼煽惑伤风败俗者，立行驱逐，强梗庇纵，合族呈治"。[①] 村中还设有义仓，以"济一

① 关于这一点，上溪源一带有前车之鉴。安图本《造准提阁记》："蛟池和尚隐修藉村庇致富，构阁于此……后尼姑勾引和尚，伤败风俗，众人逐去，日后永远禁革，不许招引尼姑，以坏风俗，惑人心。"所以规定："住持人概不收僧尼，只许族内大小户年五十以上者，有妻无子者主之。如族内无此等，外乡同者亦可。"（《清水口庙寄新公常贮租记》新立规条）

乡之困乏"①；设立义学，以"启一乡之贫蒙"②。

从《乡局记》中，我们还可以看到村落基层社会的管理。在上溪源，村落由族长和管祠的纠仪、管会的斯文，以及乡约、里长等联合管理，共同调解纠纷，维持社会秩序：

村落管理

年　代	族长	（管祠）纠仪	（管会）斯文	乡约	里长	资料来源
康熙六年（1667年）三月初八日	程汝侃	程学远、程弘宗、程志明、程钦元	程榜、程嘉胤、程沛、程隽、程熙赞	程盛时、程国志	程志昌	《加石仓碣脊立水圳作水入池工食批约记》
康熙九年十二月（1671年1—2月）	程宗鲁		程简臣、程宏先、程丽如、程俊民	程远	程众甫	《程寄新公水口庙常贮输契》
康熙十四年（1675年）闰五月十八日				程远		安图本《与下村争曹村上屋充当差派合同》
康熙十五年（1676年）春月	程振儒		程榜、程嘉胤、程沛、程隽①	程远	程廷	《水口庙常贮碑记》
康熙十六年（1677年）六月二十日	程宗鲁		程榜、程绍宏、程隽			《程寄新交付明照承管交单》

---

① 《（续记）巡守桥山成材足用挑拼充公各记》："于己巳秋买米，议存济农生殖，荒年平粜，仓名启丰"。启丰仓不知是否即义仓。

② 《乡局记规》。

③ 程隽为安图本所有，王藏本无。

年　代	族长	（管祠）纠仪	（管会）斯文	乡约	里长	资料来源
康熙二十八年（1689年）三月十九日	程嘉福	程登选、程振吉、程志远、程士基	程榜、程绍宏、程晷、程廷桂、程兆达、程鹏、程光相	程远		《加禁牛轩培桥山合同》
康熙三十三年（1694年）三月初三日		程志远、程士新、程庆祯、程士基	程晷			《甲震会换追远会曹溪寺田作义冢记》
康熙三十三年（1694年）八月	程嘉禧		程晷、程廷桂、程兆达、程廷第、程鹏、程钺、程光相	程远		《清水口庙寄新公常贮租记》
康熙三十五年（1696年）四月初四日	程嘉禧					《禁强剥仆人耕牛合墨》
乾隆十四年（1749年）三月		程兆锦、程怡煜、程大道、程永沛				《（续记）巡守桥山成材足用挑拼充公各记》

　　在上溪源，上述诸例中族长、纠仪、斯文、乡约和里长等的共同署名，都发生在清代订立合同或规条的场合，这在明代则未有所见。明代的契墨中曾提及："合同者不过以为凭据，实在乎

人""收执合同人等，务要协同究治"。[1] 因此，清代族长、纠仪、斯文、乡约和里长的共同署名，可能反映了强化合同或规条效力的企图。譬如，程寄新薄有田产，但其夫妇俱近七旬，年老无子，又兼疯疾，不能耕种自食，故此央求族长、乡约、里长和斯文人等，将屋地田皮"尽行断骨输入水口香火神庙"。[2] 但"自寄新公交付（程）明照之后，住持数易，佃户欺其孤异，租谷有鲸吞过半者，有强霸全吞者"，如承佃人程佛生霸种土地，每年只交佃租 1 秤 18 斤。后来族众清查积欠，酌立常规注簿二本，一本贮本仁堂匣，一本住持则由流传。[3] 于是，在康熙九年（1670年）的《程寄新公水口庙常贮输契》末，就有族长、乡约、里长和斯文等的联合署名。

关于族长、乡约、里长等，以往学界有较多的研究。但纠仪、斯文等则似未见有人作过专门的探讨，因此，以下利用一些篇幅加以讨论。

纠仪：又叫"管祠纠仪"。康熙六年（1667年）立批约，"修一路水圳，凿通远坑口石壁通圳"，"编上、下桥家头作水入村"，当时列名批约者，除了族长、乡约、里长和斯文外，还有纠仪程学远、程弘宗、程志明和程钦元。康熙二十八年（1689年）三月十九日《加禁牛轩培桥山合同》，参与列名立议规条的有纠仪程登选、程振吉、程志远和程士基诸人。康熙三十三年（1694年）三月初三日《甲震会换追远会曹溪寺田作义冢记》，

---

[1] 《明成化年间社坛境神庙记》。
[2] 《程寄新公水口庙常贮输契》。
[3] 《清水口庙寄新公常贮租记》。

由于此事"事关保祖、保局"，出面交涉的一方代表，追远会为程志远、程士新、程庆祯和程士基4人，都是管祠纠仪。乾隆十四年（1749年）三月某日，程秀民和程雨兴邀集族众至祠清算用银各帐，据称，当时的"细帐详管祠纠仪兆锦、怡煜、大道、永沛详记祠簿"。显然，纠仪主要负责祠堂中的经济运作，包括族内工程的兴作、祠堂账册的记录，以及山林的管理（详见下文）等等。

　　纠仪在其他地方有时也叫"管理""董事""头首"或"司事"等。早在明代，徽州祁门县六都善和里程氏仁山门东房派的族规家法《窦山公家议》就指出："管理众事，每年五房各壹人轮值，壹年事完，先期邀下年接管人算明，将所领家议手册填注明白，复别具一册，填下年接管人名。"[1]在《窦山公家议》中，"管理"之名屡见于家族活动的诸多场合，其角色即与本章论及的"纠仪"颇为相近。从中可见，"管理"是由家族内的诸房各推举一人，以共襄族事。而在清歙县章观良日用类书抄本[2]中，有两份《管祠合同》，其一曰：

　　　　立合同安公支下裔孙△△等，窃以祠室安妥先灵，为后人命脉攸关之地，从未有本源不培，而枝叶茂美者也。迩来众心弗一，祠宇未整，以致祖宗不灵，而子孙因往往有不获遂志者。今联集各分，议出头首十余人，对神洗心，经管祠

① 周绍泉、赵亚光编：《窦山公家议校注》卷1《管理议》，黄山书社1993年版，第13页。
② 抄本1册，封面题作"章观良"，故拟名。

事。其祠内应管之事，众等公议成规，详书于左，各体存心，恪遵规例，毋得生心执拗。自立合同之后，如有一事不遵者，照例甘罚，入祠公用，仍以不孝罪论。务宜勉力同心，以成终始，庶几本源可培，而后人永隆矣。凭此合同一样几纸，各执一纸，永远存照。

一、祠内锁钥，照阄轮管。凡吉凶大事，任开免罚，外此私开，徇情堆积物者，致亵先灵，二人共罚艮［银］乙［一］两。

一、祠内祭器，交与一人写领收贮，毋得私自借出，倘有遗失，领人赔偿，仍要罚艮［银］五钱。

一、神主归祠，纳纹艮［银］一钱。管月之人诣祠，候上神主，收艮［银］随即登簿。不许货押假借。

一、祠内香灯，轮流供奉，如有疏违不恭者，罚艮［银］三钱。

一、祠内修葺等费，集众公议，协同科敛，毋得徇情，违者罚艮［银］三钱。

一、春秋祭祀，轮班挨做，立有定规。

一、管祠内帐谱，凡钱谷租粮出入轮管者，不论多寡，须登记清楚，以便春秋祭时揭算，如有差讹不清，罚艮［银］一钱。

一、传牌集议。凡牌各书名字，传到俱要齐赴议所，未传先出者免罚，如牌传至，在家不赴者，罚艮［银］一钱。

一、祠内子侄，如有抗违祠事，并侮逆为非，有干名教者，小则集众，拘至祠堂祖先前告明惩杖，大则呈官究治，定不姑恕。

另一份《管祠合同》则指出："△氏支祠下立合同△△等，切惟安祖乃昌后之本，司事实安祖之要，祠内产业税契并朝山、水口、墓所、荫木，以及各地佃应役、收租各项诸务，前司事者已历有年，后于△年公举任事者二十四人，分作四班，逐年轮流交管。各年司事者视为传舍，以致祠事废弛，今议另行公举廉能者六人，永远经管……"此外，该书中还有《管祠议墨》等。这些，都反映了祠堂的管理及其实际运作。从中可见，祠堂的管理、董事、头首和司事，或轮值，或由族中各分（支）推举。纠仪的情形，应当也不例外。

斯文：《乡局记》中收录有雍正十年（1732年）的《文昌阁记》，曰："本族文会之兴，前人酌定规条，每岁祀典颁胙之外，余赀生殖，起造文坛，以振一乡文运。康熙乙巳，公定生殖严规。"从书中的各类记载归纳，文会设有总理、经理等，文会中的斯文，又叫管会斯文，其身份应当都是些有功名的人。乾隆时人撰写的《歙西竹枝词》，就有"衣冠乡党联文会"一句，概括说明了参加文会者的身份。揆诸实际，康熙三十八年（1699年）《婺源县正堂张为恳恩赏示严禁强砍永养桥木便农供纳事》中提及，领头具呈的有"十都三图生员程兆第、程廷桂、程兆达、程鹏远、程光相"。其中的程光相和程兆达，在此前的康熙三十三年（1694年）八月，均曾作为"斯文"出现。

《乡局记》的编者之一程曧就是"管会斯文"。以下勾稽程曧的生平活动史料，藉以从一个侧面窥见斯文的角色：

程暠的活动史迹

年　代	事　务	资料来源
康熙二年（1663 年）	造朝山下亭，程暠书写"万顷波光天上下，两堤梅影月西来"匾。	《造朝山下亭记》
康熙五年（1666 年）	将造本村沿溪路余赀，修理大碣损坏处，当时的督理为程文炳和程暠。	《修大碣记》《下边湾护祠埠环拱坦埠十八磡路大碣记》《加石仓碣脊立水圳作水入池工食批约记》
	同年至翌年鸠工兴修道路，由程暠经理督造。	《造上桥头至烧纸埠沿溪路记》《造水口湖［壶］头田头沿溪至大碣头穿田至白象卷湖［壶］大路记》
康熙六年（1667 年）	编上、下桥家头作水入村，批助经理人为程暠。	《加石仓碣脊立水圳作水入池工食批约记》
康熙十九年（1680 年）	水口亭倾倒，村众起竖出租，程暠负责收结各项、督理墙工。他还出身募助，并在日盛店名下，与程嘉周一起助铁钉磁葫芦顶，共计银 3 两。	《二造水口亭记》
康熙二十一年（1682 年）	石仓碣因年久失修，被洪水冲决，程暠督理村众兴工复造，负责"经手批助收银完散各务"。	《三造石仓碣记》《修大碣记》
康熙二十三年（1684 年）	各房同议，将杂姓戏银付众修理水口亭，督理人程暠。	《造水亭护塍改亭背岭路记》
康熙二十八年（1689 年）三月十九日	立议规条人中，有斯文程暠。	《加禁牛轩培桥山合同》
康熙三十三年（1694 年）三月	程暠为甲震会管会斯文。	《甲震会换追远会曹溪寺田作义冢记》
康熙三十三年（1694 年）八月	列名斯文者中有程暠。	《清水口庙寄新公常贮租记》
康熙五十五年（1716 年）	关帝庙下楹宋字匾联，由程暠"助奉并书"。	《续造关帝庙记》
不详	程暠"将上、下桥仆编牌轮值"。	《续记巡守桥山成材足用挑拼充公各记》

综上所见，作为文会斯文，程嚞负责修理大碣、道路，建造水口亭，维护水道，管理佃仆，以及各种账目的收支。作为个人，他还为族内的工程捐助银两。《乡局记》的另一名编者程兆枢，也是经理文会的斯文。关于他的情况，已见前表所示。

从前述各种场合的情况来看，上溪源许多规条的订立，均由族长、文会中的斯文和祠堂中的纠仪，以及乡约、里长等共同制定或署名^①，这些人合称为"立议规条人"。康熙九年十二月（1671年1月）《程寄新公水口庙常贮输契》末，除了立输契人程寄新之押外，还有乡约程远，里长程众甫，斯文程简臣、程宏先、程丽如、程俊民，族长程宗鲁和族众^②程士心、程公茂、程

---

① 康熙三十五年（1696年）四月初四日立《禁强剥仆人耕牛合墨》，以"立合同族长、斯文、乡约、保甲众等"具名；康熙四十六年（1707年）正月初七日，又由"本仁祠内族长、斯文、约、保公议加批"。

② 按：在这份契约上的署名，"族长"之下列有4人，即程宗鲁、程士心、程公茂和程因之。笔者以为，族长应为程宗鲁，其他人则为"族众"。类似的情况还有：康熙十五年（1676年）《水口庙常贮碑记》，"族长"之下也列有程振儒、程盛时、程国志和程有功4人；康熙十六年（1677年）《程寄新交付明照承管交单》，"族长"之下列有程宗鲁、程敏先、程仲和、程秀升、程因之、程熙乾、程亨伯和程寄新计8人；康熙二十八年（1689年）三月十九日《加禁牛轩培桥山合同》规条，"族长"之下列有程嘉福、程嘉极、程高儒、程国安、程兆晟、程志明、程宾明、程之英、程焌先、程振祥、程志祥、程日凝、程士登、程茂杨、程士新共15人；《清水口庙寄新公常贮租记》康熙三十三年（1694年）八月新立规条，"族长"之后列有程嘉禧、程嘉极、程高儒、程国安、程昌宗、程应焜、程兆晟、程有则、程秉铉、程志远、程士新、程焌先、程道本、程振祥、程日凝、程士登和程士晋共17人。显然，上述诸例中除第一人外，其余人应当均为"族众"。在徽州文书中，"族众"有两种涵义：一是指全体族人，这是我们通常所理解的；二是指族人的部分代表，参与和族中有关事务的商议和处理。因此，在考察族长的角色时，应同时考虑"族众"（第二种涵义）的作用。

因之，以及代书程宏先的署名。总之，族长、斯文、纠仪和乡约、保甲，共同负责村落的管理。

在清代徽州，大致说来，乡村社会中存在着两套系统的组织：一套是官方系统的乡约、保甲等，一套是家族系统下的族、房和情况稍显复杂的文会，两者似不应混淆视之。[①] 之所以说文会的情况稍显复杂，是因为文会有的依附于家族（上溪源甲震文会即是其例），有的则超越单个家族，成为多族相关人员联合组成的地域性组织[②]。事实上，在村族合一的上溪源，乡约、里长应由族人轮流承充[③]，族长、房长和（管祠）纠仪理论上也是根据推举而来[④]。只有文会中的斯文，因其生员的身份具有排他性

---

① 以往有学者在述及徽州基层的社会组织时，将乡约和文会合二而一，显然有待于重新思考和斟酌。

② 《萃英社文会条目》，晚清黟县文书抄本，1册。

③ 清婺源茶商孙和通家庭档案（稿本1册，原书佚名，根据内容暂名）："本里乡约、保长，原四甲充补。每甲先当三年保长，满，卸交二甲，即接当三年乡约，又转交二甲。二甲如是卸交三甲，三甲交付四甲，当满，从复转交一甲周流（复始）。"安图本《与下村争曹村上屋充当差派合同》中，也有"轮充乡约"的记载。嘉庆二十年（1815年）族内杂录（抄本1册，原书佚名，据内容暂拟）中，有里、甲长轮值的详细记录。关于徽州里长的情况，参见：［日］中岛乐章：《明代乡村の纷争と秩序——徽州文书を史料として》，东京，汲古书院2002年版；崔秀红、王裕明：《明末清初徽州里长户简论》，《安徽史学》2001年第1期。

④ 民国《歙县志》卷1《风土》追溯清代的情形说："邑俗旧重宗法，聚族而居。……祠各有规约，族众公守之，推辈行尊而年齿高者为族长，执行其规约。"显然，徽州的族长的产生，其基本条件是房分和年龄，一般是推举那些年高德劭（所谓齿德俱尊、品学兼优）者充当。房长的情况应当与此接近，所以族、房长并不一定有很大的特权。在上溪源，六甲房长程淑可、程乔梓甚至还到休宁开馆授徒谋生，与一般的寒儒无异。至于管祠纠仪，也应是挑选族中精明干练、廉洁奉公之人充当。

而地位独尊。①

"斯文"一名，亦见于歙县、祁门、绩溪和黟县②等地。明代祁门县六都善和里程氏《窦山公家议》卷1《管理议》即指出：

> 名门右族，未有不以作兴斯文为急务。我祖宗时，有作兴事例，其赒恤爱护之者无不周至，以故当时英贤济济，奋庸廊庙，于祖有光，于众有补。吾程为乡邑称首者，恃有此也。今也作兴事例久已不闻，而媢嫉之徒反加沮抑。且如致礼本县，大家门户攸关，尚令斯文自备，而众若罔闻焉，不知众存银谷将焉用之？轻其所重，宁非上逆祖宗之志意哉？无惑乎斯文寥寂，科目久湮，家声渐泯，众事日非。于此不加振作之方，后来日趋将不知所终矣。今议：本县迎送礼仪

---

① 清歙县章观良日用类书抄本中有《举乡约》条，曰："县主遵奉抚宪，公举乡约，严饬保甲，本族斯文、族长已经呈县，蒙准给示，是诚息讼安民，而法良意美者也。凡我族中耆老士民辈，的于某月某日齐集宗祠，服习仪节，遵奉县主宣扬圣谕，礼毕之后，各邀同志，设席合欢，此亦遵奉之美举，非曰族以类聚，仅视为杯酒之乐也，特白。"在此处，"斯文"排在族长之前。晚清婺源庐坑詹鸣铎小说《我之小史》第17回《从众劝因公往邑　小分炊仍旧训蒙》："清时官府下乡，文会、约保礼宜迎迓。文会上手禀，叫做一炷香，上书小字为'治晚生詹某某'；约保上手禀，上书'北乡十三都一图六甲庐坑约詹良烈叩首跪'云云。"（第269页）从手禀的称呼上，亦可见文会地位远高于约保。

② 民国《黟县四志》卷3《风俗》载："乡村多有斯文之会，但不尽党庠之人，虽捐杂职，倍捐会资，亦得与焉，可谓有名无实，大约由士人贪其倍资之故耳。"（"中国地方志集成"安徽府县志辑第58册，江苏古籍出版社1998年版，第27页）这说明参加斯文之会者，原本应是读书人，但后来发生一些变化，以捐纳获得官职者，亦可通过加倍捐助会资而跻身于斯文之会。

及递年二节礼义，俱系管理将众银买办，凭斯文开具往县将送。其脚力饭食，系斯文自备，斯亦去礼存羊之意也。苟有能复祖宗之旧者，安知斯文不复振如前乎？[①]

在"贾而好儒"的徽州，斯文多寡被视作家族兴衰的标志。在当地，"乡有祠，有社，有文会，有水口。祠以聚族，社以聚农，文会以聚礼，而水口以聚一乡之树木、桥梁、茶亭、旅舍，以卫庇一乡之风气也。……文会之责在读书之士……"。[②] 还有的说法更详细指出："文会聚一乡族社之绅衿士类，礼义之坊也，上焉宣天子教乡之圣训，下焉守里闾耕读之淳风，息争讼之端，严盗赋[贼]之防，去游闲之习，行亲睦之功，任綦重矣。"[③] 斯文因其生员的身份，为家族之门面，往往被族众委以与府县官衙打交道的重任。另外，在家族内部的管理上，斯文也常与"家长"（族长）一起在各种规条或合同上署名。[④] 笔者认为，以往学界对于徽州社会中的生员相当重视，这当然很有道理。但有的学者也过分突出生员作为个体的作用，却未将生员放在徽州社会基层的组织结构之一——文会中加以考察，故而得出的一些结论似乎并不全面。譬如，《畏斋日记》的作者詹元相，从他生员的

---

① 《窦山公家议校注》，第14页。
② 《书启·水口说》。徽州民间日用类书抄本《书启》，1册，是以洺河凌氏为主，杂抄歙县附近诸姓的资料而成。此外，也抄录了邻近县份（绩溪、旌德）的少量资料。从内容上看，《书启》一书均为清代资料，其中，有明确纪年的最晚一份为《咸丰三年年岁饥荒帖》。
③ 《书启·文会说》。按：据此可见，先前的教化之责在清代，至少在徽州的部分地区，已从乡约转至斯文头上，乡约则成为官方行政系统下的一种职役。
④ 《窦山公家议校注》，第90、91、94页。

身份以及多次参与文会活动的情形，如果我们参照上溪源《乡局记》所揭示的婺东北村落社会组织来看，他应当就是庆源村文会中的"斯文"之一，正是以这种身份，詹元相参与了庆源村内外排忧解难的诸多活动。他的所作所为，恰恰正是乡村社会组织正常运作的一种表现。在这里，当然还应当指出——由于《畏斋日记》是以日记作者本人为中心的私人记载，目前所见者也只有从康熙三十八年至四十五年（1699—1706 年）计 8 年的记录[①]，对于发生在庆源村的所有事情不可能面面俱到，在叙事时也难免会有突出个人作用之处，这是我们在利用时应当注意的。

（3）会社活动

康熙《婺源县志》记载："俗重社祭，里团结为会，社之日，击鼓迎神，祭而舞以乐之，祭必颁肉群饮，语曰：社鼓鸣，春草生。至秋而祭亦如之。闾里之欢，此为近古。"[②]乾隆年间编纂的两部县志，也都照抄沿袭了上述的记载。从《乡局记》来看，上溪源及其周遭的会社活动极为活跃。

上溪源程氏最早建社坛于社屋溪，明成化八年（1472 年）徙建于水口环拱坦，称崇溪上社，[③]"上祝皇图巩固，下祈社界清平，北观山川匡扶，人物福有攸归"。[④]另据传言，社凹岭上有

---

① 按：刘和惠先生整理的《畏斋日记》多有删节，并非完本。笔者曾将整理本与黄山市博物馆所藏稿本仔细对照，发现其中有不少重要的史料被删节，拟另文探讨。

② 康熙《婺源县志》卷 2《风俗》，第 232—233 页。

③ 《明成化年间社坛境神庙记》："按《社会序》：吾祖十九公，自宋迁居溪源下村，六公迁居溪源上村，建坛于社屋溪，至大明成化壬辰，思隆等以坛址弗利，徙建于环拱坦，名曰崇兴上社。"

④ 安图本《附录社庙钟文》。

社坛，大约在万历元年（1573 年）正月十八日，徙社于庙。^① 这里的"徙社于庙"，应是指社庙的单独兴建。此外，《乡局记》中另有境神庙，亦即环拱殿。后由一住持人各庙装香，"朔望打扫境神庙、社坛"。乾隆二十二年（1757 年）架东、西两桥松梁，架定后，"阖族绅衿耆老任事管工人，齐至文阁前敬告天地神祇，本境神庙、殿庙鼓吹牲醴，虔申奠献"。

除了村内社庙等外，阆山位于今庆源、段莘的东北，是方圆数百里范围内的一座名山，其上的阆山古佛也是婺东北方圆数百里内民众信仰的中心。据詹元相的《畏斋日记》记载，康熙四十二年（1703 年）六月初七日以后，庆源村一带发生严重旱灾，七月初一，"至阆山接佛求雨，……踏旱行香"。^② 对于接佛求雨，反映康、雍、乾三代的徽州文书《目录十六条》中，也有《乙亥岁请佛帖》《请佛帖》和《阆山酬佛醮疏文》等。而在上溪源，人们从风水的角度认为，该村来龙"江东正脉发源，阆峰落脉，乾亥龙入首"。明万历元年（1573 年），上溪源程氏部分族人即有《造阆山香岩院合同》，其中提及："阆山敕建香岩院，实系本里香火，历代迎请祈祷。"安图本《石镇源接佛祈雨议约》：

> 立议人胡参、洪尚等，原阆山古佛，四社相共，今因上溪源程姓祈祷，和尚借言推阻不发，致上溪源程姓众忿，自

---

① 《古朝山洞》条曰："事不可考，父老传言，当朝山中凹转一洞，洞上即社坛，名社凹岭，后徙社于庙，塞洞以固关栏，族内^{名五}_{子家}有遗帐，记万历元年正月十八日起手塞洞，每丁一工，米一筒。"
② 《清史资料》第 4 辑，第 245—247 页。

今洪、胡二姓合议，凡遇祈祷，先至先请，不得生情阻挠，立此存照。

顺治十二年七月二十六日立议约人胡参

胡庆

胡互

洪尚

上述虽然是有关纠纷的处理，但从中亦可看出，与庆源及龙尾等地一样，至阆山迎请古佛，也是上溪源一带的迎赛惯例。

除了上述的（村）社外，《乡局记》中屡有"族内各厅各会"的说法，从《禁强剥仆人耕牛合墨》等文书来看，当时程氏本仁祠有甲震会、追远会和聚秀会等。

甲震会：又叫甲震文会。康熙三十三年（1694年），甲震会与追远会调换土地。[①]康熙二十八年（1699年）三月十九日加禁牛轩培桥山合同，立议规条一样4张，甲震会、追远会与上、下桥会各执1张。雍正十年（1732年）议建文昌阁合同，是由甲震会众出具画押，并将合同存于文会。乾隆五年（1740年），则交由督工的斯文程兆枢执据。

追远会：康熙十六年（1677年）三月二十四日，立批助搭桥山合同，"其山四至内税，合同内各甲业税者，俱扒入追远会交粮管业，掌养树木，永为搭桥取用"。[②]康熙二十八年（1689

---

① 《甲震会换追远会曹溪寺田作义冢记》。
② 《康熙十六年丁巳三月廿四日立批助搭桥山合同》。

年）三月十九日，曹溪寺建义冢，立议规条一样 4 张，其中 1 张由追远会执。[①]康熙三十三年（1694 年）三月初三日立对换田契，甲震会换追远会曹溪寺田作义冢，追远会将朝山下田 5 秤，换作仁义会护祖安姒张祖墓祭田。[②]

聚秀会：安图本有康熙三十一年（1692 年）《立聚秀会保局合同》："窃惟祖宗者身所由来也，乡局者身所由安也，保祖保局即所以保其身也。我上溪源自始祖肇基以来，代有仁者，保祖保局，启佑后人，世食其德，传祝不衰。今合族念切继述，奈众无储积，以致仁孝之思未获克展，是以会族公议，特立聚秀会，将局内山水无碍自然之利，递年收贮，加以源源输助，公举贤能经理生殖，俾财用丰裕，祖宗赖以保，乡局藉以安。"其后列有 6 项"规条"，详细记录了聚秀会的运作及其规则。《立聚秀会保局合同》一样 3 张，除聚秀会外，本仁祠和甲震会各执 1 张。可见，聚秀会是程氏支祠本仁祠与甲震文会牵头、族众共立。该保局合同未见于王藏本，而在王藏本中聚秀会仅出现过一次，也就是《禁强剥仆人耕牛合墨》合同一样 5 张，由聚秀会执 1 张。

此外，还有复绩会、积盛会、养源会和仁义会等，兹简要叙述：

复绩会：康熙五十一年（1712 年），三图上溪源与二图中溪源"两房同心，共立复绩会，会有祀田，税有归户，爰是公同合议，将向来各业吊字、民字山税、河路所有税粮，尽归复

---

① 《曹溪寺义冢记》。
② 《甲震会换追远会曹溪寺田作义冢记》。

明清以来徽州村落社会史研究（修订版）

绩祀户,合业同守,以昭雍睦,以固乡局,上慰祖灵,下垂世泽"。① 当时,"山泽之利,咸归积聚,年来生殖日隆,族事赖以有为"。② 可见,复绩会的运营非常有效,迅速积累了一批财富。

自此以后,有关乡局的不少事务均由复绩会出面处理。如雍正七年(1729年)秋,复绩会兴起冬至祭典。又如,"水口护砂、湖头寺前诸田,土色纯腴而深厚,前人所立义冢,一以泽枯,一以保全护砂,诚美举也。无如本村与下村利其肥土,便于作灶泥墙,不顾棺骸,忍心挖掘,断板零骸,抛露盈郊",康熙五十一年(1712年)、五十二年(1713年),族中由复绩会主持,出帖给赏,召募人员擒获挖掘义冢土泥者加以惩治,从而制止了此类行为。③ 再如,《阖族在祠公立造桥议墨_{朝阳}全稿_{忠良}》称:"立议合墨势公支孙等,本族复绩之兴,原因住居朝山、水口而设,同心生殖,以致积累千余。"上溪源水口,于明万历二年(1574年)时建有钟秀石桥,但入清以后废弃已久,雍正元年(1723年),皇帝诏示天下修理桥梁、道路,族中父老遂有重建水口桥之议。当时,由"丰赀厚积"的复绩会出面,议定输赀立会,"每岁存银,积渐完工"。④《乡局记》编者之一的程兆枢称:"桥工浩大,经理在人,今复绩会内老成练达,英才济济。"雍正七年(1729年),复绩会设有四总理。自雍正元年正月十七日至七年正月止,共付桥工实用银483两4钱1分3厘。

---

① 《曹村迁居里门记》。
② 《上溪源水口灵毓桥记》。
③ 《义冢续记》。
④ 《请建水口桥帖》。

复绩会是作为上溪源程氏同族统合的一个步骤，"倘遇强邻冒占侵害，俱系复绩会承值清理"，反映了外部竞争的激烈。《曹村迁居里门记》："康熙五十一年辛卯正月，本仁、集义两门将后龙、朝山、水口山、溪河等税，归入复绩会本立户，共相世守合同。复绩会瓜分后，本立户归积盛会。"按照这段记载，复绩会后来不知因何缘故瓦解①，其下的本立户则归积盛会所有。

积盛会：《乡局记》中出现积盛会的最早记载，见于雍正四年（1726年）："雍正丙午，仁晓祖墓讼，共将租银典本支付讼费，并偿借利及各项，通计壹百壹拾捌两五钱捌分，仍续置实田，交代会名积盛，备应朝山、水口、后龙、桥山、乡局支应各用，永远无异。"这表明积盛会是以诉讼余赞而设，为的是支应有关乡局的各种费用。雍正十年（1732年）建文昌阁，积盛会与甲震文会及族众共同出资。乾隆三年（1738年），挑取桥山杉木2000株，"树存祠卖"，所卖银于乾隆六年（1741年）付程兆枢手造文昌阁工用，"余有支有欠，有帐存积盛会匣"。乾隆九年（1744年）大水，大碣崩倒，碣头大路冲倒。翌年众议动支积盛会租银，补筑兴工。②据说，当时会内现银仅1两7钱，难以完工。同年七月初九大水，桥板连锁淌失，寻觅无踪，族议动支积盛会银买铁，雇匠造锁。乾隆十四年（1749年）三月，程秀民、程雨兴邀集族众至祠清算银，各门登山伐木的工食等"细帐（均）在积盛会匣"。乾隆十八年（1753年），族议挑取桥山

---

① 《桥工纪事》："雍正七年秋，复绩会兴冬至祭典。……次年正月二十日，将会分散。"则复绩会似于雍正八年解散。

② 《大碣头路倒修筑续记》。

杉木，贮祠发卖。乾隆十九年（1754 年），程兆枢乘林德堂重造祀厅需用朝山、水口杂木作柱，请族众议将朝山、水口杂木与林德堂后山松木换用，所取杂木枝桠，归积盛会卖银存匣。

养源会：乾隆九年（1744 年）大水，碣崩尽，屡议重造未有结果。乾隆十七年（1752 年），林德堂支程德源引开化县石匠包造，"动支养源会匣"。此外，《乡局记》中另有一处记载，程永渼"同理养源会、甲震会事"。

仁义会：在《乡局记》中也只出现过一次，亦即《甲震会换追远会曹溪寺田作义冢记》中，康熙三十三年（1694 年）三月初三日，追远会将朝山下田五秤，换作仁义会护祖安妣张祖墓祭田。

关会：参加者有族内的 19 人：程嘉福、程宜亨、程振和、程天与、程天椿、程廷儒、程振庚、程应善、程振邦、程心与、程天振、程宗正、程士诚、程振宿、程周佑、程天根、程武齐、程宾明和程士登，"将所积会赀，举嘉福公督造关帝庙于祠堂之右"，关帝庙于康熙十一年（1672 年）起造完工。其中，程嘉福在后来的康熙二十八年（1689 年）曾为族长。这是吸纳会众资本兴修公益设施的会。

类似于关会那样的会组织还有"准提会"[①]"老三官会""百子会"和"顺治乙酉同年会"[②] 等，但其具体运作情况不详。此外的上、下桥会，则详见下文。

---

① 《续造关帝庙记》。
② 《桥工纪事》。

上述有些"会",似乎属于较为长设的会组织。还有一些则是类似于关会那样金融互助的随时集会,一旦目的达到,则随时解散(俗称"凑会")。雍正十年(1732年)建文昌阁,甲震文会内"凑会壹百两付阁工,会友养源会壹股,坐末会收,存仁堂叁股,文绪堂壹股,宸中壹股,修其壹股,雨兴壹股,尔清壹股,泽周、楚岚共壹股"。[①] 其中的"宸中",亦即《乡局记》的编者之一程兆枢。《小冲岭路阑干记》,百丈冲大冲之上有小冲,程兆枢之妻汪氏六旬进香经此,见岭路崎隘,想在大冲筑置石阑,"即以子侄祝仪凑会积殖"。这些,都属于临时性的"凑会"。

2. 山林经济

《乡局记》的编者之一程兆枢曾指出:"我族会无余积,祠用告匮,三十年来,全赖桥山利益得免窘迫,若能同心守禁,不徇私,不畏强,因时挑拼,利益无穷。"77岁的他,将桥山诸事逐一记录,从中可以窥见上溪源山林经济之一斑。

《乡局记》一书中,有前后长达19页半的"桥山合同""桥山""桥山收税""上桥"和"下桥",汇集了有关桥山的诸多相关文书:

桥山文书

顺序	文书名称	涉及的年代
1	《批助牛轩山搭桥合同》	康熙十六年(1677年)三月廿四日
2	《加禁牛轩培桥山合同》	康熙二十八年(1689年)三月十九日

---

① 《文昌阁记》。

顺序	文书名称	涉及的年代
3	《婺源县正堂张为恳恩赏示严禁强砍永养桥木便农供纳事》	康熙三十年（1691 年）八月廿八日
4	《（续记）巡守桥山成材足用挑拼充公各记》	康熙、雍正、乾隆
5	《瀛川桥记》	顺治、康熙、乾隆
6	《平济桥记》	顺治、康熙

上述的文书显示，牛轩培山一号系程姓众输山业，养木搭桥。康熙二十八年（1689 年）三月十九日由族长、斯文、纠仪和乡约共同议立规条，对桥山作了详细的规定。据载，初立桥山时，各房齐心协力，不时巡视，一般家庭也能各守规条，使桥木得以掌养成材。后来杉木成材，强徒横砍，农民畏势，箝口不报，桥木将尽，桥梁修搭则无所取资，故此于康熙三十年（1691 年）八月二十八日，由婺源县正堂出给告示，严禁强砍桥木。村中设有桥户，隶属桥户的佃仆称为桥仆，桥梁即由桥仆承搭。将上、下桥仆编牌轮值，每日挨家传牌巡守，对擒获偷砍者的桥仆分别给以奖赏。雍正八、九年间（1730—1731 年），由于皇帝下诏开豁徽、宁世仆，引起佃仆反抗的加剧，从而使得村内桥仆照牌挨巡之规废弛。不过，程氏宗族很快就镇压了桥仆们的反抗。桥山之木除供给搭桥外，也通过商业贸易获取利润，称为"树银"，以备公用。如乾隆十三年（1748 年），"因祠用告匮，祀典难举"，拟议挑砍桥山杉木，"以应祠急，因本村砍做非惯手，既多费，又不合卖，坚议召客包拼，随有德兴县叶见东持银议拼。议定壹尺五寸杉木，每株九五足色银壹钱式分（五尺处明围裁尺

较准），先兑银壹百两，然后围木点数"。在《加禁牛轩培桥山合同》中，对于山林经营有详细的规定：

（1）桥梁为出入要津，与后龙、朝山、水口同一关切，所有牛轩培桥木，一概付纠仪，与后龙、朝山、水口一体掌理，每年上、下桥二会备纸旗，正月鸣锣插旗，封禁壹次。

（2）逢卯、酉年搭桥之家，接集族长、斯文、纠仪、约、保，拣定日期开山取木，若无纠仪登山雕号，计定根数，擅开砍者，照盗砍例，每人罚银壹两。

（3）开山无人监视，必恣行碎砍，搬入私家。今议半月前出帖通知，各搭桥家如期齐集，开山砍斫，央纠仪四人，每人监砍一日，限定四日，尽拖出山，第五日定行封禁，虽未砍完，概不许复砍。

（4）雕号一人，监视纠仪四人，将壹尺二寸杉木板壹十五根作工食，众议工食折银，雕号壹人每日壹钱，纠仪每日五分，在上、下桥二会支付。此条纠仪义让不行。

可见，纠仪对山林经营负有全责，负责管理桥山杉木，监督砍伐者的行动。所谓义让不行，是指纠仪将此项工作视作义务，并不接受按规定应当给予他们的报酬。

3. 婺东北地域社会的竞争与协作

安图本《乡局记》中有几条涉及基层组织运作的史料，不见于王藏本，具有特殊的价值。

其一，安图本有《均图记》，曰：

顺治辛卯，安庆操江李公示所属府州县地有图内粮少，扒凑粮多之图，共甲共充里役，名曰均图。邑侯马公以我族图甲粮少，均入九都桃源图甲内，我族图甲以粮虽少，愿独充里役，不愿均入他图，屡呈不准。适本府理刑胡公临按邑内查军田，我族进呈蒙准，申详操江李公，即将我族呈词给示县内，我族图甲得以照旧不均焉。（出身料理人曰照公、盛时公、沛公、登凤公、宪明公、茂明公、尔颂公。）

　　顺治辛卯也就是顺治八年（1651年）。这是因为图甲关系到家族在地方社会中的地位，故而程氏宁可独充里役，也不肯均入他图。

　　其二，安图本有《与下村争曹村上屋充当差派合同》：

　　立合同乡约程远、保长程钟秀等，向奉上司明文，以近附近，编立乡约、保甲。本村里甲丁粮有远辖别约地方者，有与二图同里甲者，本村各遵上司行乡约点，保甲设团长、灶丁，及中平镇一应差役，官有确据，保甲之籍册私有，历立充约之合同，论约不论图，历世无异。今因中平派造营房，二图里长借端妄扯程公立、程永芳越约津贴。不思上纳钱粮，自应照图催征；约、保差派，自应照约供应。各自完公，何得混扯？且造营房，亦只是以附近地方，故九都亦不派到，况国志、公立等历来轮充乡约，若任妄扯，照图本乡丁粮减去一半，丁粮辖在别都、别约者，岂肯远贴？本约三图乡内单寡，乡约、团长、灶丁何人承充？衣甲、器械、工食等费何处措办？难容借偶然之营房，翻历来之定例。端不可开，局不可破，为此约内共立合同，全约保局，倘致兴讼，照依丁粮敷斗，毋得推诿执拗，以坏乡局。今恐无凭，立此合同六张，各执一张存照。

约程汝振　　程尔炽　　程汝同

约程文耀　　程志昌　　程煌

约程时泰　　程万兴

约程公立　　程志椿　　程集义

约程宜一　　程永芳　　程中兴

约程廷　　　程鸣阳　　程文保

康熙十四年闰五月十八日立。

清代前期，编立乡约、保甲的原则是"以近附近"。上述的合同，反映了民间社会因差派而引发的纠纷，这是观察基层组织运作的绝佳史料。此外，安图本另有《北港与汪口争船埠合同》一份：

> 立合同十都江恒、程正义、程追远、叶宗英、汪仲美，七都汪存心，六都洪贻训等，窃惟生民脉命，粮食为先，运粮舟楫，通河最要。本县粮米取给江西，本乡贩籴，出己汪口，在汪口有东、北二港相通：东港直通江湾、中平，沿河碓碣开空，河埧平伏，虽重载亦不费力；本河北港汪口直通港口。数乡人户稠密，上年曾合众开河，舡只往来无异。近有造碓俞^{俞进等}等，只顾利己，罔思害众，越行造碣，舡埧高峻，

阻塞舡路，以致商贾搬运多费，万民被害。兹兼汪口米市移在水口发卖，本河舡只不通，比前更难搬运，今各乡会议，执理通商，齐向^{舜进}等造碓之家，须照东港开埭平伏，通舟往来。倘汪口俞^{舜进}等恃蛮挠阻，不得不闻公理论，所有公私费用派出舡只，其闻官告诉的名，毋论何乡何人，概系舡只敛众费支用，不得累及当事出官之人。此系通商便民至意，实为日后久远良计，各乡须齐心协力，毋得怀诿推执拗，如有等情，众罚银三两公用，仍凭此文为定。今恐人心不一，会众公议，立此合同一样数张，每乡各执壹张为照。

一、舡只派费，毋论粮米货物轻重，讼在县，每舡敛九色银壹钱；若讼在府、道，每舡敛银贰钱，至水磨湾登簿收银。经收之人，不得徇情隐瞒，如违，见一罚十，敛银自五月十五日为始。

一、兴讼之日，料理讼事人员，除食用外，每日贴工银参分。

一、敛费倘有一时不能应急，任事之人挪借应用，候[候]敛敛加利付还，不得累及经手之人。

今汪口上、下两碓碣，下碣因碣伊家乡局，村众折低严禁，不得再加，上碣舡埭碓家俞子田、俞昌、俞进等三面折低平伏，舡可通行，但事久生奸，恐日后上、下碓碣背后复造加高，本河舡阻，必又理论，其费用仍凭此合同敛派，毋得执拗。

康熙十一年五月十五日立合同人

十都江恂	程正义	程追远	程惟贤
程泰民	叶宗英	江汉明	江瑞漪
江元升	江长吉	汪仲美	汪和卿
七都汪存心	汪庆伯		
六都洪贻训	洪治卿		

上溪源程氏联合都内（十都）和七都、六都各姓一起准备兴讼，详细规定了筹措讼费的方法，但从合同来看，俞姓最终妥协，同意改建水碣。

上述三份史料，反映了在里役差派和水道交通等纠纷中，上溪源与官府及周遭村落、族姓的交涉。关于这一些，此处限于篇幅，将来拟另文进一步探讨。

4. 雍正开豁贱民与佃仆的反抗

王藏本《乡局记》收录了康熙、雍正和乾隆三朝的文书，《乡局记规》中有“无论私仆、众仆”之句，这是上溪源的佃仆分为一姓的“私仆”和“众（姓）仆（人）”。《乡局记》中有《禁强剥仆人耕牛合墨》：

> 立合同族长、斯文、乡约、保甲众等，原祖买众姓仆人，耕农供课，所养猪牛，听农自便，毋许强逼买卖，恤农仁风，世守无异。迩来人心不齐，攘夺渐起，破规剥农，致坑国课，有干法纪，为此特立合同，重加严禁：所有农家猪牛，听农自便，买卖变易现银，买牛耕种供课，如有借猪牛税为名，私斗家头猪只，强逼买卖，以小牛强换大牛，贱价

强买，以致跌伤瘟疫，强剥瓜分，许价不实，剥农坑课者，许被害之家，执此合同，投鸣约、族，定以剥农坑课，呈官究治。今恐无凭，立此合同一样五张，本仁祠追远会执一张，聚秀会执一张，甲震会执一张，太平会农家执一张，韵鼓会农家执一张，永远为照。

康熙三十五年四月初四日立重禁农猪牛合同族长、斯文、乡约、保甲人程嘉禧

嘉极　高儒　国安　元应　兆第　兆昇　廷桂　兆达　兆晖　廷第　朝阳　峻先

士登　士伟　士中　士栋　士延　士宪　士里　士基　钺　光相　道本　秉铉

之庆　时芳　志上　志德　士鋐　元钺　日新　志祥　茂杨　春繁　兆勇　茂标

余粟　书人兆章　以上俱花押

嗣后如有牙屠债主，故违合同，强逼买卖耕牛，及耕牛瘟疫跌伤，强取牛皮筋角者，无分主、仆，一听农家以强夺耕牛处治。如仍恃主势肆横，约、族呈究，永远为照。此议批原合同。

康熙四十六年正月初七日本仁祠内族长、斯文、约、保公议加批

依议书人兆章

可见，众（姓）仆人拥有一定的财产，主人不能随意剥夺。

当时上溪源组织有太平、韵鼓二会，又叫上、下桥会。上溪

源乡有"上桥、下桥、麻榨坦桥、汪村桥、小溪桥、远坑口桥，皆为出入往来，世世必由要路，不可一日无者"，由于取办桥木，经常引发纠纷讦讼。康熙十六年（1677年），"族内将牛轩培山有业者乐输付众，公立合同，掌养苗木，永为搭桥取用"。当时的《批助牛轩培山搭桥合同》更具体指出："众议山后牛轩培山苗木易于看守长养，有分数之家，情愿乐批与上、下桥桥会内，封禁看养杉木，以待搭桥取用。"[1] 可见，上、下桥会的部分运作资金首先是来自主家有业者的乐输。其次，罚没资金也是桥会运作的资金来源：

（1）所罚侵害桥木银两，俱付上、下桥桥会生殖，终年壹分半钱行利，各年至正月初七日至本仁祠一结，存积以备侵害桥木，呈治强梗给赏，存积费用。

（2）壹尺式寸以上杉木若多，只许尽照各桥定该应用若干根数号砍，其余存掌养以为桥马大用，若乘机尽砍者，照盗取例罚银壹两，其木退出，作时值价付上、下二桥会领卖生殖。

（3）开山砍木，若无雕号擅行妄砍者，照盗取例罚银壹两，再将树木追出，作时价，付上、下桥二会生殖备用。[2]

至于上、下桥会的开支，则主要有以下几个方面：

---

① 《批助牛轩培山搭桥合同》。
② 《加禁牛轩培桥山合同》。

一是供山林砍伐时的开支，"雕号一人，监视纠仪四人，将壹尺式寸杉木板壹十五根作工食，众议工食折银，雕号壹人，每日壹钱，纠仪每日五分，在上、下桥二会支付"。[①] 后来，由于纠仪的"义让"，这一规定并未付诸实施。

二是供佃仆修碣时的工食开支。如康熙五年（1666年），复加碣脊，"碣脊虽加，田家分水下注，无水入池，丁未众议，批银付上、下桥太平、韵鼓二会生殖，又将二会常例戏银，贴付小头作水工食，而水仍断绝不常。己酉又加批工食，编立上、下桥会家头轮值，注水入池"。[②] 当时的《批约》曰："立批约族长、约、里、斯文、纠仪等，原造新碣取水入村，以镇丙峰火星，因水路断绝不常，今众输助纹银壹两六钱，付太平、韵鼓二会，每会各置硬租壹秤，递年将租银付各会轮充小头巡察作水工食，仍于太平、韵鼓每会递年常例戏银陆钱，永远内拨壹钱，凑与小头工食。递年只将五钱付众小头，于水路不得断绝，如违公罚，恐后生情异说，特立批约四张，太平、韵鼓二会各执一张，追远会、甲震会各执一张，永远存照。"康熙八年（1669年）正月初四日，"众议又将高冈新路里荒地津贴工食，一听太平、韵鼓二会作种均收，二会常例戏银再拨壹钱，为递年浚池清圳工食，其作水责在小头，催促现在家头轮充，其开浚水圳泥池，议定四工，递年定期在立秋十日内，隔水清浚，如再怠惰，以小水搪塞者，罚银贰钱，决不容恕"。

---

① 《加禁牛轩培桥山合同》。
② 《加石仓碣脊立水圳作水入池工食批约记》。

佃仆为主家服务的主要义务有：

（1）搭桥

婺源地处山区，桥梁随处可见，因于夏秋季节时常山洪骤涨，极易冲垮桥梁，[①]故而桥梁多有季节性，这就需要人工搭建。而这项任务，主要是由佃仆承充。上溪源一带有上、下二桥，上桥也就是原先的瀛川桥，由"各仆家头承搭"。[②]下桥也就是平济桥，"原系下桥仆户汪、俞、吴、项，与本族种田溪边各家暨曹村种田之家一体承搭。康熙末年，项、吴二姓乏人，俞、汪亦各衰微，因将溪边与曹村应搭桥之家，各输实田入平济桥会内，着上宅新屋家头内不搭上桥者，乘〔承〕搭溪边、曹村种田各户桥，其汪、俞二姓分承吴、项二姓桥，所输置田亩为搭桥公用，程姓不稽查。上桥同"。[③]搭桥需要的各种费用，由程氏输助。譬如，康熙年间，程文炳助银一两二钱，村众亦多零助，"交上宅仆姚周伟、周福、永春生殖，买山后牛轩培田税叁分四厘，装柴坞田税四分乙厘三毛，田亩里田税八分三厘，高燕石田税伍分弍厘，乌石岭田税弍分六厘，康熙壬申将田税拨入本仁堂，分装三图，各甲匀纳"。[④]

（2）看守山林

上溪源程氏立有桥山，"将上、下桥仆编牌轮值，每日挨家传牌巡守，如遇内外侵害，立即报集擒拿，遵行毋懈，杉木蕃盛成林。雍正甲辰，下村盗砍，巡仆报集，各仆追擒，直至下村获

---

① 安图本《水口石桥记》："万历己酉洪水满村，屋浸丈余，桥果崩。"
②④ 《瀛川桥记》。
③ 《平济桥记》。

夺脏理论，本族即行呈究，下村盗砍人央老成求情，托人至邑，挽留免呈，愿备银罚赎加禁。本族至祠，将巡擒追获之仆汪员眼、姚廷振等十余人，分别给赏。后因族议，挑选大木价卖，仆等至祠，求念巡劳，酌分余惠，以昭鼓将来。时众议以桥木任选，长大首尾，皆仆入己，且旧桥板马，皆仆所得，一遇大水，则换旧补新，在仆虽任巡劳，亦多利益，毋容琐求。仆未遂欲，巡守渐懈，加以雍正庚戌、辛亥间开豁徽宁世仆恩例，各仆狂妄，照牌挨巡之规遂废"。①不仅是看守山林，村里其他的巡逻，也靠佃仆执行。

（3）演戏

在徽州村落中，常常需要醵资演戏酬神。上、下桥太平、韵鼓二会有常例戏银②，亦称"上、下桥仆（人）常例戏银"。迎神赛会时，佃仆须接戏箱、抬神轿等。

此外，遇到各种兴作，也需出力。如康熙十九年（1680年），水口亭倾倒，重新起竖出租，"上桥姚、项、祝仆户每家壹工，下桥汪、俞、吴、洪仆户每家壹工，坽里姚仆每家壹工，坑头姚仆每家壹工"。③康熙二十二年（1683年）洪水冲碣，三造石仓碣，所用丁工，"本村及杂姓并各仆六十岁以下，每丁半工"。④康熙二十七年（1688年），造西板石圳路，"坦头叶仆助工"。⑤除了出力外，还有的是出钱。康熙四十二年（1703年），

---

① 《续记巡守桥山成材足用挑拼充公各记》。
② 《加石仓碣脊立水圳作水入池工食批约记》。
③ 《二造水口亭记》。
④ 《三造石仓碣记》。
⑤ 《造西板石圳路记》。

造大冲阑干，姚、汪、俞、吴、祝、叶各仆，均乐助银两。① 有时则以助工折银，如雍正年间修水口石桥，"上宅下桥坽里姚、汪、俞各仆共助工折工计银肆拾壹两陆钱"。② 另外，也有的是置备酒食，如康熙二十二年（1683 年）洪水冲碣，修桥外请石匠，"众备米菜酒肉，会议仆姚四你供给，工银每工五分明算"。③ 还有的是捐输木材，如雍正十年（1732 年）建文昌阁，"坽里姚仆愿自伐找，送至祠助用"。④

清雍、乾时代，正是徽州社会发生重要变化的一个时期。徽州是佃仆制盛行的地区，雍正年间发布开豁贱民的谕旨，于是，上溪源一带的佃仆纷起反抗。《乡局记》载："雍正庚戌、辛亥间，开豁徽宁世仆恩例，各仆狂妄"，庚戌、辛亥间，也就是雍正八年至九年（1730—1731 年）。《乡局记》记录了"逆仆"的种种细节，颇有史料价值：

> ……坽里姚仆九男、训、旺孙等乘开豁世仆新典，纠上宅新老屋各仆，不代溪边曹村农家搭桥，不应已酉报赛接戏箱，不抬佛轿。众议接箱、佛轿，姑动支树银暂给工食，以免抗误。庚戌元旦，坽里新屋仆不至祠叩贺，鼓吹亦不到，族众在祠，愤往催唤姚九男、姚训、姚旺孙三人，踞坐酣饮不理，族众怒责，胆敢抗拳，因将三人擒至祠缚禁拷问，供扳

---

① 《百丈冲石阑记》。
② 《桥工纪事》。
③ 《三造石仓碣记》。
④ 《文昌阁记》。

下桥仆汪元眼，唤质时，元眼以九男诬害，藏枪头于袜内，露柄搜出，族众分班报呈，四路扎阻，仆等不能勾连外村悍叛，代告并防抢夺，下村族老亦来会议。至初八日，姚九男等央新老屋各仆，齐至本仁祠跪求，愿各具遵依，照前服役。初十日，始释放。

该书第 54 页天头还注有："是年下桥一板，半系（程兆）枢情搭，每板费银五钱，共柒钱五分，逆仆欲因势催搭桥，纠衅跳梁，故情搭以靖其悍，浅人不解也。服役后，新屋姚仆自愿世世承搭。初六日，祠议仆虽叛，不能离村，将各家各会田租每秤加五斤，如少欠，拔众赀追比，岁岁坚行。再将姚姓发旺坟听众侵葬，再将坎里屋基下石壁凿去，破其巢局。仆闻，始各畏惧忧惶，乃愿服役如初"。主家通过加收田租、侵葬仆坟及凿去石壁（可能是密谋反抗的聚集地）等手段，逼迫佃仆重新就范。故此，这次的佃仆反抗以失败而告终。

类似于上溪源这样的佃仆反抗，在当时的婺源乃至整个徽州均颇不罕见。婺源《三田李氏重修宗谱》中有《雍正己酉理田族仆跳梁苍林自纪》，包括《前讼纪》《后讼纪》《结讼纪》和《讼平畔仆序并诗》4 个部分，记录了雍正七年（1729 年）前后发生在婺源的佃仆反抗。根据记载：

> 维我理田，素推望族。旧是神明之胄，世称礼义之家。畜有庸奴，原备扫除趋走之役；是为厮养，均畀田庐廪饩之资。咸赖服我先畴，致厥蕃兹子姓。讵料人役而耻为役，乃

至受恩而竟辜恩，鹰饱思飏。在昔相率逋逃，曾追入苙，蜂虿有毒；今更借端超鼗，并欲逾闲，小人难养。辄敢怒而逞臂，当车狙侩诪张，乃为幻而教猱升木，既不恭而敢距，甘蹈不祥之非，越兹蠢以为仇，竟成效逆之举。①

《前讼记》记载，雍正七年，"逆仆王瑞生等凭党唆煽，妄行跳梁"，"逆成等借端放赖，凶横异常"。后来经李苍林上控，而"群叛俱平"。不过案结3年之后，"逆志复炽，挈家远逃"，经过追捕及藉助官府的镇压，从江西德兴抓回者多达百人，据称从此"去者徐徐而归，归者恋恋不去，呼之立应，役之期来，燕自栖而鱼任放，梨盈谷而菊满园"。从上述田园牧歌般的描述中，我们得知主家李氏有效地镇压了佃仆的反抗。不过，此种佃仆的反抗与斗争，在有清一代的婺源各地始终存在，并一直沿续到晚清时期。②

（三）结语

因全文较长，故此首先应当总结一下前文所述的主要结论：

---

① 《三田李氏重修宗谱》页51上，《理田讼纪·讼平畔仆序并诗》。国家图书馆分馆编"中国国家图书馆藏早期稀见家谱丛刊"第12种，据清乾隆间刻本影印，线装书局2002年版。
② 笔者收藏的1册徽州文书抄本《钦定三府世仆案卷》，记载了清嘉庆年间发生在婺源的一桩主仆互控案件。婺源庐坑詹鸣铎所著小说《我之小史》第6回《王母大闹隆记行，詹家仝控逆仆案》，即是涉及晚清主仆互控的内容。

其一，《乡局记》虽题作"（程）矞编辑"，但实际的编者却有两位，除了程矞之外，另一位则是木商出身的乡绅程兆枢，两人均为管理文会的斯文。

其二，从《乡局记》本身的记载来看，乾隆年间至少已存在三个抄本。但现在所见的无论是王藏本还是安图本，都是未曾改定的抄本。

其三，《乡局记》详细记录了上溪源村落的社会组织、山林经济、佃仆制度等诸多方面的内容，对于了解清代前期徽州基层社会的生活实态，具有特殊的史料价值。倘若再结合婺东北的其他文书档案，我们可以更为全面地理解 18 世纪前后徽州的地域社会史。

此外，《乡局记》中对于徽州桥梁等的详细记录，在建筑学方面应当亦有相当的学术价值。

以下再就徽州村落文书的形成，作一总体上的剖析。

1. 现存村落文书的三种形态

在徽州民间，村落素有保存原始文书的习惯。迄今，仍有大批村落文书被保存下来。就内容而言，以往学界习见的史料主要是与庙会等活动相关的文书。如有关社^①、龙灯会^②、保安善会^③

---

① 如康熙、雍正、乾隆时期的《宗穆社规例》1 册，内容翔实丰富，为以往学界所未见，极富价值。按：有关徽州的社文书相当不少，似可自成一个系统。

② 《龙灯会簿》，1 册，封面除书名外，题作"同治十二年新正月吉立，佳房收"。民国年间歙县的《龙灯会簿》，1 册。

③ 《阊村保安会开会纪录》，封面除书名外，题作"民国卅年辛巳四月立，值事西隅前门管账"。《保安善会五隅科钱簿》，题作"民国叁拾年五月吉立，西隅前门司账"。各 1 册。

以及菩萨开光①等方面的档案文书，这些文书较为系统地记录了徽州民间会社运作及迎神赛会之酝酿、组织和开支的整个过程。日本学者涩谷裕子即曾利用南京大学历史系资料室收藏的《祝圣会簿》等文书，研究徽州农村社会的祭祀组织。②这些反映某一具体组织或事件的文书史料，可以视作是以庙会为中心展开的资料，就其贴近民间社会的程度来看，可以看作是村落文书中的一种。

本章开头即对村落文书有所定义——"是指围绕着某一村落中心，将本村及周遭的相关档案汇辑成册的稿本、抄本以及文书散件"，就其现存形态而言，大概主要有以下三种：

其一为一事一记的文书，既包括散件，也包括简单的簿册文书，其特征是可以明确地归属于某一村落。笔者手藏的民国十四年（1925 年）正月初十日之婺源荷田的村会记录，主要是有关在祠堂（该村系村、族合一的村落）中加入女主，并添入男主、寿主为筹款办法的内容，这当然是典型的村落文书。与《乡局记》同时收集到的，还有以下一些资料：咸丰五年（1855 年）

---

① 如道光二十六年（1846 年）的《阆村开光谱》，1 册。其序曰："道光念陆年七月立大吉。王、邵二姓公议：观音亭、太子亭、五猖亭、岭头亭、叁处亭诸位尊神开光换衣，庇佑弟子出财人等一方康宁，万载太平，年年五谷丰登，人民乐业，获福无疆。公议择选吉日退神，七月拾柒日庚子日大吉寅时点光上座，捌月初肆日辰亥时上座大吉。"类似的文书还有仁本堂《开光捐助总登》，封面题作："同治陆年蒲月吉立"；《（七公会）重光收支总登》，1 册，题作"民国念五年丙子闰三月立"。

② 《明清时代徽州江南农村社会における祭祀组织について——〈祝圣会簿〉の绍介》，《史学》第 59 卷 1 号，1990 年 3 月；参见涩谷裕子：《明清徽州农村社会的"会"组织》，载《'95 国际徽学学术研讨会论文集》，安徽大学出版社 1997 年版。

九月投状 1 份，乾隆四十八年（1783 年）七月《孝友堂穆斋公支人字号阄书》1 册，道光七年（1827 年）二月阄书 2 册，另残阄书 1 册，《十都三图八甲程孝友户程睿归户实征册底》1 册。这些，因其可明确归入上溪源村文书，故在广义上均可列为上溪源村落文书。

其二是随时抄录、分量较多的簿册文书，从笔者掌握的资料来看，此类文书有的称为"××便览"，有的称为"杂抄""抄用书""集锦杂用"或"聚墨汇观"等，其中的一个重要内容，就是誊录与村落日常生活息息相关的各种契约、祭仪、对联、愿文和诉讼案卷等。如《应酬随录》①《（慎思轩自誊）杂稿》《慎思轩自集杂文》②等，皆是以村落为中心抄录的文书资料。

其三是经过整理的簿册文书，其具体表现是书前有完整的目录。譬如，婺源文书抄本《目录十六条》，显然亦经过一定程度的整理，书前工工整整地抄录有全书的目录：

上谕十六条	修水圳帖	立水圳合同
客商规略	泓源桥会山记	合境订期开禁割草勒石序
训蒙序	禁桥山帖（并加禁帖）	禁子弟非为帖
神化觉言	禁坟山帖	酌议买灰禁帖
读书乐四首	掌立山场文	朝莲华山疏文
菊圃诗	禁童子撑渡帖	又酬愿疏款

① 光绪年间歙县文书抄本 1 册。
② 民国年间婺北文书抄本。

黄山胜迹诗	搭桥帖	做傀儡戏还愿疏
祈雨帖	修水口庙帖	忏素疏文
神豆说奉赠	请佛帖	化戒衣小引
约保奉上司禁帖	祈雨朝拜帖	化袈裟小引
禁苦株树林帖	做水碓合同	募化烧茶偈
募人桥梁小引	议婚约（招山）赘书	阅山酬佛醮疏文
抄白（湖广汉阳县忏逆一案）	分家阄书单	放神痘疏文
重建回头岭石洞记	开山帖、禁山合同	祈五路神解患疏
禁六畜啄践禾苗约	生基合同	祈嗣疏文
禁盗田园瓜果约	封山申禁帖	清明序
禁盗鸡犬约	分关书、遗继书	押起舆约
禁盗竹笋约	立继文书、阄书	造港口桥梁募引
呈盗贼式、并钱粮式	兄弟分家阄书	天井观募化修大殿引
保状式、领状式	清明序、上帝会序	募造黄土岭脚卷桥引
抄白（怀宁县减租恤佃事）	募化造燕岭引	并桥碑记
约保具甘结事	祈福解厄疏文	朝九华山愿疏
佃恳田主照旧租收租禀	许佛预期帖	财神会序
胡老王圣诞醮	杂录诗对并谜虎	
中元度孤疏文	两京十三省地名	
阅山春树师付家文	山居诗四首	
段莘与裔村角口帖	婺邑都分	
贞烈乞言	干支定数	
新安汪烈女征言启	预占八节云气	

新安汪烈女征诗启	春夏秋冬四景诗
"酒令类"字谜虎	文官谱服
古人诗句	武官品服
一龙生九种之名	写楷书法

《目录十六条》是民国时期婺源程姓某人杂抄康、雍、乾三代婺源县万安乡长城里龙尾上社附近的相关文书而成。类似于此经过整理的村落文书尚有不少，尤其是村落日用类书所见尤多。

上述的三种村落文书形态，代表着村落文书形成的不同阶段，就其先后顺序来看，首先是一事一记，其次是随时逐一誊录，最后是一定程度的整理，层层递进。从两种《乡局记》的内容来看，无论是安图本还是王藏本均处于第三阶段。安图本的内容基本上是按年代排定，而王藏本则在此基础上，在各条下插入后续事件的记载。

2. 村落文书的保存和辑录

在明清时代，村落文书的保存有多种方式：有的是当事人私家保存。如明正统年间（1436—1449年），程志诚迁上溪源背后坑，名里门。关于此事的记载，见于"燧公家记"，这应是程氏某一成员私人的记录。[1] 万历元年（1573年）"徙社于庙，塞洞以固关栏"，其遗账即在"族内五子家"。[2] 清乾隆十二年（1747年）重造钟秀殿玄帝庙，捐助者的名单见于督造人程琼奎、程永

---

① 《曹村迁居里门记》。
② 《古朝山洞》。

沛所记的账簿。①

有的文书因涉及族众事务而书于"祠簿",由族内保存。如明代祁门"窦山公文契原贮众匣,后因各房陆续检去,在匣无几,各宜赍出,尽归众匣,便后查考。如不肯赍出者,查明还众收领。其后续买者,管理递年誊录上簿,即刊于家议,契归众匣,毋得各人私收"。②另据清代前期的《管祠合同》记载,经管祠事者保管祠内账籍:"凡钱谷租粮出入,轮管者不论多寡,须登记清楚,以便春秋祭时揭算,如有差讹不清,罚艮[银]一钱。"另一份《管祠合同》还指出:"祠内文约,众议交△处,立收领管六人任事封号,有公事要用,必会六人眼同开封。""收支各项账目租簿,所贮皮箱一只,及铜镶拜匣一个,交△管,钥匙交△管。"③这些,都详细记录了祠内文书的保存和管理。而在上溪源,康熙三十三年(1694 年),水口庙酌立常规注簿二本,"一本贮本仁堂匣,一本住持流传"。④乾隆十四年(1749 年)三月某日,程秀民和程雨兴邀集族众至祠清算银各账,据称,当时的"细账详管祠纠仪兆锦、怡煜、大道、永沛详记祠簿"。

还有的文书保存在会匣中,如雍正七年(1729 年)三月十七日,程兆枢沿门邀请族众至祠查看桥工各账,"黄纸誓章,剪牲表心,交还复绩会四总理,原交会匣簿籍"。雍正十年(1732 年)议建文昌阁,其合同也存于甲震文会。

---

① 《(补)钟秀殿玄帝庙记》。
② 《窦山公家议校注》卷 1《管理议》,第 14 页。
③ 清歙县章观良日用类书抄本,1 册。
④ 《清水口庙寄新公常贮租记》。

比较特殊的一类记载是康熙三十三年（1694年）八月《清水口庙寄新公常贮租记》新立规条之一，"寄新公常贮输契一道，永付明照承管交单一道，程佛生承佃一道，程明学承佃一道，俞观禄承佃一道，俱入本仁堂乡局墨内收执。"本仁堂是上溪源程氏的一个支祠，"本仁堂乡局"究竟所指为何，并不十分清楚。

村落文书的辑录，通常应当是由文会中的斯文负责。《乡局记》即由程暠和程兆枢编辑，两人都是村中管理文会的斯文。从名字中都有的"兆"字来看，两人可能为同一辈分。据《续造关帝庙记》记载，康熙五十五年（1716年）冬重修的关帝庙告成。当时的督工之一为程兆枢，他助奉了关帝诰衔雕边金字青地匾额和金字青地联；而关帝庙下楹的宋字匾联，则由程暠助奉并书。这说明在康熙五十五年时，《乡局记》的两位编者曾一同参与文会工作。那些东鳞西爪的公私文书，均由文会斯文收集、整理，而编成《乡局记》这样较为系统的村落文书。王藏本第65页《造水口观音阁》："炯自记于本仁祠藏匣《乡局记》。"这说明《乡局记》是保存于程氏的本仁祠中，至少说明本仁祠有一种抄本。当然，正如前述所指出的那样，除了本仁祠藏匣《乡局记》外，至少还有程锡爵和程兆枢两种抄本。

3. 村落文书的功能

如果我们参照当时家族文书的形成及使用情况，似乎可以得出一点启发。《窦山公家议》卷1指出：管理众事，每年事完，"将所领家议手册填注明白，另具一册，填下年接管人名"。据此，周绍泉先生认为：《窦山公家议》是祁门善和程氏仁山门东房派这一支管理族内事务的实用手册。① 而从《乡局记》的情况来看，也可能同样是程氏管理上溪源村落的实用手册。

对村落文书的抄誊辑录，首先是留底以备后用。譬如，王藏本中的"牛轩培桥山界碑图"下注曰："图系顾石公亹手绘家藏，今抄入便览。""便览"指的显然就是我们今天所见到的王藏本。又如，雍正七年（1729 年）造桥，《桥工纪事》后列有"乐助芳名"，其末曰："右俟两岸亭屋完全之日，照名勒石，永远垂芳。"同年《上溪源水口灵毓桥记》末，"右记俟桥亭岸屋全功日，同桥阁乐助，勒碑于东岸亭屋，或制木扁书乐助芳名，高悬于文阁下层照壁两边间内，勒记竖碑于梯门外靠墙，俟众酌行"。显然，当时这些工程都尚未完工，乐助者还有可能增加，故此暂时还不能勒石留念。

其次，村落文书的保存，也是为了进一步编纂村志做准备。在《乡局记》一书中，《上溪源（乡局）图》后列有"来龙""蕉坑黄泥丘镇火星池记""村中水渠""古沿溪鱼塘"和"古朝山洞"等，这些，实际上与村志中的相关内容颇为相近。而从《书启》一书中保留下的《下傍溪广舆图志》《洽川广舆图志》和《玄坞降山居志》等可以想见，清代徽州一府六县编纂乡镇志（含村志）的风气应当相当盛行，当年编纂的村志应当远不止现在见诸《乡镇志集成》中的那几部。

再次，在适当的情况下，村落文书也常供官府修纂县志时的采辑之用。清《沙溪集略》卷 6《艺文》中，有《重修歙县志

---

① 《窦山公家议校注》序，第 8 页。

呈祠》：

> 具呈九都七图沙溪文会凌应秋、凌彝泰、凌霄翼、凌
> 珏等为纂修志乘查确汇呈事。生图沙溪，自前县主靳重修
> 邑志，各事件俱有登载，今奉宪札谕："修后八十余年，未
> 经蒐辑，各乡文会分查确实开送。"生谨遵于图内将八十余
> 年内各事宜应入志者，细加查明，并前所未备事迹，增补
> 一二，据实明仿旧志列［例］，分类缮写，汇送呈阅。伏乞
> 宪天大父师移入志馆采缉，不胜踊跃感载之至！上禀。乾隆
> 三十五年三月日具。①

《沙溪集略》为沙溪文会斯文凌应秋所编，上述的《重修歙
县志呈祠》所述，显然是村落文书供县志采辑的一个例子。而
《乡局记》的编者之一程兆枢，也是上溪源文会中的一名斯文，
其本人即曾参与乾隆甲戌、乙亥（即乾隆十九年、二十年，1754
年、1755 年）《婺源县志》的编纂，因此，他的例子本身或许即
可反映村落文书辑录与县志编纂之间的某种联系。

---

① 《中国地方志集成·乡镇志专辑》第 17 册，第 735 页。

二、清代前期徽州民间的日常生活——以婺源民间日用类书《目录十六条》为例

（一）本章利用的史料及研究主旨

1. 根据学界以往的研究，日用类书原先主要是供文人雅士的日常行事之用，明代后期起发展成为一般民众皆可利用的民间日用类书。民间日用类书分门别类地记录日常生活中的常识，内涵颇为丰富，为我们如今研究明清以来民间的日常生活，提供了绝佳的史料。早在20世纪30年代，日本学者仁井田陞就曾利用此类史料研究中国的法制史。及至50年代，酒井忠夫也以民间日用类书为中心探讨中国的教育史。此后，中外学者如坂出祥伸、小川阳一、寺田隆信、斯波义信、森田明、水野正明、山根幸夫、谷井俊仁、本田精一、韩大成、杨正泰、陈学文、罗丽馨、Evelyn Sakakida Rawski、James Hayes、商伟、王尔敏和吴蕙芳等，也分别利用民间日用类书，研究明代医学、明清小说、

明清商业史、童蒙教育、商业算术、历史地理以及社会生活史和社会文化史的诸多论题。①

近数年来，笔者在皖南做过数十次村落人文地理调查，陆续收集到大批的徽州簿册文书，其中民间日用类书多达数百种。个中既有刊本又有各类稿本、抄本。②由于大批新史料的出现，使得民间日用类书的进一步分类、整理成为一种可能。笔者以为，明清以来的民间日用类书，大致可以分为综合性日用类书（如"万宝全书"系列，主要是刊本）、商业类日用类书（如各种路程、反映商业规范、商业道德及从商经验的专科性类书，其中既有刊

① 参见胡道静：《中国古代的类书》，中华书局1982年版；王三庆：《敦煌类书研究》，台湾丽文文化事业股份有限公司1993年版；吴蕙芳：《〈中国日用类书集成〉及其史料价值》，载台湾"中央研究院"近代史研究所《近代中国史研究通讯》第30期，2000年，第109—117页；吴蕙芳：《万宝全书：明清时期的民间生活实录》，台北，政治大学历史学系，2001年；商伟：《仪式、叙述与〈儒林外史〉》，载陈平原、王德威、商伟编：《晚明与晚清：历史传承与文化创新》，湖北教育出版社2002年版，第409—422页。

② 近年来，笔者对民间日用类书的研究成果主要有：《抄本〈三十六串〉介绍——清末徽州的一份民间宗教科仪书》，香港科技大学华南研究会《华南研究资料中心通讯》第14期，1999年1月15日；《抄本〈便蒙习论〉——徽州民间商业书的一份新史料》，《浙江社会科学》2000年第2期；《一个徽州山村社会的生活世界——新近发现的"歙县里东山罗氏文书"研究》，《中国社会历史评论》第2卷，天津古籍出版社2000年版；《新近发现的徽商"路程"原件五种笺证》，《历史地理》第16辑，上海人民出版社2000年版；《稀见清代徽州商业文书抄本十种》，《华南研究资料中心通讯》2000年7月15日；《清代徽州民间的灾害、信仰及相关习俗——以婺源县浙源乡孝悌里凰腾村文书〈应酬便览〉为中心》，《清史研究》2001年第2期；《清代徽州与广东的商路及商业——歙县茶商抄本〈万里云程〉研究》，载《历史地理》第17辑，上海人民出版社2001年版；《徽州人编纂的一部商业启蒙书——〈日平常〉抄本》，《史学月刊》2002年第2期。参见拙著《徽州社会文化史探微——新发现的16—20世纪民间档案文书研究》，上海社会科学院出版社2002年版。

本，又有抄本）和村落日用类书（以具体的村落为中心编纂或抄录的日用类书，这些都是遗存民间的稿本或抄本）。^①从上述的三种分类来看，以往对于民间日用类书的研究存在着以下三个方面的问题：其一，学界对第一、二类民间日用类书的研究较多，而第三类则甚少涉及。^②其二，即使是以往研究较多的第一、二类民间日用类书，也仍遗留了不少问题尚待解决，^③而近年来涌现出的一些新史料实则可资进一步的探讨（以商业类的日用类书为例，仅笔者收集到的就有20余种）。其三，以往利用的民间日用类书以明清时代坊间梓行的刊本为主，如"万宝全书"系列，由于它的制式化，只能在一定程度上反映民间的日常生活。中国地域辽阔，各地的自然及人文环境有着极大的差异。实际上，各地都编

① 关于民间日用类书的分类，在与笔者的来信讨论中，吴蕙芳认为可以从内容及流通范围两方面加以区分：前者可分为综合性民间日用类书（如《万宝全书》之类）与专科性民间日用类书（如商业用、翰墨启札用等类），后者则可分为全国流通性民间日用类书（如《万宝全书》之类）与地域使用性民间日用类书（如本章利用的《目录十六条》之类）。本章的分类与之略有不同，其原因主要是考虑到民间日用类书研究的现状，故特别将以往受到忽略的村落日用类书单独归为一类。

② 管见所及，香港翁仕朝家藏图书文牍中，应有一些属于本章所谓的村落日用类书。见王尔敏：《儒学世俗化及其对于民间风教之浸濡——香港处士翁仕朝生平志行》一文，载《明清社会文化生态》，商务印书馆发行1997年版，第37—69页。早在20世纪80年代末，李孝悌教授就曾评介过王氏的此项研究，认为："……秀才或村中塾师在儒家思想（或更广泛的文化内涵）的普及与传播作用，则是一个值得继续探讨的问题。王尔敏教授对同光年间香港处士翁仕朝的研究，提供了相当重要的讯息。但我们还不能确定这个例子的代表性如何。"（见《上层文化与民间文化》，《近代中国史研究通讯》第8期，1989年9月，第104页）因此，本书的研究或许可以为此提供另一个相关的例证，以供进一步的讨论。

③ 譬如，一些商业书的著者、成书的年代及其内容传承的序列等，仍然颇为模糊。

　　　　　　　　　　　　　明清以来徽州村落社会史研究（修订版）

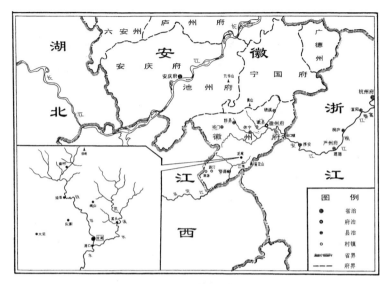

徽州婺源县东北乡略图

有适合本地运用的民间日用类书，尤其是遗存民间的村落日用类书稿本或抄本，它们才是真正反映某一区域民间日常生活的第一手资料。利用这批资料不仅可以更为接近民间社会生活的实态，而且，还可进一步讨论利用坊刻的民间日用类书所引起的偏差。

2. 本章主要利用的《目录十六条》，就是一册以村落为中心抄录、编辑而成的村落日用类书。

《目录十六条》，抄本 1 册，封面题作"民国元年 / 目录十六条"，故暂拟其名。抄本虽然题作民国元年（1912 年），但其中抄录的却都是反映康熙①、雍正和乾隆年间婺源村落社会生活方

---

① 《勒石序》等中提及的"元帝庙"，当即玄帝庙；《五猖会序》中的"龙虎元坛"，亦即"龙虎玄坛"——这些，显系避康熙讳，此从一个侧面反映了《目录十六条》抄录的确为康熙年间的原始文书。

面的内容。

《目录十六条》一书反映的地域，从该书的内容可以略加推断。雍正元年（1723年）《造港口桥梁募引》之末，署有"龙尾江宗祠世贤堂"。① 而其他的不少文书中，均出现"婺源县万安乡长城里龙尾上社"的字样。据此推测，《目录十六条》应是婺源一文化人② 杂抄康、雍、乾三代婺源县万安乡长城里龙尾上社附近的相关文书而成。书中除了有关江姓的内容之外，还抄录了

婺源龙尾

---

① 今查乾隆《婺源县志》卷9《建置五·宫室》，十都龙尾一带有"龙尾萧江宗祠"（第687页）。萧江即江氏。乾隆《婺源县志》计有两种，此处所引为（清）俞云耕等修，清乾隆二十年（1755年）尊经阁刊、二十二年（1757年）改正定本，"中国方志丛书"华中地方第677号，台北，成文出版社1985年版。

② 封面有"程□□抄"的字样，"□□"二字似为人抠去，根据一般的惯例，估计是该簿册文书在出卖时，其后裔为保护先人隐私而故意所为。

　　　　　　　　明清以来徽州村落社会史研究（修订版）

其他族姓的文书档案。关于龙尾江氏，早在元代陈栎的《新安大族志全集》所列婺源大姓江氏的游坑条下，即有龙尾一派。龙尾，位于婺源县境东北段莘水西岸龙形山的尾端，故名。龙尾山亦称砚山，是"文房四宝"中歙砚的主要产地。这一带地势险峻，常年云雾缭绕，北宋著名诗人黄庭坚《砚山行》有"陆不通车水不舟，步步穿云到龙尾"之诗句，生动地展示了此处的地理环境和交通状况。

在传统徽州，"村则有社，宗则有祠"。宗祠是血缘的象征，而村社则是地缘性的结合。但在不少村落，由于血缘和地缘的重合或基本重合，村社与宗族组织相结合，遂使得有的村社实际上亦即"族社"。① 社在村民的日常生活中，起着重要的作用：

> 俗重社祭，里团结为会。社之日，击鼓迎神，祭而舞以乐之，祭必颁肉群饮，语曰"社鼓鸣，春草生"。至秋而祭亦如之。闾里之欢，此为近古。②

反映在民间文书方面，同族的社祭活动，以及以社为中心频繁开展的活动，使得大量的村落文书即以"某某社"为单位加以记录，《目录十六条》便是一例。关于龙尾上社，乾隆《婺源县

---

① 关于"族社"，参见［日］牧野巽著：《明代同族的社祭记录之一例——关于〈休宁茗洲吴氏家记·社会记〉》，载刘森辑译《徽州社会经济史研究译文集》，黄山书社1988年版。

② 乾隆《婺源县志》卷4《疆域·风俗》，（清）俞云耕等修，第351页。笔者手头有清代婺源县来苏乡芮平里新平上管西源社的《接社公用》文书1册，为徽州民间社祭的日用类书。

志》卷8《建置四》记载："龙尾社，世贤祠建。"① 世贤祠当即前述的"世贤堂"，为江氏的某个宗祠。此外，同卷还记有龙尾法坛："在上井里，江辅里建。"今按：乾隆《婺源县志》仅记有本县境内的两处社庙（另一处为游汀社庙），这似乎说明龙尾社在婺源县境内颇为著名，故而需要予以特殊的表彰。②

之所以选择《目录十六条》一书作为研究个案，除了其本身内容的翔实可靠之外，还因为同时有相关的其他文献史料存世。著名的《畏斋日记》以及徽州文书抄本《新安上溪源程氏乡局记》③ 和《江慎斋草笔录》等，不仅与之在时间上相差无几，而且反映的地域范围也相当接近，甚至书中提及的某些内容亦不乏吻合之处，颇可相互印证。④ 其中，《畏斋日记》一书，是康熙年间由婺源县浙源乡嘉福里十二都庆源村人詹元相所撰写，该书对当地的日常生活有着相当翔实生动的记载，对于我们理解民间日用类书在民众日常生活中的应用颇有助益。此外，《新安上溪源程氏乡局记》是由程嵩编辑，稿本全书计85页，收录的档案文

① 乾隆《婺源县志》，（清）俞云耕等修，第651页。
② 《畏斋日记》康熙三十九年（1700年）八月初八条："本村独无社坛，虽有社会，而祈报皆不得其所。惟各户轮流充首，迎至各家众屋中祭神、领胙而已。不知社无屋，于众屋中祭社，其事已非。又各户领胙而去，其有剩租，亦第春、秋二祭，其余祈雨祈晴，以及发风、驱耗等事并不之及。此而曰社何也？目今同志者多有言及此举，而费不能敷，亦第存之以俟后之能者。"（第199—200页）婺源当时的绝大多数村落，可能都与庆源一样，没有社坛（社屋），故而龙尾社便显得格外突出。詹元相《畏斋日记》稿本原件藏黄山市博物馆，刘和惠标点本，见中国社会科学院历史研究所清史研究室编《清史资料》第4辑，中华书局1983年版。
③ 笔者收藏稿本1册，为反映婺东北村落日常生活的珍稀文书。
④ 庆源詹氏与龙尾江氏为姻娅之戚。如康熙三十九年（1700年）九月初九，"备酒接龙尾江由舅在村中处馆"（第203页）。

书均为康熙、雍正和乾隆三朝。今查乾隆《婺源县志》卷9《建置五·宫室》，十都有"龙尾萧江宗祠"和"上溪头程氏宗祠"及"下溪头程氏宗祠"。^①可见，《新安上溪源程氏乡局记》与《目录十六条》不仅时间上相差无几，而且在地域上也极为接近。抄本《江慎斋草笔录》则收录了康熙年间婺源十二都、十三都和十九都的档案文书，特别是段莘的相关文书，与上述诸书亦颇可交互参证。另外，抄本《抄存禁约合同词底》，也是反映乾、嘉、道婺东北地域社会的文书。凡此种种，都为《目录十六条》的研究提供了重要的相关史料。

《目录十六条》中有"婺邑都分"，将婺源各地纳入五十都的基层行政区划，其中的十都之下有"溪头"和"龙尾"，十二都下有"段莘"和"小源"，"小源"亦即《畏斋日记》作者所在的庆源。这些地名，均在婺源县东北乡。对此，康熙《婺源县志》据山川形势记载：县东北的村落依东港者有官坑、叶村、仰田、段莘、庆源、溪头、龙尾和汪口等，^②这与前述的"婺邑都分"都说明，溪头、龙尾、段莘和庆源同属于自然条件类似、地域相近的婺源东北乡。

3.《目录十六条》中，有的人名及地名作"某"或"△△"。根据我对徽州文书的接触，初步判断可能存在有两种情况：一

---

① 乾隆《婺源县志》，（清）俞云耕等修，第687页。据婺源县地名委员会办公室编印的《江西省婺源县地名志》（1985年），溪头即下溪头，其东北另有上溪头（即上溪），当即《新安上溪源程氏乡局记》所反映的村落。

② 康熙《婺源县志》卷2《疆域·山川》，第198页。（清）蒋灿等纂修，康熙三十二年（1693年）刊本，"中国方志丛书"华中地方第676号，台北，成文出版社1985年版，第198页。

种是活套，另一种则是真实文书的底本。前者表明此为村落日用类书毋庸置疑，而后者则或是因为抄录者很清楚所指何人（或何地），为图方便将之省略；或"凡称某者，不欲彰人之丑也"，[①]应视具体情况而定。但即使是后一种情况，抄写者将之抄录，除了作为家族文书保存之外，也是为了日后在遇到类似事件时可以依样画葫芦，因此，也同样具有村落日用类书的性质。

本章拟利用《目录十六条》，结合其他相关的文献史料，对民间日用类书在村落日常生活中实际运用的情境作具体的揭示，以期了解一般民众日常生活的规范、价值信仰以及集体心态。

（二）《目录十六条》所见徽州民间的日常生活

《目录十六条》首先敬书上谕十六条及讲谕，即"徽州府婺源县清源约奉本府正堂敬书上谕十六条劝民讲读"，清源为浙源乡嘉福里十二都的一个村庄，与庆源、段莘相近。书中另有一处作"徽州府婺源县清源约奉本府正堂蒋敬书上谕十六条劝民讲读"，并有相同的十六条内容。这些，显然皆抄自当时的乡约全书。[②]

①　（清）吴宏：《纸上经论》卷1，见郭成伟、田涛点校整理《明清公牍秘本五种》，中国政法大学出版社1999年版，第162页。按：该书中也多有反映徽州社会生活的内容。

②　笔者手头有《上谕会律乡约全书》抄本1册，序末署曰："康熙四十六年八月既望江南徽州府歙县知县郑元绶敬刷颁发"，其实际作者为"巡抚浙江等处地方提督军务兵部右侍郎兼都察院副都御史加至正壹品臣陈秉直"。

讲乡约是国家意识形态向地方社会渗透的一种手段，清代婺源各地乡约宣讲圣谕，城中以县令为主，而四乡则是由两教官轮流分往。① 道光二十三年（1843 年），夏炘出任婺源县教谕，他指出："婺邑山水深厚，风俗淳朴，民间最重讲约之典，凡四乡宣讲《圣谕广训》，两教官轮流分往，数载以来，僻壤荒区，无不周历，官民熟习，每至一村，父老子弟咸有殷殷维系之意。"② 除了讲乡约外，当时，凡参加科举考试者必须默写《圣谕广训》，故而十六条也是读书人必须熟读的教条，这应当是村落日用类书中首列十六条的另一个原因。

在首列《上谕十六条》之后，《目录十六条》接着又抄录了《客商规略》。《客商规略》，亦见明人程春宇的《士商类要》卷2，与此处的文字稍有差别。根据稍后的记载追溯："婺源居万山中，以山为田，以茶为稼穑，以采买贩鬻，往来江右、粤东为耕耘。"③ 特别是婺东北更是婺源境内商业气氛最为浓厚的地区，有大批的婺源人外出经商。《客商规略》一书叙及从商经验及经商技巧等，为民众外出经商所必备。

无论是参加科举考试还是外出务工经商，良好的童蒙教育显然是必须具备的。婺源素有"茅屋书声之誉"，④ 一般说来民众对于子

---

① （清）夏炘：《景紫堂文集》卷 7《书〈蚺城约议集要〉后》，页 17 上一下，复旦大学图书馆藏。夏炘在道光年间为婺源教谕，对此，台湾学者张寿安所著《以礼代理——凌廷堪与清中叶儒学思想之转变》（"台湾学术丛书"，河北教育出版社 2001 年版）一书，有较为详细的讨论（见第 168—175 页）。
② （清）夏炘：《景紫堂文集》卷 6《十六条附律易解叙》，第 14 页上。
③ （清）夏炘：《景紫堂文集》卷 13《江济川家传》，第 18 页上。
④ （清）夏炘：《景紫堂文集》卷 6《十六条附律易解（附讲约余说）》。

弟的教育相当重视。反映在《目录十六条》中，就表现为一些反映大众教育的文书屡屡可见。如《训蒙序》曰："……特纂其事物名数，摘其章句字义。挑某字，则授之解某字某用；问某事，则教之释某朝某代。一事一意，剖析分明。每日挑写一事，瞭然在目，使之积少成多，渐近以成功，于是而课式有序，学业有恒，而师道之教，益乎何有。"在徽州，民间编有不少乡土教材，尤其是童蒙习字的初级课本。这在后来，受到了婺源县教谕夏炘的批判。[①]《目录十六条》中的《神化觉言》，还向初学童蒙灌输敬重文字的观念："凡选传注，不可直捺，亦不必捺，如读用点，不读不点，但恐初学童蒙难晓，只将末字中央一点，有断落接续处，上下一点，罔不易见，焉用涂抹。"接着讲述了一读书士人梦见他人因妄涂传注，获罪圣贤，故而蓬头跣足、满面血痕，刀划如朱笔捺书样的故事，藉此警戒读书人不可擅笔捺书。《目录十六条》还引《朱子读书乐四景》，如其中的《春》曰："山光照槛山绕廊，舞雩归咏春风香，好鸟枝头亦朋友，落花水面皆文章。蹉跎莫遣韶华老，人生惟有读书好，读书之乐乐何如，绿满窗前草不除。"朱熹的祖籍出自婺源，徽州人也颇以得沐紫阳遗泽为荣，这些读书乐的诗文，直到民国时期，仍然深深地影响着婺源当地的童蒙学子。[②]

---

① （清）夏炘：《景紫堂文集》卷6《附讲约余说》："为乡村之师者，须自敦品行，不可干预外事。四书五经，要求先辈点定善本，细心看明句读，其字画声音有未晓处，查阅《康熙字典》《字汇》(粗浅，不可凭信) 及《经典释文》，方可授读。朱子所辑小学，尤童子必读之书，北乡洪造深中翰刻本最精。此外又有《小四书》《小儿语》《续小儿语》，皆有益蒙养之书，板在金陵，可以购买。至《百家姓》《杂事类》等书，庸俗肤浅，无裨初学，可不必读。"
② 参见拙文《水岚村纪事：一九四九年》，《万象》2002年第9期。

除了上述的三个方面外，《目录十六条》接着分门别类地抄录了反映村落社会日常生活的契约文书。全书开首有"目录"，抄录的内容有条不紊，显然是经过一番重新编排，具有村落日用类书的性质。从这些反映民间社会秩序与纷争的内容来看，与徽州一府六县的其他五县一样，婺源地域社会的民事惯例有其独具的秩序观念和价值规范，日常生活亦有相对稳定的逻辑。大致说来，主要有以下几个方面的内容：①

1. 人生仪礼与成长的烦恼

人生仪礼，是指人在一定的年龄阶段所举行的各种仪式和礼节，它包括一系列的相关习俗。譬如，未孕前的求子习俗，即为人生的开端之礼——诞生仪礼。康熙年间的一份《祈嗣疏文》：

> 据江南徽州府婺源县万安乡长城里△社奉道祷神祈嗣弟子△，众信△△，洎合众信等，即日虔忱拜于大造，言念△等鸳偶有年，艰招嗣续，命带孤辰寡宿，或犯天狗咸池，恐夫妇之相冲，虑局星之在度。兹以谨涓今月良宵，高架棚台，轻敲檀板，清演梨园，降二十四员和合喜神，玩一十三腔之线索傀儡，皈投圣造，祈遂感通，恭迓洪恩，益扶嗣续。伏愿元天洞鉴，圣意垂慈，赦孤辰寡宿以离宫，除天狗咸池而速退，早招有寿之男，招绍箕裘之业，九天监生圣母，默施抱送之功，凡干动止，悉伏恓惚，须至疏闻

---

① 此处主要利用民俗学研究的理论框架，对村落日常生活加以分类，参见陶立璠：《民俗学概论》，中央民族学院出版社1987年版。

者。……于日求嗣演戏，……恭惟圣慈洞鉴。谨疏。

此处的"婺源县万安乡长城里△社"中的"△社"，当即龙尾上社，文书反映了未孕前的求子习俗。

由于人类个体生命的延续，需要通过生儿育女来实现。而在传统社会，尤其需要儿子来接续香火。一个家庭没有儿子，无疑会成为任何一对夫妻的心病。《目录十六条》收录的一份《立继文书》中，一对夫妻就以"天命悭嗣，终身无靠"而耿耿于怀。对此，《（新刻）花名宝卷》九月条亦曰："菊花开来是重阳，人到中年要收场。有钱无子非为贵，有子无钱不为贫。穷子自有翻身日，有钱无子亦虚文。三十无子平平过，四十无子冷清清。五十无子无人敬，六十无子断六亲。老来无子真是苦，更比黄连苦十分。"[①] 虽然这是一份民国时期流传在徽州的抄本，但从其现存的版本来看，该书的成书年代应不迟于晚清，[②] 而其反映的民众观念，则更可以上溯到清代前期乃至更早——这一点，应当是没有什么疑问的。[③] 为了生儿育女，人们绞尽脑汁，其中的一种

① 参见拙文《民国年间流传于徽州的一册〈（新刻）花名宝卷〉》，《古籍研究》1999 年第 3 期。

② 车锡伦编著：《中国宝卷总目》（北京燕山出版社 2000 年版），列有《花名宝卷》的各种版本，第 82—84 页。

③ 美国学者安·沃特纳（Ann Waltner）在对 16 世纪末《新安程氏统宗世谱》的研究中指出：元律中规定男性在 40 岁以前不允许收养孩子，明律虽无此项条款，但程氏一族的男人一般是在 40 多岁以后才对自己的生育能力不抱希望，40 岁以后才收养子嗣也就成为一种惯例。（见氏著《烟火接续——明清的收继与亲族关系》，"外国学者笔下的传统中国"，浙江人民出版社 1999 年版，第 81—82 页）这一点，恰恰可与前引"三十无子平平过，四十无子冷清清"之类的唱词相吻合。

　　　　　　　　　　　明清以来徽州村落社会史研究（修订版）

方法便是祷神祈嗣。在前述的《祈嗣疏文》中，那对夫妇就因多年未育，怀疑自己二人命犯天狗，相冲相克，故而择日搬演傀儡戏，演戏祈嗣。下引继书中，主人胡氏连续生有五女以后，"精意祈嗣，幸产麟儿"。（详后）类似于这样的活动，在婺东北庆源村詹元相的《畏斋日记》中也有反映。康熙四十五年（1706 年）三月十五，"支银四分，众代周佑叔演戏求嗣"。①此处的"众代周佑叔演戏求嗣"，与前述《祈嗣疏文》中的"……奉道祈嗣弟子△，众信△△，洎合众信等"所反映的，恰可比照而观。看来，演戏求嗣时，以当事人冠于疏文之首，其他相关众人亦需出钱相助，并参与祈嗣的民俗活动。

一旦子女诞生，为人父母者仍然有操不完的心。伴随着各种各样的恐惧和烦恼，儿女在成人的过程中，需要面临着诸多关煞。在传统时代，天花是最为重要的一关。民间称种痘为"放神痘"，在婺源县庆源村，康熙四十年十二月初四（1702 年 1 月 1日）："下午放神痘张穆仙先生至，放痘苗。……初五，……同蔚林兄敷放痘众费：扦苗每位三分，外五分点药，并买香油、红布（每人敷银八分，元功叔家二个，庭瑞兄昆仲三个，鸿安兄昆仲三个，孟交叔家一个，元校弟）。"当时，接受种痘的计有 10 人，显然是由多家共同聘请来的种痘先生。上述一段文字见诸《畏斋日记》稿本，其中有一些未见于此前出版的刘和惠之整理本。在被刘氏删节的文字中还记载：自康熙四十年十二月初四日至二十七日，神痘先生由各家供膳，主人还不时至各家陪同先生。

---

① 《清史资料》第 4 辑，第 269 页。

《畏斋日记》接着记载，次年正月初二，"张穆仙先生到，本家请酒，三男庆宗扞痘苗"。康熙四十五年（1706年）三月十五，"又前付点药银二钱五分，共实银一两，谢神痘先生庐源詹汉麟宗兄（外白纸扇一把、手巾一条，又二人苗金共八分）"。① 由于天花关乎子女的生死，故而徽州民间对于儿童种痘极为重视："出放天花要挂红，纸条飘扬贴门笼。收焦好把娘娘谢，轿舆须劳纸扎工。"这是清乾隆时期吴梅颠所撰的《徽城竹枝词》，该诗第一句注曰："即痘疮，有自出，有延专医以药□鼻催出，名放痘。"②《畏斋日记》中提及放痘时所买的红布，当即诗中的"挂红"。种痘先生称神痘先生，徽州民间对之颇为尊敬。《目录十六条》中有休宁程易兼所撰的《神痘说奉赠某字某姓先生》：

> 夫神痘之术，似奇而实正者也。盖痘本于受胎之毒气，有厚薄清浊，故发亦有迟早险易，往往因时气流行，传染感冒而发，似非可强而致者。今见星流某字某先生，以神痘盛行于时，试之无不立应而奏效，诚奇矣。顾其术之源流，虽未暇深考，而其理则有足信，谓此毒之蕴于人身，如水蓄之于陂塘，如火之厝于薪樵，从无不散而行之之势，苟听其洋溢而冲溃，或不免泛滥横决之忧，待其郁蒸而勃兴，难保无烈山燎原之患，何如因势而利导之，借彼根苗，通以气类，防其浩瀚，而杀其炎威，毒害既清，永获宁泰，其为功于

---

① 《清史资料》第4辑，第269页。
② 转引自徽州文献课题组：《徽州文献与〈徽人著述叙录〉的编撰》，载安徽大学徽学研究中心编《徽学》2000年卷，安徽大学出版社2001年版。

人，洵非渺少矣。虽不敢谓能夺造化之权，不可谓非裁成辅相之一道也，爰书数语为赠。

文中的"星流"当为"星源"（即指婺源）之讹，"星流〔源〕某字某先生"，当如前述《畏斋日记》中的张穆仙和庐源詹汉麟式的神痘先生。

在种痘前后，要将痘神请入本村，虔诚供奉。《目录十六条》中有《放神痘疏文》：

> 据大清国江南徽州府△县△乡　社奉神布种天花信士弟子△△，童男△△，童女△△，暨合众男女等，盥手拈香百拜。伏以慈光朗照，诞开文运于凡尘；圣德宏敷，广发好生于黎庶。诚通化感，心格祥臻，言念众信等……今以男女痘关未度，疹厄莫逃，为此协志钦崇，求苗布种，普度天花之厄，齐祈顺遂之麻。众愿咸孚，舆情共载，肃涓良日，敬献微忱，伏愿圣衷俯纳，仁慈下照，俾信童男女等脏腑均和，星晨顺度，花苗清秀，三灾八厄以蠲除；窠粒分明，四序千秋而迪吉。降福延生，消愆弭患，从此永赖神功，俯仰不忘圣惠……大清皇号△年△月日侍香弟子△顿首百拜。

由于种痘是为人父母需要为儿女操持的一件大事，故而此类文书当为民众日常生活所必备。上述的"△"或"△△"，显然反映了此类疏文可供年复一年的套用。

儿女渡过了一道又一道的难关，终于长大成人了，于是，婚礼又成了他们人生旅途中的又一大礼。《目录十六条》中有关婚姻方面的文书计有三份。其一为《婚约》：

> 立议婚约人△，原身有妹，适与程△为妻，及后因分娩一女，母随产厄而亡。程△客向在外未归，其女无依，是身盆养乳育成人，年方七岁，并未见有程边相识。今值岁时荒歉，衣食无赡，央媒择配，与胡△边为媳，三面议定，一并接受礼银若干，一听选吉过门，恩抚成人，听自成婚，后无异说，恐口无凭，立此婚帖存照。

这显然是童养媳，亦称"恩养媳"。童养媳应是民间颇为普遍的现象，下引的一份"分关书"中，长孙媳即"恩养媳"；另一份继书则反映，主人胡氏生有儿子九岁，就开始"恩养媳妇以成人"（详后引）。《畏斋日记》康熙三十九年（1700 年）十一月二十九条，也记载了一位未满月的女婴，就因"难于供养"而送给他人做童养媳的事例。《目录十六条》中还有两份是有关招赘的文书，即《招赘书》和《出赘书》：

> （1）立招赘书人胡△同妻△氏，夫妇年老，并未生育，虽人运之乖塞，实天命之所限，悲夫！昔年曾觅继亲侄为嗣，因伯氏不允，以到〔至〕终止。而今夫妇桑榆暮景，匪思裕老之虞，何有百年之靠。今以夫妇嫡议，将身抚育叶氏之女，年甫一十六载，延亲族眷，情愿将女赘△人为妻，以为终身。仰望自出赘入之后，务要承当本家户役，养老扶

危，赡给殓殡，以为终止天年。许以长子回宗，次子永绍胡氏宗祧，承当户籍，不得归宗，承身该股山场屋宇田园产业无异。倘日后或有亲侄愿为继者，将身夫妇百年殓殡两半均办，是身该股产业，亦系两半均分。自今三面立墨之后，内外人等无得生情异议，恐后无凭，立此赘继文书为照。

（2）立出赘书人詹△，身兄弟有三，而身居季，并未婚娶，今兄弟同议，身自愿出赘到胡门△人之女为妻，自今出赘之后，承当胡氏户籍，孝养终身，生事礼殡，承顺无违。身生长子回宗，次子永续胡氏宗祧，本家内外人等，并无异说，如有等情，一听公论。今欲有凭，自情愿立此出赘续文书为照。

入赘，亦即从妻居。入赘的原因一般都是家里贫穷，聘礼又重，娶不起妻子，只好到女方家上门。根据明代法律，"招养老女婿者，仍立同宗应过继者一人承奉祭祀，家产均分"，①清代沿袭这一规定。上述的《招赘书》与《出赘书》均提及"养老扶危"或"孝养终身"，故为养老女婿。胡氏妻原拟觅继亲侄为嗣，未果。遂将养女叶氏赘△人为妻，为养老女婿，约定所生次子承绍胡氏宗祧，并规定日后或有亲侄愿为继者，产业与养老女婿两半均分。

在现存的徽州文书中，类似于上述的"出赘书"不胜枚举，

---

① 黄彰健：《明代律例汇编》卷6《户律三·婚姻》，转引自叶孝信主编《中国民法史》，上海人民出版社1993年版，第582页。

兹举《徽州千年契约文书》中的《洪武元年李仲德入赘文约》为证：

> 十都李仲德年二十九岁，未曾婚娶，有谢士云宅长子菊娘，未曾出事，今凭亲眷谢元熙为媒，招仲德到谢士云宅为养老婿，随即告禀亲房族长，已蒙允可。今自过门合亲之后，自当侍奉舅姑二尊，及管幹公私户门等事，务在精勤，毋致怠惰。二亲存日，决不擅自回家；百年之后，倘要回宗，听从自便。如违，一任经公陈［惩］治，仍依此文为用。今恐无凭，立此文书为用者。
>
> 洪武元年四月初八日　李仲德　押　文书
>
> 　　　　　族伯　李子奇　押
>
> 　　　　　族兄　李庆夫　押
>
> 　　　　　主媒　谢元熙　押　[1]

此份入赘文约与前述的招赘、出赘文书，均为养老婿的例子，只是除了为岳父母养老送终外，两者规定的义务略有不同，此处约定岳父母百年后可以回宗，而前者则规定须以次子承绍宗桃。

童养媳和赘婿作为婚姻习俗中比较特殊的形式，故而需要以契约的形式约定各方的权利和义务。除此之外，徽州是程朱理学

---

[1] 中国社会科学院历史研究所收藏整理：《徽州千年契约文书》宋元明编卷1，花山文艺出版社（序于1991年），第23页。

颇为盛行的地区，对于妇女贞节的表彰，亦见于《目录十六条》中的相关文书。譬如，"烈女"汪宫兰，16岁时许配给同县徽州府庠生江一举季男富国，后者不幸病亡，汪宫兰遂决计投水殉节。为此，其叔父汪敨在《贞烈乞言》中"自序节梗"，并"邀乞大人先生、读书高士，或诗歌，或传志……慨赐瑶篇，以表幽阐微，不使冰魂雪魄终逐烟销……"。对此，徽州府七学衿士作有公启——《新安汪烈女征言启》。另外，由于汪宫兰之父秦伯，是活跃在浙江杭州一带经营贸易的徽商，① 故此，《目录十六条》中另有浙水绅士同启的《新安汪烈女征诗启》。这种为表彰节烈而四处征集诗文的情形，在明清以还的徽州是极为普遍的现象。仅笔者收集到的资料，就有不少类似的刊本。② 对贞烈的追求和表彰，构成了徽州妇女生活的一个重要组成部分。

　　丧葬仪礼，是人生最后的一项通过仪礼，标志着一生的终

---

① 《新安汪烈女征诗启》："……秦伯来我浙右，术效陶朱，寄籍武林，行同高士，有兹令女……"。

② 歙南雄溪《旌节征诗启》（乾隆年间刊本1册）序曰："吾歙为闺门邹鲁，其女子皆知矜名节，重纲常，不幸而所天既失，类能苦志食贫，擗拈内政，艰危备历，教其子，以丕振家声。"其卷首亦有"歙邑公具"的"旌节征诗启"，与《目录十六条》的记载颇相类似。从书中的内容来看，诗的作者来自歙县、休宁、宣城、泾县、南陵、桐城、浙江、建德、钱塘、仁和、萧山、余姚、秀水、桐乡、绍兴、会稽、山阴、嘉善、海宁、临海、归安、吴县、长洲、无锡、常州、武进、金坛、太仓、扬州、江都、甘泉、山阳、阜宁、宝应、高邮、通州、溧阳、上元、宜兴、荆溪、南城、宁都、曲阜、高密、汝阳、大兴、宛平、长白、陕西、长安、伏羌、深泽。（以上地名为书中所列，间有交叉。）而另一册《歙梅溪洪氏节烈双褒录》（刊本1册，光绪八年岁次壬午涂月姚正镛署）序曰："徽郡为朱子之乡，千百年来，人皆明法度而励廉耻，蔚乎江南礼义之邦也。"

结。徽州是堪舆之风极为盛行的地区，"婺人往往迷于其术"，[①]民众极为重视对坟墓的营造。《目录十六条》中就有对墓地买卖的合同：

> 立合同人△，原父有方基田△向，结有砖塥一星，其中心空地所存遗穴一星，共有吉穴二星，并未开葬，是以三面合议，各业一星。但念长兄△有继父之志，任事之能，故将现成砖塥让与长兄进业，其所存遗穴一星，在身日后开葬承业。自今立墨之后，各自认业，无得混扰，至于先后开葬，两无生情异说。今恐无凭，立此合同一样二张，各执一张为照。

类似的合同，在此前发现的徽州契约文书中所见极多。故文中的"△"，既表示可能是实际应用的合同，也具有一定的活套性质。

2. 分家继产与家族伦理

家庭与家族的民俗传承属于社会民俗的范畴，而社会民俗是维护人与人之间相互关系的纽带，[②]它一旦形成，就对人际关系起着强烈的约束和调节作用。而财产的分配与继承关系，则是社会民俗中的重要组成部分，它对于某一家庭或家族的延续和发展起着关键作用。《目录十六条》中，有不少反映财产分配和继承

---

① （清）夏炘：《景紫堂文集》卷6《十六条附律易解（附讲约余说）》。
② 陶立璠：《民俗学概论》，第148页。

关系的文书。

有关财产分配方面，徽州文书中所见最多的就是"分家书"，也称"分单""分关"和"阄书"（亦写作"龟书"）等：

（1）立分单人△娶妻△氏，幼藉父兄而荫庇，长赖内助以成家，一生勤力，三省存心，诞生六子之荣，兼育三媛之秀，女嫁男婚，媲美子平愿了。惟△男转继归宗，△男寂寞靡余，△男不寿，幸有孙枝△男，足带残疾，未曾婚配。虽各有荣枯之不一，亦天命之所致，非可得而欲也。而今夫妇偕老，且观桂子森森，兰孙翼翼。不意身沾隔疾，寿享终年，是以将所属田皮肥硗相兼，三面品搭，各自拈龟为定，其屋宇山场各项众业，不在开述，日后分爨，务要均平，取和为贵，无得占客。如有强梗者，以违逆公论。今欲有凭，立此分单一样△张，各执一张为照，子孙昌炽。

（2）立分关△，盖闻父子有天性之恩，兄弟有手足之爱，若古人有张公百忍，姜家大被，虽百世之远，亦不必分析也。但今人不若古人，且树大则枝分，流长则派别。慨身幼年失怙，赖母资扶，娶妻△氏，生子三人：长曰△，娶媳△氏，长孙△，恩养媳△氏，次孙△，又次孙△；次男曰△，娶媳△氏，初孙△，次孙△；其三男曰△，娶媳△氏，诞孙女名△。二女出适，亦各有甥，男婚女配，子平之愿毕矣。昔承先人之业，耕种营生，勤俭是务，鸳帷虽失偶，震子能克家，故得优悠岁月，不坠贻谋。至于创业鼎新，增加田亩，则兄弟均有助焉。今身年老迈，人口众多，用度繁庶，或有不周，致生嫌隙，是以央凂族眷，将身承父遗业，并自己续置新产，至于屋宇田园山场各项，一并三面品搭，肥瘦相兼，阄公为定，务要一同和气，各自遵守，无得生情占悋。如有不遵者，执此呈公，以不孝例论。自今关书一样叁张，各执一本为照。

（3）立阄书妇胡阿自适胡门，同夫△△，夙兴夜寐，苦志成家。不幸夫主中年分镜，苦守孤灯，所育五男二女：长男△，次男△，三男△，四男△，五男△。长娶汪氏，生孙有二；次配△氏，亦已有年；三因跛疾未婚；四才择配△氏；五为年轻未婚；二女曾已各适。自阿年老迈，事冗人繁，难以总理，尤虑世事如棋，人心涣散，是以咐男凂托族长亲姻，将夫主所有△处早租几秤，又△处田皮乙号，与长△读书之资；又将△处塘一所，屋二间，贴三男△名足跛之资；再以△处晚租几秤，又△△处秈租几多，以作夫主清明祭扫之仪；其余承祖并夫主续置田租地屋宇产业及各项物件，肥瘠好歹从公品搭，以作仁、义、礼、智、信五阄，焚香祷神，拈受为定。所欠债负，除次男△认还本银若干以偿册底费用之外，其余所欠该△△三叉［股］婚配者，叁叉［股］均认均还。自今阄分认载明白之后，各宜遵守，毋得生情占悋于内，纵有纤微不均，宜念母命为重，手足情深，各相逊让，勿得听妇人小子之言，争长竞短，生情异说，至伤和气，以与外人耻笑，而玷辱家声，是为至愿，各宜勉之戒之。今恐无凭，立此阄书五本，各执一本，永远遵照。

（4）慨自吾父讳△，母△氏，夫妇勤劳，耕种是务，育予兄弟俱未及冠，不意父忘［亡？］失怙，惟母是赖，抚我兄弟成立。及母没，怙恃无依，兄弟同处。思光前业，颇置有数亩之田；虑裕后居，粗构有数椽之屋。营运筹应，盖亦有年。但思兄弟虽和，九世之家，尤为分析，是以敬延戚族，将承祖及父所遗之业，与身兄续置之产，三面品搭，均分为定，肥硗相兼，拈龟为定，毋得生情异说占怭。自立关书之后，务要平心和好，仍旧同居，各尽其职，如有异心，各自烟囊，照龟管业无异。今欲有凭，立此关书一样二本，各执一本为照。

在上述四份文书中，第（1）例是老夫妇2人，将自己的财产——所属田皮肥硗相兼，分给儿孙承受。但此时尚未分爨，所以"屋宇山场各项众业"还没有分析。第（2）例是年老的鳏夫主持的分关，他将承父遗业及自己续置产业分为三份，分别由三位已娶妻生子的儿子继承。第（3）例是由寡妇胡阿主持的分家析产，阄书中将"读书之资"、照顾残疾的"足跛之资"以及出办"清明祭扫之仪"的部分单独分出，其余的肥瘠品搭，分成五阄拈受。第（4）例则是父母俱亡后两位兄弟的分家。

上揭的4个例子，实际上是具有民间日用类书性质的四种活套，分别为父母双全、父母俱亡以及父母一方去世的情形下之分家析产情况，概括了民间分家中最基本的四种类型。据笔者对徽州文书的收集情况来看，徽州文书中除了单张的土地契约外，分家书的数量为数最多，有的阄书还附有分家的房屋田产之相关地图，① 但基本上都不外乎上述的几种类型。关于分家分爨的实例，《畏斋日记》有一处记载：康熙四十年（1701年）二月十一，"枝弟分爨，供喜米一斗，大（前攀、荣二家分爨同）"，② 这应是指用一大斗米作为亲朋分爨时贺喜的礼物。

另外，财产的继承也是家庭和家族民俗传承中的另一重要侧面：

（1）立遗继妇胡阿叶堂翁尚宝生有三子：长△，次△，三△。阿夫△，藉父荫而承业，力农耕以资身，优悠岁月，株守随时，虽未能自创业以光前，犹颇得全父产而裕后。所赖天命艰男，节生五女，精意祈嗣，幸产麟儿，历尽艰辛才九岁，恩养媳妇以成人，只望传家为至宝，谁知遇疫而暴亡，鸦无反哺，燕子空劳，子向黄泉未满日，夫膺疾厉又损躯。一朝惨恸谁为主，百年应继侄作儿。是以情愿央房族戚眷，三面立定双继，两家均承，以免觊觎之心、靾争之渐，以全一家之义。预定土名△处，田租几秤，永作祀田，日后夫妇各冥诞之日，具备彩衣祭延〔筵？〕以缋其灵，无得欠缺。又存土名△处，田租额几秤，与叶氏百年费用。又存△处田租几秤，与五女均受，以作浆洗之资。除存过仍租几多，三面品搭均分，拈龟为定，俱候叶氏百年受用之后，鉴、忠两股，照龟管业，无得异说

① 如《正德十二年吴珰等分家合同》中，就收录有"天字阄"的地图二份。见《徽州千年契约文书》宋元明编卷1，第360—361页。
② 《清史资料》第4辑，第216页。

争论。其各处田塍花利，俱候叶氏取用。其△处数号田皮，共计租额几多，原△人抵还△人已讫。今恐无凭，立此继书一样二本，各执本永为照。△年△月△日立遗继书人△△。

（2）立继文书人胡△，今身夫妇年老，天命悭嗣，终身无靠，常念在怀，不意兹时身膺痛症，难以久延，是以央亲族属，三面继立亲侄△承身为嗣，仰为夫妇百年终身之望，其本身该股屋宇产业山园田皮各项，照身殳承认受业，并照身殳承当门户，永为续后之宗枝，本家内外人等，无得生情异说，今欲有凭，立此继书为照。

上述的第（1）例，寡妇胡阿叶与其先夫生有5女1男，后因幼儿夭折，故立侄为继。所有财产，除作祀田、其本人百年费用以及5女浆洗之资的田租之外，其他的则分为鉴、忠两股照阄管业。乾隆以后，一房无子，一房独子，例得兼祧以接续香火。该例中提及的"立定双继，两家均承"，也就是兼祧的例子。在传统社会，为了延续宗祧和养儿防老，倘无亲子，即要设一个拟制的亲子——养子，养子承担着延续宗祧和赡养老人（养父母）的义务。一般养子分为同宗与异姓两大类，同宗养子又称"立嗣子""嗣子""承继子""立继子""过继子"和"过房子"等，而异姓养子又称为"假子""螟蛉子"或"义子"等。[1] 婺源地处徽州文化与赣文化的交汇地带，境内部分地区受江西影响，也有"螟

---

① 参见叶孝信：《中国民法史》，第398页。

蛉"习俗。^① 但从《目录十六条》的记录来看，拟制的亲子多为嗣子，以亲侄为多（所谓"百年应继侄作儿"）。^② 从现存的徽州文书原件来看，继书一般是书写在一张大红纸上，这应当反映了民间社会对承继择继的重视。

除了分家与继承之外，祭祀也是家庭及家族民俗中的另一重要事象。《目录十二条》中抄录有康熙四十八年（1709年）族弟△△的《清明序》：

> ……祖之于子孙，其降祯祥，蕃后裔，殆如天地之覆载万物，而不可以言语形容者也。余等乌可不立之以祭祀会，报祖恩于万一也乎。然欲昭答祖恩，若不置之以租税，则不能延祀会于绵远，固不足以报祖德也。不议以女嫁之公堂入焉而生殖，亦不能大祀会于绳远，犹不足以答祖功也。于焉而置以租焉，于焉而议以女嫁之公堂入焉，庶几有开清明祀

---

① （清）夏炘：《景紫堂文集》卷7《讲约余书》："古人立后，以支子后，大宗从无异姓为后者。今律开载立后之法，先亲后疏，最为详尽。婺邑染江右恶习，颇尚蟓蛉。且有一二大姓，许之入谱入祠，恬不为怪者，不知祖宗不歆非族之享也。此条与前所云招养恶俗，皆积重难返，有伤风化不小。惟愿本地读书明理之士，缙绅先生之徒加之意焉。"《畏斋日记》康熙三十九年（1700年）七月初一条，就记载了江子瞻蟓蛉子江万舅因赌博而荡产败家的事实，詹元相接着感叹："寄语世人，蟓蛉之子，可以有，可以无也。"（第194页）

② 关于这一点，可以参照的一个例子是美国学者安·沃特纳的研究，他在对明代《新安程氏统宗世谱》记录的收养事例的研究中指出："在151个例子中，两个父亲间的关系是清楚的。其中89例为兄弟，16例为堂兄弟。剩下的46例，双方是更远一些的亲戚。由此可见，似乎存在着将兄弟之子作为养子的偏好，尽管这种偏好绝不是压倒性的。"（《烟火接续——明清的收继与亲族关系》，第81页）

会之始矣，庶几有备蘋蘩蕴藻之菜矣，庶几有具四时之食而荐矣，庶几可昭答祖恩之万一也……

清明是祭祖的日子，反映了中国人的家族关怀。人们于此日拜扫坟墓，祭奠祖灵，追忆先人，以维护家庭乃至家族的凝聚力，并教育子孙不要忘记先祖创业的艰辛。乾隆《婺源县志》载："其祭有并举于冬至、立春者，有止举于清明者。清明之墓祭与祠祭并行，祖父之近墓，则子孙春首必谒，岁暮必奠，省松楸，禁樵牧。"[1] 与此差相同时的《徽城竹枝词》亦有："墓祭三回重本源，清明冬至及中元。寒衣烧献金银袋，但只清明许乞墦。"[2] 墦即坟墓，"乞墦"可能是指墓祭。后来，民间文书遂以"清明"为祭祀祖先之代名词，宗族祭祖合同称为"清明合同"，[3] 有的家族还立有"清明祀会"，并置租税，以保证祀会的正常运作。其资金来源之一是公堂礼，也就是嫁女时向祠堂交纳的银两。[4] 有关清明祀会的徽州文书所见颇多，《目录十六条》中抄录有两份《清明序》，均只载其序，而完整的"清明会簿"除了清明序外，一般还包括祭祀礼仪、所置田产以及相关的收支账目等。[5]

---

[1] 乾隆《婺源县志》卷4《疆域·风俗》，（清）俞云耕等修，第370页。

[2] 徽州文献课题组：《徽州文献与〈徽人著述叙录〉的编撰》，第381页。

[3] 如《弘治十二年黟县朱姓宗族祭祖合同》，载《徽州千年契约文书》卷1，第280页。

[4] 关于公堂礼银，在徽州现存的诸多婚帖原件中有相当多的记录。另外，同治年间婺源江湾、上晓起一带有关嫁女的一册文书抄本中，亦有"大公堂""小公堂"或"公堂"礼银的开支。

[5] 《徽州千年契约文书》宋元明卷8有《天启元年休宁程氏立清明挂栢簿》，第191—276页。

3. 村落的民俗传承

村落依其约定俗成的习惯来维持秩序，从而表现为村落的诸多民俗传承。它主要反映在以下几个方面，如：村落成员的集体意识，村落内部的协同生活，村落的公共设施，乡规民约和村落管理以及村落信仰等几个方面。村落成员的集体意识，从村落日用类书本身多以社为中心加以编辑和记录上，可以得到部分的反映。关于社在民众日常生活中的作用，前文已有涉及，兹不赘述。以下着重分析村落民俗传承的其他几个方面。

（1）村落内部的协同生活

由众多个体家庭构成的村落共同体，在日常的生活和生产活动中，彼此之间通常有着密切的交往和联系。在许多场合，人们都需要共同协作，方能保证村落的延续和发展，这就形成了村落内部协同生活的诸多传承民俗。[①]

徽州地处皖南低山丘陵之间，而"婺居徽、饶间，山多田少，西南稍旷衍，东北则多依大山之麓，垦以为田，层累而上指，至十余级不盈一亩，牛犊不得耦其间，刀耕火种，兼溪涧之润，多不及受，而仰泽于天。"[②]西南和东北形成了两个截然不同的地理单元。在婺源东北乡，人们为了排除旱情的困扰，建造了许多的山塘、水圳或石堨以解决农田的灌溉问题。"圳"是指田间水沟，而"堨"（有时亦写作碣）犹堰，也就是以土障水。无论是"圳"还是"堨"，在徽州各地都普遍存在。《徽城竹枝词》

---

① 参见陶立璠：《民俗学概论》，第164页。
② 乾隆《婺源县志》卷4《疆域六·风俗》，（清）俞云耕等修，第363页。

有言:"山多田少溪流急,地窄人稠水利先。灌溉恃塘还恃塌,吕湖吕塌灌湖田。"[①]就反映了石塌在农田水利建设中的地位。

由于石塌是关乎许多人切身利益的水利工程,其兴修通常都需要村落成员的共同努力与相互协作。《目录十六条》中有《修下圳帖》:

> 某处后边下圳,田亩所赖,龙潭石塌灌溉,今被洪水冲倒塌骨,并石仓水圳崩陷,不能通灌。此际禾苗遍野,片刻难缓,合宜兴工造作,其匠工费,应照田骨、田皮两半均出,务要合力成功,急为灌饮,各人名下须索,完工办费,毋致迟延,以枯苗课,谨帖。

所谓塌骨,当指用花岗岩石或河沙麦秆、草蒲堆砌而成的坝堰。而田骨和田皮,也就是农业经济史上常说的"田底"和"田面"。明清时代的土地所有权趋于多元化,有一田两主的租佃形态。"田骨、田皮两半均出",这说明修理水圳及石碣的费用来自全体相关的村民,不分主佃。另一份《庚辰年立下圳水平合同》:

> 立议水平合同,某某等本村下圳灌溉约有百亩之余,上年常有水平,周流无间,匪大旱之年,未闻有西成失望。迩来数十余年,人心涣散,水平政息,稍遇旱年,则遍野焦枯,终岁勤动,不赡租课,十无二三。是则禾以水为命脉,

---

① 徽州文献课题组:《徽州文献与〈徽人著述叙录〉的编撰》。

农事不可缓矣，于是集众复立水平，自下圳枫树头起，至段末陈门止，无论出水田、作水田，每亩出谷一斤，共敷谷壹石，以资水平工食，早夜收圳，则水道不涸，沟涵常流，郊源无争水之俗，田禾有滋溉之源。而民有恒产，租有恒盈，而国课则常裕矣。自今立墨之后，如有恃强挠众者，定行闻公理论。今欲有凭，立此合同一样几张，各执一张为照。

"庚辰"年也就是康熙三十九年（1700年）或乾隆二十五年（1760年）。据此处所述，"下圳灌溉约有百亩之余"，可见是个较大的水利设施。关于"水平"，《畏斋日记》中有一段记载：康熙三十九年（1700年）七月二十五，"大人同子定兄、兼三兄、蔚林兄往汪冲安水平。此水乃汪冲碣水，其碣乃汪冲边造者，今年新造，亦系汪冲一边。不知旧例，松坑边何故放水，屡次争竞。今凭中不灭其例，乃照旧水筒样式打一石水平安定，以塞争端。"[①] 据此，则水平当为一种石制的水利构件。立水平的目的，是为了均匀用水，防止争竞。这种水利设施及用水惯例，在徽州各地似乎极为普遍。歙县"西溪南文书"中有一册丰南修堨的文书抄本，稍晚于《目录十六条》的记载，可以作为此类文书的一个具体例证。

该堨（名条堨）起于明正德年间，由塔边溪筑坝，引丰溪水入堨，经石桥村内，至坑桥地方为止，约有10里，灌溉附近

---

① 《清史资料》第4辑，第197页。

田 1100 亩。原先，每年由田主和佃户各出资出力疏浚，后来由宗祠司事负责管理，规定灌溉农田之时，"遵照水程放水"，不得恃强车灌。崇祯十六年（1643 年）六月十六日立有"放水规次"的合同，其后，更详细规定了轮流放水的时辰："里罗墩，八个时辰；中罗墩，八个时辰，外罗墩，八个时辰，又一户（横渠），七个时辰；菖蒲户（上、下），九个时辰；高塝上下，十个时辰；介止亭（山下渠），五个时辰；七亩户（枧山下），九个时辰；永顺桥（大中堀），八个时辰；择树桥，六个时辰；杨柳干（铁线广［户］），十三个时辰；寺前，七个时辰；寺后，五个时辰；刘家门前（周家桥），四个时辰；石桥，八个时辰。"以上规定九日一轮，周而复始。另外还有坝塭水程图，规定五日一轮放水，"撩车石桥田亩无多，不派时辰，每日只许两车车水，不得多放"。丰南修塭文书中，还收录了一份嘉庆三年（1798 年）官府的告示——《特授江南徽州府歙县正堂加五级纪录十次李为条塭溉田恳恩示禁事》，从而使得此类民间相互协作的惯例，通过官府禁令的形式，得到了进一步的确认。文书对条塭所经水程的各处田亩，绘制有详细的地图。而据该册文书末《三合坝》条的记载，条塭于 1952 年及 1953 年间曾加重修。由此可见，此类民间协作之惯例前后竟历经数百年而未改。

除了兴修水利之外，村落内部的协同生活，还表现在其他的生产互助方面。婺源东北乡的农民习惯于在谷雨前后草木萌发之际，上山抢割青草。此类活动一般要持续数天，人们将抢割下来的蕨类、青栎、黄栎等踩入田中作为基肥，民间俗有"谷雨割青，草嫩肥沃"的说法。[1]对此，《勒石序》曰：

> 国本赖赋，民命赖农，壅田赖草，源内各姓，居址不
> 一，向来旧例，于三月三日，各姓齐诣元帝庙拜神饮会，酌
> 定谷雨后订期割草。不意今岁谷雨即初二日，节已蚤，民事
> 难缓，致本年日期割草，酌议不一，是以戴、胡、詹、汪于
> 初八日随行割草。今胡、程、曹等责以违墨，投鸣约保。身
> 等劝以旧例固属当行，而节候迟早，亦当可审。两约保会
> 议，令戴胡詹汪先期刈草，诸人备银勒石，神前演戏，以遵前例。
> 日后不得固执选期酿弊，的于谷雨后三日，各姓割草，永为
> 定例。庶高田耕种者固不为迟，而平地力田者亦不害事，俾
> 各姓赖农可食，各田赖草可壅，仓箱有望，租赋常盈，未必
> 不藉此勒石之一助也。如有借端生事及放火烧山之人，罚银
> 三两，存贮公用，永遵勒石为据，特序。
>
> 高山之田做秧要早，合议清明后三日开禁，许割草，三
> 日做秧，即行停止，余悉照勒石，再批。
>
> 康熙三十九年三月　日立

以上《勒石序》所述，亦即前揭俗称的"谷雨割青"，该习

---

① 婺源县志编纂委员会编：《婺源县志》第 22 篇，"江西省地方志丛书"，档案
　出版社 1993 年版，第 528 页。参见毕新丁编著：《婺源风俗通观》，婺源县
　地方志办公室、《徽州社会科学》编辑部，1999 年，第 40 页。该书编著者
　为婺源县方志办干部，《编写说明》称：该书的编纂，"有文字资料的，尽量
　以文字资料，查不到文字资料的，则以口碑资料。"虽然文献未注出处，间
　亦有照抄自《婺源县志》(1993 年版)，但一般说来还比较可信。

俗迄今仍被完整地记录在新版《婺源县志》及《婺源风俗通观》中，可见，此种习俗至少延续到20世纪40年代。而从《勒石序》记载的内容来看，由于青草嫩柴是农田基肥的来源之一，为了避免各姓田地的基肥不均，遂约定必须在同一时间，也就是谷雨后订期割草，这成了婺源东北乡一带的定例。而此一定例，又通过勒石的形式被永久固定下来。

和青草嫩柴一样，石灰也是农家的另一肥料来源。《目录十六条》中有《酌议买灰禁帖》：

> 窃惟农为本务，上供国课，下利民生，自古及今，未有不首重者也。本处山高土瘠，周围十余里，田畴数十顷，佃作必藉灰壅，但本境者不足以资本境之用，往往出境买办。近来有力之家，抢先钻买，甚或垫价争攘，以致苦乐不均。会集通境，议定限期，递年交小暑之节，至同都近邻先买，小暑后五日，往七都各宅买用，不得抢先挽垫，亦不得借端生事，以蹈前弊。……特帖通知。
>
> 康熙四十六年六月　　　日　龙尾约斯文、保甲仝白

石灰作为生产资料的一种，为了防止在采购过程中因购买先后及价格高低引发的争端，约保对于采购日期及地点，均作了比较严格的约定。这份由龙尾约斯文和保甲出具的帖子，所署时间为六月，这与民间启蒙读物所述恰相吻合。徽州《农工杂字》①

---

① 《农工杂字》计两种，一为残本，另一则为全璧。两种均有编后增言，唯残本末署曰："中华民国柒年岁次戊午季夏，济川吴瀛洲书"。

抄本中，就有："六月小暑，种芝麻，种暑粟，种菉豆，刿苞芦，插屈［残本作"窟"］栽苗，扦羊角竿，挑石灰，筛炉灰，买桐饼，挑菜饼，春枯抓枯，掞灰撒灰，刿田塍，涂豆泥，拣稗拾草，耘田蹋田，挑牛屎，铺稻架，刿田塝，扫垃圾，打草皮，烧草灰，筑田坝，砌田塝。"石灰和人畜粪便一样，都是传统时代农家的肥料来源。①据新近出版的绩溪《坦头村志》记载，清、民国时期，春季农民挑"硅"（石灰料）烧灰是主要农事，有"正月灯、二月鸢，三月四月老子挑灰料"之说。耘田每亩下百斤石灰肥田，除草、灭虫和防病。②农家或是自己烧灰，或是向外人购买石灰，而绝大部分人应是向他人购买。另据《詹庆良本日记》记载，20世纪40—50年代，婺源县古坦乡水岚村附近的石门村里有好多人，"年年都要烧一窑石灰"，除了供自己使用之外，有时还会挑到"别地方去换些粮食来"。③歙县佚名日记中，某年农历三月二十七日条下有载："斯日早晨上学，路逢吾村肩篮而行，便问之曰至于何处，对曰：对地挑灰也。窃谓灰之为物，是禾苗肥料，此时不挑灰，则禾苗欠力矣，然结实成收必

---

① 一徽州启蒙读物叙及"农家"时，有言："天下重事，务农为先，刿山开坦，掘地犁田，修整旧炮，开垦荒田，刿天田畔，填筑塘埏，取樜搭梘，凑水进田，拔秧插莳，耘草踏田，挏草拾稗，拉禾使签，使灰烧粪。"该书可能最早作于清同治年间，民国以后续增，编纂者应为祁门人。徽州启蒙读物《逐日杂字》中，亦有："下灰粪，尿窖灰，侗簹麻饼；推石灰，车田水，出□齐截；……"徽州文书抄本《菩萨经》其中抄录的启蒙读物："捍草种豆，浇粪撒灰，斫柴烧炭，耕田摘茶……"。

② 中共坦头村支部委员会、坦头村村民委员会：《坦头村志》第9章第3节之一《石灰窑》，2002年，第97页。

③ 参见拙文《水岚村纪事：一九四九年》，载《万象》2002年第9期。

薄，而一家之数口嗷嗷，如果缺粮，何以计之？故农夫在夏日，不得不肩灰，亦是第一需要，此不可少乎！"上述文字略嫌稚嫩，文气及遣词造句颇可斟酌。但在现代化肥普遍使用之前，在农村的这种石灰购销情形，并没有多大的改变。

婺源是个缺粮严重的县份，粮食供应一向靠外地接济。"每一岁概田所入，不足供通邑十分之四，乃并力作山，收麻蓝粟麦佐所不给，而以其杉桐之入，易鱼稻于饶，易诸货于休。"① 道光时人婺源县教谕夏炘亦曾指出："婺邑山多田少，米皆仰食江西乐平，民情刁悍，河船动辄阻挠，一遇荒年，米船月余不到，民有枵腹之虞。"② 而由外地购入的粮食必须经过本地的加工，方能供给民食，由此形成了蓬勃兴旺的粮食加工业。徽州人巧妙地利用水位落差，在河流中建立水碓，用以加工粮食。而以水碓加工粮食，在徽州历史上可谓源远流长。③《壬申年做春米碓水磨合同》：

> 立议合同△△二姓，今将原水碓基更改车桥，重修碓塝，兼修碓碣，复造车碓水磨，工程浩大，费用繁多，于是金议，照依现在锅头三十四股均造成功，面议碓分：每谷

---

① 乾隆《婺源县志》卷4《疆域六·风俗》，（清）俞云耕等修，第364页。
② （清）夏炘：《景紫堂文集》卷6《十六条附律易解（附讲约余说）》。
③ 中共坦头村支部委员会、坦头村村民委员会：《坦头村志》第9章第1节《粮食加工业》："水碓砖木结构平房，一般择址于距碓较远、田片尽头低处，田灌加工兼顾，开圳引水，以水为动力，急冲水斗及其横轴上六片错落有秩［致？］的厚叶板快速旋转，压起半'可'字形木制碓身、铁嵌碓头入臼，不停春捣，脱去谷壳，经过风扇、筛选成'海头米'（头遍筛上米）、白米、碎米。风扇后粗谷壳，入臼成糠，筛选成细米糠和粗糠为猪饲料。"（第91页）

一百斤打碓，分二筒；其舂鞁麦每一百斤打碓，分八斤；其磨小麦，每壹百斤打碓，分十斤；再磨大麦粉每一斛，式筒；磨米粉每壹斗，贰筒；其舂子口糠壹百斤打米，肆筒。自议规格之后，凭众一人巡值，议交众碓磨租拾秤，付众生殖，四季付出，以存修造之资。其小修俱系值碓人自办，无得推捱，今恐无凭，立此合同一样五张，各执一纸为照。

这是众人集资（分五方三十四股）合建、而由二姓经营水碓加工粮食的水碓合同。它对于水碓的运营，定有一套规则。举凡打谷、舂大麦、磨小麦、磨米粉及舂糠等，均按一定比例提取，并从中交出众碓磨租，生殖获息，以作为水碓大修的费用。

水碓是较为大型的生产工具，对于广大的下层民众而言，一般人难以独资经营，故而往往采用股份式的经营方式。上述的《壬申年做舂米碓水磨合同》为族外合伙经营的合同，类似的合同，在以往的徽州文书中也有发现。[①]

村落内部的协同生活，除了反映出一定的秩序外，还表现为不断地调节因各种不同类型的冲突而引发的诸多紧张关系。

明清以来的徽州社会，人们之间形成为复杂的社会关系。这种关系，既有垂直的等级关系，又有平行的相互关系。主佃关系和主仆关系均是典型的等级关系，在《目录十六条》反映的康、

---

① 如周绍泉就对《光绪十一年祁门郑丽光等合租碓房合同》有较为详尽的探讨。参见氏著《徽州文书所见明清徽商的经营方式》，载陈怀仁主编《明史论文集——第六届明史国际学术讨论会》，黄山书社1997年版，第36—38页。笔者手头有光绪三十二年（1906年）磻溪水碓湾的《碓股存录》稿本，对于同治、光绪年间的水碓合股经营有详细的记录。

雍、乾时期，正是主佃关系和主仆关系发生剧烈变化的时期。雍正年间，世宗下谕开豁贱民，这进一步引发了徽州佃仆挣脱枷锁的反抗活动。关于这一点，《新安上溪源程氏乡局记》等相关文书中有不少反映。与此同时，主佃关系也时常出现紧张和摩擦。詹元相在《畏斋日记》康熙四十二年（1703年）六月二十九条下写道："本年蠲免钱粮，民间讹言惑众，谓为蠲免租谷，农家竟不肯交租。上八府百姓皆如此说，以至主、佃互口，至上宪条陈严拿蛮佃逞究，告示晓谕。噫！无知小民，被人欺哄，至滋多事，殊可怜悯。而造言之人，因赦文有'蠲免田租'四字，遂扇害如此，诚不容于死也。"[①] 当年的十一月初七，"付祝保舅铜钱一百，烦代倩人递词，呈大杞［汜］佃户余大名等讹言赦租不交者。（初九日递词，批：约、保即与查明催交，再迟禀究）。"[②] 而在《目录十六条》中，也出现有反映主佃紧张关系的文书。《具禀众佃△等禀为恳赐钧谕敕照旧砠永垂定制事》，就是由于收租的地主任意改变定租，引起佃农不满而产生的主佃纠纷。

除了主佃关系外，乡族关系也是徽州一种重要的社会关系。徽州是个宗族林立的社会，各个村落、宗族间既有协作，又表现出鲜明的畛域。不少诉讼纠纷，都发生在邻近的村落和宗族之间。如《段莘与裔村角口帖》：

　　裔村负隅，不被声教，断截段莘往来，被杀被抢，不啻

---

① 《清史资料》第4辑，第246页。
② 《清史资料》第4辑，第250页。

再三，曾经出帖通知，遍阻族内，暂避凶锋，免遭荼毒，讵尔等不听，致有廿四日抢米之辱，人负重伤，莫不切齿，但官不胜其烦，案不胜其扰，惟思静候处分，慎勿尤效。诚恐人众一发难收，堂堂诗礼之家，赫赫人文之族，岂必与之论曲直而较短长乎。且吾族不行此路，尤可通休，不由其途，亦可负贩。嗣后再有往来受其耻辱，余辈不理，其余无故惯于裔村出入，物议纷纷，不无勾通之弊，查明立即斥逐出祠，各房俱无容纵，一任裔村之刻薄浇漓，我族决不可因此而失其宽洪仁厚也。特帖。

段莘位于婺源县东北部的边缘山区，北界徽州府的休宁县，西南即为庆源所在。段莘村为明南京兵部尚书汪应蛟故里，汪氏著有《海防奏疏》和《理学经济汇编》等百余卷，其中《学略诗》1卷录入《四库全书》。汪应蛟裔孙汪绂，系清代著名学者，平生著有《九宫阳宅》《诗集》和《大风集》等36部，计226卷；其中收入《四库全书》的有《理学逢源》和《医林纂要》等30部共195卷，[①] 这或许就是《段莘与裔村角口帖》中有"堂堂诗礼之家，赫赫人文之族"说法的来源。至于裔村，位于大余山南麓的小溪西侧，唐末由休宁回岭汪姓迁入，以处婺源边陲，改称裔村。[②] 虽然在这份帖子中，段莘自居于"诗礼之家""人文之族"，但它在《畏斋日记》的记载中，其行径显然又与裔村毫无二致。

---

① 《江西省婺源县地名志》，第24页。
② 《江西省婺源县地名志》，第25页。

《畏斋日记》中关于段莘的记载

年份	月　日	事　　件	页　码
康熙四十年	二月初三	下午段莘人盗砍壶村西山月坟木，本家众人赶上捉获汪弗在山欲搔树木，当捉来镰刀一把、斧头二把、锄头一把，招出砍树者乃汪三女，与他无干。	第215页
	初四	修书一封、状三张，着何兴下与段莘约内汪德凝先生处，推诿不收。……身又充红帖一介，写信付王锦弟至翩飞姐夫［处］问约保何人，以便补词。回言今段莘仍旧约保，但不理事，投状无益，不如落得刀、斧，听其动静可也。众依其言，其刀、斧物件号付淳伯收执。段莘一村好人固有，而狠恶者多，且与小源着迹，气质甚不可近，子孙们少与结亲。	第216页
	初六	本房众人商议作状，下邑告段莘盗树者；又出禁帖一纸加禁。	第216页
	九月初一日	见段莘人打猎于田，践踏禾豆，因正言责之，逐去，毋许放肆。	第224页
康熙四十一年	闰六月初二	与段莘会于岭头。原明弘光年间，本村与段莘立有议墨，两家樵采者不得越界，犯者罚银一百两。至是前月本村捉获段莘于村头挖柴者锄头五把、斧头一把、镰刀三把，伊约写帖接相会求情（两边俱办茶）。	第235页
	初三	祠中议报乡约。	第235页
	十一月初五	段莘人至局内采樵，本村松叔、王锦弟、佑弟捉获斧头一把、锄头二把、镰刀一把、锄棒二条、柴箕二担，捉一人至祠内，报名系八斗、细喜、汪三等。	第238页
	初六	……着何富九担书至段莘约。下午，段莘着保长同小甲以"捉杀人命"事来投［状］，被列下门昌姓，本村不收（系相打，彼家一人有伤）。	第238页
	初七	上午，段莘来岭头会议，辞未赴。下午村内七孙叔、宜生叔担盐至段莘经过被打抢去，即去投状，亦不收。	第238页
	初八	天晴。身家办桌盒二个，至岭头会段莘约。父亲同涵一叔祖、长卿伯、希震叔祖、润可叔赴会。	第238页

年份	月 日	事 件	页 码
	初九	……接段莘约及汪德迎先生来勘，身家备酒管待（计费三钱四分七厘）。	第 239 页
康熙四十一年	初十	……本村族众做议墨、插［歃］血、议讼费（歃血鸡送涵一叔祖做笔墨）。	第 239 页
	十一	段莘送醮仪一封、罪钱一封至祠言和，众人允诺。本族以德迎先生面情，所打伤者又系渠己仆，回上汤药一封（一两二钱）。	第 239 页
	十三	本村封山插旗，于村头捉获汪黄兴、洪八等挖掘柴刀斧。下午段莘截打细女叔自休宁籴米回。	第 239 页
	十五	祝辛九出段莘投词下书。	第 239 页
	十七	与和伯同阃青叔下城告状。	第 239 页
	二十	状批"约保查复"。	第 240 页
	二十一	汪赓先生至胡村接村中涵一叔祖、希震叔祖同家大人相会，求情言和。本家办桌盒茶。	第 240 页
	十二月初七	本日同瑶叔、福兄结与段莘讼费，共去银三两二钱七分。……	第 240 页

婺源庆源村

　　　　　　　　　　明清以来徽州村落社会史研究（修订版）

其中康熙四十年十一月十五（1701 年 12 月 14 日）的祝辛九出段莘投词下书——《违禁惨挖截杀无休请平异变事》："盖闻礼者身之维，义者事之干也，信者人之本也，密迩周亲，豆觞敦好风之和也。即或佹张为幻，当事者必以礼让先之，则衅可消而情自洽，寒舍是以前有特驾之迎。自立墨以来，寒舍不为祝始，而上宅采樵者屡肆侵犯，且动行邀截，越人于货。寒舍未之报复，子弟深以为耻，而父兄重以为戒，守义故也。诸公言重九鼎，素以忠信报人，既蒙申饬，而汪某等即于封禁之日挖及坟脑，非惟视前人之议墨不啻弁髦，抑且藐诸公之教令无关轻重。量地量情，当无怪寒舍之多事也；而乃旋而攘夺，旋而杀降，致担夫贩贾视坦途为机阱，其若国法何？诸公幸有以教我。"[1]《畏斋日记》中的这段文字与前述的《段莘与裔村角口帖》口吻如出一辙，一方往往自居诗礼之家，而斥对方为攘夺杀降之辈。所不同的是，在上述的文书中，段莘分别扮演了词帖中正面与反面截然不同的两类角色。这说明村落宗族间的纠纷，是非常普遍的情形，而类似于《段莘与裔村角口帖》这样的文书，也就有了频繁利用的机会。

（2）村落的公共设施

在徽州村落，人们生于斯长于斯，有不少需要由全体村民共同维护的公共设施。如宗族的公共山林，联结各地交通的桥梁等，这在不少契约文书中均有反映。如《禁苦株树林帖》，就是由于有人偷砍交通要道两旁的古木，为此通会各房、族长严禁乱

---

① 《清史资料》第 4 辑，第 239 页。

砍滥伐，违者罚戏办酒，情节严重的，还应由排年、乡约和保长上报官府加以严惩。

作为依山傍水的山区，桥梁是必不可少的公共设施，因此，对于桥梁的维护通常也需要村民的共同出力。如《搭桥帖》即曰："山溪之险，赖舟以济，往来之便，莫尚于桥，住居之所，向有桥梁以通济，尤利行人之便易，因被洪水之兴冲裂，出入为艰，秋节将临，波澜不惊，于是佥议的于△日起竖，预备修颓，悉照前例，毋得推诿，特帖通知。"由于婺源地处皖南山区，每年山溪暴涨，往往引发洪水，冲垮河上的桥梁。据当地人讲述，有时，为了避免损失，即在洪水到来之前，人为地拆卸桥梁，待洪水过后再行搭建。无论是何种情形，在不少地方，几乎每年都需要重新搭建桥梁。因此，共同出资出力，也就成了约定俗成的"前例"。《造港口桥梁募引》曰：

> 龙尾港口，婺东北之通衢也，双溪合流，行旅负担，集凑络绎，实为要津，向有木桥，以达往来，每夏月霾雨暴降，水涨桥解，渡之以舟，然涛澜迅激，时有覆溺之虞，济者病焉。吾乡议建石梁，上为亭树者旧矣，因财用不充，工再兴而辄止，今本祠捐厚资以缵成前议，凡鸠工伐石，购木陶瓦，所需既专任之矣，而搬运群材之工，不无繁费，尚须众力经营，爰恳仁人善士，慕义劝输，共襄盛举，俾行旅永无鲍叶之叹，而负担长蒙利涉之休，不亦所施者约，所济者众哉。俟厥功告成，将勒贞珉，以垂芳名于千秋，其与倾囊而营梵宇者，善相万也。同志者勉旃！时雍正元年桂月谷旦

龙尾江宗祠世贤堂敬引。

　　港口在段莘水与武溪水合口处，东北距下溪头约八公里，是溪头和段莘两乡的门户。①《造港口桥梁募引》称之为"婺东北之通衢"，显然是并不夸张的说法。这份募引是由龙尾江氏宗祠世贤堂发起，由该祠捐赀，购买及准备建桥的相关工料，并倡议族内（外）慕义捐输，共襄盛举。

　　为了筹措资金，人们还常常打会置产，这就是徽州文献中常见的"桥会"。②如《泓源桥会山记》："仁莫大于济众，德莫善于津梁。吾祖三姓同居泓源上社，出入必有当途要津，于是建议与某共置有桥山一业，土名某处，向来蓄木以资助用。迩来人心涣散，山林濯濯，或有桥木之损坏者，则亦无所补矣。是以某年，我上社合众另买某处桥山，以为悠久之计，用之取用，不用则禁，而子孙世守，永固桥梁之用矣。又虑洪水泛滥之时，而梁之无不冲裂者，斯时往过来续之人，虽有木排暂济之功，不无扬厉之叹，因感而言，代桥之济莫如舟，则有某某人之应，各启诚心，捐资以助，且喜有桥山之木，而梁之可绎，洪水之兴，而舟之可济，虽无远作之功，颇庆门前之德。"泓源当即泓源潭，即今秋口乡的黄源潭。在清代，与龙尾同属于万安乡长城里。该份文书是说泓源上社购置"桥山"一业，设立"桥会"，蓄木建桥。所谓桥山，是指由一批人共同出资购买某处山地，蓄养林木，以

① 《江西省婺源县地名志》，第57页。
② 湖南也有桥会，笔者手藏有一册反映湖南桥会组织的《桥谱》（刊本）。

备搭盖桥梁时所需的木料。并以山林经营的利润，补贴架设及维修桥梁所需的费用。关于这方面的文书，《目录十六条》中，另见有具体的《禁桥山帖稿》："立申禁帖人某某等所有桥山壹号，坐落土名某，向来掌养，蓄木成材，屡被内外人等入山窃取侵渔，深为隐恨，自今合众拨选之后，除往者不究，来者必追，是以特延约、族、邻里，起倡严禁，以戒无知等辈，庶山林之木常美，而桥梁之间有济，嗣后各体仁心，毋得怙终侵害。如有恃顽不悛者，本家定行鸣公理论，决不狥情。预帖通知。"还有一份《加禁帖》："立加禁桥山帖，△△处等原置桥山，盖为津梁永赖，是以向行严禁，近见借采薪之名，而并其树木残毁弗顾，立睹山林濯濯，禁令废弛，若不严饬于先，何以遏止于后，自今特行加禁之条，毋得入山林取柴薪，庶山林之木常美，而梁桥之济不可胜用矣。如有仍前不遵者，通众公议罚银若干，入桥会内公用，决不狥情，特帖通知。"

在一些村落文书中，对于桥山的设置，有着极为详尽的规定。抄本《新安上溪源程氏乡局记》中，就有前后长达 19 页半的"桥山合同""桥山""桥山收税""上桥"和"下桥"，汇集了有关桥山的诸多相关文书，对桥山作了详细的规定。从中可见，桥山之木除供给搭桥外，也通过商业贸易获取利润，称为"树银"，以备公用。

徽州的每个村落都有水口，"祠堂社屋旧人家，竹树亭台水口遮，世阀门楣重变改，遥遥华胄每相夸"。①——上述的《徽

---

① 转引自《徽州文献与〈徽人著述叙录〉》，《徽学》2000 年卷，第 380 页。

城竹枝词》为清乾隆时人吴梅颠所作，它勾勒出了徽州村落的常见景观。通常，在水口都建有水口庙，《修水口庙帖》曰：

> 水口庙宇历年已久，安稳无虞，物阜年丰，曾于旧年夏月，因风吹折古木，损坏庙宇，诚恐神灵无据，致使岁歉人灾，今众佥议，确于某日照依家头均斗，预备砖瓦，存以匠工应费，选期△日兴工，再涓△日安神，其杂工亦照家头均做，修颓坏以安神灵，护人丁而卫乎物类，此系正务，毋得执拗，如有等情，众议公罚，特帖预知。

重修水口庙的费用依"家头"平均分摊，而杂工也照"家头"平均出力。

除了村落内部，村落与村落之间，也有许多需要众人出资兴建的公共设施。婺源地处山区，外出颇为辛苦，慈善之士便相隔一段距离（一般是每隔数里或在山坡岭头），修建路亭（或称茶亭、桥亭或店亭），为路人避雨解渴提供歇息之处，并有专人烧茶免费供水，以积累功德。《目录十六条》中就收录有一《羊斗岭头募化烧茶偈》，曰："冬汤夏水力无边，奉劝檀柳莫惜钱。随意挥毫生喜助，往来感赞福三千。"在如今婺源的崇山峻岭及田间古道上，仍然分布着诸多当年路亭的遗迹。2001年和2002年笔者曾两度到婺源浙岭，驻足于浙岭上的古茶亭，并找到记录当年茶亭经营的诸多石碑。而在浙岭岭脚村中找到的一块石碑，则为我们讲述了浙岭堆婆冢的故事——相传五代时期方氏老太在浙岭茶亭烧茶，以方便往返行旅，殁后葬在岭端，路人感其恩惠，拾石堆冢以报其德。后人遂以"方婆遗风",作为此种烧茶礼客的风俗。[①] 虽然这只是一个传说,但茶亭的建设应当由来已久。元代池州教授王仪在其过《五岭》诗中写道:"五岭一日度,精力亦已竭,赖是佛者徒,岭岭茶碗设。""五岭"中有一岭在休宁(新岭),另外四岭则位于婺源境内,即塔岭、羊斗岭、对镜岭和芙蓉岭。[②] 其中的羊斗岭在溪头乡东部,前引的《羊斗岭头募化烧茶偈》,即是五岭一带烧茶礼客的遗风。

应当指出的是,免费供应茶水除了信佛自愿者之外,有时也作为对违禁者的惩罚。在民间社会,违禁者往往也被要求在路亭烧茶。如嘉庆五年(1800年)《重禁养生河约底》中就指出:违禁在养生河中捕鱼者,"旧罚烧茶一月济众"。[③]

(3)村落管理和乡规民约

康熙四十六年(1707年)六月龙尾约斯文会同保甲为了维持秩序,曾发布禁帖:"……其境内地方田塍屋畔,所有栽花种果柜子棕毛等树,物各有主,不许恃强窃取残害,如有等情,查出公罚,各宜永遵安业,共乐升平,特帖通知。"这是基层组织为维护乡村秩序而作的一次努力。类似于此对各自活动及行为加以规范的努力,在村落生活中应当屡见不鲜。《目录十六条》就记载了许多乡规民约、民事惯例,如《禁六畜啄践禾苗约》:"夫

---

① 参见江西省婺源茶校程发奎所作《古雅的婺源茶亭》,《农业考古》1992年第4期。

② 参见乾隆《婺源县志》卷37《艺文四·题咏》,(清)彭家桂等纂修,第2355页,《五岭》诗注。乾隆五十二年(1787年)刊本,"中国方志丛书"华中地方第678号,台北,成文出版社1984年版。

③ 婺源文书抄本《抄存禁约合同词底》。

食乃生民之命脉，农为王道之首务，农不耕则谷不登，食不足则民有衅，由此观之，系莫大焉。方今青苗布野，绿阴连山，奈何有等不良之民，往往纵放六畜，伤啄践踏，使春生之道息，而秋成之望虚矣。苟不设禁，则贻害万端，除已往者不究，自今禁约之后，如有仍前纵放者，则不问牛羊六畜，许诸人即戕杀于田中，以为供会计，更罚其银若干，入众充会。如负顽不服，则举此呈官，治以纵畜人之罪，故约。"这是针对六畜啄食及践踏禾苗而设立的禁约，规定如有再犯，对六畜格杀勿论，并对主人罚银若干入众充会。又如《禁盗田园瓜果约》："盖田园蔬菜各有其主，苟非己有，虽一介一毫，理莫之取。奈何有等贪夫小辈，不能自力，专一缘墙越圃，利其所有，瓜果菜蔬，无不及焉。此正利己害人之术，为仁人君子之亲戚者也。自今设禁之后，更有不悛者，许诸人指名检赃称报，罚银充会，如其不服，呈公究治，故我同盟之人，皆在所禁之中，谨约。"对于偷盗瓜果菜蔬者，也同样是罚银充会。这与前述康熙四十六年龙尾约斯文会同保甲的相关禁帖，在内容颇为相似。此外，还有《禁盗鸡犬约》和《禁盗竹笋约》，都是反映龙尾一带农耕生活的乡规民约。

而在另一方面，至迟自南宋以来，婺源的木材就相当有名，故而当地的山林经济颇为发达，直到晚近，民间仍有"千根棕，万根桐，儿孙世不穷"的俗谚。[1]《目录十六条》中就有不少反映山林经济的乡规民约。如《掌立山场文》："本家有山场一大局，坐落土名△处，其山东至△，南至△，西至△，北至△处为

---

① 婺源县志编纂委员会编：《婺源县志》第22篇第3节《俗语》，第536页。

界，今值杉苗松木老嫩杂木苗竹成林之际，萌蘖发生之时，毋许内外闲杂诸色人等入山侵害，本家特牌掌立之后，如有仍前不遵，怙终侵害者，定行鸣公理治，庶山得以成材，而国课有所出矣。"这是在苗木萌蘖发生之际的私人告示。除此之外，还有不少封山的禁帖："立封山申禁帖业主△△△姓等，相共有苗山一号，坐落土名△处，今众集登山，自行雕砍，运木出山已讫，为此合行出帖演戏申禁，鸣金插标封山，嗣后内外人等，一概毋许入山樵采，窃取桠枝，盗砍成林树木，如有犯者，众业主坐其侵害之家，照禁规公罚演戏，赔偿树命。倘恃顽挠众者，即开载循环究治，决不姑贷，特帖。（蕨草悉听采割）△年△月△日立封山申禁帖业主△△等全白。"此为伐木之后鸣金演戏插标封山的禁帖。而另一份禁约："立议禁约合同人胡△△公枝孙人等，切见山场濯濯，四顾皆然，不但木料之难求，而且爨薪之无有，是以通村会议禁规，将后龙山自黄荆坞起踢培△△处并△处已上山场，尽行打标封禁，无得入山采薪，掌养二年，候苗秧已齐，再行开禁，只许取讨山衣，无许戕贼杉松苗秧，如有夹带柴内入村者，公罚若干，首出之人无得徇庇，严行数年之久，苗秧得以成林，则材木不可胜用，而国课之需有所出，而爨薪田草之用俱有所赖矣。倘外人入山侵害者，擎获刀斧，闻公理论。自今立墨之后，务要同心协力，以全其功，庶山林之木常美，而取用之资不竭，今恐无凭，立此禁约为照。"这是由全村会议后订立的禁规，将山场打标封禁，禁止砍伐，待掌养两年之后方行开禁。上述的诸多规定，是沿袭已久的习惯。《畏斋日记》康熙四十五年（1706年）四月初一条载有祠中演戏，"立杉木禁"。甚至一直到 20 世纪40年代末以后，类似的做法仍然并不罕见——婺源民间为严禁乱砍滥伐森林，杀猪封山，由村族主持，违者重罚。除处罚金外，还责令用红布书写"加禁"文字张布，杀猪按户送肉，以示警戒。1949年后封山育林，立有乡规民约，亦有采用杀猪封山的做法。① 有时，过火林场需要砍斫，则需要相关人员会同进行："立开禁东山山主人等知悉，今因被火延烧，苗木伤损，恐久而木朽坏，今众会议，的于△日，山主齐集，照依股数，登山做蓬，挑林选斫，预帖通知。年月日立开禁东山山主△△△仝白。"所谓照依股数，是指该处山林是由众人股份经营，到砍伐时也依照原有股数砍伐得利。

在各类山业中，坟山是颇为特殊的一种。《禁坟山帖》："本家有坟山壹局，坐落土名（某处），所养杉松苗木，以卫先灵，则为荫木矣。近有无知肆行无忌，多借樵采为由，砍伐嫩苗，挖劈松明，一顾满目皆然，深为隐恨。今并△处几号山场，概行掌养，是以特告诸戚里邻老内外人等，各宜规守，姑念前往者不究，后来者必追，除拨山衣外，其山杉松苗木，无得仍踵故习，纵恣侵渔，如有此等，本家巡辑，定行鸣公理论，决不姑徇。预帖先知。"乾隆《婺源县志》称，婺人祖先之坟墓附近"禁樵牧，有樵牧者，子孙仇之"。② 在民间社会，偷盗坟木是一件令人愤怒的事。《畏斋日记》记载："康熙四十年十一月初二，谢坑曹佩生以尔樊兄修坟惊伊祖坟来投词，并仆三人身家待点心去。初

---

① 婺源县志编纂委员会编：《婺源县志》第22篇《宗教·风俗》，第529页。
② 乾隆《婺源县志》卷4《疆域·风俗》，第370页。

三，天晴。晚同蔚林、润可在法叔家夜饭，以代伊家讲永记偷坟木事（清）。"[1] 现存的徽州民间文献中，经常出现因盗伐坟木而引发的诉讼纠纷。

在现在的徽州各地，偶尔还可见到昔日乡规民约的遗迹。如在婺源的庆源、虹关等处，笔者就曾在路亭、祠堂的梁柱及墙面上，读到清、民国时期村落社区的乡规民约。此外，散落于僻野荒陬的各种石碑，也有不少是当年乡规民约的遗存。

（4）农事禳灾、仪式与神灵

民间信仰与迎神赛会，是民众日常生活中最为基本的生存技术。风调雨顺，五谷丰登，一向为传统中国农村民众最所关心和企盼。《畏斋日记》中，几乎每年都有对天时年成的总结：

年 份	天时年成	页 码
康熙三十九年	总计本年风雨不时，五谷不登，寒暖不宜，人多疫病。至岁尽日，溪水长三、四尺，如黄梅时节，又多怪异——热雨雪、昼见星、未春雪，亦可怖也。	第213页
康熙四十年	总计是年人安物阜，五谷如常，唯冬间少雪，未甚寒耳。	第228页
康熙四十二年	总计是年人物粗安，秋间大旱，老者皆云从无此干。早稻不丰，冬间未雪，亦不甚寒，此则一岁之忧也。	第252页
康熙四十三年	总计是年人人颇平安，时和岁稔，可称大有之年。惟夏秋间米谷腾贵，村中价至一钱八分，江西及吾郡公私禁粜，百姓难苦者数月。冬间二麦价至二钱外，余俱平。	第260页
康熙四十四年	本年人物康阜；他处疫病间有伤人者。夏秋多雨，早稻大有年。晚禾生线虫，多白稿，农家只有五、六分收成。冬间少雪不寒，各货惟油、烛稍平，余俱贵。	第265页

---

[1] 《清史资料》第4辑，第226—227页。

民众对于天时年成的预卜，有着自己的一番经验。如康熙三十九年（1700年）六月二十四，"丑刻立秋。先时电闪雷动，大风数阵，雨约半时，骤而大"，詹元相就写道："俗言：'雨临秋，饱休休'，今岁收成依旧不丰，何也？"[①] 康熙四十年（1701年）十月十一，庆源村一带天晴，早晨有雪。詹元相又写道："相传初落雪即屋瓦、草木上都有，谓之雪下山，来年主大丰之兆，试验之。"[②] 类似的各种先验性的杂占，也出现在龙尾一带。《目录十六条》中就有《干支定数》，如"元旦值甲，米贱人疫；值乙，米麦贵，人多疫"等，这是以干支来预卜年岁的丰歉，即以元旦日的天干，与米谷粟麦麻豆蚕盐丝绵绢以及旱疫疫病蝗等灾害相互关联。另有《预占八节云气》："元旦，四方有黄云气，五谷大熟；有青云气杂黄，主蝗"等，则是以元旦、春分、秋分、立夏、立秋及冬至日的云气，看云识天气，预占年岁丰歉。人们根据相沿已久的传统和历年的经验，安排自己的农事活动，这就是当时人所谓的"迹天象以谨人事"。[③] 乾隆《婺源县志》卷3《疆域志》中附有"候占"，如正月条下即曰："是月也，莳松秧，插杉苗，栽杂木。谚传：立春前后五日栽木，木神不知，商人采木植于山，农家芸二麦。"[④] 这似乎是与婺源发达的山林经济息息相关的生活节奏。

---

① 《清史资料》第4辑，第193页。

② 《清史资料》第4辑，第226页。

③ 康熙《婺源县志》卷1《疆域·分野（候占附）》，（清）俞云耕等修，第174页。

④ 乾隆《婺源县志》，（清）俞云耕等修，第284—285页。

为了祈求风调雨顺，民间经常组织迎神赛会。九华山的地藏菩萨在徽州颇为有名，不少民众纷纷前往九华山朝拜。《朝九华山愿疏》曰：

> 大清国江南徽州府婺源县万安乡长城里△社奉佛进香酬愿延生祈安弟子△，本命△年月日时生，室中△氏 年 月 日生，男△，媳△，暨通家眷等，即日盥手拈香，冒罪百拜：伏以云外飘香，爽籁清风来天上；莲中喷焰，华山紫气集人间。谨摅鄙衷，冒干天听，言念△等生逢盛世，庇仗元苍。失怙恃于幼年，茕茕孑立；勤胼胝于壮岁，碌碌维艰。不惮斧斤之劳，披星戴月；惟知衣食是务，锄雨耕云。叹时运之不齐，已遭雀角；值命途之多舛，又见迍邅。膝下虽育三子，未叶孙枝，眼前幸获齐眉，敢云愿遂。作息周知修省，营谋全仗恩光。兹因前岁六月间，灾星飞命，疾疫缠身，告许佛天，心香一炷，蒙赐匡扶，理宜招答。又于来春三月念三，是身生日之辰，庸涓今月良日，恭诣莲宫，谨陈清醮，广垂默佑，冀沛恩波。伏愿佛天宏化，圣泽垂仁，时时消无妄之灾，日日来有恒之庆。财源顺遂，东西南北咸宜；家道安和，春夏秋冬皆吉。明九暗冲莫犯，童关幼限无虞，南极老人望注长庚之字，东华帝主授予不老之丹，夫妇齐眉，孙儿绕膝，商则堆金积玉，农则贯朽粟陈，火盗潜消，牺牲旺相，公私并利，税产增崇。凡干祈祷

之中，悉伏帡幪之下，右谨具疏进。

龙飞△△年月　　日疏具虔忱冒罪百拜上疏。

这是在徽州各地极为常见的一份愿文，内容是说龙尾上社一带的某位信士从小失去父母，孤苦伶仃，壮年虽辛勤劳作，但却度日维艰。时运既已不济，复遭官司缠身。虽然育有三儿，但却未有孙辈。加上火灾疾疫叠至，故而颇感竭蹶困窘，为此择吉前往九华朝拜许愿，以期有所改观。在这一愿文之后，《目录十六条》中还载有一份疏套："南无幽冥救主本尊赦罪求苦地藏王佛教莲台座下／奉佛进香祈福延生信士△虔忱冒罪百拜上疏。"愿疏中的"△"社，应指龙尾上社或长城里所辖的其他村社。

九华山位于安徽青阳县西南二十公里，相传为地藏菩萨应化的道场，据民国时人胡朴安记载："烧拜香，一名朝九华，率下等社会之人为之。九华山在青阳县（旧属池州府治），相传地藏王菩萨肉身成佛处，故山上庙宇丛多，香火繁盛。近二三百之愚民，均结伴前往朝山烧香。烧香有两种，普通者谓之烧行香，无他特异；特别者谓之烧拜香，草履布衣，散发，顶绉纱中，手捧香盘，口诵佛号，遇庙而拜，过桥而跪，心无邪念，目不旁视，苟稍有懈怠者，谓必遭神谴云云。朝山回来，又必斋醮数日而后已。"[1]在徽州民间的启蒙读物中，有"许香愿，朝九华，沐浴斋戒"的描摹。[2]民国时期比丘德森的《九华山志》中，有专门一

---

[1]　胡朴安《中华全国风俗志》下篇卷 5 "安徽"，第 26 页 "烧拜香"条，上海文艺出版社，"民俗、民间文学影印资料之十二" 1988 年影印本。

[2]　徽州文书抄本《逐日杂字》。

张《徽州至九华路程表》，^① 这或许可以反映当年朝九华的徽州人之多。^②

---

① 《九华山志》，江苏广陵古籍刻印社 1997 年版，第 49 页。

② 清道光年间的一册徽州日用类书中，有《募化重修九华山接引佛殿小引》，这是一和尚为立愿重修佛殿而发起的捐输倡议，或许可以说明当时在徽州有不少信众。笔者在收集歙县上丰宋氏盐商家族文书的同时，找到九华山香袋一个，亦可作为当日信仰的一个实物佐证。在徽州当地，我所收集到及曾寓目的九华山图多达数帧。光绪年间的一份《九华山文疏》，为"大清国江南徽州府歙县孝女乡延宾里下泽义合社管居住奉佛进香净醮延生信士弟子△△△……"的文疏。另有一份徽州文书：

> 大九华山地藏王为出给路引通关事。
> 江南徽州府祁门县仙桂乡安定都文溪社分流约西乡廿一都大桥头，佛给引信黄氏荣弟，本命系光绪十年八月三十日己时建生，伏谓生死殊途，阴阳一理，关浍渡口，举足取行，而我地藏菩萨，收尔迷伦，颁行公据，普渡群生，信心顶投，即行往生，是叩莲右，请给一道勘合分明随身执照住外通关小引，候即限满之时，特此以便参详，验实，即得往生事，准剂生慈教律，须单出给者，右关给付
> 　　年　　月　　日给
> 南无幽冥教主本尊大愿金地藏王菩萨　　证盟。

这种朝拜名山的风俗，在皖南各地均极为普遍。最近，笔者收集到两张印刷品。其一为红纸印刷品：

> 瑜珈大法司为朝觐名山进香庆忏报荐祈福延生益寿为功德事。今据大民国江南安徽省宁国府太平县僧会司城南地境黄山狮子林寺恭秉释迦如来遗教弟子主行法司沙门臣僧……僧今代奏为旌德县西乡二十二都玉水村中王水北社合会等社管居民奉佛修设朝觐名山进香回里庆忏祖先祈福延生益寿信士弟子……

后列正香头、副香头、正香中、副香中、正香尾、副香尾、香福、香禄、香寿、香喜以及 103 名信士。再后注曰：

> 右暨合会人等即日虔诚焚香九礼上叩九华、天台、黄山之胜境，大开赐福之门；西极齐云、南海之福地，广被延生之路。乾坤四境之真贤，海岳十方之哲圣，水国阳元，三界群仙。

这份印刷品的版幅很大，显然是用以张贴用的。

"朝九华"的一个祈愿是为了人丁兴旺。笔者手头一份未具年代的印刷品，来自徽州某县，其内容便是九华山通慧庵"九华送子"的图像，下有一对联曰："张仙送贵子，赠善产麟儿。"同时收集到的还有一张"张仙送贵子"的印刷品，下有"天台山胜境，正常住灵符"的字样。据载，"由徽州、宁国、池州以达九华，均系陆路，以徽州山路为险远"。① 由于九华山离婺源较远，交通不便，为了便于朝拜，婺源人便在当地模仿九华名胜，称莲华山② 为"小九华"，③ 以定期朝拜。这在《目录十六条》中，也就有了《朝莲华山疏文（俗名小九华）》的文书：

　　　　据　府　县　乡　里　社奉
佛进香朝拜祈安信士某，本命　年　月　日　时生
　　　　　　室中△，本命　年　月　日　时生
　　　　　　男△

　　泪通家人眷等。

　　　　伏以
佛法无边，莲华胜迹真福地，
人心有感，野黎勤恳叩名山，……
虔供

　　　香仪，祈安清醮，伏愿

---

① 民国比丘德森撰：《九华山志》卷首《交通》，江苏广陵古籍刻印社1997年版，第47页。

② 《千顷堂书目》中有婺源人所作的《莲华山人集》。

③ 民国比丘德森撰：《九华山志》卷8《志余门》："新安有山，九峰如芙蓉，号小九华山。"（第371页）

佛相庄严，慈光朗照。

专以_{合家}名下，（旁注：此处如是一家，即写"合家名下"；如有人相共，即写"各人名下"。疏文至此，须因人而变用，不可固执，后皆仿此。）赦原故误之愆非，大赐方来之福庆，布种五谷丰登，营谋诸般而遂意，牲牲大旺，人眷咸亨，火与盗以双消，公共私而两利，更祈夫妇齐眉，寿弥高而福弥远，还图祚胤蕃昌，男宜家而女宜室，喜兆添丁，庆宜蕃子。……

皇号△年△月　日百拜　谨疏进。

此处乡贯及时间中的"△"，以及对于"合家"及"个人"两种情况下的详细注解，均说明这是一种疏文活套，是供人们反复套用的民间日用类书。莲花山为今赣、浙、皖三省界山，位于大畈乡境东部，山势险峻，诸峰清秀，状若莲花，故名莲花山。山中有龙潭，汪坚有诗曰："翘首莲花天际头，白云封处有龙湫。甘霖时应居民祷，山下年年庆有秋。"[1]从诗中可见，在乡民的心目中，莲花山中的龙湫，关乎周遭农作的腴瘠丰歉，因而具有御灾捍患的神奇。

《目录十六条》另有《莲华山酬愿疏款》《朝莲华山疏》，以及两种疏套签。其中的一种疏套签为："疏上　南无幽冥教主大慈大圣地藏王佛金貌座前／奉佛进香朝拜祈安信士△姓名百拜谨疏封。"另一种为："莲华山南无幽冥教主大慈大圣地藏佛金貌

---

[1]　参见《江西省婺源县地名志》，第227页。

座前／奉佛进香酬愿朝拜祈安信士姓名等冒罪百拜疏封。"显然，这与"朝九华"的疏套签基本上是相似的。

类似于模仿九华山而建小九华的现象，在徽州各地颇为普遍。如在绩溪，也有"小九华"。① 而在休宁，白岳（齐云山）道教中的玄帝，是徽州民间顶礼膜拜最为重要的神灵之一，"水月庵中来许愿，齐云岩上去求签，背人偷得筵前箸，要卜佳儿快快添"——这一首无名氏的《歙县纪俗诗》，就反映了民间"上齐云"② 的盛况。早在明代，歙县人就模仿齐云山的宫观体制，也在当地塑造了类似的道教名山，称为西云山，"建宫宅神，称西云岩"。③ 此类"西云岩"与"齐云岩""小九华"和"大九华"并存的现象，显然有着现实的需要。以绩溪的小九华为例，民间素有"大九华许愿，小九华还之可也"的说法。④ 由此想来，民众为了节省人力物力，在家乡附近设立"小九华"，以便还愿朝拜。

---

① 绩溪县地方志编纂委员会编：《绩溪县志》载："崇祯初，荆州胡姓三祠族共建'银屏寺'于小九华"（"安徽省地方志丛书"，黄山书社1998年版，第15页）。另据绩溪县地名办公室编：《安徽省绩溪县地名录》：小九华位于荆州乡东北部，"相传古代金地藏曾云游至此，见山水幽奇，仿佛九华山，遂取名为小九华，并在山顶结庵修行；后忌溪水欠洁，复归青阳。以后每逢农历闰七月三十日来此一趟，故是日地藏殿香火最盛"（1988年版，第157页。另见第109页）。

② 徽州文书抄本《逐日杂字》将"上齐云，念佛经，感动神灵"，与"许香愿，朝九华，沐浴斋戒"相提并论。

③ （明）方承训：《复初集》卷24《西云岩记》，《四库全书存目丛书》集部第188册别集类，齐鲁书社1997年版，第114—115页。

④ 参见黄来生编著：《中国名山小九华》，"绩溪旅游文化丛书"，绩溪县荆州乡人民政府主办，2001年版，第163页。

不过，对于龙尾一带的民众而言，无论是远在青阳的大九华，还是"近"在皖浙边境的小九华（莲花山），路途都显得颇为遥远。故此，婺东北当地的阆山古佛也就成了人们朝拜的另一主要对象，山上古寺重修的资金就是由附近民众募捐而来。[①]

阆山位于今庆源、段莘的东北，是方圆数百里范围内的一座名山。2002年春，笔者至庆源一带考察，在途中曾远眺阆山，因天气阴晦，但见云雾笼罩中一座高山隐约可见。据当地人告知，阆山登山之路崎岖难行，但上山后会有一比较开阔的平地，风景绝佳。从与《目录十六条》差相同时的《畏斋日记》来看，阆山是婺东北一带民众迎神赛会的中心。康熙四十二年（1703年）六月初七日以后，庆源村一带发生严重旱灾，七月初一，"至阆山接佛求雨……踏旱行香"。[②] 对于接佛求雨，《目录十六条》保留有翔实的文书资料。如《乙亥岁请佛帖》：

> 龙尾上社轮请阆山古佛以祈丰稔，欲期刈获之盈，须赖神天之佑。迎神演戏，恪遵上年办供；田亩敷掠，悉照旧日成规。兹值秋天收成之际，旱禾将获之时，是以特帖通知：凡属社内亩角，无论田骨、田皮，各照上例敷斗，其田骨所出之谷，定系作田之家称出，庶事件有绪，而经理不烦，毋致临期推诿，谨帖。

---

① 《目录十六条》中收录的《程仪凤先生与阆山春树师付家文》《禅僧化戒衣小引》《阆山募化袈裟小引》和《募化重修天井观三清大殿引》等，都是与此有关的文书。

② 《清史资料》第4辑，第245—247页。

"乙亥"当为康熙三十四年（1695年）。这是在秋天旱禾收割之前，为求丰收而接佛演戏。从帖子中可以看出：根据以往的惯例，龙尾上社之内的所有田地，无论为田底或是田面，均需照例出资。另一份《请佛帖》，更具体描述了迎神赛会的一般过程：

> 谨订十月初六日竖橹搭棚，合社斋戒，至十九日良吉早晨，迎接阆峰古佛，各户预办旗锣事件，齐集坛所点名，张职［帜］列队，随次而行，各宜虔戒，昭格圣神。续启：二十日之良辰旦之初，各户整□（引者按：此处原缺一字），鸾驾明洁，旗帖崇雅，老少咸集于坛舍，序以所司，即此祗候，迎佛辇而观境，迓圣驭以偕游，陈列鸾仪，仍循古例，遵行神次，依所分宜。旌幢飘映，惟致精而致洁；金鼓奏音，尽克敬以克忱。遨游周遍，返旗回宫，于时献醮，搬演戏文，凡属经为，必从法于旧典，众心诚一，感神福于将来矣。敬帖。
>
> 每户办应于后：
>
> 搭棚树一百二十根，火条一百五十根，马点十介，捣子一百二十介（并索），鞔棚布每家一疋，桥板一方，旗二对，锣一对。
>
> 康熙三十四年九月二十二日上社众头首白。

迎神赛会为龙尾上社的头首具体负责组织，每家每户均需供办迎神赛会所用鸾仪旗幢。"凡属经为，必从法于旧典"，说明此类活动由来已久，一切步骤当率由旧章。及至到了阆山，必须请僧人从事醮仪。对此，乾隆年间的一份《阆山酬佛醮疏文》曰：

> 据江南徽州府婺源县△乡△社奉佛首罪祈丰保安弟子
> △，及合门众信等……曾于是岁七月十一日恭请莲宫，敬许
> 愿盟，祈保时和岁稔，物阜人安，昭酬菊月之愿心，今涓孟
> 冬而迎佛驾，具陈菲供，谨备香仪，上奉佛天，专伸献醮。
> 伏愿慈光溥博，圣泽汪洋，赦原怠慢之愆，允今酬还之悃，
> 务祈恩祐［佑］众信等各家均泰，长幼平安，人人无害无
> 灾，日日常安常乐，多增福寿，庆衍螽斯，栽植丰升，乃仓
> 乃积，经营遂意，于橐于囊，牺牲繁殖，财利兴隆，家门维
> 顺维新，万事胜常胜旧……

另附有疏套："七大如来古佛世尊金貌座前，佛众信胡△等
百拜谨疏封。"此处的"佛众信胡△等"，说明不是龙尾江氏一
族，这可能昭示着此份疏文是抄自邻近村社其他族姓。这种情
况，在民间社会中也颇为普遍。①

上述这些帖子及疏文，似乎还都是反映正常年份的迎神赛
会。而一旦发生灾害，迎神赛会的频率会更为加大。《目录十六
条》中保留有两次干旱的记载，一次是《祈雨朝拜帖》所载：
"数旬不雨，圃稼焦枯，日望云起而雨必来，日出而云又散，人
人沾涕，合境彷徨。吾乡古寺阆山，佛灵赫濯，福国庇民，有感

---

① 此前，笔者在詹庆良的父亲（民国时期一私塾先生）的私人笔记中，读到了
他所抄录的"大清国江南徽州府休宁县虞芮乡新析里磻溪张村大社"的宗教
科仪。

必通，无［有？］求必应。是以谨选取本月良日，社内人众等，各宜即要斋戒，悉照旧规，每家一丁，齐至社坛内，先点名后，再恭拜寺殿，叩祷佛台，祈甘霖早沛，庶俾稼均甦，至期，如有不遵者，众行重罚，特帖通知。"此处指出，每家出一丁，由社坛出发，参与祈雨朝拜。与此次旱灾相关的另一份《祈雨帖》："天色亢旱，禾苗枯槁，遵示禁屠祈雨，各处皆然。本社谨选△月△日起坛，某日诣阆山迎接古佛，往三宝桥迎接△△三宝禅师，下午各处龙潭请水，某日迎神踏旱，其田租亩角，悉照古例敷斗，特帖之后，各宜敬心斋戒，祈祷甘霖，以甦稼穑。其出乡请水，俱要壮丁齐至坛内点名。如有不到者，罚银几钱；未出帖之先不在家者，贴银几钱；已帖之后而出门者，罚银几钱。谨此通知。"这里进一步指出迎神踏旱，对凡未按规定出席者的处罚。不到的要罚银几钱，在没有出帖时就不在家的，应贴银几钱。出帖之后出门做生意的，则要罚银几钱。另一次旱灾时的接佛，亦保留有两份文书，其一为《朝拜帖》："切见天色亢旱，禾苗枯槁，本社遵例，合宜朝拜阆峰古佛，祈甦稼穑，十户人等，诘旦虔诚斋戒，齐集社庙点名，至于各户旗锣，罚令名色，悉照前例通行，如违公罚，预帖通知。"此处的"阆峰"，亦即阆山。其二的《祈雨帖》则曰："天色久旱，禾苗枯槁，谨遵县主示谕，祈雨保苗。本社敬选本月初十日起坛，合社斋戒。十一日一请阆山古佛，一迎三宝禅师，十二日各处请水，十六日迎神观境，老少咸集坛所，执事无得推诿，如违公罚。其田骨、田皮，悉照上例敷夺无异，谨帖。"以下，我们不妨将上述《祈雨帖》记述的祈雨接佛过程列表，与《畏斋日记》的类似记载加以比较。

《祈雨帖》中关于祈雨接佛的过程记载

天　数	《祈雨帖》	康熙三十九年	康熙四十二年
第一天	初十日起坛，合社斋戒。	（六月）十七日，乡约内"鸣锣建坛祈雨"。	六月二十二日，祠中出帖禁屠祈雨。
第二天	十一日一请阆山古佛，一迎三宝禅师。	十八日，到溪东庙拈香，"出帖禁屠"。	二十三日，遂起坛求雨。
第三天	十二日各处请水。	十九日	二十四日
第四天	十三日	二十日	二十五日
第五天	十四日	二十一日，祈雨献醮。	二十六日，过龙须请水。
第六天	十五日	二十二日	二十七日
第七天	十六日迎神观境。	二十三日	二十八日
第八天		二十四日，庆源村众接佛。	二十九日
第九天		二十五日	三十日
第十天		二十六日	七月初一，至阆山接佛求雨。
第十一天		二十七日	初二
第十二天		二十八日	初三
第十三天		二十九日	初四，踏旱行香。
第十四天		三十日	
第十五天		七月初一	
第十六天		初二，全村"行香踏旱"。	

　　从《畏斋日记》的记载来看，庆源村中有"祈雨会"的组织，置有田产会租。[①] 而由上表可见，尽管持续的时间长短不一，

---

① 《清史资料》第 4 辑，第 222 页。

但婺东北民众祈雨接佛的程序却颇为固定，这种求雨的程序，也与当代人的回忆差相吻合。① 由此看来，《目录十六条》所录各文书，也就有了民间日用类书的性质。只要发生旱灾，人们都会找出这样的活套，照抄一遍，迎赛一番。

在婺东北各地，还存在形形色色的民间信仰。人们根据不同的需求，结成了诸多社会。《目录十六条》中保留的《上帝座前疏文》：

> 盖为严亲向来星辰不遂，胸胀时沾，头昏肢弱，孽祸反常；再为己身流年莫顺，运限欠通，兰疾暗侵，微躯甚懦，心怀激切，意念勤忧。……务保椿萱康健，原疾消除，俾椿萱齐眉之庆，永膺鹤算之龄；己身运限亨通，灾星远退；诸弟造化顺利，和乐家邦；孩提长大，变豹成人。贸易经商，腰囊广进，供耕献亩，丰熟积仓，官非不惹，口舌埋藏，火烛无惊，贼星远散，供养六畜，旺相成群，事业日新，增添税产，门庭光盛，户役坦然。

---

① 据今人毕新丁编著：《婺源风俗通观》曰："每遇大旱之年，县人无力抗灾，乡间便兴'求雨'。求雨前至少三日，求雨的村庄须家家洗净家具、禁屠戒斋。求雨者穿干净布衣、新草鞋，请道士到山涧深潭（称'龙洞'或'龙井'）取其水（称仙水），一路返回村中。往返途中无论天热日烈到何种程度，均不得戴草帽、箬笠、伞，说是免给龙王造成'错觉'。当仙水进村时，户户摆香案、男人捧香盘，并由一班人敲锣打鼓、燃放鞭灯、鸣放土铳，举'长枪'、扮地戏、游行迎接。随之将'仙水'倒入田中，期待苍天下雨……"（第40页）2002年春季，笔者在婺源县庆源村也曾采访一村民，所述1949年前的求雨情形与此差相吻合。

这是民众为了祈福却灾，供奉玄天上帝（简称玄帝）。关于玄天上帝，在《畏斋日记》中也有反映：康熙三十九年十一月二十六（1701 年 1 月 4 日），"秀三兄手去米二斗，付二钱，付雕生，系修已［理］玄帝菩［萨］匠工，共银三钱二分，俱付讫。"[1] 该段记载说的是庆源村民出资雕刻玄帝菩萨偶像。而在龙尾上社一带，每年"谷雨割青"之前，惯例是在三月三日，附近各姓都要一起到玄帝庙拜神饮会。结合其他的徽州文书，可以断言婺东北各地有着广泛的玄天上帝信仰。而从《目录十六条》收录的文书来看，当地人还组织了上帝会。据《上帝会序》，本境为了供奉元［玄］天上帝，先是以股份形式，"捐资生殖，逐年拔利"，后是又以会本购置田产，轮流管理，并定立会规。

除上帝之外，婺东北当地还信仰五猖和胡元帅[2] 等。五猖在徽州有着广泛的信仰，康熙三十九年（1700 年）十一月十八，"村村复塑溪东庙五显灵官像，于十七日上座。先是是庙本有五显神像，于某年讶［谣］传奉旨以他故焚之。自是而后，村中禾稼不利，每于收成时发大风。此亦未必关毁像之故，而农家多咎之，思复兴其像。好事者遂通村敷银，约计二十余金，并庙中他神像俱加金漆一新。本家助银六钱，俱付讫。"[3] 康熙四十三年（1704 年）正月二十四日，"晚央其中兄解猖禳送"。[4] 这些，都是见诸《畏斋日记》的五猖信仰。在徽州民间，"五显""五通"

---

① 《清史资料》第 4 辑，第 209 页。
② 《应酬便览》各色联句中有"诸神庙联匾"，其中提及："汪帝、周宣王、胡帅列为三座"。《目录十六条》中，《胡老王圣诞醮疏》。
③ 《清史资料》第 4 辑，第 209 页。
④ 《清史资料》第 4 辑，第 253 页。

等常与"五猖"混为一谈,不加区分。乾隆时人吴梅颠的《徽城竹枝词》有:"神像多年色改常,重开生面号开光。神来作贺神迎送,始则呼猖后犒猖。"另一首曰:"年例酬神作犒猖,僧人演戏曲荒唐。纤柔大净生还丑,盔甲裙衩粉墨妆。"①在开光及年例酬神等民间宗教仪礼中,"呼猖"和"犒猖"均颇为常见,以至于在徽州启蒙读物《逐日杂字》中,也有"犒猖台,摆五方,神祇有感"之类概括性的描述。关于这一点,得到了大批民间宗教科仪的证实。

五猖与徽州民众的关系极为密切,人们在很多场合都求助于它。《五猖会序》曰:"窃闻生不入大罗之境,死当受金诺之封,周命维新,仙凡人圣,莫不各效其能,其间根行最深,悟道最久者,无如金龙如意正一龙虎元坛之神,生时证三乘之大法,几入仙乡;没后赠其君之位号,执掌财库。迎祥纳福,追逃捕亡,率领招宝纳宝利市招财,共成五福正神,普天下莫不隆其庙貌,血食千秋,有求必应,有感遂通,真福神也。吾乡各念俱备,单少财神一念,甚旷典也。是以爰集众友,捐赀生殖,每年圣诞之日,头首备物,设祭坛下,散福登帐,严其会计,量其出入,庶是会日新月盛,神其佑我,是以为序。右兴五猖会帐序。"五猖与财神有关,亦称五福财神。婺源民间有"敬财神"的习俗,商人旧俗于正月初五日称"财神日",到财神庙或在店中供奉的财神菩萨前祭拜,祈求新的一年生意兴隆,财源茂盛。②正月初五

---

① 转引自徽州文献课题组:《徽州文献与〈徽人著述叙录〉的编撰》。
② 《婺源县志》第 22 编《宗教·风俗》,第 529 页。

称五路日，有关财神会的文书迄今尚存。^①除了司掌财富之外，在民众心目中，五猖所司的范围还相当广泛。如胃食病症，人们也会请求"大海五路猖兵，鉴兹善信保患甦生，疏通胃口，解散病魔，灌注仙丹"。

除了特定的神祇外，民间结合岁时民俗，还举办各种法事。如《中元度孤疏文》《忏素斋文》，均有"疏套签"。中元即七月半，又称鬼节，是祭祖、超度孤魂野鬼的日子。康熙五十八年（1719年）七月十五日的一份疏文称：

> 据江南徽州府婺源县万安乡长城里龙尾上社奉佛挂榜酬恩裕民祈丰醮首△洎合社众信等，即日浣手拈香，冒罪百拜。……恭惟如来大佛毫光顶放，惠镜高悬，祐百谷以恒丰，兴歌盛世，弼万民而康泰……兹逢己亥之岁，合当报答之期，是以众信之悃诚，先中元而榜挂，谨涓乙亥月之吉，敬选庚子日之良，卯时请下楼台，乘辇光临陋地，敬陈庸典，敷演梨园，一念虔忱，三时斋供，再选癸卯良期，迎圣行香，遂游观境，回坛诵醮，俯鉴戏文，至甲辰日送佛驾以返莲宫，诣宝殿而代清醮……伏愿……风和雨若，畎亩每纳丰登；国泰民安，老幼相膺福利。人烟昌旺，社界平宁，凡在祷求，悉干圣听，谨榜。

直到20世纪50年代以前，每逢七月十五，婺源农家做灰

---

① 笔者收集有民国三十五年（1946年）的三姓财神会《股分组织系统》，徽州文书1册。

汁馃、油煎馃，晚饭蒸菜、蒸猪肉祭献祖先。还到田间供灰汁馃、烧金银香纸，以祈神安苗，希望田鼠不咬青苗，野猪、鸟类不危害农作物，神灵保佑五谷丰登等等。入夜，还要延请道士做道场度孤或聚众做盂兰会。午夜时在河中放莲花灯，超度孤魂野鬼。婺东北一带逢闰年还做目连戏，均以祭鬼祛邪为目的。[①]在许多场合，都有搬演目连戏的情景。如《许佛预期帖》即指出：

> 谨选菊月上吉良辰，众沐虔期，愿由古迹，恭迎佛驾，叩接清香，演劝善之传奇，惟求岁稔，宣罚淫之故事，总愿人和，还此后之恩光，赛从前之愿款，凡干告许，悉仗匡扶。
>
> △年　　月　　日众帖

九月是菊花盛开的季节，因称九月为"菊月"。"演劝善之传奇"，也就是搬演戏剧，有的就是上演目连戏文。还有的是做傀儡戏，《目录十六条》中即有《做傀儡戏还愿疏》。傀儡戏又称木偶戏，有牵线木偶和提线木偶两种，上述的《做傀儡戏还愿疏》中有"用舞绳线梨园"。对于做傀儡戏，《祈嗣疏文》中更具体描绘——"轻敲檀板，清演梨园，降二十四员和合喜神，玩一十三腔之线索傀儡。"

4. 约保甲与地方社会

民间组织是人们出于信仰、兴趣以及某种需要等结成的群

---

① 参见毕新丁编著：《婺源风俗通观》，第19、40页。

婺源龙尾的乡约所

体，[①] 在婺源，乡约最初就是一种民间社会的自律组织。不过，它往往通过官府的告示，增加其约束的权威性。康熙年间约众的《请示严禁子弟非为帖》："本族以来，习俗浇漓，人事乖迕，以致神怨人惆［愁］，今欲转祸为福，当以维风易俗为首务，姑举弊恶之尤者数款，先请县示严禁，随呈府主暨宪台禁示，文告互颁，法在必行。尔辈急宜改过，毋自贻戚，如再怙恶不悛，违禁肆害，及地方通线诈害之人，并受害之家畏威徇情隐忍不言者，本约察

① 陶立璠：《民俗学概论》，第 171 页。

出，一体呈官究拟，断不姑徇。"约保对于民间风俗具有整饬之责。类似的乡规民约，基本上是由乡约与房族、排年及保甲等共同出具，他们一同构成民间社会组织的重要组成部分。而在另一方面，官府对于地方社会的严密控制，也往往通过乡约等组织：

> 奉道宪黄、府宪林、县主刘明示，并谕军厅尚行约稽查牌行到约内，开、婺界江、浙、浮、乐，兹直隆冬，诚恐外匪潜入，勾通内地不法之徒，深为巨测。严饬各约设立栏栅，日则盘诘面生可疑之人，夜则巡逻奸宄窥窬之辈。屡蒙牌示，十分谆切。为此知会各甲，务宜实力奉行。无论贫富，照户班次，轮流巡夜。如有拗调不遵者，该甲长指名报约，以凭呈官。再：各甲内有素行不端及游手好闲之人，各甲长须劝诚晓谕，倘顽梗不悛者，亦指名报约，以便开报循环。以上二事，甲长俱要不时稽查，不得扶同狗庇，贻累匪轻。特帖。

书中另有两处纪年不太明确的禀帖。一份是：

> 具禀甘结人清源约约保洪华生、胡勋等，今于与甘结事。遵奉老爷饬行事理，遵即巡夜支更，互相守御，并不容留匪类及面生可疑形踪诡异之人在于地方。身等不敢容隐，如有，日后查出，甘罪无辞，所结是实。
>
> 康熙△年△月△日具甘结乡约洪△△、保长△、甲长△
> （其押合切记必要在背边）

这应是乡约和保甲对官方的具结，文中的"△△"及"其押合，切记必要在背边"，说明这是一份供日后套用的格式。而另外一份《约保禁帖》，则是约保甲对地方出具的禁帖：

> 某约保甲为严禁游丐以清地方事。本约何甲，节奉上司明文、县主钧示，盘诘奸细，稽察匪类，凡有面生可疑、异言异服之人，驱逐境外，不许容留在住，所以防奸止盗，安靖地方也。时直［值］隆冬，更宜严加禁饬。今见有等游丐成群，日散村落游食攘窃，夜聚庙宇，酗酒呼卢。若不严禁，窃恐奸宄潜生，贻患巨测，为此出帖通知，嗣后凡遇游丐，立行驱逐，不许庙宇容停住宿，市肆不许贸易酒肉。倘有窨窃等情，会集保甲获拿，呈官究理，庶奸宄潜消，而地（按：此二字当为衍文）而地方得以安靖矣。特帖。
> 康熙　年　月　日　乡约、保长、甲长、地方人等仝白

此处虽然未指出究竟是康熙几年，但《畏斋日记》却明载，康熙三十九年（1700年），庆源村詹氏宗祠曾"出帖驱逐一切闲游僧、道，及面生可疑人，以耳闻邻邑有儿童辈被其阴害故也。"[1] 这条记载与乾隆朝的叫魂案颇为相近，联系到此前收集到的一张徽州文书，[2] 笔者认为——割辫引发的危机，早在清初的

---

[1] （清）詹元相：《畏斋日记》康熙三十九年六月二十一日条。

[2] 文书中除了一些咒符外，主要有："查雍正十三年治割辫符方，如有割去辫者，用黄纸硃砂写三字，照写二张，以一张贴在割辫之处，以一张烧灰用水冲服，写符时念语三遍：'割符割和尚，祸害自己当；疾速归家去，独自守桥梁。'药方：硃砂、藁本、盐花、诃丁、独蒜、雄黄（各等分），右可吃一半，洗一半，外符一张，用黄纸硃砂诚心写就，做红布口袋一个，带在身上以防割辫。"

康熙年间应已出现（而不是以往学界所知的乾隆年间），并在有清一代时隐时现。[①]

从现存的文书史料来看，对于流丐等外来人员的驱逐，在有清一代始终是徽州基层社会面临的重要难题。婺源文书《抄存禁约合同词底》，抄录了乾隆年间的相关文书，其中就有《五约合同（正存公匣）》：

> 立议合墨五约，今奉宪令驱逐流匪以靖地方事。向来严禁匪党，近因人心不一，使偷窃之辈得以藏身，肆行无忌，非各约严查驱逐，必至叠害无休，为此邀集五约，会全众议，嗣后各约毋得停留，如有一约停留，四约协仝，轻则议罚，重则呈官，责在约保，毋得推诿，立此合墨一样五张存照。
>
> 乾隆四十五年正月　　　　　日立议合墨
>
> 　　　　　　　　　　　　岭脚约詹敦　　押
>
> 　　　　　　　　　　　　虹关约詹敦彝　押
>
> 　　　　　　　　　　　　吴村约吴敦让　押
>
> 　　　　　　　　　　　　察关约詹成功　押
>
> 　　　　　　　　　　　　麟清约程秉公　押

---

① 光绪二年（1876年）亦发生割辫案。笔者收藏的一册徽州文书抄本中，说当年的五月间，"有妖法剪辫之事"，书中抄录有"张天师禁止切发符三道"："辟邪崇正庆云祥，吉神拥护身傍，七星宝剑斩妖凡，怪恶邪神风惊散，顶上金光缭绕，脑后大炼金刚，九天消灭众灾殃，恩载福寿绵长，我奉太上老君，急急如律令！"写咒语时须斋戒焚香，念七遍然后画符。参见拙文《从新发现的徽州文书看"叫魂"事件》，《复旦学报》2005年第2期。

这册文书中都是五约合立的文书，"正存公匣"当指原件放在村族的公匣中。其后另有《五约请示驱逐流丐词底》：

> 公吁赏示以靖地方事。役等村落僻处山隅，离城百里，屡遭匪徒三五成群，踞住亭庙，名为乞食，实肆偷窃，撞获理论，强者凶拒，弱反图赖，地方受害莫可胜言。间有流匪经过，结聚横讨，势尤莫制，役等充约，责有攸归，虽各约严行驱逐，匪徒稍戢，但不叩赏示，犹恐悫不畏法，复来踞讨，不得不思患预防，为此公吁宪大老爷恩赏示禁，俾匪徒畏法，地方得靖，上禀。

后注明："五月十九日进，廿二日批准给示。"乾隆四十九年（1784年）七月廿日，十堡约、吴村约、察关约、虹关约和岭脚约又立禁帖，针对"近有匪徒潜踪浙岭往来，段里饭店误收住宿"的情形，再次重申，不许各村饭店容留匪徒住宿，如果察出，公罚请酒演戏。可能是由于在维持治安方面，乡约与保甲关系密切，故而一般合称为"约保"或"约保甲"。

约保除了完成政府下达的地方治安方面的任务之外，还负责协调民间生产资源的调配。《酌议买灰禁帖》就反映出：由于石灰是徽州各地农耕作业中必需的生产资料，将石灰撒入背阴的冷水田，可以提高水温。此外，还可中和酸性土壤，杀灭虫害。为了防止抢买等争端，由康熙四十六年（1707年）六月，由龙尾约斯文保甲出面，共同协调彼此的关系。而不同约保之间一旦发生纠纷，也必须由两约保共同出面协调。如《勒石序》所反映的因"谷雨割青"引发的纠纷，就由"两约保会议"协商解决。另外，《江慎斋草笔录》中也多有这方面的具体例证。在明清时代，民事纠纷一般都经过乡约调处，乡约负责维持约内成员之间的权利义务关系以及本约的各种共同利益，及时调解纠纷。只有经乡约调解不能解决者，才交经官府受理。[①]《目录十六条》中保留了一整套呈式（即《盗贼呈式》《钱粮呈》《保状式》和《领状式》等。这些，显然都是民间社会需要经常利用的活套），则反映了地方社会与官府之间的交涉。

（三）初步的讨论

本章以《目录十六条》所记述的民间日用类书格式，结合同时代的相关文书、日记以及启蒙读物等，分析了作为村落日用类书的使用之具体历史情境。以下，在此基础上对此作进一步的探讨。

1. 村落日用类书的价值

在传统的历史文献学视野中，村镇志是了解县以下基层社会最为重要的史料之一。遗憾的是，据目前所知，在徽州的一府六县中，婺源、黟县和绩溪却没有明清或民国时代的村镇志存世。有鉴于此，十数年前由刘和惠先生发现的《畏斋日记》，尽管目

---

① 张晋藩主编：《中国民事诉讼制度史》，第157页。

前所见整理出版者尚非全璧，但却一向成了人们了解婺源基层社会生活的重要史料。类似于《畏斋日记》这样由乡居地主撰写的日记固然极具价值，但毕竟数量有限。除此之外，笔者以为，来自田野第一手的村落日用类书是尚待利用的重要史料。

从对《目录十六条》的研究可以看出，村落日用类书极大地增加了我们对于民间基层社会的了解。《目录十六条》虽然只是婺源县的一册抄本，但在徽州，这种以村落为中心编辑或抄录的民间日用类书，具有非常普遍的意义。因为我发现，在许多村落，都有类似的民间日用类书存世。甚至有理由断言，当年在徽州民间，几乎每个村落都有类似的民间日用类书，用以指导人们的日常生活，处理民众彼此应酬交往的相关事务。

村落日用类书实际上是我们观察各地民间习惯法的重要史料。以往，学界研究各地的惯习，主要是利用民国年间的资料，如《民商事习惯调查报告录》《民事习惯报告书》《中国农村惯行调查》和《台湾惯习记事》等。[①] 日本学者滋贺秀三曾经认为，中国的"所谓习惯主要停留在'情理'这一非实定性规范的状态之中"，在他眼里，中国历史上值得法制史研究参考的书籍，除了地方志中不多的内容外，直到清末进行习惯调查并一直到民国才最终出版的《民商事习惯调查报告书》，仍然"只是有关事实的调查报告，而非把习惯作为规范命题表述出来的书籍"。[②] 如

---

① 参见［美］居密《从各省习惯法和土地契约看清代土地权的特质》，载叶显恩主编：《清代区域社会经济研究》下册，中华书局 1992 年版，第 898—902 页。

② 《清代诉讼制度之民事法源的考察——作为法源的习惯》，见滋贺秀三等：《明清时期的民事审判与民间契约》，法律出版社 1998 年版，第 74 页、第 88 页注 5。

今，大批徽州文书的发现，我们似乎可以断言，姑且不论是否可以将习惯或习惯法作为中国近世审判中的一种法源，但村落日用类书正是将习惯作为规范命题表述出来的一种书籍，这应是不容置疑的一个事实。从某种意义上来说，在现代人类学者田野调查及民族志写作那样的资料出现之前，村落日用类书应当是最为贴近民众日常生活的一种史料。

2. 村落日用类书与地方传统知识的传承

村落日用类书的编写、收藏及负责指导使用者，在很多情况下，多为当地有文化的人。这些村落日用类书，通常是由乡村学究所编辑和使用。这是因为，在村落社会中，最有文化的一般是当地的乡村学究（塾师）。村落日用类书除了原创的（包括根据通行全国的万宝全书，改编成适合本地使用的民间日用类书）之外，还有不少是辗转抄录而来。如怡谷堂《帖式》抄本，为"婺源徐泽春塘氏集，程仁竹溪氏订"，内题"承蕴辉先生书赠小孙蟾浩拜授"，其中有丧礼摘要及婚姻帖式等，就是抄录而得的民间日用类书。直到晚近时期，婺源县水岚村的詹庆良，还手抄有清代婺源县浙源乡大安里水南新义社祈雨科书；而他的父亲，则从休宁抄来了宗教科仪。① 还有一些村落日用类书是对实际案例的誊录，这是为了日后的"操觚者易于检寻"，也就是发生类似事件时可以依样画葫芦。

村落日用类书的编辑、传抄和使用，对于徽州一府六县的民俗，在横向衍播及纵向传承上均有重要的影响，这直接促成了徽

---

① 参见拙文《水岚村纪事：一九四九年》，《万象》2002 年第 9 期。

州社会的"一体化"进程。换言之,从地域上看,因民间日用类书的相互影响,徽州各地的民俗颇为接近;而从时间上看,民间日用类书的不断传抄和反复使用,又使得明清迄至民国时期(迄至1949年)的民俗更是一脉相承。《目录十六条》曾记载"十保"的习俗:

> 据大清国江南△府△县 乡△社奉神保患祈安信士△,及合众信等投词,盖为母△氏,原于△时,感受胃食病症起因,延今未愈,即日饮食不进,血脉欠调,命脉如丝,是以无门恫告,虔邀信主保命事。伏乞大海五路猖兵,鉴兹善信,保患甦生,疏通胃口,解散病魔,灌注仙丹,不忘圣造。伏愿神通显化,圣德昭彰,允众信之主,保赦△氏之病根,早旸清安,多思饮食,惟保寿于百岁,更祈福以天来,全仗帡幪,悉依庇佑。
>
> 年△月△△岁次月△日具

"十保"[①]是徽州各地颇为普遍的一种习俗。咸丰三年(1853年)十一月,程汝南作有《十保疏》,其序曰:"十保者,因人

① 关于"十保",《道教文化辞典》第946页有"十保福"条:"信俗,湖北黄陂一带,人若生病,医药不效,必请道士,做十保福。即每人出钱百文,由病家延至,款以酒饭,十人出面,向东岳求寿。"在明代中叶,昆山一带"亲友有疾,共祷城隍祠,名保状"。(嘉靖《昆山县志》第1卷《风俗》,"天一阁明代方志选刊"第9册,上海书店1981年版)在徽州,也有类似的信仰习俗,称"十保"。

正气负疾深重，约十人之数，保一人之命，代一人之死。"①《应酬便览》有《保病赈孤疏》《十保保母临产疏》《（用道士）请十保献醮保母临产疏头式》及"十保封筒式"等，均反映了婺源县浙源乡孝悌里凰腾村有关"十保"的习俗。而在婺源之外的徽州其他县份，类似的记载也有发现。②甚至直到20世纪40年代末，十保的习俗仍然盛行。新近出版的《坦头村志》也提及绩溪的"作十保"："旧社会，年轻者生恶病岌岌可危时，从算命先生得知，被社屋（庙）恶鬼捉去。病者家属托人邀集十人，写下保结，一一签了姓名，在夜深人静时，提着供品、香纸元宝到社屋菩萨面前，跪叩哀求保释。经过一番虔诚祈祷，诵读保结，焚烧于菩萨前面，点燃火把，排好队伍。为首的两人，一人提着茶叶米袋，边撒边高喊：'××仂！回家做太公了……'一人高应：'啊！来了！'一声接一声，一直高喊应到病房，抚摸安慰一番散去。"显然，此种"做十保"的习俗直到1949年以后才逐渐消失。③而从该习俗的时间及空间分布来看，自清代至民国时期，十保在徽州各县均有分布。

---

① 《应酬便览》疏集类及疏集卷2。《应酬便览》为袖珍式的抄本，共计8册，抄录了各类契约、议墨、合同、家传（行述）、诗文（含序、禀、引、跋、疏和祭文等）、对联、婚帖、信底及劝学歌等，是反映清代婺源县浙源乡孝悌里凰腾村社会生活的村落日用类书。

② 如道光六年（1826年）黟县文书《祖宗流传（敬司命 斷白虎）》、反映歙南山区民事惯例的文书抄本《简要抵式》中，也有《求寿保状式》《求寿十保序》。"胡景安先生所造之卷"（徽州文书，暂名）中，亦有《求寿十保序》。歙县胡本盛的《诸事应酬》中也有"十保"的科仪。

③ 中共坦头村支部委员会、坦头村村民委员会：《坦头村志》第21章第4节《迷信》，2002年，第328—329页。

十保只是徽州众多习俗的一种，虽然我们无法清楚地勾勒出这一习俗的源起及其扩散过程，但它在徽州各县的广泛分布，本身即可说明随着宗族的分支繁衍，人群的流动及其彼此交流，以及民事惯例的相互借鉴，从而引发的民俗趋同以及徽州的"一体化进程"。

其次，我们再来观察一下历史时期徽州民俗的纵向传承。

1996 年 10 月，我在安徽屯溪老街复印到一部文字不多的抄本——《□（迎？）神簿》，该书系民国二十五年（1936 年）婺源县万安乡城里大祀荷源祖社居民方氏所有。抄本从第 2 页开始，分别是"请祖先""元旦开大门""元旦接天地""除夕辞土地""元旦接灶司""廿三夜送灶司""请五路""回盘转案"和"迎接新春"诸条。上述诸条都记载了两至三次，除了一些字体不同外，内容则几乎完全一致。以"迎接新春"条的两次记载为例，第一次记载开头这样写道："维皇清光绪某年岁次某月吉日良辰，弟子方某△……"而第二次记载则作："维皇清民国某年岁次某月吉日良辰，弟子方某某……""△"即"某"，这在《□迎（？）神簿》中曾多次出现。大概是由于抄写者的文化程度有限，不清楚"皇清"是什么意思，故而虽然是朝代变了，却只是将"光绪"改作"民国"，其他的则一仍其旧，祭仪想来也是依然如故。由此可见，从清代到民国，民间的祭祀礼俗应当未有大的变化。

在历史上，婺源曾两度并入江西，即使是行政隶属发生变化，民间的礼俗仍然并无二致。抄本《腾［誊］录》抄录的是民国三十三年（1944 年）前后江西省婺源县浙源乡嘉福里莘源福庆社上丰社河汀坦的文书。婺源于民国二十三年（1934 年）九月第一次划隶江西，三十六年（1947 年）八月划回安徽。此册文书反映的年代，正是婺源第一次划隶江西的时期，但其中的科仪，仍然与旧时隶属于安徽徽州府时无异，只是将"徽州府"改作"江西（省）"而已。直到现在，婺源虽已归属江西五十余年，但我们仍然可以在当地强烈感受到徽州文化的氛围。

1949年是中国历史上"改天换地"的又一个转折点，关于这一点，对于基层社会民众日常生活的影响究竟又是怎样的呢？有一册歙县《请十庙科文》抄本有如下的文字：

> 恭闻帝德昭彰，户户聚此日，颂神威之有赫；群黎叨庇，年年在今朝，祝圣寿以无疆。奉为公元一九五一年，江南徽州府歙县孝女乡延宾里 汝川清溪 社式社管居住奉神信士众姓弟子等，首事某某等，是日盥手拈香，投诚端拜，今具有十庙科文，谨当叩诵。……言念弟子承天地之覆载，藉神圣以匡扶，现寓叨居徽土，忝在歙邑水南，客岁已去，王春又来，国家更岁，天运公元一九五一年，岁在某某，新春王正月十七日，大吉良辰。……

此册《请十庙科文》虽为1951年所订，但民间科仪中的行政建制却仍然是明清以来的"江南徽州府"，而其中的遣词造句及内容也基本上是一仍其旧。这说明民间的祭祀活动，可能自明清以来历数百年而未易。

3. 村落日用类书与民众日常生活实态

近年来，无论是民间日用类书的资料出版还是研究方面，都取得了长足的进展。此前，东京汲古书院收集现藏于日本的明版日用类书6种计14卷，出版了《中国日用类书集成》资料集，为学界研究明代民间的日用类书提供了便利。而在社会生活史和社会文化史研究方面，台湾学者王尔敏教授在其《明清时代庶民文化生活》（"中央研究院"近代史研究所，1996年3月）和《明清社会文化生态》（台湾商务印书馆1997年版）等论著中多有涉及。2001年7月，台湾政治大学历史学系吴蕙芳博士出版了《万宝全书：明清时期的民间生活实录》一书，她指出："由于民间日用类书属四民大众生活中实际参考及使用的材料，故其价值之高不容忽视。而透过此种材料之研究民间生活情况，实可跳脱以往主要经由话本、小说、宝卷、戏曲等文学作品或善书、经卷、阴骘文、功过格等宗教材料，自另一个角度观察民间生活之各种风貌。"①"透过民间日用类书的渊源、演变与发展情形，及明清时期各版民间日用类书的内容分析，实可为了解民间社会之变迁发展提供另一途径。"②

吴蕙芳通过对《万宝全书》的研究，将明清时代民间日用类书涵盖的民间生活分为四大领域，即：生活环境、社会生活、精神生活和物质生活。③生活环境包括时间概念、史地常识及官秩律令，社会生活包括家庭教育、社会教育、与人平时交往的书束、僧道门以及关约等，精神生活包括怡情养性与娱乐活动，物质生活包括谋生技艺、玄理术数及养生保健与医疗卫生三部分。④以下拟以上述的四个领域为参照，分析《目录十六条》中的相关内容，以及明清民间日用类书的变化。

---

① 《万宝全书：明清时期的民间生活实录》，第626页。
② 《万宝全书：明清时期的民间生活实录》，第640页。
③ 《万宝全书：明清时期的民间生活实录》，第107页。
④ 《万宝全书：明清时期的民间生活实录》，第107—108页。

《目录十六条》中所见的民间生活

民间日用类书 所见民间生活	分 类	《目录十六条》相关内容
生活环境	时间观念	四景
	史地常识	考两京十三省历代地舆图、婺邑都分
	官秩法令	上谕十六条、抄白湖广汉阳县忤逆一案、抄白怀宁县减租恤佃事、文官谱服、武官谱服
社会生活	家庭教育	训蒙序、神化觉言、清明序、清明序（又一份）、读书乐四首
	社会教育	贞烈乞言、新安汪烈女征言启、新安汪烈女征诗启
	书柬	佃恳田主照旧租收租稟、段莘与裔村角口帖
	关约	约保奉上司禁帖、禁苦株树林帖、修水圳帖、泓源桥会山记、禁桥山帖（并加禁帖）、禁坟山帖、堂立山场文、禁童子撑渡帖、搭桥帖、做水碓合同、立水圳合同、合境订期开禁割草勒石序、禁子弟非为帖、酌议买灰禁帖、募化烧茶偈、重建回岭石洞记、禁六畜啄践禾苗约、禁盗田园瓜果约、禁盗鸡犬约、禁盗竹笋约、呈盗贼式、并钱粮式、保状式、领状式、约保具甘结事、议婚约招出赘书、分家阄书单、开山帖、禁山合同、生基合同、封山申禁帖、分关书、遗继书、立继文书、阄书、兄弟分家阄书、募造燕岭引、押起舆约、造港口桥梁募引、天井观募化修大殿引、募造黄土岭脚卷桥引、并桥碑记
精神生活	怡情养性、娱乐活动	"酒令类"字谜虎、古人诗句、康熙乙未年默老师教写楷书法
物质生活	谋生技艺	客商规略
	玄理术数	祈雨帖、请佛帖、祈雨朝拜帖、朝莲华山疏文、酬愿疏款、做傀儡戏还愿疏、忏素疏文、化戒衣小引、化袈裟小引、上帝会序、祈福解厄疏文、许佛预期帖、阆山酬佛醮疏文、祈五路神解患疏、祈嗣疏文、朝九华山愿疏、财神会序、胡老王圣诞醮、中元度孤疏文、干支定数、预占八节云气
	养生保健与医疗卫生	神豆说奉赠、放神痘疏文

吴蕙芳曾详细比较了明清时期各版《万宝全书》的类目变化，指出："大致而言，自明代至清代前期的版本中，主要减少的是社会生活方面的内容，包括童训教养、四礼规范，及部分的关禁契约、呈结诉讼，精神生活方面则是部分的文字游戏及风月娱乐，还有物质生活方面的养生部分等门类；至于清代前期至清代后期的版本中，则将社会生活方面的关禁契约、呈结诉讼、精神生活方面的琴学、技法及文字游戏，物质生活方面的养生、医学及玄理术数部分等门类大量删除。"①而从《目录十六条》来看，其中反映社会生活的关禁契约、呈结诉讼类的内容最多。②而且，在清代中后期乃至民国时期，此类内容在徽州村落日用类书中所见仍是最多的——这是村落日用类书与作为刊本《万宝全书》的不同所在。

　　倘若将村落日用类书与万宝全书系列的刊本民间日用类书相对照，不难发现——清代前期的村落日用类书抄本与后期乃至民

① 《万宝全书：明清时期的民间生活实录》，第113—114页。
② 以往有学者认为，清代万宝全书中关禁契约被大量删削乃至不复刊载，是因为其内容不符合一般民众的日常需求。如学关体式与分关体式主要适用者是那些家境较为富裕者，他们才有一定财力延师教子以及分家析产，而普通百姓则没有条件采用此种内容。这从逻辑上似乎是言之成理，但如果以徽州民间的实际情况来看，似乎尚可进一步斟酌。在徽州文书中，属于分关体式的分家书、阄书为数极多，仅笔者收集到的，就既有富商大贾的分家书（如黟县南屏叶姓典商的《畲经堂阄书》、苏州徽商的《源（？）远长流底稿》等），又有社会下层一般农民的阄书（如《天字号阄书》等）。与富商大贾厚实精美、内涵丰富的分家书不同，后者虽然仅寥寥数页，而且所阄分的田地财产亦多为琐屑微物，但类似的分家阄书数量也极为可观。可见，即使是普通百姓也仍然有着分家析产的现实需要，届时亦需采用分关体式的相关内容。这一点，恐怕不能成为清代万宝全书删削关禁契约的理由。

国时期的同类民间日用类书，在内容方面的变化不大，尽管此时综合性的民间日用类书如"万宝全书"系列已日渐简化、固定化乃至制式化。在综合性民间日用类书一再刊行的同时，一方面，专科性的民间日用类书（包括商业、卜筮等方面的）仍然是层出不穷，这使得民间的日用常识更加专门化，也就是说——原本见诸综合性民间日用类书中的丰富内容其实并未流失，而是趋于更为专门化。[①] 另一方面，较之通行全国的综合性民间日用类书，地域性的民间日用类书（抄本）显然更具地方色彩，[②] 特别是传递地方性经验的村落日用类书之大量存在，更使各地的民俗传承具有相当的稳定性，从而凸显了中国社会的地域性差异，使得明清迄至民国时期的民俗更是一脉相承。

[①]　早在晚明时期，徽州就已出现题作程敏政原编的《祈神奏格》，及至清代，还出现了翻刻本，相关的抄本也有不少。作为一种专科性的日用类书，该书集中反映了徽州一府六县民间祭祀的惯例。（参见拙著《徽州社会文化史探微——新发现的 16—20 世纪民间档案文书研究》）除了宗教科仪外，其他专科性的日用类书亦多有所见。

[②]　除了徽州民间的日用类书之外，我还收集有苏南、苏北海门、浙江绍兴和湖南等地的日用类书抄本及刊本。各地抄录及刊行的日用类书不仅与通行全国的万宝全书系列在体例和内容上大不相同，而且彼此之间也呈现出鲜明的地域特色。

三、大、小姓纷争与清代前期的徽州社会——以《钦定三府世仆案卷》抄本为中心

有关明清时代皖南的世仆问题，学界已有颇为丰硕的成果。[①]不过，可能是囿于资料的限制，以往的研究论著除了关注明清之际的"奴变"之外，大多聚焦于主家与个体佃仆之间的矛盾与冲突，而对以群体形式出现的大姓与小姓之间的纷争、对抗，个案仍然相当有限。[②]

十数年前，笔者在皖南收集到一册徽州文书抄本《钦定三府世仆案卷》[③]，该书记载了清朝嘉庆年间发生在婺源的一桩大、小姓互控案件。书名所称的"三府"，是指皖南的徽州、宁国和池州。[④]

① 参见邹怡：《徽州佃仆制研究综述》，《安徽史学》2006 年第 1 期。
② 管见所及，在这方面最详尽的研究，为陈柯云所撰《雍正五年开豁世仆谕旨在徽州实施的个案分析》一文，载周绍泉、赵华富主编：《'95 国际徽学学术讨论会论文集》，安徽大学出版社 1997 年版，第 116—150 页。
③ 以下凡引自该书者，基本上不另出注。另，本书所引文书，凡未注明出处者，均系私人收藏。
④ 乾隆三十四年（1769 年），安徽按察使暗善提出新建议，将雍正六年（1728 年）条例所定政策的有效范围扩大到池州府。参见经君健：《清代社会的贱民等级》，浙江人民出版社 1993 年版，第 242—243 页。

该书对于我们研究徽州的"世仆"及相关问题，具有比较重要的史料价值。

《钦定三府世仆案卷》开首收录了余姓"谨述葛、胡两姓豢仆跳梁讦讼究结颠末"，接着的是都察院咨文，并有从刑科抄出的安徽巡抚、都察院左都御史和礼部尚书等人的相关文件，记载了这桩大、小姓互控案的前后过程。据抄本注明：此"案经三十余载，卷宗繁重，难以尽刊，谨摭其略于左"，也就是说，笔者手头的这册《钦定三府世仆案卷》，实际上只是这起大、小姓互控案卷宗的选摘部分①。

《钦定三府世仆案卷》中的"世仆"二字，明确指出两造之间具有"主仆"关系②；而"钦定"二字，则以确定无疑的权威方式，说明此一名分已成"铁案"——这当然是大姓余氏的立场，这是我们利用此一文本从事该项研究时应当清楚意识到的一点。

（一）葛、胡二姓与余姓诉讼案始末

据《钦定三府世仆案卷》讲述：葛、胡二姓"世佃余田，世

---

① 2010年1月，香港中文大学卜永坚博士与劳格文教授在婺源收集到1册刊本（残，包背装，书口处的篇名题作"钦定例案"，其下另有"乐义堂"字样），该书的内容即《钦定三府世仆案卷》之一部分。同年9月，笔者指导的博士生李甜在安徽省图书馆亦找到同样的文献，即清人余泽山所辑《奏请钦定徽宁池三府世仆例案》[嘉庆十年（1805年）刻本，1册，编号：2：43639]。

② 是否具有"主仆"关系，是本案论争的焦点，故本章从一开始就避免使用"主仆"这个字眼，而以大、小姓相称。

住余屋，世葬余山，世与仆人结婚，实系余姓世仆"。明代中后期，余氏族中的"先达"——吏部尚书余懋衡、工部尚书余懋学、礼科给事中余懋孳、四川布政使司余一龙和大理寺正卿余启元等，"请有执照，凭邑主印信确凭"。自明代至清朝嘉庆年间，两姓"供役无异"。清乾隆三十四年（1769年），葛子辉和胡胜等人"跳梁兴讼"，贡生余澄源等控理，经官府审结，以"住屋、葬山均系余业，断令葛、胡两姓轮供祭役"——这是葛、胡二姓与余姓的第一次兴讼。

所谓跳梁，是清代徽州大姓形容小姓争取良民身份行为的习惯性蔑称。根据上揭余氏的讲述，余姓为官宦世家，而葛、胡二姓自明代以来即因佃田、葬山和住屋而与之形成主仆关系。对此，其后的《都察院咨文》有更为详细的引述：被控的葛祥五、胡廷高、葛子辉等人，"自明代迄（今），俱葬余家坟地，共计八十多冢，所住各房屋，亦系余姓产业，供值祠祭薪爨等役，据称实系余家世仆，有前县印照、葛姓服字及堂册粮票等可凭。于乾隆三十四年间，葛子辉等不肯服役，余元旭赴县、府、藩臬、总督各衙门具控，经批饬讯详有案"。

值得注意的是，此次兴讼的时间是在乾隆三十四年（1769年）。根据经君健的研究，清朝政府曾先后颁布几个条例，目的是为了区分世仆与佃仆，并将佃仆开豁为良。第一个条例是在雍正五年（1727年），其立意是将皖南佃仆分为两部分：一部分同世仆（即奴婢），另一部分"文契无存，不受豢养"的同凡人。此后，雍正十年（1732年）定有第二个补充条例，力图通过将大户、小户之间的关系改变为主佃关系、房东房客关系来解决皖南佃仆问题。第三个则是乾隆三十四年（1769年）安徽按察使暎善的新建议，该建议提出——判断世仆与佃仆的标准之一"有无文契"之"文契"，必须是卖身文契。《钦定三府世仆案卷》中葛、胡二姓与余姓的第一次诉讼，就是在这种背景下展开的。虽然余姓声称曾于明代"请有执照，凭邑主印信确凭"，但似乎亦颇为含糊。而从《钦定三府世仆案卷》来看，葛、胡二姓并无卖身之契，倒是确定无疑的，这是引发此次纠纷的症结所在。

此次兴讼，是因葛、胡二姓不愿再为余姓服役而发生纠纷，结果是以二姓的失败而告终。尽管如此，葛、胡二姓对余姓的抗争始终没有停歇。葛、胡二姓在拒绝为主家服役的同时，又希望参加科举考试、捐纳官职，致使他们与余姓的矛盾更为激化。前文曾述及，雍正五年（1727年）条例将皖南佃仆分为两部分，其中"文契无存，不受豢养"那部分人的身份规定与凡人相同。此条例生效之后，一些小姓成员便自行参加捐考，而原先自居为主家的大姓则竭力维持先前的关系，并殚思竭虑地将与小姓的关系明确界定为"主仆"关系。[1]嘉庆元年（1796年），葛祥五、胡廷高等人"妄思奉报老民，希邀顶戴"，经乡约余宗义上禀制止。稍后，这二人又"混请立约"，复为生员余元旭所控。当时，藩宪批示："葛、胡两姓住葬余业，实系余姓祖仆下贱，饬县革约。"不过，县令李某[2]却将葛、胡二姓所葬坟地，"作为捐给

---

① 经君健：《清代社会的贱民等级》，第241页。
② 经查，李某即李金台，山西灵邱人，举人，嘉庆四年（1799年）到任，七年在任病故。见光绪《婺源县志》卷13《官师志》，第1033页。（清）汪正元、吴鹗等纂修，光绪八年（1882年）刊本，"中国方志丛书"华中地方第680号，台北，成文出版社1985年版。

义冢"。至嘉庆四年（1799年）间，葛、胡二姓又与余姓彼此互控，"亦经讯明断结在案"，也就是仍以二姓的败诉结案。嘉庆五年（1800年），"葛子辉等又番［翻］前案，据供勾通该府书吏汪焕，并婺源县李令，颠倒前详，将所葬坟地作为捐给义冢，曲为狡卸"。因为凡是"葬主之山，佃主之田，住主之屋"者，均为主家世仆。葛子辉等人将二姓所葬坟地作为捐给义冢，显然是为了避免让自己"葬主之山"的前提成立。

嘉庆七年（1802年），生员余元旭让侄子余泽山"以葬实仆真等事"，赴都察院具控。都察院"咨行督宪审详"，派人赴婺源县摘印，提审李县令。不久，又委令徽州府同知鸣歧会同该署县孔广燮于嘉庆八年（1803年）二月二十五日诣勘坟地百有余冢。此时，根据余氏的描述，"葛、胡二姓揣知情亏，顿起毒谋，自焚自杀，诬陷余姓"。其具体经过简述如下：

胡从政因葛、胡两姓历年来被余氏讦讼受累，心怀不甘，于当月二十八日晚回家，邀同葛世忠至葛连元家，当时参与商议的还有葛贞元、胡时心、葛八、葛观福、葛爱连、葛岩、葛且、葛新福和葛且。他们得知余晰等人次日将走山场回家，而村口双坑桥为其必经之地，于是商议拦住其人加以殴打，以泄心头之恨。此外，胡从政又想到葛三官家有三间四面无邻的房子，他主张将其烧毁，藉以诬告余姓放火，图谋陷害。胡从政与葛世忠商议之后，得到后者的首肯。二十九日上午，葛聚、葛连元、胡桂香、葛李氏一起在村口守候。不料余晰等人早已听到风声，另行绕山路而去。仅有余鹤亭一人从该处经过，葛保扯住余鹤亭，被后者挣脱，夺路而走。众人尾追不及，葛早坐在田边歇息。他的无服族弟葛新福，因未与余姓打架，起意做伤图赖。葛早情愿做伤，于是，葛新福掏出身上所带小刀，在葛早脑后划伤五道，结果葛早喊痛，睡卧田内。与此同时，葛保因痰病发作，滚跌沟内喘气。当下，葛世忠赴葛三官家燃火点放。其时，正碰上县令孔广燮勘山回署，胡从政赶至途中举报。孔氏亲自前往扑救，结果是焚烧房屋三间。葛聚、葛贞元、葛连元、葛八、葛岩、葛爱连、葛观福、葛新福、胡时心和胡桂官等，均因村内起火，一起前往救援。只有葛保的缌麻服侄葛旦和葛李氏下沟扶起葛保，后者声言病重难受，自知不能久活，情愿让葛旦弄死自己，以便"图赖余姓"。并嘱将其木主入祠，永远祭祀。葛旦应允，遂令葛李氏解下腿上棉带，一同将葛保勒死。于是，葛旦捧起葛保头颅，葛李氏将棉带由颈下穿过，围绕咽喉，两人分别带头用力扯勒，当场将葛保毙命。当时，葛旦的胞兄葛大听到动静来看时，发现葛保已经气绝身亡。他们以葛保被余姓殴毙于途次，上告至婺源县，饬传刑仵候验。葛聚先将葛早扶回家中，等候验伤。当晚，葛早因伤痛难受，埋怨葛新福做伤太重，扬言明日见官，"定将做伤有碍讼事、起意致死、灭口图赖余姓"一事说出去。看到这种情形，胡时心等人同赴葛早之族弟葛贞元家相商。当时，葛早之族叔葛观福也走到葛聚家，被要求相帮弄死葛早，对此，胡时心、葛观福满口应允，只有葛贞元在旁听闻，畏惧不敢啧声。葛聚等同往葛早房内，葛观福托言看伤，乘空捏其肾囊，葛早负痛滚落床下，胡时心畏惧不敢动手，葛聚即用手闷住葛早之口，按住咽喉，葛观福压其腿上，将裤扯落，用手捏碎左肾子，葛早当即毙命。事后，大家将结果告知葛世忠，葛世忠以葛早并非自愿舍命，不应致死，颇有埋怨。葛聚则回答说，事已至此，不如图赖余姓。葛世忠随将葛聚出名，书写呈词，诬控余晰、余双，喝令余佃殴毙，经该县验明尸伤，究出实情，"金称葛、胡二姓讦讼受累，合族怨毒已深，俱思设计陷害"。结果，除了葛旦、葛观福和葛新福出逃外，葛聚、葛李氏、葛世忠、胡从政、葛贞元、葛大、葛连元、葛八和胡桂官等人都分别受到严惩。

以上案件的详细过程，源自刑科抄出的相关文件。案件的处置时间是在嘉庆八年（1803年）九月三十日之后，当时规定"余元旭等控案，应候该督审拟到部，另行核覆"。对此，《钦定三府世仆案卷》中，有嘉庆十年（1805年）的相关判决。其中之一为都察院左都御史英善的奏折，个中提及：嘉庆八年六月，两江总督费淳等人主张："葛子辉等委系先世种余姓之田，葬余姓之山，与例载安徽省徽州、宁国、池州三府细民，有先世佃田主之田，即葬田主之山者，不在开豁之例相符，未便因其退佃拆屋，即行开豁，以启贞［负］恩效尤之渐。当饬令葛、胡两姓之人，遇余姓春秋祭祀，轮派照料，以符例义而息讼端。"不过，安徽省署臬司宋镕则牌示婺源县，"以葛、胡两姓并无卖身之契，余姓不得视同仆役，如有报捐应考，不许余姓拦阻"，以至于出现了意见分歧。余泽山"以例示两歧"，再次前往京城呈诉。为此，英善等认为："臣等查佃田、葬山不准开豁之例，原为徽、宁、池三府佃仆，自其先世服役已久，祖宗俱葬田主之山，受恩尤重，是以特设专条，载入例册，永远遵行，初不关身契之有无也，若皆有卖身文凭，即不待葬山，而已无可开豁，例义甚明。况原告余泽山遗失契之故，已据诉有先人笔迹为据，而葛、胡两姓之祖宗，现葬其山，即无论（为佃）为仆，均系不准开豁之人，若仍许其报捐应考，良贱无分，不但余姓不服，且与例义有违，事关名分，未便稍涉两歧，致滋讼蔓。"他希望将此"钦定添入例册，仍令该省巡抚照议结案，毋许翻异，以归画一"。这份奏折，是在嘉庆十年（1805年）二月十六日具奏，随后奉旨交礼部"查明例案，妥议具奏"。

接着的是该年三月十二日礼部尚书恭阿拉的"遵旨议奏"，恭阿拉指出："臣查乾隆三十四年臣部议准安徽省徽州、宁国、池州三府细民，亦有小户附居大户之村，佃种大户之田者，不得压为佃仆，其种田主之田，居田主之屋，现受田主豢养之人，应查其先世是否典身、卖身，抑或投靠服役，分晰详报核议。至田主自有之山，因其世服佃役，听其先人殡葬，较诸现受豢养者恩义更深，不应在开豁之例等语，臣等行查户、刑二部例案相符。今民人余泽山所控葛、胡两姓，既据前督臣审明，佃余姓之田，葬余姓之山属实，且据呈出原册，称葛、胡两姓世与余姓仆人结婚，其出身微贱可知，前督臣议以仍供余姓春秋祭祀之役，实为存名分起见，已属通融办理，但并无准其报捐应考字样。乃该署司，率准其报捐应考，以致复行争控，流品攸关，自当申明例禁。"他"参酌旧例，嗣后安徽省徽州、宁国、池州三府细民，除仅佃田、住屋，并非典身、卖身者照旧开豁，仍准考试报捐外，其有佃田主之田，葬田主之山，且与仆人结婚者，虽年久身契遗失，仍以世仆论，并不准其充当地保、社长等差。如家主念其辛勤恭谨，准其赎身，情愿放出为民，令其先行报官，并咨部立案，俟其放出三代后所生子孙，许与平民一体考试报捐，以示限制。倘有再行翻控者，严加治罪，庶为恭顺者开自新之路，为桀傲者严反噬之防"。恭阿拉还主张以"办理舛错，致滋案牍"的罪名，处罚安徽省提刑按察使及婺源县令①。嘉庆十年三月十四日，礼部将相关结果，知照安徽巡抚、学政等。

（二）对大、小姓互控案两造的分析

这起大、小姓互控案发生在婺源北部浙源乡沱川里十六都。《钦定三府世仆案卷》出自余氏之手，所述的"图赖"细节是否属实无从查证。但上述的官司诉讼，显示了大、小姓互控引发的纷争极其残酷的一个侧面。在案中，有自愿献身者，有无辜被杀的。对于此类现象，早在晚明，王士性在其所著的《广志绎》卷2《两都》中就曾指出："山居人尚气，新都健讼，习使之然。其地本勤，人本俭，至斗讼则倾赀不惜，即官司笞鞭一、二杖参差，便以为胜负。往往浼人居间。若巨家大狱，至推其族之一人出为众死，或抹额叫阙，或锁喉赴台，死则众为之祀春秋而养子孙。其人受椎不死，则傍有死之者矣……""新都"亦即徽州，前述的葛保，自愿让人杀死，以便图赖余氏，"并嘱将其木主入祠，永远祭祀"，可以说是《广志绎》前揭记载的一个绝佳注脚。

---

① 此据《钦定三府世仆案卷》，另，笔者手头还有相同内容的抄件 1 份。

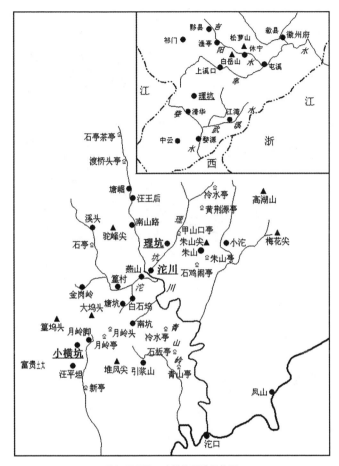

婺源县理坑、小横坑周遭形势图

互控案中的大姓为沱川理坑余氏。理坑初名里坑，后取余光耿为村人余懋衡、余懋学题匾"理学渊源"而改称理坑。[1]据

---

[1] 婺源县地名委员会办公室编印：《江西省婺源县地名志》，1985年版，第21页。

江西婺源理坑

婺源县志可见，明清时代沱川理坑余氏为簪缨世家，历代科举功名不断。早在北宋政和八年（1118年），沱川余道潜就中了进士。此后，宣和六年（1124年）、南宋绍兴五年（1135年）、淳熙十一年（1184年），均有余氏族人考中进士。南宋、元、明时期，余氏族人受到荐辟者亦相当不少：

南宋、元、明时期，余氏族人所受荐辟者

年　号	人　物	事迹经历	出　处
南宋绍兴	余德忱	上舍待补	光绪《婺源县志》卷7《选举四·荐辟》
元大德	余宜高	以明经授杭州路学正	
	余德润	宣州路教谕	
元至大	余苏翁	举文学，授衢州教谕	
元至正	余元启	举文学，明经书院山长，知州荐擢池州路判	
明洪武	余公顺	三十年举人材，敕往江西勘问胡党，又差蕲黄督干，事后以母老乞归养，再辟不起	

从现存于美国哈佛大学燕京图书馆的"《婺源沱川余氏族谱》"①来看，余氏自宋代始迁至婺源沱川，宋元时代在文化上开始崭露头角，成为地方上有势力的人物。明初，余氏以财力担任粮长，应是当地颇有影响的大户。与此同时，亦因仕宦开始走向全国②。明代弘治二年（1489 年）以后，余氏族人考中举人、进士的不胜枚举，几乎每一世代均有人科举及第，成为婺源著名的望族。《钦定三府世仆案卷》中提及的几位余氏族中"先达"，即史部尚书余懋衡、工部尚书余懋学、礼科给事中余懋孳、四川布政使司余一龙和大理寺正卿余启元等。其中，余一龙为嘉靖四十四年（1565 年）乙丑科进士；余懋学字行之，为隆庆二年（1568 年）戊辰科进士；余启元为万历二年（1574 年）甲戌科进士；余懋衡字持国，号少原，为余懋学从弟，万历二十年（1592年）壬辰科进士；余懋孳为万历三十二年（1604 年）甲辰科进士。嘉靖四十二年（1563 年）春，余氏始营祠宇，并大批购买土地。明万历年间，余懋衡等人主持坟茔禁碑的确立，余懋学亦著有《沱川余氏世纪》，这显然是对家族世系的重新梳理。及至天启年间，余懋衡又撰《余氏宗祠约》，对宗族制度作了详细的规定。民国《重修婺源县志》卷 7《建置五·宫室》，记录有婺源县境内著名的民居，其中有关沱川的民居共有 28 栋，在沱川

---

① 今按：哈佛燕京图书馆所藏的余氏资料，著录为"《婺源沱川余氏族谱》"，其实，该书并非族谱，而是一册家族文书，故将书名打上引号。

② 笔者另作有：《明以前徽州余氏家族史管窥——哈佛燕京图书馆所藏"〈婺源沱川余氏族谱〉"及其史料价值》，刊《徽学》学术集刊第 6 卷，安徽大学出版社 2010 年版。

的余氏宗祠计有 14 所。直到现在，沱川理坑的官府宅第（如余懋衡的天官上卿府第、余维枢的司马第、官厅和九世同居楼等），仍是婺源县境内保护比较完整的民居建筑。[①] 这些，都是婺源余氏昔日辉煌的一个见证。

理坑天官上卿府第

　　而诉讼的另一方，即被指为世仆的葛、胡二姓，他们系婺源县小横坑人。小横坑距离大姓余氏所在的理坑约 14 里，以小坑（溪）水横贯村前而得名。该村系由兰溪县葛姓建村，至 20 世纪 80 年代中叶，已 20 代。当时有 15 户，计 73 人。相对于同时期

---

① 　参见婺源县文联编：《婺源风物录》，1986 年版，第 42 页。

理坑的 240 户、915 人，^①仍属当地的小姓。不过，从上述的《钦定三府世仆案卷》中，我们看到，葛姓虽系小姓，但仍有自己的祠堂。

从现存的婺源县志中，我们无法找到葛姓的任何资料。不过，《钦定三府世仆案卷》最后收入余赞贤所撰的《螺蛳赋》，这是一篇讽刺性的短文，从中却颇可窥见葛姓的相关背景。关于螺蛳，休宁民间有"狗肉上不得台盘，螺蛳上不得果盘"的俗谚。^②民国《重修婺源县志》这样描述："本作蠃，田蠃生水田岸侧，壳有旋文如髻，肉视月盈亏，亦曰螺蛳，可干之食。蜗蠃形似蜗牛，泥入壁中，数年尚活。"^③婺源虹关善堂刊刻的《镜心甲子宝诰》中，有《劝人勿食螺蛳》条。显然，在徽州人的眼里，螺蛳是至贱至微之物。对此，许绪祖的《禁螺丝小引》曾指出："螺丝，水族之至微者也，而取之者动辄盈千累万，皆曰：是蠕蠕者，初何关于物命哉？吾且日噉焉而不足惜耳。呜呼！天地间蠢然而动者，莫非命也，苟以其至微而忽之，则凡天下之弱者皆可食，而小者皆可毙矣。"^④显然，这是从善书的角度对世人的一种劝诫。此处的"螺丝"，亦即螺蛳，是自然界的弱者、小者，以之来比喻徽州社会中的小姓，显然是再为恰当不过的了。当

---

① 婺源县地名委员会办公室编印：《江西省婺源县地名志》，第 21—22 页。

② 休宁县地方志编纂委员会编：《休宁县志》卷 31 第 1 章《歌谣》第 2 节《俗谚》，安徽教育出版社 1990 年版，第 566 页。

③ 民国《重修婺源县志》卷 11《食货五·物产》介之属，第 230 页。葛韵芬等修，江峰青纂：《中国地方志集成》江西府县志辑第 27 册，江苏古籍出版社 1996 年版。

④ 休宁《孚潭志》，《中国地方志集成》乡镇志专辑第 27 册，江苏古籍出版社 1992 年版，第 305 页。

然，这里的"螺蛳"，也有更为直接的涵义。螺蛳亦作"螺司"，晚清何润生所撰《徽属茶务条陈》中曾指出："徽属种茶者名曰山户……其茶卖于螺司，聚有成数，然后贾于行号。螺司者，山中贩户之俗称也。"①这虽然是晚清的资料，但"螺司"的称呼应由来已久。因葛、胡二姓基本上是从事茶业的小商小贩，故而余赞贤以《螺蛳赋》为题，对之加以讽刺。

《螺蛳赋》的作者余赞贤，显然是《钦定三府世仆案卷》中大姓余氏的一个成员，《螺蛳赋》开首即有"客有遂〔逐〕蝇头之利，逞蜗角之谋，负水鸡之名，不寻正业，摘飞虫之脚，甘向下流者"，所谓甘向下流，显然是指葛、胡二姓地位之卑下。而在文末，又有"尝见蛇想吞象，象想吞蛇，惟有贪心不足，乃有报应；试看鱼有鱼路，鳖有鳖路，当改业而莫蹉跎。休说螺蛳做得也，独不见老相变骆驼乎"。"鱼有鱼路，鳖有鳖路"，是当地的俗谚，②这可能是指葛、胡二姓报捐一事。因此，《螺蛳赋》一文，应是对葛、胡二姓的状摹，尽管余赞贤在铺张中，极尽丑化之能事，但还是约略可见二姓的经济状况：

> ……得财东而借其声势，作贩子而善彼营求。出门则撑肩窝而驮哨马，议价则咬耳朵而卖私牛。银用九三，越拣越

---

① 宜今室主人编：《皇朝经济文新编》，《商务新论》卷7，载沈云龙主编《近代中国史料丛刊》3编第29辑第284册，台北，文海出版社1987年版，第191页。

② 休宁县地方志编纂委员会编：《休宁县志》卷31《俗谚》，有"鱼有鱼路，虾有虾路，老蟹（螃蟹）无路打横爬"之谚。（第566页）

明清以来徽州村落社会史研究（修订版）

丑；秤加二五，不稳不休。蛇蝎不如，放良心于脚板底；猪狗尽骂，挂招牌于额角头。概而称之曰螺蛳客，其泥里来，水里去，也有由来矣。夫鸟鸣四月，茶事初忙，合几伙计，扯大排场。争抢风头，走户家而擎饭袋；要赶日脚，写屋契而错赀囊。样子银不满三碳五碳，拉水账那怕十庄八庄。至手则皮皮眼生，打扛不得；投行则介介面熟，欠尾何妨？发海水而搅生意，真是"螺丝壳里做道场"也。更有听事虫村村赶到，密嘴蟹处处当先，探行情之忽起忽落，查广信之当然不然。手段甚高，夺老麻雀之食；眼睛不瞎，赚死老鼠之钱。平生不做乌鱼，遇便宜定要分张一半，有时会捉肥鹤，定主顾便云牵补。明年凿鳖锥骗人吃苦，装鼠寨随时剪边，所以大家相戒："拾螺蛳要隔三坵田"也。迨其送货交庄，大遭品驳，螃蟹钳则黄梗未抽，虾蟆点则焦叶已确。其末重也，谓是偷出上筛；何蒂多乎，疑他混入老朴。猪屎沃狗屎，货不对□（引者按：此处疑缺一字）；大虫吃小虫，冤同抱璞。此号里之批评，都讲"一斗螺蛳三斗壳"也。若是者未必发财，徒多讨气。虽效瞎眼猪之乱碰，总没功劳；即云三足猫之所长，已伤脾胃。这回总扯得直，狗脑之屎不停，今日也□起来，鳖子之银不费。上算盘而九折，剩也不多；数卵子而一双，几乎可畏。好似"清水煞螺蛳，没一点味"也。自古道：见兔放鹰，犹有差池之失；将虾钓鳖，须放算计之差。茶贡、茶监之捐，荣华有限；茶行、茶号之倒，落败云何。白狗自当□，真死得苦，乌龟莫笑鳖，也差不多……

这段描写颇为隐晦，文字也多有令人费解之处。其中提及的"凿鳖"①或"乌龟""鳖"等，都是骂人的话。特别是"鳖"字，历来就与世仆有关②。《螺蛳赋》以四个有关螺蛳的俗语，状摹二姓的经济状况。"螺丝壳里做道场"，螺丝壳，形容地方很小，道场，旧时僧道的拜忏、打醮，比喻客观条件不具备，事情难以办成，这里是诅咒二姓从事的茶业成不了大气候。"拾螺蛳要隔三垯田"，是指二姓通过探听行情等，与同行展开激烈的竞争，从而让同行退避三舍。其中的"广信"，应当是指广东一带的茶叶行情。因婺源与广东的茶叶贸易极为兴盛，故广州茶业行情的涨落，直接影响到婺源当地的经济和生活。"一斗螺蛳三斗壳"，是指二姓送的茶叶质次。而"清水煠螺蛳，没一点味"，则是说二姓从商的利润有限。前面提及，螺蛳亦作螺司，是山中茶叶贩户的俗称。而在歙县和婺源都曾发现的《屯溪茶市竹枝词》中有："有钱老板总辉煌，半是书香半客商，还有螺狮难脱壳，也挖水脚做洋庄。"③这份资料的年代虽然较晚，但显然亦反映了有清一

---

① 婺源末代秀才詹鸣铎《我之小史》中有一人物，绰号叫"宋凿鳖"，从小说来看，显然是骂人的话。"且说我的父亲生平有一大仇家，就是宋凿鳖，按凿鳖钼名恶物，东凿西凿，定凿得人家不太平。"（见王振忠、朱红整理校注：《我之小史》第7回《同扣考羞归故里，痛落第哭往杭州》，安徽教育出版社2008年版，第140页）

② 詹鸣铎：《我之小史》第6回《王母大闹隆记行，詹家全控逆仆案》载："跳梁就是褪壳，俗称褪壳为鳖。现在骂他是鳖，他气得狠。"

③ 胡武林：《〈茶庄竹枝词〉赏析》，载氏著《徽州茶经》，当代中国出版社2003年版，第172—176页。《茶庄竹枝词》为歙县芳坑江氏茶商文书之一种，胡氏认为：此文是"歙县儒商江耀华，以其经营茶叶的亲身经历，用徽州俚语写成……"。但笔者在婺源的一批文书中，也发现文字内容完全相同的《屯溪茶市竹枝词》，由此推测，该文在晚清茶商中颇为流行，江耀华可能只是抄录者，而非亲自创作者。

代的基本情况。这说明，有些"螺蛳客"，也直接开办茶行、茶号，做起洋庄的生意。《螺蛳赋》最后是说，因捐考而导致茶行、茶号濒临倒闭。不过，从中可见，葛、胡二姓以茶叶经营为生，开有茶行、茶号。就从事的职业来看，这两姓中的不少人已是徽商，但他们仍然在为自己的法律身份苦苦挣扎。

（三）围绕着雍正开豁谕旨展开的大小姓纷争

在清代，婺源是大、小姓纠纷极为严重的地区，相关的文献亦相当不少。对此，清代的婺源方志指出："乡落皆聚族而居，多世族，世系数十代，尊卑长幼犹秩然，罔敢僭忒……主仆之分甚严，役以世，即其家殷厚有赀，终不得列于大姓。或有冒与试者，攻之务去。"①从雍正年间，一直到晚清时期，此类纠纷在不同的地区持续不断。如婺源文书抄本《告词》②中，就收录有雍正年间的《豁世仆文》：

① 乾隆《婺源县志》卷4《疆域六·风俗》，"中国方志丛书"华中地方第677号，（清）俞云耕等修，清乾隆二十年（1755年）尊经阁刊，二十二年改正定本，台北，成文出版社1985年版，第365页。光绪《婺源乡土志》第6章《婺源风俗》第74课《风俗举要》，（清）董钟琪、汪廷璋原著，王鸿椿校正，婺源畅记公司出版，光绪三十四年（1908年）刊本，台北，"中国方志丛书"华中地方第681号，成文出版社1985年版，第59页。民国《重修婺源县志》卷4《疆域七·风俗》，也有基本雷同的文字，见第113页。
② 《告词》1册，诉讼案卷抄本，其中除了少量抄录其他地区的诉讼案件外，反映的主要内容都是徽州婺源。

江南徽州府正堂加一级纪录九次沈为钦奉上谕事。雍正五年七月二十一日奉布政使司石宪牌，内开雍正五年七月初七日奉安抚部院□宪牌，内开雍正五年六月初五日准礼部咨祠祭司案呈。雍正五年四月廿七日抄出，奉上谕：朕以移风易俗为心，凡习俗相沿，不能振拔者，咸与自新之路，如山西之乐户，浙江之惰民，皆除其贱籍，使为良民，所以厉廉耻而广风华也。近闻江南省中，徽州府则有伴瑞，宁国则有世仆，本地呼为细民，其籍业下贱，几与乐户、惰民相同。又其甚者，譬如两姓相等丁口、村庄，而此姓乃系彼姓伴瑞、世仆，凡有婚丧之事，此姓即往执役，有如奴隶，稍有不合之处，皆得加以捶楚。迫究其仆役起自何时，则皆茫然无考，非实有上下之分，不过相沿恶习耳。朕得诸传闻者，若果有此等之人，应予开豁为良，俾得奋发向上，免致污贱终身，且及于后裔。着该抚查明定议具奏，钦此。遵相应行文，该抚定议具奏可也，等因到部院。准此拟合就行，仰司照牌，备咨事理，即便转饬各府县，将该属所有伴瑞、世仆本地呼为细民，凡有婚丧即往执役，如有不合，即行捶楚之处，逐一细加查察。如有此等之人，应予开豁为良，定议详报，以凭核夺。此系特奉上谕，该务要确查妥议，毋得游移率覆，致干未便，等因到司。奉此。合插双羽马递，转饬查议。为此仰府官吏照牌事理，即便转饬各属所有伴瑞、世仆云云，应予开豁为良。限文到十日，定议详司，以凭檄夺，详院具奏。事干特奉上谕，该府务须确查妥议，毋得一例泛视游移，率覆迟延，致干严参。文到，先将此等伴瑞、世仆本地呼为细民，凡有婚丧之事令往执役之处起于何时，因何有此名色，此等之人现在作何事业，刻即一并确查，星飞驰报。如迟延，定提经承责革，等因。该县星差健役，县妥议画一，具文尚差详府，立等转详藩宪，转院具奏。事干特奉上谕，查议要件，该县务须躬亲速办，毋得泛视游移，率混迟延，致逾部限，定将该县迟延职名详揭。文到，一面将此等伴珰、世仆云云，作何事业，星飞确查，一并驰报，部限严迫，亟宜寓目，勿以寻常催檄视之，该县定干参究，仍差拿经胥重处详解，断不宽贷，慎速火速，须牌。

右仰婺源县准此。

雍正五年七月廿三日发　　　　　　　廿七到。

上揭《豁世仆文》层层传达，反复强调其紧迫性。接着，《告词》一书又指出："雍正六年四月奉诏旨开豁世仆，无身契豢养者为良。"由此可见，雍正五年四月二十七日发出的《谕世仆文》，三个月后，即七月二十七日就到了婺源①。从目前所见的资料来看，大约在一年之后，引起了婺源当地的极大反响，此后，大、小姓或主仆纠纷便持续不断。《告词》一书中，有《龙尾程仆禀词》：

为顶礼皇仁，伏叩宪泽，恳恩批据，早拯溺民事。普天

---

① 这种情况，在徽州一府六县大致相同。如在休宁，谕旨从发布到传达至基层组织，也共用了三个月左右。参见陈柯云：《雍正五年开豁世仆谕旨在徽州实施的个案分析》，载周绍泉、赵华富主编：《'95国际徽学学术讨论会论文集》，第133页。

均属赤子，身等遭压沉沦，沧桑尚有变更之期，弱民岂无超拔之日？伏乞身等自耕自织，衣食原不依人，何堪乃子乃孙，奕裔长为执役？况身族祖居金竹，先世曾列簪缨，谱系昭然，宗支炳据。寋落龙尾江姓肘腋，势压欺凌，俨如奴隶，始为强弱异势，渐即良贱殊途。正欲翘首望天，切虑置身无地。恭逢圣天子道赞乾坤，明并日月，洞知伴玱、世仆名色，独有徽、宁居多，特沛恩纶，尽行开豁。又际宪天大老爷悉知娄俗，审慎逐详，草木昆虫，同沾雨露。但富户强邻，蛮近法远，皇恩既沛于半载之前，身等尚沉沦于九渊之下，受之固不心愿，拂之又惧祸胎。为此迫叩宪天老爷准赏恩批，恳赐执照，庶皇仁一沛，覆盆便得见天，宪澂弘施，苦海早登彼岸，功同再造，顶祝无疆！

这份文书没有明确提及具体年代，不过，文中有"皇恩既沛于半载之前"，则时间当在雍正五年的下半年。龙尾以江姓为大姓，早在《新安大族志全集》所列婺源大姓江氏的旃坑条下，即有龙尾一派。而程姓，则是当地的小姓。所谓肘腋，是比喻切近的地方。程氏指出自己沦为世仆的过程，亦即先是因"强弱异势"，继而变成"良贱殊途"。如今朝廷的一纸谕旨，让他们看到了摆脱困境的希望。现在的形势，已让他们不甘心继续像先前那样备受奴役。不过，他们也清醒地意识到，违抗江姓的意愿，亦将引发极为严重的后果。为此，程氏请求官府赐予执照，保护他们免受奴役。当时的官批作："世仆、伴玱之名色，已蒙抚宪分晰具题，静候明示遵照，尔各安本业，切勿趁此寻事。"由于雍正五年的第一个条例中，对于附居佃田的小户问题并未涉及①，官府对于"世仆""伴珰"的界定也还在逐步摸索的过程中，故而希望程氏安守本分，静候官府的具体处置。尽管如此，程姓还是持续不断地奋起反抗，接着的一文提到：

> 投到……
>
> 为吁宣皇仁，恳饬宪禁，烛诬超豁，奕世镂恩事。窃□族繁人盛，不无凌替之时；源远流长，讵忘本支之自？况沐皇恩浩荡，卑贱悉拔沉沦；尤沾宪禁森严，寒微讵容欺压？缘身祖本篁墩，派由金竹，谱系原自昭然，宗支向来不紊。第上世丁单力薄，住龙尾以佣耕；因江姓势焰财雄，居虎肘而被屈。身等愚不识书，拙颇知字。昨仰金示，伏读部议，内开查小户附居大户之村，佃种大户之田，本系良民，名为世仆，自属相沿恶习，应严行禁止，毋许大户欺凌，违者炤冒认良人为奴治罪。今△等名列宫墙，世叨簪绂，读□□不读律，岂耳弗闻新例之严，逞势尤思逞习。讵目弗瞻宪条之□，乃犹肆诬茸听，混招配之名，更造谎欺天，捏载歃血之事。不思部覆明条，称有因贫帮工，配人家婢女者，所生子孙，不得谓之世仆。纵使招配果真，今亦应邀超豁之例，何况胆玩滥开，尽属风影之谈耶！至诬称歃血盟神，有何实据？宪批灼见肺肝矣，何苦为此海市蜃楼，大干宪令而不知耶！切思婺邑程姓，俱出唐工部尚书讳湘之后，传世十四

---

① 经君健：《清代社会的贱民等级》，第240页。

派，城居绅耆最多，身实支裔，并非混冒，为此粘图呈电，伏乞宪天老爷俯鉴宗支，或明唤讯，或传访察，洞悉身等久被阴霾，今幸仰瞻天日，推皇仁以超豁，饬宪禁以开恩，雪招配之诬，审歃血之妄，依律反坐，惩诬肃刁，则不特子孙戴沾于万世，而祖宗亦佩恩于九泉，啣结上禀。

此份文书为程姓某人所作，其中所述，反映了程、江二姓的激烈互控。双方就程姓是否"因贫帮工，招配婢女"展开辩驳，这显然是因为——雍正五年曾对世仆有过一个定例，"汉人家生奴仆，印契所买奴仆，并雍正五年以前白契所买，及投靠养育年久，或婢女招配已生子者，男属世仆，永远服役，其女婚配，悉由家主"[①]。显然，如果"招配婢女"属实，则程姓应为江姓世仆，即家奴及家生子，是典型的奴仆。此外，个中提及的"歃血盟神"，无论如何，都反映了程氏反抗江姓的力度。此后，《告词》中又有一《禀执照》：

为吁恩赏照，永戴不忘事。窃惟皇仁如天，雨露普沾，庶汇宪恩似海，汪洋广纳众流，凡叨覆帱之中，悉戴高厚之沾。身等祖系篁墩，派源金竹，谱牒可查，坟墓可识。缘一世因贫佣佃，侨居东乡龙尾，寁落江姓肘腋，积被威压，代遭势凌。少壮稍有膂力，群呼迫以佣工；子弟非乏聪明，禁锢不许识字。长共指为世仆，永难齿于齐民。甚且鞭挞交

---

① 光绪《大清会典事例》卷 158《户部七·户口》，见《清会事例》，北京：中华书局 1991 年版，第 1009 页。

加，铃束最紧。男婚女嫁，非禀命不能自专。东作西成，虽竭劳任其虐取。百苦备尝而莫诉，千年负屈以难伸。兹际皇仁浩荡，宪泽高深，沐烛□□垂光，蒙犀审而超豁。第江族绅衿济济，势焰以财雄；户口林林，更丁强而力壮。身等出入必经其门，动遭凶手；烟灶悉附其约，恒触威严。前△△等躬被殴打，并受重伤，曾于△月△日招赴案下，蒙恩赐验。身等仰体宪天无讼沾化、好生深仁，俱已负回调治，不敢烦渎天心。第恐日后往来，身等自当惴惴奉法，不敢多事。而江姓族众弗体宪慈，递加横杀，势难立命，为此冒叩宪天老爷始终全恩，批赐金烙，永杜欺凌。身等男妇老幼晨夕焚祝，愿皇图巩固于万年，而官爵高升于一品，奕世感恩。上禀。

　　程姓再次呼吁官方批赐开豁执照，以便避免江姓的欺凌。文中提及，在龙尾一带，江姓无论是功名、财力还是人口规模，皆占绝对优势，而程姓的烟灶均附于江姓，因此次互控，族中有人惨遭毒打受伤等。关于程姓此次反抗的结局如何，《告词》一书并没有进一步的史料记载。不过，此一案例反映了雍正谕旨下达后的半年至一年半之内，便有不少小姓奋起反抗大姓的压迫。

　　此后，类似的事例屡有所见。乾隆刻本《三田李氏重修宗谱》[①]中有《雍正己酉理田族仆跳梁苍林自纪》，包括《前讼纪》

---

① 　婺源《三田李氏重修宗谱》，国家图书馆分馆编"中国国家图书馆藏早期稀见家谱丛刊"第 12 种，据清乾隆间刻本影印，线装书局 2002 年版。

《后讼纪》《结讼纪》和《讼平畔仆序并诗》四个部分，记录了雍正七年（1729年）前后发生在婺源的佃仆反抗。《前讼纪》记载，雍正七年，"逆仆王瑞生等凭党唆煽，妄行跳梁"，"逆成等借端放赖，凶横异常"。后来经李苍林上控，而"群叛俱平"。不过案结三年之后，"逆志复炽，挈家远逃"，经过追捕及藉助官府的权势，主家李氏有效地镇压了佃仆的反抗。从上述的记载可见，大、小姓之间的纠纷有着多次反复的过程。在婺源上溪源一带，佃仆原先负责为主家搭桥、看守山林和演戏等，此外，遇有各类兴作，则出钱出力，捐输木材，等等。雍正八年至九年（1730—1731年）间，因"开豁徽宁世仆恩例，各仆狂妄"，他们拒绝为主家搭桥，不再在迎神赛会时抬佛轿、接戏箱等，不再为祠堂鼓吹执役。而主家则通过加收田租、侵葬仆坟及凿去石壁（可能是密谋反抗的聚集地）、阻止外村佃仆串连"悍叛"等手段，逼迫佃仆重新就范。[①]。类似于此的佃仆反抗，在当时的婺源乃至整个徽州均颇不罕见[②]。此种佃仆的反抗与斗争，在婺源各地始终存在，并一直延续到晚清时期。

《钦定三府世仆案卷》记载的大、小姓互控案件，其年代为嘉庆八年至十年（1803—1805年）间。正是因为类似于理坑与小横坑这样的大、小姓互控案层出不穷，故而清朝皇帝于嘉庆十四年（1809年）发布上谕：

---

① 参见本书"一、《徽州村落文书的形成——以抄本〈新安上溪源程氏乡局记〉二种为中心》"。

② 参见王振忠：《历史地名变迁的社会地理背景——以明清以来的皖南低山丘陵为中心》，载郑培凯、陈国成主编：《史迹·文献·历史：中外文化与历史记忆》，广西师范大学出版社2008年版。

安徽省徽州、宁国、池州三府，向有世仆名目，查其典身、卖身文契，率称遗失无存，其服役出户年分，无从指实，遇有捐监、应考等事，则以分别良、贱为辞，叠行讦控。而被控之家，户族蕃衍，不肯悉甘污贱，案牍繁滋，互相仇恨。所有该处世仆名分，统以现在是否服役为断。若远年文契无可考据，并非现在服役奉养者，虽曾葬田主之山、佃田主之田，著一体开豁为良，以清流品[①]。

这份上谕，以当时"是否服役为断"，不再纠缠于小姓的祖先是否"葬田主之山""佃田主之田"，这显然是对此前条例的重大修正。

葛、胡二姓与余姓的纠纷，是以大、小姓冲突的形式出现。关于大、小姓，新编《婺源县志》指出："本县村落多聚族而居，有些较大的村庄有'大姓''小姓'之分。称为'大姓'的，祖先多系当官的贵族，其家奴后裔即成了'小姓'。在封建制度下，'大姓'统治'小姓'，规定'小姓'男人不得读书求仕，女子不得缠足，不能与'大姓'人家通婚，只能嫁给外村'小姓'人；凡'大姓'人家婚姻喜庆和殡葬，均由'小姓'人抬轿、抬棺、鼓吹等，谓之'下等事'。"[②]这种说法并不完全准确，其实，小姓的来源以及大、小姓之间的关系往往相当复杂。大、小姓之分

① 光绪《大清会典事例》卷158《户部七·户口》，见《清会典事例》，中华书局1991年版，第1009页。

② 婺源县志编纂委员会编：《婺源县志》第22篇第2节《习俗》，档案出版社1993年版，第535页。

在于人丁的多寡，势力之旺衰，以及相关形势的此消彼长。小姓与大姓的对抗，以群体的形式出现，使得何为"世仆"的界定显得极为复杂。小姓甚至有自己的祠堂、社屋，他们与大姓有的并未订有契约，他们为大姓服役，常常只是经济上的依存关系以及习惯使然。明清以来，随着商品经济的发展，不少小姓成员外出务工经商，对于大姓的依赖日益松懈。在此背景下，如何界定大、小姓之间的关系？能否将一些小姓视作大姓的"世仆"？往往不能一概而论，这取决于相互之间的具体关系，以及一地一时的相关形势。

从《钦定三府世仆案卷》来看，这桩主仆名分诉讼案虽以葛、胡二姓的失败而告终，但此一案例反映了大、小姓纷争的激烈。这些纷争，都是围绕着雍正时代开豁贱民诏旨而展开。关于开豁贱民，前文提及，清朝政府曾先后提出几个条例，目的是为了区分世仆与佃仆，并将佃仆开豁为良。这几个条例，前后时间历时百余年，反映了官府有司为区分良贱而逐渐探讨的一个过程。在此过程中，良贱之间的区别其实颇为模糊，端赖于官方和民间各色人等的不同理解及相关的形势。在这种背景下，地域社会中的人们利用这种模糊的区别，纷纷出而追求己方利益的最大化。一方面，一些见多识广的徽州世仆和佃仆奋起反抗，藉此机会拼死一搏，这就是一些大户眼中的"脱壳"或"跳梁"；而在另一方面，大姓出于维护既得利益，产生了严重的焦虑和危机感，他们急不可耐地界定那些实际上没有明确主仆关系的族姓身份，这也就是一些小姓指责的"诬良为贱"，从而激化了徽州族姓、主仆之间的纷争，引发了诸多诉讼

　　　　　　　明清以来徽州村落社会史研究（修订版）

案件^①。雍正年间歙县章祁（瞻淇）的纷争如此，此处婺源理坑一带的情形亦复如是。

揆情度理，在特定的地域范围内，大、小姓之分，并不一定存在定居先后的差别^②。但大姓通常总是占据着交通要道，控制着当地最为重要的生产和生活资源。小姓则因其经济实力微弱，以及迫于形势，对大姓产生某种依附，为他们服役。不过，明代中叶以还，随着经商风气在徽州的逐渐蔓延，不少原先的小姓，逐渐积累起相当丰厚的财富。根据叶显恩的研究，清代以来，特别是清代中叶之后，主家对佃仆的控制趋向松弛。佃仆可以退佃，有的还可以外出打工。休宁茗洲《葆和堂需役给工食定例（功善抄存）》中的"搭桥撑船"条曰："尔等有在外生意者，各出酒资三分。"^③ 显然，已有不少佃仆得以外出经商。从《螺蛳赋》来看，小横坑一带的葛、胡二姓亦颇有赀财。类似的情形，在徽州还有其他的例子。歙县文书抄本《得心应手》有一些主仆纠纷的案卷，如《奴仆欺主》：

> 禀为弑主挈逃，大逆号诛事。理莫大于尊卑，分莫严于主仆。逆奴积庆等，祖遗世仆，供役有凭，尾大跳梁不

---

① 参见王振忠：《历史地名变迁的社会地理背景——以明清以来的皖南低山丘陵为中心》，载郑培凯、陈国成主编：《史迹·文献·历史：中外文化与历史记忆》，广西师范大学出版社 2008 年版。

② 被汪姓指为世仆的小姓章氏，即最先定居于歙南章祁，汪姓反客为主，通过地名的雅化（章祁→瞻淇），企图抹去原住民章氏的痕迹，进而陷章氏于世仆之境。

③ 叶显恩著：《明清徽州农村社会与佃仆制》，安徽人民出版社 1983 年版，第334 页。

法，家寒奴欺，前究有案。今正月廿三日，藉势鸥张，擒身禁逼，箍议挟赎，喷身不从，势挈子女，席卷背逃。身觉追踪，带归子女，逆伏党威，咆哮弑主，幸△救证。似此履冠倒置，变乱纲常，风化攸关，号天急剿，究弑主（引者按：此处似缺一字），以振纲常，诛大逆以维风化，永定尊卑，伦法两赖，上禀。

接着的一份《告逆仆》：

纲常倒置，罪不可活事。世仆等生居主地，死葬主山，历祖迄今，供役永唤。岂逆仆陡发多金，妄思脱壳，欺主衰弱，挟还父书，结党逞威，着婢做命，横行三五家，惊传数村乡，△△等证。切思贫亦主，富亦仆，一定纲常，仆分卑，主分尊，岂容倒置？况天大逆灭主，匪同势败奴欺，聚声成雷，尤在虎视狼顾，将来为祸不少，现在近火先焦。哀恳仁宪签差，刻下速拿，急救汤火，不独小民安枕，抑且大纲攸关。

另外，还有一份《逆仆公呈》：

叛主已属骇闻，告主实难缄口，纲常倒置，公叩维风事。齐民素严主仆，盛朝首重尊卑，最大纲常，难容倒置。族内有仆△△等，向来服役，从无异言。现今粮税纳于主户，门牌附于主家，远近周知，保甲册据。讵仆△等父子习棍，肆行无忌，凤日晌亲主之懦弱，今敢抗役以逞凶，△当即鸣公。逆仆反潜诬，牵主多名，不遗老幼。伏读大清律例，凡奴婢骂家长者绞，况敢行凶？凡奴婢殴家长者斩，况复诬告？叛主之肤痛，惨蘗法之效尤诚滋，若不急请两观，必致群蘗三尺。为此公呈宪台，火迅雷威，肃彰法纪，正主仆以定尊卑，培纲纪以厚风俗，则挽推在于一主，扶纲全赖二天，为此具呈，须至呈者。

这里指出的"奴仆欺主"，显然是因为随着"逆仆"参与商品经营的增多，他们积聚了为数可观的财富，甚至于超过主家，经济实力的雄厚，使得这些人日益不满于自身低微的身份。于是，藉着雍正开豁贱民谕旨的颁布，他们纷起反抗。从前述主家口中的"横行三五家，惊传数村乡"，以及"聚声成雷"等描述来看，此时世仆的抗争，虽然没有明末清初"奴变"的规模，但也表现出极强的暴力色彩。

上揭《逆仆公呈》中提到："粮税纳于主户，门牌附于主家，远近周知，保甲册据"，涉及徽州基层社会的组织结构。小姓在里甲、乡约编制方面通常是依附于大姓，乾隆《婺源县志》卷3《疆域志·坊都》载，十六都原为三图，康熙二十九年（1690年）以后增至四图，其下所辖之村有：理源、郭村、燕山、篁村、东坑五村（俱离城九十五里），黄村、江村、双桂、苕源、源口（俱离城九十里），水路（离城八十五里），车田、岭下（俱离城八十里），沙田，椿源，塘汇，金溪，梧村段。其中，并未见有"小横坑"的地名。关于前述的都图村落，民国《重修婺源县志》对十六都所辖村落的记载，与上揭者大同小异，唯最先记录的五村作："沱川（有理源、郭村、燕山、篁村、东坑五村）"，可见，沱川当系片村名。另据《江西省婺源县地名志》记载：小横坑"以小坑（溪）水横贯村前取名。在郭村西南 5.5公里的山坞内。"由此推测，沱川为片村，小横坑则是附属于该片村之下的郭村。另外，对于十六都以下的图甲编制，《婺邑户口都图》抄本[①]记载：

《婺邑户口都图》所记十六都以下的图甲编制

图、甲	1 图	2 图	3 图	4 图
1 甲	余世茂	张　文	洪起元	吴文起
2 甲	余有功	余士彬	吴守祥	汪肇滕
3 甲	余一同	余均承	黄大昌	江吴程
4 甲	余永成	余两盛	吴盛汪	洪　兴
5 甲	胡惟中	余世德	洪　吴	吴友胡
6 甲	余均一	余永昌	洪三凤	洪金成
7 甲	余容甫	余庆大	余茂宗	吴盛贵
8 甲	余嘉兴	俞昶盛	洪口德	汪宗远
9 甲	余方生	俞正昌	黄文交	吴文高
10 甲	朱继周	俞仁芳	汪　王	吴胡昌

从上述可见，十六都共 4 图，计 40 甲，其中有 15 甲为余姓独编，占三分之一强。其他可见的姓氏，为胡、张、余、洪、

---

① 书中提及的年代有顺治和康熙，最晚的一处提及康熙十五年（1676 年）。但从十六都四图的建置来看，该书反映的时代应在清康熙二十九年（1690 年）以后。

吴、黄、汪、江和程等姓。个中，胡姓既有单独编甲者（如1图5甲的"胡惟中"），又有与他姓合编者（如4图5甲的"吴友胡"，4图10甲的"吴胡昌"），但唯独没有葛氏。可见，葛氏在图甲体制中并未占有一席之地。

再从宗族分布的情况来看，婺源十六都计有沱川余氏宗祠、友松祠、效陈祠、孝子祠、名贤祠、耆贤祠、古公祠、真儒祠、孝思祠、松阳祠、启正祠、学古祠、大中祠、沱川余氏宗祠、东坑朱氏彝叙祠、水路吴氏至德祠、吴氏敦睦祠、双桂胡氏笃义祠、岭下王氏宗祠、椿源江氏余庆祠、汇川吴氏让德祠、车田洪氏宗祠和吴氏宗祠。余氏计有2个宗祠和12个支祠，此外，其他的各姓，如朱氏、吴氏、胡氏、王氏、江氏和洪氏等，也都各有祠堂。在《钦定三府世仆案卷》中，虽然也提到葛姓的祠堂，但在婺源的县志中，并未见有该祠堂的任何记载。

另外，婺源县十都原有三图，万历二十年（1592年）增至四图，康熙二十九年（1690年）增至五图，其下的村落有：上、下溪头（离城百一十里），龙尾、外庄（俱离城一百里），晓起（离城八十里），芦头（离城八十五里），上泓源、萃源、泓坑（俱离城九十里），湖边、湖村、井坞、新屋、大碣（俱离城七十五里），东岸、西岸、北山源（俱离城一百里），城口（离城百一十里），桃源（离城百二十里），方思山、洪源、桐源、清源（俱离城百三十里），东溪、斗垣、枣木坽、龙池坽、朝阳坽（俱离城百四十里）。另据《婺邑户口都图》抄本，十都以下的图甲编制如下：

《婺邑户口都图》所记十都以下的图甲编制

图、甲	1图	2图	3图	4图	5图
1甲	叶汪兴	程茂新	程煌春	胡芳生	汪先裕
2甲	叶宗美	程永兴	程汝同	洪 朝	汪陈昇
3甲	汪应全	程公五	程汝振	洪遇春	陈汪鼎
4甲	叶众云	程显一	程文曜	孙国用	周江戴
5甲	江汪华	程永思	程 廷	孙义兴	姚万昌
6甲	江建勋	程永芳	程志昌	曹启先	汪有承
7甲	叶中宪	程文兴	程尔炽	江永昌	吴汪鲍
8甲	叶江仍	程如珪	程时泰	洪叶鼎	吴江胡
9甲	叶鸾俊	程日兴	程万兴	吴汪詹	程 浩
10甲	叶汪时	程万二	程鸣阳	胡 先	吴毕兴

该书另载十都万安乡，其下仅列有溪头、龙尾和外庄三处。溪头系程姓聚居[①]，龙尾则为江姓聚居[②]。上揭的图甲编制中，5图50甲之内，程姓计占有21甲，特别是2图和3图，全都是程姓，这显然是上、下溪头程姓所立。江姓单独编立者，仅有2甲（即1图6甲的"江建勋"、4图7甲的"江永昌"），另有与他姓合编的甲。与葛氏相似，龙尾程氏在图甲体制中亦无一席之地。

乾隆《婺源县志》卷5《宫室·建置五》记载的祠堂，十都

---

① 参见本书"一、徽州村落文书的形成——以抄本〈新安上溪源程氏乡局记〉二种为中心"。

② 参见本书"二、清代前期徽州民间的日常生活——以婺源民间日用类书〈目录十六条〉为例"。

以下有上溪头程氏宗祠、下溪头程氏宗祠、龙尾萧江宗祠、萃源陈氏宗祠、外庄叶氏宗祠、贞烈祠（叶氏）、湖溪孙氏宗祠和晓川汪氏世叙祠。由此可见，虽然在十都之内，分布有大族——上、下溪源的程姓，但龙尾程姓显然与之并无关系，他们只能含混地说："祖本篁墩，派由金竹，谱系原自昭然，宗支向来不紊"，却无法提出更为清晰的世系传承。

由于"粮税纳于主户，门牌附于主家"，小姓生于大姓的屋檐之下，自然不得不仰人鼻息。不过，也有一些小姓虽然单独立有粮户，但仍被压为世仆。2002年1月，笔者在屯溪某古玩店中曾抄录到一份文书：

> 二十八都六图歙南潘村，今将豪恶潘□……思玉等势恃巨族，强压良民为贱，身等号（？）……府主正堂加三级纪录九次青天大老爷　台下犀审惩恶，金参利录，电览。

> 审得李细六、胡初寿、胡社开等，皆应遵例开豁之细民也，向被潘姓压为世仆，本年正月初一日，祠首潘思禄、潘思玉率同子侄潘秋香、潘秋梅等多人，到细六家勒令服役，适细六不在，遂殴打胡初寿，次日复寻殴细六，以致胡、李拒殴，而胡社开等亦殃及潘承基，俱抬验有伤在案。庭讯之下，李、胡两家各有自置基业，立有粮户，即与潘姓交易契券，亦无主仆名目。至于佃地分租，赁基纳税，乃贫民食力安分，并非空受荫养，止有业、佃之别，何得势压为仆，鞭挞服役？本应以违例按究，姑念奉文伊始，杖潘秋香、秋梅，以为违例者戒。潘思禄年老，李细

六带伤从宽，遂（？）释，胡社开、胡社庄（？）等党护，打伤潘承基，亦予一杖不枉，悉遵例予以（？）开豁为良，立案。

雍正七年二月　日参。

所谓奉文伊始，是指当时距离雍正五年开豁世仆谕旨的执行，还为时未久。另外一份文书，是"二十八都六图具禀人李细六"的禀文：

禀为违旨压良，抄家杀掳民命，号阜拟追剪岁事。泣身异民，祖居扬州乌衣巷，阀阅名家，自祖寄寓天治歙南潘村地方潘姓千丁（？）大族腋下，已经五代，人单孤弱，守分躬耕，身住栖巢承祖自造之屋，祖葬身家自置坟山，归户印契，册税可查，受业输粮，印附可验。身因异寄孤民，塞落势族胯下，凡事忍受欺凌，力莫与竞。讵有势豪潘秋香，与身向有角口，遂订成仇，无题报泄。霎于本月初一，哨统族凶潘秋梅、潘昆贵等数十余人，各执铁梭枪棍，拥杀身家，无凭无据，忽指身系伊姓族仆。胆敢违旨强压纯良，倚靠人众，势挟服役。不从，势仗武岁潘应元虎坐身室，喝令无论男妇，概遭械杀，破脑命门，俱受重伤，举家垂危呼吸，尽将室内衣器、过岁食物刮抢一空。恶尤盗叛，保甲十家，俱系潘姓一族，袖手傍［旁］观，见不救护。仅有邻人胡初寿、胡社华等拼救，并被殴伤，可审。获遗铁梭凶具，现据。四路械扎，无许扛伤探验。身迫无奈，黑夜逾山，偷命奔城哭控。宪驾公出征粮，无门泣愬冤迫。初三以违旨压良等事，匍匐府墀，号门哀告，恩蒙府宪唤入面讯，验实男妇械伤，赏准开印提宪。豪见府准，号急掉伯潘思玉等装捏假伤，于初四日蔽诳军宪，份批拘讯。压良为贱，不共大冤，幸宪驾旋，急号作主，押辜保命，依旨拟追，殁存再造，切冤泣禀。

　　特授本县正堂加一级老爷施行。

　　被犯：潘思玉、潘思禄、潘应元、潘秋香、潘秋梅、潘昆贵、潘岩寿、潘伯儿、潘观超、潘弘基、潘瞎贵、潘佛松等。

　　干证：胡初寿、胡社华。铁梭。

　　雍正己酉年正月　日具　禀人李细六。

　　李细六的禀文自称："祖居扬州乌衣巷，阀阅名家"，据此可见其人或代书者应略通诗书，只是有名的"乌衣巷"是在南京而不在扬州。而从"李细六"的名字来看，他显然属于无知识阶层，与他站在同一立场上的干证胡初寿、胡社华等人[1]，从名字上看，亦属于徽州的下层民众无疑。这批文书中另有雍正七年（1729年）正月歙县二十八都六图胡社开、胡社孙、胡社回的诉状，从中可见，胡姓来自绩溪，自称是"诗书之家"，迁往歙县务农。此外，尚有雍正八年（1730年）四月二十八都六图何文

---

[1]　从经眼的大批契约文书来看，以"社""灶"命名的人物，多是徽州的下层民众。

茂状告潘氏的诉状。据上揭文书，李、胡两家各有自置产业，在这批文书中，亦见有雍正五年（1727年）七月《付业户》，其中写道："二十八都二图公正潘兴祝……计税地税肆分，土名村末低塅……见业二十八都六图六甲胡社干，金业凭票，黄册上税。雍正五年七月　日公正潘光启发金票，经手希宪、楚王、志高。"显然，他们立有粮户，并非潘氏的世仆。不过，保甲仍与潘姓氏族编列在一起，这使得他们极难摆脱潘姓的控制。在徽州，保甲的设置，往往是由大姓各自设立一保，其仆人或细民小姓则归辖大姓保甲之下。由于以上诸方面的原因，在许多情况下，大、小姓的关系一旦形成，往往根深蒂固，难以改变，诚如龙尾程氏所言"富户强邻，蛮近法远"，在此情势下，小姓往往难于摆脱大姓的控制。

（四）结语

围绕着雍正开豁谕旨而展开的大、小姓纷争，应当置于较长时段的区域社会变迁之背景中加以探讨。明代中后期，徽州的各个宗族加强了内部的同族统合。《新安大族志》《新安名族志》等谱牒文献的出现，是对既有强宗巨族状况的客观反映，与此同时，它们又在徽州划定了一个"名族"或"大族"的标准，从而奠定了徽州一府六县境内宗族分布的基本格局。此种基本格局，犹如一个绘制清晰的坐标，凡是在该坐标上有清晰定位的族姓或人群，就是地方上的大姓，否则，便成了孤立无援的小姓①。大族志、名族志中罗列出的标准及族姓之地域分布，实际上也是区分大、小姓的一个指标。凡是能与其中提及的谱系相对接者，通常情况下就不会被他人视作小姓。因此，我们看到，在徽州，许多族姓频繁地联宗、会谱，以确定自身的身份认同，这也是保证自己不致沦为小姓的一种努力。即使迁往僻野荒陬，一些族姓还是与迁出地的宗族保持着密切的联系。② 因为，从谱系关系来说，大姓一定是来历清晰，以强宗巨族为其背景，而小姓则往往无法追溯其先世的谱系③，他们在小区域的生存竞争中孤立无援，无法获得周遭宗族的认可。譬如，在《新安名族志》中，葛姓亦有绩溪双古井一支，但小横坑的葛姓迁自浙江兰溪，与绩溪名族葛姓并无关系。他们在与大姓的纷争中，由于得不到同族（或至

---

① 当然，宗族社会的形成是一个长期、动态的过程，大族志、名族志奠定了徽州宗族社会的基本格局，但在一些偏远地区，各个族姓的地位并无明显的高下之分，相互之间的关系亦仍然极不稳定。各个族姓能否成为各该地域中的名族或大族，除了凭藉自身的实力之外，很大程度上亦取决于他们能否成功地与明代中后期业已存在的名族或大族相整合。参见王振忠：《从〈应星日记〉看晚明清初的徽州乡土社会》，《社会科学》2006年第12期。

② 譬如，徽州素有"天下汪，四角方，南吴北许，东叶西汪"的说法，"天下汪"是指汪姓在徽州首屈一指，"四角方"则指方姓无处不在，即使是偏陬僻隅，亦有他们的分布。歙县何川的方姓，该处极为偏僻，村落体量极小，土地硗瘠，当地并无财力和空间建造祠堂，但他们却与迁出地——歙县苏村的方姓，保持着密切的联系。附近六亩山的鲍氏，情况亦相类似，虽然山路异常崎岖难行，但他们与棠樾鲍氏保持着密切的联系，每年都定期前往扫墓、祭拜祖先。这些族姓虽然僻处一隅，人数有限，呈点状散居，但他们均以强宗巨族为倚靠，绝不会被别姓视作小姓。关于何川等地的情况，据笔者手头的一批文书及与劳格文教授2009年9月13日的共同调查。

③ 程姓在徽州本应是大姓，但前述龙尾的程姓，显然无法找出清晰的世系，因此，他们与大姓江姓的纷争中，显得孤立无援。

少是虚拟的同族）其他支派的支持，故而只能联合其他小姓予以抗争，由于势力悬殊，总是位居下风。因此，大、小姓之分，不在于某一族姓的祖先是否"贵族"，而在于该人群是否置身于庞大的宗族关系网络中，受到其他各支派的支持和庇护。关于这一点，我们只要看看那些凡是涉及不同族姓之间的诉讼，往往会牵扯到各个宗族的诸多支派，就可以清楚地了解到。

雍正五年（1727年）开豁世仆谕旨的颁布，对于徽州宗族社会产生了剧烈的冲击。此后，渐具实力的一些小姓，纷纷通过各种手段寻找奥援，以期尽快摆脱大姓的控制。晚清婺源秀才詹鸣铎的《我之小史》第六回《王母大闹隆记行，詹家仝控逆仆案》载：

> 我们詹家大族，祖宗昔日有九姓世仆，抬轿子，吹喇叭，张姓在内。听得前辈人说：道光年间，为行乡人傩的故事，他们做神近于戏的戏，有无礼犯上之举动，公议惩戒，开绿树祠责打屁股。论王道本乎人情，蒲鞭示辱，本可将就了事。乃有新建官哩，偏说屁股打轻了，要重新打过，二次又开绿树祠重重责打。不料嫉恶太严，事反变本加厉，张仆因此叛变，呈办无效，以致九姓的世仆一齐跳梁。按：跳梁就是褪壳，俗称褪壳为鳖。现在骂他是鳖，他气得狠。但张姓虽然褪壳，不服役。然对于我族，尚不敢明目张胆。向称官娘，后改呼先生、老板、先生娘种种，现在仍是。后来渐次立约，益发不遵约束，而我族内犹羁縻之勿绝，未许抗颜争长。前两年西乡甲道修谱，逆仆以数百金前往，贿通张

某，做鱼目混珠之事。某邑廪生为甲道的斯文领袖，贪而无耻，竟受他的贿，而以伪谱应之。那年张氏宗谱迎接入村，如张开辈都穿外套，戴纬帽。有张社且戴亮晶晶的金顶子，道他有个鳌九品云①。

詹鸣铎所在的庐坑下村是庐坑片村中大姓詹氏聚居的主要村落之一，而附近的张村、西山下等地，历史时期原本是小姓张氏、余氏等居住的地方。这些小姓可能由来已久，早在北宋方腊造反时，庐坑詹光国即对詹芝瑞和詹彦达说："吾族中子弟可用者不下三十人，佃客仆隶可用者不下百二十人。二兄为佃仆之倡，我率子弟从之。"②从乾隆年间编纂的《新安庐源詹氏合修宗谱》卷末《庐源宅图》来看，当时即有西山下张姓伙佃、余姓伙佃、汪姓伙佃、戴姓伙佃、上李伙佃、下李伙佃、上余伙佃和单姓伙佃，除去重复的姓氏，共有张、余、汪、戴、李和单计6姓，他们负责抬轿子、吹喇叭、做傩戏。道光年间，他们以何种方式摆脱大姓詹氏的掣肘，《我之小史》中仍然语焉不详。不过，上述引文中的"渐次立约"，是指张姓单独设立乡约，这显然是摆脱大姓控制的第一步。婺源庐坑詹氏眼中的"九姓世仆"中之张姓，之所以能最终摆脱世仆的地位，关键在于他们与婺源西乡的甲道张氏通了谱。甲道张氏是婺源的大族，从《新安名族志》

---

① 按：2008 年出版的由笔者整理校注的《我之小史》，曾应作者后裔之请求两度删节（具体说明详见该书《后记》，第369—370页），此处引文则恢复原貌。

② 《新安庐源詹氏合修宗谱》卷首《詹氏忠勇世家记》，第29页下。

来看，张氏各支派分布于徽州歙县的汉口、岩镇、黄备、佳口、绍村、张家村、定潭、良干、漳潭，休宁的岭南、张村、渔滩、古楼巷、石磴张村、杭溪，婺源的甲路、游汀、临溪、绯塘、邑中，祁门的塘头、宣化坊、东南隅、石坑、长培，以及绩溪的北门等。其中，婺源甲路的张氏源远流长，据说在唐代乾符年间因避黄巢造反迁居黄墩，黄巢失败后始迁甲路。上揭婺源的游汀、祁门的石坑、绩溪的北门、歙县的良干等支派，均迁自甲路。庐坑张氏是否真的通过贿赂的方法不得而知，但他们的确与甲路张氏通了谱，从而与徽州其他的张氏宗族成功对接。有此强宗巨族作为后盾，庐坑的张姓便不再是小姓。

　　小姓摆脱大姓掣肘既多成功的例子，亦不乏失败的案例。譬如，在婺源虹关，当地流传着小姓江氏攀附大姓的故事。这个故事说的是虹关小姓江氏，为了攀附大姓，四处寻找同姓大族，以期通谱联宗，后来辗转找到江人镜（婺源晓起人，道光年间中顺天乡试，光绪时曾任两淮盐运使）。江人镜便到虹关，找到当地大姓的詹氏祠堂。詹氏早已得知江人镜来意，遂热情接待他，并派一位女仆为之倒茶。当江人镜问起当地江姓的情况时，詹姓回答说：刚才倒水的女仆便是江姓。江人镜闻言，就不再往下问了，回到当地，即在祠堂前竖立一块石碑，大意是告诫后代永远不要与虹关世仆江氏交往。詹氏以巧妙的方式，暗示了虹关江氏的地位，而虹关江氏摆脱大姓掣肘的图谋也因此而落空①。《告词》中龙尾程氏亦自称："婺邑程姓，俱出唐工部尚书讳湘之后，

①　此据婺源虹关詹庆德老先生讲述。

传世十四派，城居绅耆最多，身实支裔，并非混冒，为此粘图呈电，伏乞宪天老爷俯鉴宗支，或明唤讯，或传访察。"显然，他们也是为了摆脱小姓的身份，开始到处联宗。不过，他们"粘图呈电"的证据是否充分，大概将取决于"城居绅耆"能否同意接纳他们为同宗。而雍乾年间歙县章祁（瞻淇）的小姓章氏，在与同村大姓汪氏的诉讼时，也四处寻找同宗，以构筑足以与强宗巨族抗衡的宗族网络。

这些例子都说明，徽州自明代中后期形成宗族社会以后，任何人群都必须置于宗族所形成的社会网络中，唯有如此，才会有清晰、完整的宗族脉络，一旦遭遇外部的挑战，才能获得必要的援手。否则，在地域社会弱肉强食的生存竞争中，势单力孤，就很容易沦为小姓。换言之，徽州人重视修谱，绝非仅仅在于一般意义上的身份认同，或者像一些学者所说的重在构筑商业网络，更重要的还是基于现实生存的迫切需要。

四、礼生与仪式——明清以来徽州村落的文化资源

　　近年来，在民间社会文化史的研究中，作为文化中介的礼生受到了学界较多的关注。2001 年，台湾学者李丰楙发表《礼生与道士：台湾民间社会中礼仪实践的两个面向》一文[①]，系统讨论了传统中国社会中的两种礼仪专家——礼生与道士的重要区别。此后，他又发表《礼生、道士、法师与宗族长老、族人：一个金门宗祠奠安的图像》[②]，对礼生、道士和法师等在金门宗祠奠安仪式中各自扮演的角色，作了进一步的深入分析。2004 年，刘永华发表《亦礼亦俗——晚清至民国闽西四保礼生的初步分析》[③]，较为系统地回顾了学术界对礼生的研究以及礼生的历史，通过分

---

① 收入王秋桂、庄英章、陈中民主编：《社会、民族与文化展演国际研讨会论文集》，台北，汉学研究中心，2001 年 3 月，第 331—364 页。

② 该文发表于 2001 年，后收入王秋桂主编：《金门历史、文化与生态国际学术研讨会论文集》，台北，施合郑基金会，2004 年，第 215—247 页。以上二文承王秋桂教授提供复印件，特此致谢。

③ 中山大学历史人类学研究中心、香港科技大学华南研究中心主办：《历史人类学学刊》第 2 卷第 2 期，2004 年 10 月。

析晚清民国时期闽西四保礼生的文本与社会文化实践，勾勒出当地文化中介的基本轮廓，进而提出"礼生很可能是沟通士大夫文化与地方文化、王朝礼制与乡村习俗之间的文化中介"的假设，这一看法予人以重要的启发而颇具学术价值。翌年，刘秒伶发表《万安一个乡村礼生的历史与现实生活——以我的外祖父为例》[①]，以口述及文字数据，聚焦作为一种职业的礼生在当代乡村生活中的角色，并通过与闽西四保礼生之比较，力图展现赣西南地区一个乡村礼生的历史与现实生活。

综上所见，迄今为止比较详细的礼生研究，已涉及了台湾和中国大陆的福建和江西，诸篇论文都提供了各该区域比较丰富的相关资料，也提出了不少重要的看法。不过，礼生的研究似乎仍然存在着进一步探讨的空间。至少，我们还应当了解其他区域礼生活动的基本情况，发掘更多有关礼生的史料，并关注可能存在的区域性差异，以期做出更为全面的分析。

正是基于这一考虑，并得益于前述学者诸多成果的启发，本章拟利用徽州族谱、日记、启蒙读物、民间文书等资料，勾勒明清以来徽州礼生的活动[②]，对礼生从事的仪式作一区域性的观照。全文共分三部分：第一部分勾勒各种仪式中礼生的活动；第二部

---

① 《华南研究数据中心通讯》第 39 期，2005 年 4 月 15 日。

② 对于徽州礼生的活动，以往未曾有过系统性的专门探讨，仅有一些调查报告在论述宗祠及相关仪式时间或顺带涉及。如赵华富：《祁门县渚口、伊坑、滩下、花城里倪氏宗族调查研究报告》，《徽学》2000 年卷，2001 年版，第 68—69 页、86 页；仇乃桐：《呈坎罗族宗法建设调查报告》，《徽州社会科学》2002 年第 1 期，第 57—58 页。但此类文字多未注明确切来源，推测所根据者应当仍是历史资料。

分是两点初步的讨论，分别讨论"礼生"与"先生"、"祭文本"与"村落日用类书"的关系；最后是简短的结语。

（一）徽州的"礼生"

明清以还，在"无徽不成镇"的长江中下游一带，"徽礼"（徽州礼仪）颇为盛行。清道光时人叶调元有《汉口竹枝词》曰："楚人做祭极平常，不及徽人礼貌庄。高坐灵旁宣诔祝，只如平日读文章。"[①] 原诗自注曰："祭，有徽祭、本地祭之别；徽祭，正立垂手，恪于执事；本地祭，生员六人分坐灵旁，别无所事，惟轮流读文而已。"另，民国《夏口县志》亦载："治丧杂用浮屠、黄冠，有延礼宾行堂奠礼者，仪节大致疏简。若仿行徽祭，则较为详备。"[②] 湖北汉口一带为徽商聚居之地，"徽祭"盛行于此可见一斑。而在长江下游，情况亦复相似，民国《续修江都县志》中指出：广陵丧祭有"徽礼"和"扬礼"的区别，"扬州之盛，实徽商开之。汪、程、江、洪诸姓，皆徽人流寓而占籍者也，故丧祭有'徽礼''扬礼'之殊"。[③] 在号称"草鞋马头"的

---

① 徐明庭辑校：《武汉竹枝词》，"湖北地方古籍文献丛书"，湖北人民出版社1999年版，第89页。

② 民国《夏口县志》卷2《风土志·礼俗》，民国九年（1920年）刻本，第3页上。复旦大学图书馆古籍部藏（残存21卷附补遗，计10册）。

③ 民国《江都县续志》卷30《杂录》引陈去病《五石脂》兼采访，"中国方志丛书"华中地方第162号，台北，成文出版社1975年版，第1948页。

江西景德镇，徽帮（徽州人）、都帮（都昌人）聚居，徽州会馆"每年开祭，雍容雅步，升降拜跪"，"野蛮"的都昌人看不惯，讥讽"拘文牵礼"的徽州人一本正经地"佯死相"①。这些都说明，"徽礼"在当时颇受各地其他人群的瞩目。

毋庸赘言，精密详备的"徽礼"②，应当形成于徽州本土。在当地的各类仪式中，礼生的活动均极为频繁。以徽州启蒙读物为例，抄本《略要杂字》就有这样的描述：

> 新岁元旦，接天地，讨吉利，拜年贺节，吃点茶，掷色子，抹骨牌，下象棋，着围棋，游浒赏结，押宝摇摊，猜枚行令，游春赏花。元宵节，挂灯结彩，挂神帐，铺桌垫，搭灯棚，挂字画，写对联，挂牌匾，搭台接箱，接菩萨，打锣鼓，放炮竹，打神铳，开锣职事，飞虎清道，金锣金鼓，鸾架招锣，提炉香盘，凉伞鼓乐，**礼生做祭**，礼壶爵杯，祭菜祭盘，梨园演戏，烧火火南，请老郎，做正本，做长套杂出，架官包中台，扮马戏，嬉台阁，嬉过元宵……③

① 詹鸣铎：《我之小史》第 14 回《赴景镇再及浔阳，由长江直抵安庆》，王振忠、朱红整理校注，安徽教育出版社 2008 年版，第 224 页。关于会馆祭仪，王慰农有《旅兰徽商"朱子会"》一文，详细记述了民国年间浙江兰溪徽商在新安阁朱子殿礼堂的祭祀仪式，其中提及共有礼生 22 名，并附祭文一例。见杭州徽州学研究会编印：《杭州徽学通讯》（非公开出版物）2005 年第 2 期，2005 年 4 月，第 28—29 页。

② 参见王振忠：《明清徽州的祭祀礼俗与社会生活——以〈祈神奏格〉展示的民众信仰世界为例》，中山大学历史人类学研究中心、香港科技大学华南研究中心主办《历史人类学学刊》第 1 卷第 2 期，2003 年 10 月。

③ 抄本 1 册，反映的地域应当为歙县一带。王振忠收藏。按：以下所引徽州文书，凡未特别注明收藏单位者，均为私人收藏。

这是对正月十五礼生活动的状摹。另据抄本《逐日杂字》：

> 做冬至，办祭仪，猪羊抬盘；
> 悬山水，系桌围，挂灯结彩；
> 设三牲，装祭菜，蕰藻蘋蘩；
> 唤鼓手，使乐人，吹弹歌唱；
> **请礼生，通引赞，读祝叫班**；
> 三奠毕，登场完，搭桌捧胙；
> 阿絫絫，乱嘈嘈，领胙起身。
> ……

此处则是冬至时礼生的活动。一般说来，供孩童阅读的启蒙读物，通常反映一地人群日常生活的基本状况，因此，在徽州，各类祭祀中礼生的活动颇为常见。以下，再根据族谱、日记和文书史料分类叙述。

1. 祠祭

明清以还的徽州，"社则有屋，宗则有祠"，祠祭在民众生活中极为重要。"孝莫大于敬祖，敬祖莫大于修祀，祀莫先于祠祭，有事于祠，所以尊祖敬宗，而致其如在之诚也"。[1]

根据清末的调查，在祁门，举凡祠祭，由族长主祭，或文会尊长陪祭祀，"俗用纸扎金银山绸缎架陈设在旁，赞礼四人，主祭者盥洗上香，三献迎送神，四拜礼毕，颁胙"[2]。

---

① 章观良日用类书（无题抄本，据内容暂名）"祠祭"。抄本 1 册。
② （清）刘汝骥：《陶甓公牍》卷 12《法制科》，载《官箴书集成》第 10 册，黄山书社 1997 年版，第 603 页。

祠祭的场合，必须将礼生名单预先公诸于众。譬如，《王氏祠规约》提及"祭礼始终节次，立通赞二人主之；升降进退，立引赞二人主之；读祝辞，立工祝一人主之；其执事各司礼如常仪"。大祭前期三日，揭告示于祠堂大门外，以谕家众，其略云：

某氏祠为祭祀事。窃惟祭祀之礼，所以展孝子之心，尽报本之道，内当极其诚敬，外当肃其容仪，同寅协恭，务期感格。古人云：有其诚，则有其神。今拟△月△日黎明，谨遵家礼，竭诚奉祀，凡我家众，各宜斋戒，沐浴更衣，饮酒不得致乱，食肉不得茹荤，不吊丧，不听乐，凶秽之事，俱不得与，敬之慎之，毋忽！

一省牲某，一涤器某，一陈设某，一工祝某，

一通赞某，一引赞某某，一执事某某，一主祭某某。

国号△年　，岁　月　日　年首某等谨告[①]。

而抄本《新增杂记便览》中，亦收录了一份榜文：

为春秋祭报本事。窃闻惟孝乃百行之源，而为五礼之重是祭者，所以展孝子心，尽报本之忱也。……今当△大节举行祀事，属在子姓，各宜竭诚致思，敬序昭穆，既齐内而齐外，亦宜古而宜今，在天庶得以降鉴，而嘏祝为不爽矣。切勿怠忽不恭，戒之慎之，须至榜者。

---

① 　章观良日用类书。

计开：一通赞，一引赞，一工祝，一主祭，一司樽，一读祝，一执事，一陈设，一纠仪，一省牲，一涤器。

　　右榜通知。

　　关于将礼生名单预先公布的做法，在徽州的族谱中也有不少记载。例如，清代前期歙县《棠樾鲍氏三族宗谱》卷183《祠祭仪礼》："祭前三日，将正献、分献礼生人名书列粉牌，悬挂祠门，俾各知所司，并将规条内紧要者摘写揭示，使众通知遵守。"除此之外，另有先期一天的排练：

　　先期一日下午，俱至书院习礼。执事于书院门外少西设省牲位，香案纸烛酒爵。正献、引礼二人，执事一人，俱盛服，具鼓乐，引礼引正献诣省牲□□，执事诣牲所，省毕，诣正献曰告充，正献举爵，莫酒焚楮，遂刑牲，执事□二盘，盛各毛血少许，付陈设，收干净所，乃布灰格而退。①

　　在民国时期编纂的《绩溪眉山吴氏族谱》中，也提及先期的排练：

　　祖宗临之在上，礼法政尔，森严如日，与祭失仪，情犹可宽，若为礼生执事者，礼所自出，既饮神福，又受神胙，

① （清）鲍光纯纂修：《棠樾鲍氏三族宗谱》卷183《祠祭仪礼》，乾隆二十五年（1760年）一本堂刻本，第48页下，上海图书馆谱牒研究中心收藏。

较与祭者不啻加隆，乃有周旋失规，随班失仪，呼唱不觉造次，甚至喧嚷一堂，诚敬谓何？亦无贵乎礼生矣。所以吾祠先期宰牲酒，原为习仪而立，诸凡与事，不可徒饮，必须齐集，从容随班施演，临时各司其事，所谓宗庙之中，以有事为荣者也。万勿嬉笑戏骂，自失仪文，与祭人丁跪拜尽礼，不可喧哗失仪，违者登名扣胙，以惩不敬[①]。

此处指出礼生责任之重大，他们是礼仪的象征，因此不同于一般参与祭祀的人。如果发生失误，就要登名扣胙，以示惩罚。

及至正式的祠祭，礼生负责唱礼。清代前期《重修古歙东门许氏宗谱》卷8《许氏家规·元旦团拜》："元旦五鼓拜谒家庙，族人少长咸集，鼓三通，礼生唱礼，挨次序立，四拜礼毕，照行埒排列，昭穆相对，拜毕，尊行立，次行拜，尊行答，揖退。次行立，第三行拜，次行答，揖退。以次挨行递拜，毋许参差不齐。及不拜者查出，议罚。"另外，《许氏家规》中的"春秋祭祀"条规定："今立定规：五鼓聚齐，祭以黎明，而凡威仪仪物之类，立纠仪礼生二名，以察其致祭之仪，尽志尽物，期于感格。"这是有鉴于此前的春秋祭祀，许氏家族成员颇为懈怠，"直至巳午，人多不至；虽至，而衣冠礼仪不肃"[②]——原本应在黎

---

① 吴永丰纂修：《绩溪眉山吴氏族谱》卷1《宗祠古训·重礼仪》，第4页下—第5页上。民国十三年（1924年）叙伦堂木活字本，上海图书馆谱牒研究中心藏。因随后的《重订宗祠事仪》为道光二十三年（1843年），故此《宗祠古训》的订立时间应当更早。

② （清）许登瀛纂修：《重修古歙东门许氏宗谱》卷8《家规》，第60页上，清乾隆十年（1745年）刻本，上海图书馆谱牒研究中心藏。

明举行的祭祀典礼，结果族人却往往姗姗来迟，一直要拖到中午前后才到，而且即使到了，衣冠礼仪也不够严肃。为此，族内设立"纠仪礼生"，从"纠仪"①二字来看，恰可看出礼生的角色②。

有时，礼生还要宣讲圣谕。民国《绩溪眉山吴氏族谱》收录的清代宗法族规中就规定："……至若饮时，各照昭穆坐定，礼生出班宣讲圣谕六条，众各静坐听讲，毋许喧混，讲毕坐饮，饮毕，同入寝堂谢胙，分班作揖。礼毕，鱼贯而出，习成彬彬诗礼家风。"③《绩溪眉山吴氏族谱》中，有道光二十三年（1843年）的《重订宗祠事仪》，其中，对于礼生的身份及报酬有较多的论及：

> 一、贡监生员及有部照杂职，每年阄定四人为司值，诣各处标卜，经理祠务，其无部照杂职，准作礼生，不挨司值；
>
> ……
>
> 一、冬至前一日，办祭者打扫祠宇，下堂设香案，二门外设照道，丹墀设庭燎，两廊设馔桌，中堂供献碗十六只……是夜到祭礼生，散席与四月初一日同，食物斤两，司值过秤；

---

① 清代歙县抄本《岑川祠事纪略》有《纠仪文》，曰："祭祀祖宗，务在孝敬，以尽报本之忱。凡噫哕嚏嚏跛倚欠伸一切惰慢失客之事，各宜戒之慎之，否则祠规有罚。"

② 由于礼生多由村中或族中的读书人担任，而读书人多属文会，故文会亦有"纠礼文会"之说法。（见光绪抄本《重建惇本祠账》，上海图书馆藏）

③ 吴永丰纂修：《绩溪眉山吴氏族谱》卷1《宗祠古训·重饮福》，第5页上。

......

一、礼生到祭，如贡监生员及有部照杂职，每人给胙一斤半，面一碗，包六只，其与祭特祭者，每人给包半斤，其无部照杂职到祭，只给包面，与祭特祭者，亦仝给包；

一、主祭者与礼生一同给胙散席；

一、到祭礼生散席，与习仪仝，每人外加剔骨熟羊肉三两，鸡一两。其无部照杂职到祭，亦准散席，习仪、烧年亦昉此例，食物斤两，司值过秤①。

绩溪眉山吴氏非常注重功名官职，族谱规定经理祠务的"司值"必须有贡监生员及部照杂职，没有功名官职的可以做礼生，但其待遇与有功名官职者有着明显的差别。关于礼生的待遇，歙县《棠樾鲍氏三族宗谱》卷 183《祠祭仪礼》亦有记载：

一、祭毕，管分胙者至大门外，凡执事、礼生、助祭人等俱发一小票，各自注名，并某执事，午刻时票交祠领胙。

......

一、受胙每祭……礼生：羊胙各半斤，猪胙各一斤，寿桃各一只。

......

一、礼生兼摄者，止受本胙，不得兼领。

---

① 吴永丰纂修：《绩溪眉山吴氏族谱》卷 1《宗祠古训·重订宗祠事仪》，第 8 页下—第 11 页上。

休宁《新安率口程氏祠规续编》卷4《祠规》，对此也有详细记载，兹列表如次：

休宁率口程氏祠祭中的礼生及待遇

日期	祭祀	礼生	散胙仪式	
			参与者	菜肴
正月三日	柏山祠祭	纠礼（2人），通赞（1人），陪通（1人），引赞（1人），陪引（1人），执事（8人），司尊（2人）	礼生（16人），上下祭首（12人），新市房（1人，以其近祠，时致展省也），塘尾族与祭者（约30余人），寺僧（东西房各1人）	肴（4品，每品5盘，布为5席），果（每席4色），酒（12巡），笼炊（每人1只）
正月六日	率滨亭祠祭	纠礼（2人），通赞（1人），陪通（1人），引赞（1人），陪引（1人），执事（10人），司尊（3人）	礼生（3席），上下祭首（2席）	肴（4品），果（4色），酒（12巡），笼炊（每人1只）
正月十三日	宗祠正祭	纠礼（2人），通赞（1人），陪通（1人），引赞（1人），执事（6人），司尊（3人）	主祭（1桌），纠礼礼生及各户（2〔？〕人共1桌）	荔枝（1碟重3两），龙眼（1碟重3两），枣（1碟重5两），干柿（1碟重5两），巧饼（1碟重5两），笼炊（每人1只，每只10两），羊肉（1碟重5两，去骨），猪肉（2碟，每碟重6两，去骨），醇酒（每人12杯），汤（2道）

由上可见，不同的祭祀，所用之礼生人数不同。清道光七年（1827年）歙县玉堂抄《篁墩世忠祠轮值（中林、柏溪、绍濂、

托山、律村、大坑）司年总簿》①中的《用人条规》亦曰："礼生祠祭十六位，墓祭十二位，夫人祭十二位，后土祭四位。"

除了分胙外，有时也有少量金钱的酬劳，但数额有限，带有车马费报销的性质。如清道光七年（1827年）歙县玉堂抄《篁墩世忠祠轮值（中林、柏溪、绍濂、托山、律村、大坑）司年总簿》中的《肇禋堂仁、义、礼三分值管世忠祠公账支用》中，有"支一千五百七十七，上宅礼生办事等人行李进出力""支九四，下宅礼生办事等人行李进出力"，便是此类的例子。

2. 墓祭

徽州启蒙读物《略要杂字》曰："三月清明节，此系居家一要事，务宜早办金银包，□表纸，花尖光古纸，锡箔棒儿香，红烛百子炮，福仪猪头三牲，猪肉豆腐，点心米粿，礼壶接杯，各样办齐，俟候清明之日，各处坟墓，子孙亲自标挂，懒步不到，则为不孝。若果皮心，后代子孙，颁祚［胙］散胙，捧粿挂钱，必然昌盛矣。"②乾隆年间侨寓扬州的歙县人方西畴，在返乡省亲后作有《新安竹枝词》，其中的一首这样吟咏道："鼓吹喧阗拥不开，牲拴［牷］列架走舆儓，问渠底事忙如许，唐宋坟头挂纸来。"③这首竹枝词，状摹的就是徽州人墓祭时的情形。

关于墓祭，徽州人认为："古之墓祭非礼也，后世举而不废者，祖宗体魄所在，欲子孙识其处，盖亦所系之重也。"④因此，

---

①② 抄本1册。

③ 引自张海鹏、王廷元主编：《明清徽商资料选编》，黄山书社1985年版，第20页。

④ （清）许登瀛纂修：《重修古歙东门许氏宗谱》卷8《许氏家规·清明墓祭》，第60页下。

在徽州的不少族谱中，都有有关墓祭的规定。歙县《潜川汪氏惇本祠溯源家谱》卷6《享祀纪》，就有墓祭的具体规定。特别是《癸巳聚族标祀事宜》，收有《司马道昆传帖》，即由明代著名官僚、文人汪道昆撰写的传帖，未见于汪氏所著的《太函集》等，颇为珍贵。另外，明万历二十一年（1593年）七月《重立标挂祀典》规定：

> 仪注、祭品、祝文，皆司马（引者按：即汪道昆）立有定式开列，有余不必加丰，不足毋得减损，庶为划一之规，万世行之无敦；
>
> 仪注：通赞二人，执事二人，主祭一人（会首），余皆陪祭；
>
> 墓前设桌二张（列祭器），左列一桌（盛羊），右列一桌（盛猪），左梢下一桌（盛樽馔），爵祝帛，前设一桌（置炉瓶烛台），祭文同前。
>
> 序立，参神鞠躬（四拜），平身，诣香案前，跪，上香，酹酒，俯伏，兴，平身，复位，奠帛，初献爵，亚献爵，三献爵，读祝文，辞神（四拜），礼毕。礼生六人（四拜）。
> ……①

所谓标祀或标挂，也就是前述竹枝词中的"挂纸"。可见，

---

① （清）汪士钣：《潜川汪氏惇本祠溯源家谱》卷6《享祀纪》，第12页上—第12页下。清刻本，上海图书馆谱牒研究中心收藏。

潜川汪氏惇本祠的墓祭做法，是由汪道昆所拟定。墓祭中的礼生有 6 人，不包括 2 位通赞和 2 位执事。另外，此处记载的墓祭仪式似乎比较简单。

当然，也有记载墓祭仪式比较详细的族谱，如晚清刊本《唐氏三族祖茔祭祀谱》卷 1《葛塘祖茔前致祭仪注》：

> 管年令人夫点香烛，通赞生、陪赞生向上一揖，分左右上，通赞生立供案左，陪赞生立供案右。通赞生唱："序立！"众礼生在香案前拜垫后序立，通赞生唱："执事生各司其事！"众礼生向上一揖，鸣引生立香案前拜垫左，陪引生立香案前拜垫右，礼生四人立尊案上边，司尊生立尊案下边。通赞生唱："陪祭者各就位！"三族支丁在香案前拜垫后，分尊卑长幼重行立。藤坑唐姓在三族支丁后立，通赞生唱："主祭者就位！"鸣引生赞："就位。"主祭就香案前拜垫立。通赞生唱："参神！"鸣引生赞："诣司尊所。"及陪引生导主祭至尊案前立，鸣引生赞："司尊者捧香。"司尊生至尊案前捧京香、棒香，复位立。鸣引生赞："送香。"司尊生捧香至第一礼生前立。鸣引生赞："执事者接香。"第一礼生接香立，司尊生复位立……①

《葛塘祖茔前致祭仪注》全文很长，文繁略引如上。其后是

---

① （清）唐必桂纂修：《唐氏三族祖茔祭祀谱》卷 1《葛塘、莲花冲标祀规条》，第 14 页下—第 15 页上。清光绪八年（1882 年）木活字本，上海图书馆谱牒研究中心收藏。

祭祀七世祖考、七世祖妣、八世祖考、八世祖妣、九世祖妣、九世继祖妣、十世嫡祖妣、十世所生祖妣，还有诣山神前敬香，"其仪均与始祖坟前同"。此外，《唐氏三族祖茔祭祀谱》卷1还有《莲花冲祖茔前致祭仪注》，亦有礼生在仪式中活动的详细描摹。

至于墓祭中礼生的身份及报酬等，《葛塘、莲花冲标祀规条》记载：

> 礼生惟葛塘用九人，莲花冲用二人。（此是向例）俱三族到坟之有职衔及进士、举人、贡监生员声音之洪亮者为之，如其人到坟者少，即以童生习儒者代之。倘其人到坟者多，当推爵尊分尊任事者，不准搀越，喧哗失礼。
>
> ……
>
> 胙票，约到坟人数多寡而办，宁有余。主祭轿钱肆百文，礼生钱一百五十文。
>
> ……
>
> 祭毕，三馔及酒并主祭轿钱送主祭，礼生钱礼生均分，礼生饼二十只，礼生每人二只，余二只，莲花冲礼生二人均分……
>
> 主祭、礼生须穿本等公服，其非有职衔，非进士、举人、贡监生员为主祭、礼生，亦宜穿套，戴大帽，万一无套，则大帽不可少[①]。

---

① （清）唐必桂纂修：《唐氏三族祖茔祭祀谱》卷1《葛塘、莲花冲标祀规条》，第6页下—第9页下。

该谱为唐姓三支合修的族谱。葛塘与莲花冲两地所用礼生数不一，一处用 9 人，一处用 2 人，之所以有所差别，可能是因为葛塘为始祖坟之所在，因而祭仪更为隆重。礼生之充当，并无固定的身份，如果到坟的人多，应推有职衔、有功名的尊贵者来充当，但如果上坟的人较少，则可由童生习儒者代替。礼生和主祭都应当穿戴与他们身份相当的公服，如果没有功名，则应穿套和大帽。充当礼生，有一定的报酬，可以分得轿钱 150 文①和礼饼1—2 只。

3. 会祭

除了宗族组织外，徽州还有频繁的会社活动。由于会社活动，也与一定的仪式相关，故而会祭中，也常见有礼生的活动。徽州文书《神会清明冬至》②记载了一些会祭：

《神会清明冬至》所见礼生活动

月　日	会　名	礼生活动
不详	不详	……会友共三十六股，选年付众牯亥卅六斤，主祭亥一斤，礼生人员礼饼半斤……
五月十三	老关会	礼生主祭，司尊托盘，礼饼各一只
六月廿三	素关会	礼生众理人员，天四、□□、天相、天桂四人礼饼各二只

清道光、咸丰间抄本《汪文轩存底簿》中的"义兴会"存底账，也有一些礼生方面的记载，兹将原文录出：

---

① "帐式"列有管年记录的墓祭开支，其中有专门的一项："支钱壹百伍拾文，礼生缠。"
② 抄本 1 册，封面有"咸丰拾年孟春月　立，洪志龙□登"字样。

大清咸丰拾年岁次庚申春正月复立义兴会存底账：

……

一、神台正席越国公，东席元五公，西席天珙公、天宝公；

……

一、头首年尊者主祭；

一、通引读祝，主祭者给饼两对，其余礼生壹对；

一、胙肉每股四斤，有功名做礼生者给壹斤。 _{道光五年会友议，日久每受}
_{胙肉只给壹斤，功名不给。}

……

一、咸丰九年，会众公议，与祭礼生均要十五岁以上者，衣冠齐整。十五岁以下者不准与祭。

"义兴会"原是祭祀越国公汪华的会组织，据《义兴会序》载，该会始于乾隆三十六年（1771年），嘉庆年间，"会渐饶裕"，于是以七十七世祖汪元五和七十八世祖汪天珙、汪天宝配享。每年祭费银七八两，都是由在安徽宿州的木行寄银支付。从中可见，礼生参加祭仪，能分得饼一对。礼生既包括具有功名者，又有白丁。道光五年（1825年）之前，有功名的礼生能分得胙肉一斤。咸丰九年（1859年）以后，经公众议决，与祭礼生都必须在15岁以上。换言之，在此之前，其实15岁以下者，亦有与祭的礼生。与该册文书相关的抄本——《本村时常行祭仪节并人物器用》中，也有与礼生相关的内容：

通赞者 _{他乡用有爵老成之人，惟吾乡} 引祭者 _{他乡用有德爵，惟吾乡} 花馔者 _{他乡用年大之}
_{用老成者，抑或有德者之人。} _{用有爵者，抑或有德者} _{人，惟吾村用初}

学童于，
未上学不用。礼生^{司樽}者在东所^{司帛、司香}者在西所^{他乡用有爵之人，惟吾乡无论有爵}主祭
者^{他乡用有爵者，或用爵贵者，惟吾}

> 礼生_{司樽、司馔}者在东所，司帛、司祝、司香者在西所，_{他乡用有爵之人，惟吾乡无论有爵无爵、有德无德，知礼者并皆用之。}主祭者_{他乡用有爵者，或用爵贵者，惟吾乡用长孙支下，亦有用做会头者。}

所谓有爵无爵，应当是指有无功名或官职。由上述可见，礼生在该村的时常行祭仪节中充当司樽、司馔、司帛、司祝和司香等角色，只要是知礼者皆可担任。从其中的描述来看，该村的情况与外村外乡不尽相同，这可能与各个村落的文化发达程度有关，对于一些文风不竞的村落，可能找不到或找不到太多有功名的人，故而只能放低标准。从该书中的《仪句》，更可看出礼生在祭祀仪式中的活动：

> 通赞唱者两人_{一揖直上至神前，两边立献柱下}序立，_{通堂礼生分次而立}肃仪_{通堂礼生弹冠整衣}执事者各司其事_{通堂礼生各一揖，立各司之所}主祭者就位。主人及引者一揖，立主祭位所。迎神_{主人及引祭者、司香、司祝者、杂人由西阶直下大门外迎神。}……

上述的记载极为繁琐，不一一列出。此外，该册抄本中还有《丧祭仪句》《家奠仪句》《路祭仪句》《题主仪句》《祀土仪句》《题主祝文》《祀土祝文》《行祭三献礼》《团祭礼》和《仪节》等，其中亦多可看出礼生在各类仪式中的活动。

4. 丧葬仪式

徽州启蒙读物《六言杂字》："父母死丧出殡，做斋设醮忏经。做祭上堂点主，礼生鼓手送灵。"① 从民间的通俗常言来看，

---

① 抄本1册，封面除书名外，另有"方炳坤书"，内页作"蒙童馆用"。

在丧葬仪式上，礼生必不可少。詹鸣铎自传《我之小史》续第4回谈及其人为祖母治丧：

> 我等兄弟，遵祖母生平意旨，七七里做事业（此乃土话，做事业即延僧拜忏）。当日我等兄弟，派定头、末七开本房祭，中夹以斋忏，尼姑而后，和尚继之，奉佛斋戒，建设五日五夜功德法坛，本房内外人等，都来帮忙，每日吃反（饭省笔）约十余桌人，闹热之极。……按十八本门八大房祭，十九题红，通村祭，二十阖村送祭，二十一回祭，二十二出殡，拦路祭三，及上堂祭，二十三节孝祭，前后核共有十一个祭，□斋营奠，殆可谓生荣死哀矣。……题红之日，旗锣鼓吹（即叭喇〔喇叭〕），请到江湘岚姻世伯的题主官，贵和、韵锋、质芬、锦屏为礼生，大有面子。

宣统元年（1909 年）调查的《婺源风俗之习惯》描述："欲荣其亲者，则请贵人题主"①。此处提及的题主官"江湘岚"，也就是清末民国时期婺源著名的官绅江峰青（《婺源县志》总纂）。②

---

① （清）刘汝骥：《陶甓公牍》卷 12《法制科》，第 596 页。
② 江峰青（1860—？）字湘岚，号襄楠，婺源鳌溪人。清光绪十二年（1886年）进士，由浙江嘉善知县，累官至江西道员。光绪二十八年（1902 年）大学士孙家鼐奏保经济特科第一，侍郎李昭炜亦专折奏保，光绪二十九年（1903 年）召试钦取优等 17 名。宣统元年（1909 年）礼部尚书葛宝华专折奏保峰青"硕学通儒"，任江西省审判厅丞，后奉母还山，公举省议员。以上参见民国《重修婺源县志》卷 15《选举一·科第》，"中国地方志集成"江西府县志辑第 27 册，江苏古籍出版社 1996 年版，第 313 页；卷 18《选举九·议士》"江峰青"条，第 362 页。

关于题主亦名"点主"，清代歙县《岑川祠事纪略》中的《点主仪注》，详细记载了点主的相关仪式：

> 以主牌解两半，书考名于左：
>
> 清故先考府君之神主
>
> 　　　孝男△△△百拜奉祀
>
> 　　牌里书生殁年甲以便序伦后日之记
>
> 　　公讳△字△，△公子，生△△年号甲子△月△日△时
>
> 　　孺人△氏，生△△年号△甲子△月△日△时
>
> 礼生四人
>
> 　　请题主者就位，孝子亦就位，孝子浼题主者，拜（四拜），兴，平身。孝子出主，捧主，卧主，请主题者题主，加冠，加主，请主入位，孝子谢题主者，拜（四拜），兴，平身，复位，三上香，进酒，酬酒，献果，进果，拜，兴，平身，参神鞠躬，拜（四拜），兴，平身，行三献礼，跪，初献爵，进爵，初献馔，进馔，亚献爵，进爵，亚献馔，进馔，终献爵，进爵，终献馔，进馔，读告文，拜，兴，平身，侑食，辞神鞠躬，拜（四拜），兴（四兴），平身，撤馔，化帛，礼毕。①

这里提及的礼生 4 人，与《我之小史》中詹鸣铎祖母丧祭时

---

① 徽州文书抄本《新旧碎锦杂录》中也有《点主式》。关于《新旧碎锦杂录》，参见王振忠、陶明选：《晚清徽州民间社会生活管窥——〈新旧碎锦杂录〉抄本两种整理札记》，《安徽史学》2006 年第 5 期。

所请的詹贵和、詹韵锋、詹质芬、詹锦屏，人数恰相吻合[①]。就《我之小史》中4位礼生的身份来看，詹贵和为二图文会，他与詹韵锋都是晚清庐坑自治会的成员。詹韵锋亦为读书人，开过茶号，经理世德祠事，在大庙开光时曾任经理。詹质芬曾在杭州乾吉木行从业，与詹鸣铎为同窗学友，后入师范传习所并毕业，与詹鸣铎一起在村内排难解纷。詹祖荫字锦屏，出身素封之家，曾与詹鸣铎、詹宝书等一起组织民团。从上述诸人的出身来看，显然都属于村中的斯文（文会成员）。因这些人都是读书人，故在丧祭中充当礼生，于丧家大有面子。

徽州簿册文书《光绪十二年立舒氏〈室人出家一切仪节并铺设及需用对象总登簿（祭文联额轴附抄后幅）〉》，[②]主要包括"孝堂铺设""需用对象""题主仪节""孝堂设祭""祀土仪节""墓祭仪节""出柩事宜""孝堂祭文""墓祭文"和"虞祭文"等，内容相当丰富，所占篇幅长达40余页，反映了晚清民国时期[③]徽州丧葬的实际运作。在"题主仪节""孝堂设祭"和"祀土仪节"等仪式上，都有"通赞""引赞"的活动。在"墓祭仪节"中，指出："祭毕后，孝子等须跪谢礼生。"[④]

对于礼生，丧家素来敬重，这从村落日用类书中可以窥其一斑。如金佩常《杂抄》[⑤]中，有《请礼生帖》《请礼生书》《请礼生

---

① 抄本《岑川祠事纪略》中，有两份"点主仪注"，均用礼生4人。
② 中国社会科学院历史研究所收藏整理：《徽州千年契约文书》（序于1991年）清民国编卷18，花山文艺出版社，第241—284页。
③ 该文书虽题作"光绪十二年立"，但其中有清末、民国时期的内容。
④ 中国社会科学院历史研究所收藏整理：《徽州千年契约文书》清民国编卷18，第261页。
⑤ 抄本1册。

帖》规定"用谷色纸":

> 谨笾是月△△△△△△日为家先伯叔父成服，恭迓
> 　　　　　　堂奠
> 　　　　　　告迁
> 　　　　　　发引
> 台驾，藉重赞礼，伏冀
> 降临，曷胜哀感。

《请礼生书》规定"用谷色纸，书套用谷色布，中用红笺，父死用翠纸衬，母死用黄纸衬"：

> 谨笾是月△日为家先伯叔父出殡，于△日端舆造宅，恭
> 迓台驾，藉重赞礼，伏冀降临，曷胜哀感，
> 右启。

又如《备要简帖》[①]中，有《父死五七做祭接礼生》：

> 谨詹十月初四日，为先考辞灵设奠，次日发引祖道祔主
> 入庙，敢屈文从藉光引礼，曷胜哀感。
> 孤子承基等泣血稽颡。
> 吴尚友堂帖。

---

① 抄本1册。

同书《吴介福五七出殡接礼生帖式》：

　　另红签粘在上角

　　　　△△老爷谨詹是月念七日，为先祖父发靷祖道祔主入庙，先一日辞灵，藉光引礼，曷胜哀感。

　　承重孙△名泣血稽颡。

后另注曰："凡人妻殁而再娶，其嫡妻有子有孙，如子没而孙即为承重孙，虽后妻在而有子，凡报讣，先以承重孙出名，后再附孤哀子，其孤哀子顶上添'生母在堂，奉命称哀'两行排写，今五七做祭接礼生帖，亦以承重孙出名，于是记之。"[1]

从《请礼生书》中"端舆造宅"延请来看，礼生待遇颇高。有的丧家还专门设立礼生馆舍。如金佩常《杂抄》中，就收录有"礼生馆舍门联"，用红纸写，注明："题主官亦驻馆内"。门联分内外两套。外大门的对联是："挹君子之芝颜门阑蔼瑞，攀高人之玉趾俎豆生光。""院墙上直条"也就是横批为："鸿光普照"。里大门的对联则是"嘉客遥临荣光赞礼，德星大聚彩焕襄题"，横批为"蓬荜生辉"。

光绪五年（1879年）徽州佚名无题抄本罗列有某家丧葬的详细费用[2]，其中提及：

---

① 此外，关于礼生的简帖，《酬世汇编》卷8另有《邀礼生祭享式（礼单）》和《接礼生祭飨红单》。

② 抄本1册，笔者根据首行文字"本门本家亲房俵布头"暂名。

......

支洋弍元，吹手六名（出殡用，题主一应在内）；

支钱一千一百，僧四名（出殡用）；

支钱一千四百，道四名（出殡）：

......

支钱一百，给背题主官公服用人；

支钱弍百，给陪主官背公服用人。

......

从抄本开列的报酬细目来看，担任题主官和礼生，均没有金钱的酬劳。

5. 冠礼

明代歙人方弘静（1516—1611）曾指出："冠者成人之始，古之人重之，今忽之久矣，与其繁也宁简。"[1] 稍后的万历《歙志》亦载，"冠礼之不行也久矣，乡先正间一行之，乃知大家名父，尚在典刑。"[2] 这说明早在17世纪初，歙县民间举行冠礼者就极为罕见。不过，直到清代，在一些家族的文献中，仍有冠礼的记载。清代前期徽州府休宁县虞芮乡趋化里茗洲村人吴翟所编的《茗洲吴氏家典》在谈及"冠礼仪节"时记载：

前期三日戒宾。（戒，告也。古礼筮宾，今不能然，择

---

① （明）方弘静：《素园存稿》卷17《四礼议上》，《四库全书存目丛书》集部121册，第304页。

② 万历《歙志》考卷5《风土》，第3页下。

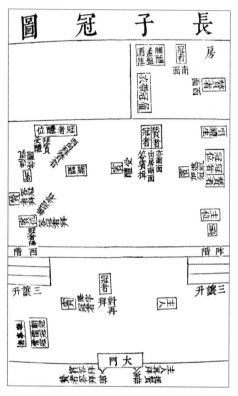

《长子冠图》,《茗洲吴氏家典》卷3

僚友中贤而有礼者一人可也。先期,主人自诣其家请之,随意致词。地远则命使致书。宾之外,一为赞,一为傧,一为唱礼生,一为执事。赞佐宾以行冠事,宾自择子弟之知礼者为之。或主人自择傧以接宾,及为冠者布席,唱礼生所以相导行礼者,执事者守冠服,皆主人自择。)①

----

① (清)吴翟:《茗洲吴氏家典》卷3,黄山书社2006年版,第65页。

在其后的"长子冠图"中，可以见到"唱礼生"的位置①。此处的"唱礼生"，也就是"礼生"。

稍晚于《茗洲吴氏家典》的《重修古歙东门许氏宗谱》所列之《许氏家规》中，有一条是"举行冠礼"：

> 冠者，成人之道也。方童子之时，加冠于首，而责其成人，顾不以礼率之，申命以戒之，盛服以期待之，而遽欲其尽成人之道，不亦难乎？吾宗于此礼，上世每袭行之，迩年以来，因循废弛，先王盛典，湮没于巨族，甚可惜也！今后春、秋二祭，礼生习礼，定于前期二日演习冠礼，务要节文习熟，礼度闲雅，将冠之子弟，与其秉礼之父兄族长正副集众于祠，举而行之，庶童子知所以为成人，而他日所就，未可量也。然非特有力而秉礼者之事，至于无力者，从俗可也②。

从这一条家规来看，虽然上世曾举行冠礼，但迄至乾隆十年（1745年），歙县东门许氏已不再举行冠礼，"许氏家规"只是建议在今后的春秋二祭前二日演习冠礼。其中，也有礼生的角色。

6. 婚礼

明人方弘静曾指出："贺房戏新妇，污习也，必禁之。"③万

① （清）吴翟：《茗洲吴氏家典》卷3，第76页。
② （清）许登瀛纂修：《重修古歙东门许氏宗谱》卷8，第61页下—62页上。
③ （明）方弘静：《素园存稿》卷17《四礼议上》，《四库全书存目丛书》集部121册，第304页。

历《歙志》亦曰："婚礼亲迎之不行也可矣，奈何女子下车之后，整妆已完，亲族大破男妇之别，亵虐不堪，曩犹见此，今则篡严而厉格矣，尚犹晚哉！"①这反映了17世纪初当地文人对歙县婚礼中闹房习俗的不满。在徽州的婚俗中，闹房之习颇为普遍。明末凌濛初的《二刻拍案惊奇》就提及："徽人风俗，专要闹房炒新郎，凡亲戚朋友相识的，在住处所在，闻知娶亲，就携了酒榼前来称庆。说话之间，名为祝颂，实半带笑耍，把新郎灌得烂醉方以为乐。"②清代前期休宁《茗洲吴氏家典》亦谈到婚礼中的种种非礼之举，其中之一是："男女混杂，行类禽兽，如世俗所谓闹房者。"③徽州佚名无题启蒙读物④在描摹婚俗时这样写道："接亲到，开轿门，参拜天地，吵新人，吃喜酒，撒帐贺房。"而文书抄本《娶亲贺房曲》中有一整套徽州婚姻的程序惯例，共分4卷，卷1为"开轿门语""通乡贯语""拜天地语""对拜好话""传代起语""传代好话""挑黄巾语""撒果子语"。其中的"通乡贯（语）"曰：

> 大某国江南某某府歙县某某乡某某里某地名某某大社管居住信士弟子某某二姓结配婚姻，上有日月星三光，下有月老媒人作证，五男二女，七子团圆，人财两胜，富贵双全。好吓！

---

① 万历《歙志》考卷5《风土》，第3页下—第4页上。
② （明）凌濛初：《二刻拍案惊奇》第15卷《韩侍郎婢作夫人，顾提控掾居郎署》，青海人民出版社1981年版，第334页。
③ （清）吴翟：《茗洲吴氏家典》卷4，第81—82页。
④ 抄本1册。

而"拜天地起语":

> 夗夬〔鸳鸯〕结配两成双，好是织女会牛郎，琴瑟永偕千岁乐，芝兰同介百年春。男东女西鞠躬拜。夫兴，夫兴，夫兴，夫兴。就地四拜，转拜高堂，朝上，夫兴，夫兴，夫兴，夫就地四拜，平身。夫妻对拜好才郎，鸾凤双双送洞房，来年一定生三子，状元榜眼探花郎。拜，一揖，再一揖。

从遗存迄今的诸多撒帐诗来看，闹房时所唱的撒帐歌颇为俚俗①，甚至有极为露骨的性事描述②，难怪一些文人会将之形容为"闹房喧谑，恶俗不堪"③。有鉴于此，《茗洲吴氏家典》的编者吴翟疾声力呼，希望能革除此类陋习：

> 是在读书好礼之君子，痛革时俗之非，而后考古昏礼之意，行媒受币，日月告君，斋戒告鬼神，为酒食以召乡党、僚友，俾男正位乎外，女正位乎内，将天地之大义、人伦之大经，王化从此始，礼乐从此兴，家之盛衰，国之治乱，皆

---

① 抄本《娶亲贺房曲》中有"神童诗唱兰溪开船调"，显然是受浙西水上居民（九姓渔户）的影响，这在陆上文人士大夫眼中，亦属极其俚俗之曲。
② 《娶亲贺房曲》后附的撒帐诗中，即有类似的内容。
③ 在徽州歙县，闹房习俗至少从17世纪一直到20世纪均存在。迄至20世纪，仍有"吵新人"之俗，民谚有"三朝无大小，姑娘小叔都能吵""新人不笑，吵到鸡叫"的说法。（参见歙县文化局编纂委员会编《歙县民间艺术》，安徽人民出版社2006年版，第138页）

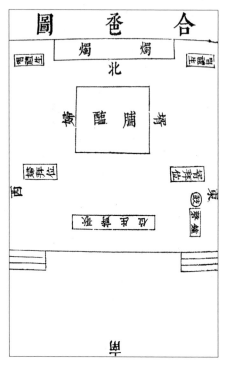

《合卺图》,《茗洲吴氏家典》卷 4

于是乎在也①。

《茗洲吴氏家典》卷 4,备列"昏礼议""昏礼仪节"和"昏礼考证"等。其中,"亲迎"一节,就提及"择子弟之知礼者一人为赞者"。而"合卺图"的上方,也有两个"唱礼生"的位置。这说明在文人制定的婚礼中,也使用礼生,而这显然是要纠正先

---

① (清)吴翟:《茗洲吴氏家典》卷 4,第 107 页。

前那些闹房之类的"恶俗"。

7. 祈雨

有关迎神赛会中的礼生，管见所及，仅有婺源水岚村老农詹庆良手抄的徽州府婺源县浙源乡大安里水南新义社祈雨科仪[①]中提及的一例。根据此一科仪，祈雨之前，需要兴建祈雨坛，并有诸多禁忌：

> 一、搭台，长梯一，大杉木一，安跷莚，二木二株，两旁八字，三木二株，左右使犁，小木藤绞棚板，篾笢；
>
> 一、八仙桌六面，拐桌一，条桌三，椅一把；
>
> 一、桌帏，香炉，花插，毡条，彩服，杯盘；
>
> 一、先三日，合村禁屠；
>
> 一、临期之日，虔忱斋戒；
>
> 一、写神位纸，用边黄，坛内常用，写疏京表；
>
> 一、在坛，常诵心经，念经者毋得讹错；
>
> 一、在台上，毋许乱言，交头接耳。

届时的祭仪，有主祭一人、通赞二人、引礼二人和读祝一人，祭祀步骤有条不紊：

> 就位，整冠，束带，跪，上香……平身，拜，兴……平身，跪，行初献礼，进酒、果汤，平身，拜，兴……读祝

---

① 关于詹庆良，参见拙著《水岚村纪事：1949 年》，生活·读书·新知三联书店 2005 年版。

文，就位，跪，开读，止乐，平身，奏乐，二献礼，就位，跪，再进酒、果汤，拜，兴……跪，行终献礼，进酒、果汤、帛，焚祝文，拜，兴……礼毕，三叩首退班，在坛者俱拜。

文书接着记录了"祈雨坛"的做法，先是介绍搭台所需的器具，如长梯、大杉木、箴笼、八仙桌、拐桌、条桌、桌帏、香炉、花插、毡条、彩服和杯盘等。至于"起坛搭台式"，则是先将执事人员点定齐备，然后将七层高台向北搭起，排列出诸神神位的位置，再将坛内对象器用以及供仪、酒醴等办齐。科仪规定：

> 各人均要虔忱〔诚〕斋戒，忱〔诚〕惶忱〔诚〕恐，感动天心，庶不负祖灵也。将三更时候，执事者邀集礼生，各人盥手沐浴，肃整衣冠，齐到坛场，在此听令伺候，毋得怠慢，以好沐其神恩。

继而鼓吹鸣聒，迎接祖先灵位出庙，登台坐定。让一人手执黑旗，一面援梯而上，登上七层台，向北高声呼喊："奉请敕奉新龙山宗师法主万六詹真人：今因天色高亢，六苗枯槁，裔孙乞求甘雨，伏望速至家庭。"类此的疾声力呼，目的是为了迎接祖灵归来。这句话须高声连请3次，每喊1次，都要击鼓一阵。与此同时，台下有人持筶占卜，判断神灵是否已到。连续要发三圣筶，直到祖灵莅临以后方才行祭。

起坛搭台式，

先将执事人员点定齐备，次将七层高向四搭起诸
神位，排例後将坛内物件器用以及供儀酒醴外齐祭礼俱
備各人勾要虔诚恍惚恳勤天心虔不負
祖聖也悟三奠時候執事者邀集礼生各人盥手沐浴而整
衣冠齐同坛場在此轉令⋯⋯毋得怠慢以好沐其
神恩振起鼓樂迎
祖出廟登壇坐定、即着一人手執黑旗一面援梯而上、
登七層壇上向北高聲喚焼迎接
祖聖云云

　　奉請
敕奉新龍山宗師法主萬六詹真人（今日）
天起高亢、六苗枯槁、裔孫亢求甘雨、伏望
速至家庭⋯⋯通場相接、高聲連請三
次、一次一陣鼓、壇下持籌卜
神到壇、連發三聖筶已到行祭、如若未到再請
再問叩首叩首惟
神果到壇、必要慶起三聖筶、然後始行祭礼、礼儀、
祝文後窖有式

起坛搭台式，詹庆良手抄祈雨科仪

祭祀"万六詹真人"的"法官庙"，如今尚矗立于水岚村口
右手的小山顶上。"法官"是民间对礼忏、打醮的道士之尊称，
法官庙也叫詹真人庙。据《詹氏宗谱》记载，此人讳道，号真
人，立庙竹坞。这是一个传说中能呼风唤雨的仙人（亦称万六真
人），推测在世时很可能是一位知书断字、妙识天文的法师。詹
庆良手抄的这份祈雨科仪，据称因原本已破烂不堪，遂由他照抄
了一份。2002年春某日，他一边交给我，一边郑重其事地交代说
这是部非常珍贵的"老书"，嘱咐我复印完一定要记得寄还给他。

综上所述，在徽州，祠祭、墓祭、会祭、丧葬、冠礼、婚礼
以及迎神赛会等，各种场合通常都要用到礼生。清代绩溪《华阳
舒氏统宗谱》有《宗祠春冬行祭人员赞礼仪注》：

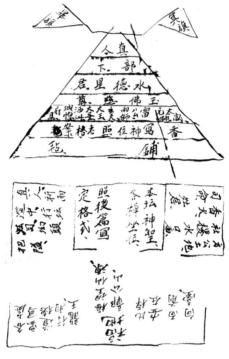

祈雨坛，詹庆良手抄祈雨科仪

　　礼生：大赞一，陪赞一，执事随数，主祭一，明引一，陪引一。大赞与陪赞齐立仪门，朝上作礼，大赞由东阶，陪赞由西阶，升诸寝室，立献柱前赞礼[1]。

　　这里的"礼生"，显然包括赞襄礼仪的所有人员。休宁《新安率口程氏祠规续编》卷4《祭规》中提及的礼生，也是包括纠

<hr />

[1]　（清）舒安仁纂修：《华阳舒氏统宗谱》卷17《仪注》，清同治九年（1870年）敦伦堂木活字本，第40页上。

礼、通赞、陪通、引赞、陪引、执事和司尊。该书卷1还记载："序事所以辨贤，祭时各执事，须于子姓绅衿中选择，如通赞、祝者以礼节精熟、声音洪亮者任，引赞以周旋有仪、礼节娴习者任，司爵、司尊等以陈设合式、登降有度者任，随材分理，庶无野朴不文之讽。"[1]同卷另外又指出："其读箴则、纠礼，于礼生中选音响洪亮者任之。"[2]率口程氏为新安名族，故而对于礼生的遴选极为严格。不过，对于整个徽州而言，充当礼生者的身份各异。总的说来，礼生的充当主要在于其人对礼仪的熟悉程度，而对其身份、年纪等方面的要求各地、各村并不完全相同。作为礼生，有的具有功名（如知书达礼的秀才），有的则为白丁，只要是知礼者皆可担任。而礼生的年龄，有的村落规定，与祭礼生都必须在15岁以上，而有的村落15岁以下者亦可成为礼生。这可能与各个村落的文化发达程度有关，对于一些文风不竞的村落，可能没有或找不到太多有功名的人，故而只能放低标准。但在有的宗族或村落，却呈现出另一种状态。歙县《棠樾鲍氏三族宗谱》卷183《祠祭仪礼》规定：

> 先期五日，金配礼生，大约以立主次论各分人数多寡，依后开分，临期推举衣冠整肃、礼度优闲者，开名送书院填注，历年既久，自然溥遍均平。……金派礼生各分轮流均配，毋得恃强凌弱，徇私诽其所不欲，虽凭各分□报，亦当

---

① 《新安率口程氏祠规续编》卷1《祠约》，第4页上。
② 《新安率口程氏祠规续编》卷1《祠约》，第2页上。

轮流周遍，毋得徇私，以致争竞。

因文风蔚盛，充当礼生存在着激烈的竞争，族内成员视当上礼生为一种荣誉。

（二）两点初步的讨论

近来学界在研究民间文化传承时，力图寻找民间文化的中介，这无疑是可喜的进展。不过，由于"礼生"的称呼实际上包括两个层面，在讨论时难免有所混淆乃至失焦。例如，刘秒伶在讨论当代万安乡村礼生"曾老"时就指出："跟四保礼生参加的仪式比起来，曾老的职业类型有很大的不同，他们共同参加的是：一、祖先祭祀，但曾老参加的是家祭，而四保礼生参加的是祠堂和大规模墓祭的赞相祭仪；……四保礼生参加的乡约礼仪还有驱虎、驱虫、驱疫、祭龙头等，这些曾老都未参加过，这可以归结为地域差异。……总的说来，四保礼生参加的礼仪是以公共的、大型的为特点，而将其作为职业的曾老，则会随着社会的发展，民间不同的仪礼需要而变化自己的职业类型，他参加的礼仪特点则是私人的、小型的，因为这样能获得更多的报酬。"①

---

① 刘秒伶：《万安一个乡村礼生的历史与现实生活——以我的外祖父为例》，《华南研究数据中心通讯》第 39 期，第 7 页。

其实，万安乡村礼生"曾老"与四保礼生的差别可能与"地域差异"并无什么关系。实际上，两者的差别在于前者是指作为职业的礼生，而后者则是作为角色的礼生，两者的对比并不在一个层面之上。

以徽州为例，就目前所见，无论是称呼还是实际所为，当地都尚未看到那种职业性的礼生，[①] 而最为活跃的则应是识字断文的"先生"（或曰"斯文"）。这些"先生"，是乡民周遭知书达礼的文化人，是日常生活中的热心人。

1. "礼生"与"先生"

刘永华在《亦礼亦俗——晚清至民国闽西四保礼生的初步分析》一文中，对"礼生"作了如下的定义：

> ……至少从四保乡民看来，一方面，礼生是一种职业、

---

① 虽然，一些文人以撰文获取润笔是当时的一种普遍现象。如明末歙人江天一曾指出："近来不论富贵贫贱之家，凡遇寿庆丧葬，必罗置诗文以为观美。"（《江止庵遗集》卷6《求诗求求官衔》，《四库未收书辑刊》第陆辑28册，第340页）这些诗文，有不少就是江天一这样的人物为之撰写。关于这一点，从江氏的另一段话中可以窥其端倪："世界只是虚浮胜了，所以人心日坏，风俗难挽。……如今寿文传状，与夫官府碑记之类，官衔是一人，为文又是一人，既以官衔为藉重，则不必求佳文矣。……余向为贫计，亦时为显者姓名作奴，真可愧也！自令有欲余为文而为显者姓名为奴者，虽万镒必谢之，必劝渠不必尚虚文也。"（同上书卷7《谢代笔说》，第353页）可见，江天一年三十六始补郡弟子员，家贫，先前亦为他人撰写寿庆丧葬方面的应酬文字，这些文字的撰写，显然是有相当的金钱酬劳。《江止庵遗集》中收录有10篇寿序、9篇祭文，除了为他人所作的应酬文字外，还包括社区祭文（《千里门祭慈化西社社稷告文》《祭里社社稷文》）以及自己家庭的祭文（《送祖母登山告文》《迎祖母神主土堂告文》）。看来，撰写祭文、寿序为读书人的基本功。

一种行当，另一方面，更为重要的是，它是士大夫身份认同的一个侧面，每个士大夫同时也是礼生。也就是说，至少可以从两个层面界定礼生：一是作为一种行当的礼生，一是作为角色、训练和认同的礼生。①

如果以这样的两个层面去理解，在徽州，前述各种仪式场合中的"礼生"，都应归入第二种。虽然刘永华在文中还提及，"真正视礼生为职业的人，在四保乡间是不多见的"，但毕竟还是存在的。刘秒伶在《万安一个乡村礼生的历史与现实生活——以我的外祖父为例》，也是把礼生作为一种行当或职业来表述。那么，在徽州，究竟有没有作为一种行当的"礼生"存在？这是个值得讨论的问题。明人方弘静曾指出：

> 丧祭必用礼生，不必备通赞一人，执事二三人可也，丰俭随宜，不必侈观，今病其不侈也，而以山人赞唱，则俚甚矣。②

可见，在17世纪初，徽州丧祭中除了使用"礼生"外，还有的一些人家则用"山人"赞唱。可能正是因为这一原因，万历《歙志》的编纂者谢陛指责"丧礼邑中为轻，大都苟简从事"③。

---

① 《历史人类学学刊》第2卷第2期，第62页。
② （明）方弘静：《素园存稿》卷17《四礼议上》，《四库全书存目丛书》集部121册，第305页。
③ 万历《歙志》考卷5《风土》，第3页下。

关于"山人"的涵义有二：在明代特指那些"以文墨糊口四方"的诗人谒客 ①，而从宋代以来，"山人"又是卜卦、算命等江湖术士的统称。在方弘静的《素园存稿》中，曾有"某某山人"的诸多例子，但细绎其义，基本上属于前一种涵义。不过，从上揭引文之语境来看，其中的"山人"似乎应属后一种涵义。在丧祭中赞唱的"山人"，是否可以算是作为职业的"礼生"？这一点尚难明了。不过，从其他的史料来看，在徽州，似乎很难见到作为职业的礼生。前文已经述及，在许多仪式性的场合，都会用到礼生，但这些礼生应当是临时性非职业的，他们并不额外收取相应的报酬。

譬如，康熙中叶婺源县浙源乡嘉福里十二都庆源村秀才詹元相，著有《畏斋日记》（起自1699年，迄至1706年），为人们展示了一个乡居秀才的生活世界。书中有几处提及礼生的活动，兹列表如下：

《畏斋日记》中的礼生活动

年　月　日	内　容	页　码
康熙三十九年九月初六	本村原冬至会，因与壶村结讼而散。我太祖圣中公同三锡伯公、充宇太公、邦缠太公四人，复敷费经理，成今冬至祀会，众因酬总理之劳，立规永远同礼生饮酒。至近年间，以智叔公讳养恬者充首，乃灭其例不接。噫！为祖宗兴祀会，固不图自己一杯酒，但有功者不赏，而吃会者反公然傲人，非所以为劝也（十一月十二，同鸿安接村众面议，仍复前例永饮，众依议）。	第202—203页

---

① 明末歙人江天一有《山人尺牍》一文（见《江止庵集》卷6《杂著》），从中可见，"山人"一词，与有"仕籍"的"士大夫"相对而言。

年　月　日	内　容	页　码
康熙三十九年十一月十二	午后备桌盒茶，接村中当事诸人，言复原太祖及同事四人总理冬至会酒。众人面议，仍照前例，会首接四家，同礼生饮酒，永远不佻。	第 208 页
康熙三十九年十二月二十八	晚扰冠六叔谢礼生酒（因"前日中午冠六叔家接行祭，祭秀升叔公——出殡虞祭"）。	第 212 页
康熙四十年正月初七	祀先达，本门充首。晚源伯家吃礼生酒。	第 214 页
康熙四十一年三月初七	起元堂祀生一公，晚饮礼生酒。	第 231 页
康熙四十一年三月初九	祠中祀先，晚饮礼生酒。	第 231 页
康熙四十二年正月初七	起元堂祀先达，晚饮礼生酒。	第 241 页
康熙四十二年正月初八	起元堂祀先，晚饮礼生酒，八肴。	第 241 页
康熙四十二年十一月十五	冬至，祠中祭祖，晚饮礼生酒。	第 250 页
康熙四十四年正月初七	大文会起元堂祀先达，晚饮礼生酒。	第 261 页
康熙四十五年正月初七	瑞环堂祀先达。云生伯家饮礼生酒。	第 266 页

　　由上可见，庆源村内祭祀祖先的冬至会、祠中祭祖、文会祀先达以及詹氏家族成员丧葬时的出殡虞祭，各种祭祀的场合都用到礼生，而作为知书达礼的秀才，詹元相参加这些礼仪活动，显然是充当礼生，故而常饮"礼生酒"。詹元相是因为他的秀才身份，而成为礼生，除了饮"礼生酒"外，应当并没有其他的收

益。徽州人具有精打细算的商业传统，日常生活极为俭啬，而且，《畏斋日记》一书对于个人的收支记录巨细靡遗，但从中我们却不曾见到充当"礼生"的额外收入。另外，从现存的徽州文书来看，在有关丧葬的开支中，也从来未见有支付礼生报酬的账目。因此，詹元相在仪式中的活动，显然不是职业性的礼生。

刘永华在文中的另外一处，提及庄孔韶在《银翅》中谈到闽东乡间的"先生"，"是指通晓儒家礼仪者，他们多才多艺，如会书法，粗通诗词、联语，懂相术，为农人以生辰八字合婚，会阴阳，勘察房屋和坟墓风水，热心于村公共事务"，刘永华认为："他们与本文讨论的礼生应该属于同一类人物，只是名称不同而已。"这里的"礼生"，应当是指职业性的那类礼生。由于在徽州除了在仪式举行的场合之外，并未见有"礼生"的称呼，但在村落中，类似于庄孔韶所提及的"先生"那样的角色，大概有两类：一类是私塾先生，一类是村中或族中的读书人。

晚清民国时期婺源庐坑村的詹鸣铎，曾在村中设帐教读。他就经常为别人撰写各类应酬性的文字，在詹鸣铎个人的文集中，收录有不少婚丧冠祭等日常应酬方面的文章：

詹鸣铎撰写的应酬文类

分类	标　　　　题	卷　　　帙
婚	代列文贺娶亲，婚期三月	《振先杂稿》卷8
丧	又代三房众挽时婆	《振先杂稿》卷8
	代庙上众挽堂公堂婆	《振先杂稿》卷8
	又代庙上众送祭文	《振先杂稿》卷8
	又代先兄弟挽堂公堂婆	《振先杂稿》卷8
	代起徵撰奠章	《振先杂稿》卷8

分类	标　题	卷　帙
丧	挽堂公堂婆	《振先杂稿》卷 8
	又代祀先挽时婆	《振先杂稿》卷 8
	代丁当庆撰时婆行述	《振先杂稿》卷 8
	又代撰奠章	《振先杂稿》卷 8
祭	代玉屏撰拦路祭岳父文	《振先杂稿》卷 1
	代世兄克明撰回堂祭父文	《振先杂稿》卷 1
	公祭族伯母王大夫人文，乙卯	《振先杂稿》卷 4
	代彦彬撰为先妣七旬冥寿兼请上堂祭文	《振先杂稿》卷 4
	代锡湾撰拦路祭岳母奠章，九月廿六用	《振先杂稿》卷 6
	永康回堂祭文，代子银狗撰稿	《振先杂稿》卷 6
	代松川入栗主祭文	《振先杂稿》卷 8
	又代祭文	《振先杂稿》卷 8
	又代祭文	《振先杂稿》卷 8
	又代撰回堂祭文	《振先杂稿》卷 8
	又代迪富撰拦路祭外祖母文	《振先杂稿》卷 8
	代沱川二婿同具拦路祭文	《振先杂稿》卷 8
	代善作撰拦路祭文，四月廿四日出丧，时善儿不在家，委新有孙恭代主祭	《振先杂稿》卷 8
	代连甲拦路祭岳丈文	《振先杂稿》卷 8
	代查友文为妻酬愿保寿赈孤疏（残）	《振先杂稿》卷 8
对联	演戏对（村里迓鼓）	《振先杂稿》卷 2
	三月三（即上巳）上帝神戏对子	《振先杂稿》卷 2
	代质芬撰演戏对子	《振先杂稿》卷 2
	上科进士演戏拟对（为詹天佑作），未用	《振先杂稿》卷 3
	代撰今年（癸亥）三月三戏对子（今年大挈当首，学斋来托，书以应之）	《振先杂稿》卷 4
	乐新年演社戏对子	《振先杂稿》卷 6
	咏社戏成三绝	《振先杂稿》卷 6
	三月三戏拟对	《振先杂稿》卷 8
	上巳戏对子	《振先杂稿》卷 8
	保痘戏（诚求保赤）	《振先杂稿》卷 4
	三脚戏假借酬神名义委撰匾对书以应之，匾用"村里迓鼓"四字	《振先杂稿》卷 8
	代栗树底贝者戏撰对子，匾用"声在树间"四字	《振先杂稿》卷 8

此外，詹鸣铎还撰写了带有道教色彩的诸多疏文。① 从《詹鸣铎日记》（辛未日记续，辛未也就是1931年）来看，詹鸣铎经常为村内外的人撰写各类对联、疏文：

六月二十七日……下午代书斋疏，夜来顺来领去。

六月二十八日……代书斋后赈孤疏，后矮开来领去。

六月三十日……又姨婆哥子带一人来，浼撰寿孤疏文，余辞不获，只得应允。

七月初二日……傍晚寿松来，要撰对子，即代撰去。

七月初四日……又焕庭来托撰寿孤疏文，余嘱其先择日子再说。

七月初八日……又元娥来托书帖。

七月十二日……下午高湖山女老三来托作祭文，和内子谈话而去。

① 这种情况在婺东、北可能比较普遍，如《应酬便览》的主要编者程汝南，可能是位馆设凰腾的塾师（与詹鸣铎的身份相似），他也曾撰写了大批疏文，有时甚至还代道士撰写疏文。如《奉道请职疏》，就是程汝南"代王村火居道士王尔腾为其乃郎曜升等请职用"。（《应酬便览》疏集卷3）而《代凰腾吴大法建醮请职疏》则称："肆予小子，的系凰腾法派。跻斯民于仁寿，虽属虚文；司太上之香花，实为世业。"（《应酬便览》疏集卷3）《应酬便览》，抄本8册，清代前、中期文书，以婺源县浙源乡孝悌里凰腾村为中心、兼及庐坑、沱川、篁村、官坑、官源、高枧、中川、梓坞、小源、杨林湾、山坑、十堡、横塘、沂源、石岭、东山、鄣山、汉口、虹关和左源等地，抄录了各类契约、议墨、合同、家传（行述）、诗文（含序、禀、引、跋、疏和祭文等）、对联、婚帖、信底及劝学歌等，特别是其中作为道教科仪的疏集计有3卷，内容极为丰富。关于《应酬便览》，参见拙著《徽州社会文化史探微——新发现的16—20世纪民间档案文书研究》，上海社会科学院出版社2002年版，第217—253页。

七月十三日……昨夜腹稿，代连申撰拦路祭文，今早书成，适仙鸾送牛亥洋归来，即取以付之。

七月廿三日……下午岭上查友文来催□疏文，余起腹稿，令月英女儿书之。

七月廿四日……又岭上查桂宝代友文领去疏文。

七月廿五日……志刚来呈对子，浼撰文，余以信寄之，据云交凤俊带去。

因此，在他的个人文集《振先杂稿》中，留下了不少这方面的文字：

詹鸣铎所撰各类疏文

编号	标　　题	卷　帙
1	代撰阖村斋赈保安疏（丙午六月）	《振先杂稿》卷2
2	平安斋坛	《振先杂稿》卷2
3	代玉屏撰酬愿赈孤疏	《振先杂稿》卷2
4	代喜坤撰为士父赈孤超生疏，辛亥八月	《振先杂稿》卷4
5	又为喜坤撰为亡室赈孤超生疏	《振先杂稿》卷4
6	代起庸撰为亡母赈孤超生疏，辛亥十月	《振先杂稿》卷4
7	自为先严及三弟赈孤疏（先严周年日）	《振先杂稿》卷4
8	拟十三灯会祭汪帝祝文	《振先杂稿》卷4
9	代林纪撰为亡室超度赈孤疏，乙卯十月用	《振先杂稿》卷4
10	北门醮对子	《振先杂稿》卷4
11	代埕头俞金田撰追忏亡母赈孤疏（乙丑七月用，母四十三作故，现五十冥寿）	《振先杂稿》卷6
12	代志质为亡母酬愿保安疏（八月用）	《振先杂稿》卷6

编号	标　　题	卷　帙
13	代志贤兄弟追忏父母度世超生疏文（斋纸用"奉佛追忏度亡超生裕福祈祥保安"，头门用"法驾寻引"四字），民国十四年	《振先杂稿》卷6
14	又斋后赈孤疏文	《振先杂稿》卷6
15	代兆公撰完愿赈孤疏，兼拜斗，十月十九日用	《振先杂稿》卷6
16	又代肇廷撰完愿赈孤疏（十月十二日用，时年五十），民国十四年	《振先杂稿》卷6
17	代逸仙撰完愿赈孤疏文（十月十五日用，兼拜斗，时年三十），民国十四年	《振先杂稿》卷6
18	代乾兆撰超度亡室疏文，九月廿五用	《振先杂稿》卷6
19	代七斤为男庆钟酬愿赈孤疏，十月廿四	《振先杂稿》卷6
20	代桂和撰父子酬愿赈孤疏，十月廿七	《振先杂稿》卷6
21	代撰翠云妹周年赈孤疏，二月用	《振先杂稿》卷6（有目无文）
22	代达撰超度亡室斋忏疏文，四月廿四	《振先杂稿》卷8
23	又斋后赈疏文	《振先杂稿》卷8
24	接王大真仙建醮斋纸，横额用"载锡之福"四字	《振先杂稿》卷8
25	又内进，横额用"独得其真四字"	《振先杂稿》卷8
26	又出巡通告	《振先杂稿》卷8
27	又疏文，六月二十五夜用	《振先杂稿》卷8
28	又祝文	《振先杂稿》卷8
29	又禳星疏文	《振先杂稿》卷8
30	代质芬撰超度疏文	《振先杂稿》卷8
31	又斋后赈孤疏文	《振先杂稿》卷8
32	代新屋门椿生撰十岁酬愿赈孤疏文	《振先杂稿》卷8
33	代夏侯渊为亡母超度疏	《振先杂稿》卷8

编号	标　　题	卷　帙
34	又斋后赈孤疏文	《振先杂稿》卷8
35	代宗炜为亡母度孤疏，旧历二月十八用	《振先杂稿》卷8
36	又斋后赈孤疏文	《振先杂稿》卷8
37	代单张海忏妻疏文	《振先杂稿》卷8
38	代岭上观金为亡父超度撰疏文	《振先杂稿》卷8
39	代查杨生如子渭滨酬愿赈孤疏文，九月廿一日用	《振先杂稿》卷8
40	代查旺顺委撰代妻斥湖超生疏文，二月刀〔初〕九，辛未	《振先杂稿》卷8
41	代岭上余重阳为父契狱度生超生赈孤疏	《振先杂稿》卷8
42	代余来顺忏妻斥湖超生赈孤疏文，年二十遇崇产难而亡，六月三十八日用	《振先杂稿》卷8
43	又代撰斋后赈孤疏文	《振先杂稿》卷8

詹鸣铎的角色，大概也就是庄孔韶所说的那类"先生"。

再以婺源县西北乡水岚村为例，1949年的《詹庆良本日记》记载：

七月二十五日，晴。今日有一学友之父，因为次子生病，到程家庵堂，求得下下签来，请先生解说。他自己也说道：求此下下签诗，解来童运不好，生病还要破财。

闰七月初八日，晴。今日我的堂姐，要想归宁父母，来校相请先生，看看明天日主〔子？〕，如其是逢好日，我把他抱個回家。先生掐到：明日有拦路虎当道，有小人，不宜行路，过此七月十五、十六可以回家。

农历二月十五日，天晴。今天有石门人拿着一副对联来，托先生写字，先生问他：是到西山蓬去贺喜的吗？我也去一个吧。那人说：是的，你加入也可以的。先生便叫我把墨替他磨起来就写了。……

日记中的"先生"，是在水岚村附近一所私塾中教书的塾师，他所做的一切，与庄孔韶提及的"先生"亦大致相同。

在水岚村，还有村落中的一些读书人，他们也在做着类似的事情。詹庆良的父亲，前往休宁充当塾师，他曾抄录"大清国江南徽州府休宁县虞芮乡新析里磻溪张村大社"的求雨科仪[1]，并有一批抄本遗存（如《家居联文》等）。而这些，后来都为詹庆良所继承[2]。詹庆良在私塾中读了四个年头，具有一定的文化。2002年，在詹庆良家中，我看到一册题作"詹汝修办用"的《浑天甲子》，其中抄有"二十四气"：

> 立春正月节，雨水正月中；惊蛰二月节，春分二月中；清明三月节，谷雨三月中；立夏四月节，小满四月中；芒种五月节，夏至五月中；小暑六月节，大暑六月中；立秋七月节，处暑七月中；白露八月节，秋分八月中；寒露九月节，霜降九月中；立冬十月节，小雪十月中；大雪十一月节，冬至十一月中；小寒十二月节，大寒十二月中。

除此之外，书中还有"定太阳出没""定寅时诀""十二律

---

[1] 参见王振忠：《水岚村纪事：1949 年》。
[2] 詹庆良的哥哥詹绍良，也抄有 1 册《杂志》，其中亦有各类帖式。

吕""十干岁名""十二支岁名"以及"列宿七政禽星"等方面的内容。有时，还在其上注明"挑灰""掘笋"等字样，可能是注明从事此类劳作的良辰吉日。从中，我们颇可窥见水岚农家为了预告农时而形成的一些日常应用的物候知识。此外，抄本中还有一些歌诀，如"初一迎婚再嫁郎，初九造屋回禄殃，十七葬埋冷退死，念五移居人损伤"等，这是提醒人们日常生活中的作息宜忌。值得注意的是，书中还夹有用钢笔写字的数张香烟包装纸：

> 1999 年正月初九丁未
> 2000 年正月初三日乙未
> 　　　　六日戊戌
> 2001 年正月十二立春
> 　　　　仝　十三日
> 2001 年闰四月
> 2004 年闰二月
> 2006 年闰七月
> 2009 年闰五月

另外，香烟纸上尚有"十月初四，乙酉开""十三日甲午^{丑时天}_{之贵人}^{卯时玉}_{堂吉}"的字样——这显然是詹庆良为他人推算、开列的生辰八字。据说，村民之所以相信詹庆良的推算，理由很简单，他是村内读过"老书"的少数几个人之一。在村中，詹庆良仍然充当着祖辈读书人世代承充过的角色，时常忙着代村民张罗日常生活中的礼节应酬。2001 年和 2002 年，我曾两度赴水岚村考察，其中一次到达水岚的当天，正是一位在广东打工的小伙子的大喜之日。婚庆中的对联，以及贴在被面上的文字等，据说都是由詹庆良书写的。席间，他被奉若上宾。水岚村村落的水口处，目前仍有祭祀徽州地方神汪华的汪王庙遗构。据詹庆良说，汪王庙是求大事的，如求寿或有人喝农药致死，均在庙前做法事。这座汪王庙在上个世纪那场文化动乱中被付之一炬，眼前的庙宇则是四年前由詹庆良组织修复的。不过，据我们了解，詹庆良从事这些活动，均属义务性质，并不是此前学者所指的那种职业性的"礼生"，更没有"礼生"的称呼。

2. "祭文本"与"村落日用类书"

刘永华在《闽西四保地区所见五种祭文本》一文中，曾对"祭文本"一词之由来作了扼要说明："这些主要用于礼仪活动的文本，可能由于其中主要内容是大量的祭文，当地一般称作'祭文本'。"[①]这一说明大概反映了当地约定俗成的一种称呼，不过，此一称呼令人将注意力过分集中于礼仪问题，而对于此类文本中的其他内容之解释，便会显得有点吃力。例如，5种文本[②]中有2种收录了契约，作者的解释是："祭文本中收录的一些契约，表明有些礼生还涉足于土地买卖、典当、分家、立嗣等活动。不过，礼生参与这些活动，是因为他们的礼生身份，还是因为他们的其他社会身份（如科举功名），目前尚难断定。"[③]这种解释的

---

① 载《华南研究数据中心通讯》第 33 期，2003 年 10 月 15 日，第 13 页。

② 刘永华在后来的另一篇文章中增加到了 6 种。

③ 在《亦礼亦俗——晚清至民国闽西四保礼生的初步分析》中，刘永华对此有所修正："礼生参与这些活动，主要不是因为他们的礼生身份，而很可能是因为他们的其他社会身份，也就是说，以前的礼生一般是由拥有科举功名者担任的，他们本身已在乡村社会经济生活中拥有一席之地。"

逻辑似乎无懈可击。不过，如果换个角度来看，情况可能会有所不同。

其实，虽然这些通过田野调查收集到的文本均来自最基层的乡间，但文本与实践之间似乎仍然存在着一定的距离。这些所谓的"祭文本"，其内容与明清时代通行全国的日用类书刊本（如《万宝全书》等）中的相关内容有诸多类似之处（在某种意义上，前者实际上不过是后者的地方性文本）。试想，如果一个人家中收藏有一部《万宝全书》，那么，我们究竟该如何认定他的社会身份？是不是可以断定他一定就是一名礼生（无论是职业性的还是角色性的）？在我看来，其中的不少人，恐怕只不过是"粗识文墨且略有余赀"[①]。同样，其实家中备有一部"祭文本"那样的文本，可能只是民间社会中识字阶层较为普遍的一种习惯，抄录此类文本，有的仅是供其自身日常应酬之用（这就是诸多类似的文本称之为"应酬便览"或"酬世便览"的原因），与他们是否具有礼生的身份并不一定相关（他们不是此前学者所定义的那类职业性的礼生，可能一辈子也没有机会在各类仪式中成为角色性的礼生）。有鉴于此，我以为如果将此类文本统称为"日用类书"，其包容性可能会更大。毕竟，民间社会生活不只是仅有礼仪，还有诸多其他方面日常事务性的问题需要处理。

在此前的研究中，笔者曾指出：明清以来民间的日用类书，大致可以分为综合性日用类书（如"万宝全书"系列，主要是

---

① 参见王正华：《生活、知识与文化商品：晚明福建版"日用类书"与其书画门》，台北，《"中央研究院"近代史研究所集刊》第41期，2003年9月，第25页。

刊本）、商业类日用类书（如各种路程、反映商业规范、商业道德及从商经验的专科性类书，其中既有刊本，又有抄本）和村落日用类书（以具体的村落为中心编纂或抄录的日用类书，这些都是遗存民间的稿本或抄本）①。村落日用类书最为贴近民间的日常生活，其中的各种活套，反映了日常生活中的诸多惯例（惯例必须由一些仪式和文本来支撑）。打个比方，如果将一地风俗形容为文章中的句子，那么，这些活套则反映了一地风俗内在的"语法"结构。

在徽州，村落日用类书的遗存相当之多，仅笔者收集到的就有数百册。兹以《酬世汇编》10册为例，该书各册标题旁另分别有红字标注，以"君、臣、父、子、兄、弟、夫、妇、朋、友"十字为序。全书内容在时间上自晚清同治、光绪迄至1954年。地域上除了歙县外，还涉及徽州绩溪以及毗邻的宁国府旌德县和浙江严州府建德县西乡等处。全书前有《〈酬世汇编〉总纲》，各卷内容如下：卷1《寿序》《喜乐》；卷2《容赞》；卷3《哀章》；卷4《祭祖文》；卷5《祭神文》《札付》《会序》《魁星赞》；卷6《宗谱序》《祠庙桥路公启》《合同》《墨据》《禁约》，另有一份睦据；卷7《期书》《阄书》《关书》《会书》，另有1份会启；卷8《祀典》《称呼》《请帖》《报讣》；卷9《诗词歌赋》《传文》《杂集》；卷10《补遗》，内里为空白。但每册封面的标题与此不尽相同，封面的标题纸系用废纸的反面裁成长条而成，废

---

① 参见本书"二、清代前期徽州民间的日常生活——以婺源民间日用类书《目录十六条》为例"。

纸上原用红笔写着一些文字，内有"毛主席"等字眼，显然是1949年至1976年前后的内容。另，卷7所收4份契约活套，最下一行的部分文字被裁去。这说明，《酬世汇编》抄本10册，应为1949年后统一装订。书中各卷首页，多有"吕龙光印"和"云汉"之印。吕龙光，字云汉，歙县大阜人，生员^①，曾在商人周龙仲家当过塾师^②。《酬世汇编》卷2《吕韵琴公德配张氏双庆真容》，末署"公历一九五二年春，宗末吕龙光敬题□书（七十又七）"；而后一篇《吕传芳公德配张氏双喜真容传赞》（该文为卷2末篇），吕龙光作时已七十有九。也就是说，吕龙光至少活到1954年。从书中收入的酬世之作来看，吕龙光的文字数量首屈一指。据此推测，这十册的《酬世汇编》当为歙县大阜吕龙光所编的村落日用类书。

《酬世汇编》的卷5主要是各类礼仪活动的祭文，内容包括：《迎接汪公老佛祈雨所上旱状》，王国贞《祭太子祝文》，《关圣帝君祝文》，王国贞《祭汪九相公》，郡城江沐曾《元宵祭汪九相公祝文》，吕龙光《正月祭神文》，吕龙光《汪九相公祭文》，吕龙光《迎接横石汪九相公祝文》，《汪九相公祝文》，王国贞《开光祝文》，王国贞《观音祝文》，王国贞《五帝祝文》，吕龙光《开光祝文》，《素神地藏王札付》，《雷祖札付》，《司徒大帝札付》，《华陀（佗）仙师札付》，《玄天上帝》，《泗洲大圣》，《观音》，

---

① 《酬世汇编》卷1《士庶寿文》，下署"秀才吕龙光（云汉）"。

② 《酬世汇编》卷1《周友仲先生暨夫人潘氏七十双寿》，自注曰："友为同善社主教，其徒甚多，予在伊家训弟子，故作此以贺之。"周友仲"在宁波、海门、温州、杭州开有十余店，业颇兴隆。"

《李王》,《关圣帝君》,《后稷札付》,《雷霆都司洪恩札副》,《周宣灵王札付》,《财神札副》,《雷霆都司洪恩札副》,《东平王神会序》,《周王神会序》。

在徽州村落日用类书中，虽然有不少是单纯的"祭文本"（其内容与上述《酬世汇编》卷5相类似），但也有很多是包含内容广泛的村落日用类书（如《酬世汇编》全书10册），而"祭文本"只是其中的一类。

除此之外，有的族谱也会包括各类祭文。如明代的《休宁叶氏族谱》①，就包括《丧服图》和祭文及仪式。祭文包括"时祭""灶祭""社祭"和"五祀祭"。其中的"社祭"曰：

> 《会典》每里立坛一所，祀五土、五谷之神，有誓词抑强扶弱。今公家有社稷坛，民间亦各立有社，相传已久，则里社誓词，亦当申明之以警众。
>
> 祝文：维　年　月　日，徽州休宁县某乡某里叶某等谨致祭于五土之神、五谷之神曰：惟神参赞造化，发育万物，凡我庶民，悉赖生殖。时维仲^春_秋，^{东作方兴，}_{岁事有成}，谨具牲醴，恭申^{祈告}_{报祭}，伏愿雨旸时若，五谷丰登，官赋足供，民食克裕，神其鉴之，尚飨。祭毕，令一声音响亮子弟立读誓牌。
>
> ［赞］序立，听誓词。子弟西向，立读。［赞揖］、［平身］、［各就坐］，方行宴会……

---

① （明）叶文山等纂修：《休宁叶氏族谱》，明崇祯四年（1631年）刻本，1册，上海图书馆谱牒研究中心藏。

从上揭的仪式内容来看，应当也有礼生的角色。2007年10月，笔者在歙县南乡一书商家，另外获读一部《王氏族谱》①。该书除了卷首的《宗法》《大宗小宗图》《本宗九族五服正服之图》《三父八母服图》，还有《诸礼辑要》：

> 礼制綦详，冠昏丧祭，其大端也。张仲嘉所订《文公家礼》，纪载详明，近世病其繁琐拘谨，大约遵守者半，而杂以俗礼者亦半矣。夫《家礼》经先儒参订，固可万世无弊，后人管见，安所容其臆说，顾全集具在，而必欲尽登家乘，殊觉太繁，兹仅摘其大略，以便族人遵行。

从《诸礼辑要》来看，该卷记录了王氏家族的各种礼仪②，应当反映了当时徽州的俗礼。如"时祭"：

> 时祭行于仲月初旬，或丁或亥，或分至日亦可，择日既定，主人诣祠堂焚香四拜，跪告曰：孝元孙某将以本月某日祗荐岁事于祖考，敢告。四拜，兴。旬日之先，备桌椅凳碟盏爵杯酒尊牲盘盥盆帨巾香炉烛台一切应用之物，及牲醴果菜面粉茶饭脯醢一切应用之品，又择子弟及亲友中之知礼者为引赞一人，通赞一人，祝一人……

以下记录了时祭时的仪式和祝文等。此处提及赞相礼仪者，

---

① 内中的《续修祠谱总序》，末署清道光八年（1828年）。
② 具体内容为冠礼、婚礼、丧礼、祭礼，并附外祭（祭土地之神、祭灶）。

是从子弟及亲友中选择三位知礼者，作为引赞、通赞和祝，这显然也就是礼生的角色。

从包含"祭文本"在内的村落日用类书的传承渊源来看，其途径主要有以下两类：

一是来自徽州的民间教育①。当时，私塾中往往教授村落日用类书的格式。譬如，婺源东北乡庐坑村人詹鸣铎，在其自传中就提及——晚清时期自己小时在私塾，"先生又教学生抄帖式，我也照抄呈政。先生砵笔乂之，屡抄屡乂，我乃作罢。现在我家有父亲抄本的帖式，尽可查考。"②詹家不仅有父亲詹蕃桢③抄写的帖式，而且，詹鸣铎本人小时在私塾中也有抄写帖式的课程。可见，作为日用类书的帖式④，也是徽州初级教育传授

---

① 这一点，在其他地方亦应无二致。如李丰楙即曾指出："礼生团体所型塑的礼仪专业形象，自是与家礼的传承方式有关，就如同儒家之学为基层社会的教化，采取了公开而普遍的传授方式。在近代实行新制教育之前，经由书院或私塾、家教的方式传承，使礼仪之学成为民间社会的公共资产。从教育社会学言此类文化资源以知识菁英为主，配合其社会资源、经济资源，成为社会阶层中的一种身分团体，自成'读书［册］人'的知识专业与社会习癖，在社会的职业分类中通常居于'上九流'之首。"(《礼生·道士·法师与宗族长老族人——一个金门宗祠奠安的图像》，第222页)

② 詹鸣铎：《我之小史》第2回《娶养媳过门成小耦，医秃头附伴赴沱川》，第93页。

③ 詹蕃桢一度当过塾师、县级衙门的幕僚，一生大部分时间从事木业经营，连初级功名——秀才都没有考上。

④ 笔者手头有几部以"帖式"命名的日用类书，内容包括：各类称呼、关禁契约、金银袋簿、宗教科仪等。如《帖式》，抄本1册，封面除书名外，另有"□谷堂"字样。内书"婺源程泽春塘氏集、程仁竹溪氏订，承蕴辉先生书赠小孙蟾浩拜授"，为晚清婺源县丹阳乡环石里锡林中社木商吴氏文书。内有"丧礼摘要""五服部式""铭旌式""往吊具名式""吊礼帖式""小祥祝文""官礼题主仪节""官礼祀土仪节""文职武职""文官服色""武官服色""神主式"和"神主称谓"等。

的内容之一，这让我们意识到，徽州各地现存的大批村落日用类书，大概有不少应为私塾学生所抄存。关于这一点，可以得到诸多文献的证实。例如，笔者收集到的一册《姻丧书》，封面除书名外，另有"梅川汪学成□／光绪十八年岁在壬辰孟秋月上浣日立"的字样。扉页题有"学堂名正海写"，这应当说明了当时的学堂亦教写帖式。该抄本分"红事书帖各等称呼"和"家写祖亲朋各等箱符封包"，这些，都是村落日用类书常见的内容。类似于此由私塾学生或小学生抄录的应酬文类，迄今尚有不少。又如，民国二十四年（1935年）江为芝的《每日字课》，计两册，除了其中反映私塾教育的语词解释外，还包括书信、阄书底等，而这些，通常都是村落日用类书中的部分内容。再如，《应酬集要》抄本1册，封面有"姚根远"的名字，书中抄录了两份民国时期"江南徽州府歙县南乡孝女乡漳潭里昌溪龙臻大社湖村新宁社长富石隐大社管居住奉为［神］弟子姚姓"的宗教科仪。书末另有一份报条："今领到咏钟小学教导部颁发姚根远毕业证书壹张，立此条存照。立报条人姚根远。"从报条文字较书中正文更为潦草的情况判断，此报条应晚于科仪书抄录的时间，因此，两份宗教科仪当系姚根远在咏钟小学就读期间所作。

除了文本的学习外，徽州人从小就参与了地方仪式的实践。譬如，《我之小史》就记载：光绪二十四年（1898年），詹鸣铎16岁，"是年冬，族内办大庙开光事。……乃建道士斋场于厅屋，阖村帮忙。派执事时，举我与德风、您顺三人司对越，读疏文。扦押之时，达先笑我一笔划条龙。但开光这件事，幼年社庙开光，我父亲带我去看过。约略记得，有扮某某的，有道士手执双铃前行，众火把在后追逐的。如今第循故事，什么点光哪，上座哪，烧锅点灯，鸣锣通知，夜间各处钉界，杂姓尚来应役。"[①] 由此看来，早在幼年，詹鸣铎就见识过社庙开光之类的仪式。此次他又与"德风""您顺"三人司对越，读疏文，其实也就是礼生的角色。因此，他后来写得一手好疏文，并不十分令人诧异。

二是抄自其他区域的日用类书。除了通行全国的《万宝全书》刊本系列[②]外，各地还有不少根据当地具体情况编纂的日用类书[③]。以徽州为例，前文提及，婺源县水岚村詹庆良的父亲，曾前往休宁充当塾师，在其私人笔记中，就抄录了"大清国江南徽州府休宁县虞芮乡新析里磻溪张村大社"的求雨科仪[④]。而婺源的《慎思轩杂稿》中，亦抄录了一份民国十九年（1930年）的《日子启》，在《日子启》之后，明确注明为"休宁格式"[⑤]。除了来自徽州本土者外，还有一些来自徽州之外的其他地区。譬如，来自福建汀州的就有《应酬便览》（题作"闽汀澄清马廉侯辑"）：

---

① 詹鸣铎：《我之小史》第4回《回家来频年肄业，受室后屡次求名》，第109—110页。

② 关于《万宝全书》的研究，参见吴蕙芳：《万宝全书：明清时期的民间生活实录》，台湾，政治大学历史学系2001年版。

③ 如晚清时期反映潮州地区日常生活的《柬帖程序》（郑梧庭编著），即是一例。

④ 参见王振忠：《水岚村纪事：1949年》。

⑤ 婺源的民间日用类书有不少均源自休宁。如晚清民国余胡荣抄《疏文底》，其中就有道士机先生所作的休宁县虞芮乡趋化里小连保安社的科仪。

《应酬便览》内容细目

卷帙	内　容	细　　　目
卷 1	（尺牍）	问候类，庆贺类，称颂类，馈饯类
卷 2	（尺牍）	邀约类，荐托类，规劝类，求借类
卷 3	（尺牍）	索取类，宽慰类，感谢类，戚属类，家书类
卷 4	家礼仪节	冠礼，婚礼，丧礼
卷 5	（家礼仪节）	祭礼，称呼纂释，往来帖式，敦请碎锦，仪状碎锦，馈送礼物活套
卷 6	诗文风雅	挽诗，祭文，神庙祭文
卷 7	路程规略	路程十要，买卖机关，风暴日期，天下路程
卷 8	书契禁约呈式	延师关帖，命徒写关，父立分关，父亡母书，兄弟分关，继父遗嘱，许子嗣约，禁田禾蔬菜，禁坟山，禁盗笋，禁宰羊，禁窝盗，禁夜行，合伙议约，买田契式，买屋契式，买妾契式，买仆婢契，召佃帖式，承佃帖式，买牛契式，税牛帖式，造作合约，镶会银约，推付票，收钱粮票，雇船票，跟寻赏帖，犯上甘伏，偷窃甘伏，水灾呈，旱灾呈，求宽赋呈，呈报失盗，请给文引，领状，保状，地方报单，投词，息呈，呈请给示，律例精言，接见常谈
卷 9	对联新雅	
卷 10	对联新雅（附匾额）	

　　该书前有嘉庆二十三年（1818 年）惜余老人的序："马子廉侯藉管城公之力为生涯，凡坊刻选本，经其手录者，殆无虚日，因而留心采辑，分门别类，集为《应酬便览》一部共十卷，其为书也甚简，其于事也实该，名曰《应酬便览》，凡居者、行者，皆可览此而应天下事焉。"封面有"壬午年乙巳月／朱德文记"字样。这部书收集于徽州，原本应为当地朱姓人氏所购得。从中

可见，冠婚丧祭称呼帖式等的"家礼仪节"，以及包括神庙祭文在内的"诗文风雅"，只不过是日用类书中的一小部分。

这些来自其他地域的日用类书，可能成为徽州民间日用类书编撰时的重要参考。如《应酬汇选新集》残本^①，现存卷7、卷8，其中的卷7为"丧服图制""丧礼杂记"，卷8则是有关婚俗方面的内容，该卷首先列有"徽州则例"：

> 初下定议亲事，谓之递手，即苏州安心盘也。媒人说亲后，即叫媒人到女家，传男家于某日来递手。至是日，于至亲中请一位堂客去，或姑母、妯娌、姑娘皆可。堂客到女家递手，或新媳之姑亦可。送去物件，或金镯一对，金簪一枝，鲜鱼二尾，肉一肘，活鸡二只，活鹅二只，枝一盒，桃一盒，圆一盒，枣一盒，米糕二盘，米糕样式有如方砖，厚逾四、五十，或十六块，或二十四块，或三十六块，不用帖，故但叙其行事之则例，而无束帖格式。

此处在叙及"徽州则例"时，亦提及"苏州"的相关做法。类似于此既提及"徽州则例"，又谈到"苏州"和"苏州风俗"的例子，在该书卷8中颇不乏其例。这说明当时的徽州是以江南吴文化的核心地带——苏州之风俗为其步趋的楷模^②。

---

① 题作："苕溪耕山潘文光星野辑，竹溪沈树藻大川参订，晟溪凌宜稼轩、闵肇发维祯校阅"。苕溪当是浙江湖州；而竹溪和晟溪具体地望待考。不过，凌、闵二姓，都是徽州和湖州两地共有的姓氏。

② 徽州民间非常注意参考江南各地的礼仪典章，如《新安率口程氏祠规续编》卷1，即附录《浦江郑氏家规》和《檇李沈氏宗规》以资借镜。

另外，抄本《四礼帖款从宜》题作"婺源竹溪程仁心窗氏集纂，弟礼美亭氏校对"，卷3为"婚礼三"①，其中多处谈及"我婺俗"。这也说明编纂的正是反映婺源当地社会生活的日用类书，而其参考资料应来自其他地方。

在徽州，谈及礼仪的各类文本通常都会强调朱熹的"文公家礼"。清初时人赵吉士在《寄园寄所寄》中指出："新安各姓，聚族而居，……祭用文公家礼，彬彬合度。"民国年间许承尧的《歙县志》亦称，当地"祭礼，俗守文公家礼。"这也得到了民间文书的证实。譬如，汪泽民编《祀礼便览》即注明："遵依家礼，酌定称呼新丧服制祀式便观大略。"②何林荣订《木本水源》有："遵家礼酌定称呼服制新丧祀式便览。"③而抄本《酬世汇选》中，则有《文公家礼丧服图》。这在族谱等其他文献中也有反映，如《歙西范川谢氏支谱》列有明朝永乐三年（1405年）的一份家规，其中指出："冠婚丧祭，礼之大者。先儒云：人家能存得此等数件事，虽幼者，可使渐知礼义。文公家礼虽载仪文节度之详，然冠婚之礼，卒难习效，当从简易。其丧葬之事，不能外文公家礼，子孙宜守而行之。"④晚明时人方弘静亦要求："丧祭惟遵朱文公家礼，称家有无，毋作佛事，毋竞华靡，毋以酒肉涸宾，毋相欺以楮币。"⑤清代的《王氏祠规约》亦强调"祠堂仪

---

① 抄本1册，仅存卷3。
②③ 歙县民间文书，1册。
④ 谢炳华等纂修：《歙西范川谢氏支谱》卷1《家规》，民国十四年（1925年）木活字本，第1页下。上海图书馆谱牒研究中心收藏。
⑤ （明）方弘静：《素园存稿》卷17《四礼议下》，《四库全书存目丛书》集部121册，第307页。

式，俱遵家礼"。① 当然，从村落日用类书文本来看，民间礼仪的成分极为复杂，这一点，与其他区域并无二致。

（三）结语

广土众民的传统中国，各地社会经济与人文风俗都存在着极大的差异。譬如，在徽州，很难找到华南各地那种定期集市的记录，目前我的解释是：这可能与十户九商的徽州社会密切相关——从来往书信等资料来看，几乎全部的日常生活必需品通常都由在外埠经商的家人寄回徽州，以至于俭啬的徽州人几乎不需要一般农村那样的定期集市，便能满足家庭的日常生活需求。这一点，虽然乍看颇为奇特但似亦顺理成章。而在人文风俗方面，它与其他区域是否也存在着诸多的不同？这是笔者在撰写本书时始终思考的一个问题。虽然礼生与道士的差别之一在于——礼生侧重社会和人伦层面，而道士偏重于人与超自然的关系，但婺源水岚村的例子显示，在人与超自然沟通的场合，礼生亦活跃其间。这究竟是因为"詹真人"原系詹姓族中前辈的缘故？还是与地域性的差异有关——婺源的宗教气氛极为浓烈②，即使是像詹鸣铎那样在传统儒家教育体制下培养出的秀才，也会撰写诸多具有道教色彩的疏文。另外，我只在各类仪式的记载中见到

① 章观良日用类书，第25页下。
② 徽州休宁齐云山的道士多出自婺源，当地有"休宁的山婺源的官"之俗谚。

礼生的角色，但没有找到真正以此为业的"礼生"。这是否也说明——徽州与台湾、福建、江西各地的情况存在一定的差异？徽州因其商业的发展，社会流动的频繁，以及较高的识字率，除了一些专业性极强的仪式需要道士、僧人和堪舆师[①]出场，一般情况下，各个村落或宗族均能依靠自身的文化资源（即村族中的"先生"或"斯文"）满足日常生活中诸多应酬的需要。因为"乡有祠，有社，有文会，有水口"，是徽州农村社会普遍的景观。"祠以聚族，社以聚农，文会以聚礼"[②]，亦为人们之共识。关于文会，抄本《书启》中有一篇《文会说》详细指出：

> 文会聚一乡族社之绅衿士类，为礼义之坊也。上焉宣天子教乡之圣训，下焉守里闬耕读之淳风。息争讼之端，严盗贼之防；去游闲之习，行亲睦之劝。任綦重负，而饥荒水旱，先事绸缪，不劳官府之忧，勤劝孝名义，衡衷达隐，更藉表扬之善述。书声出白版之门，牛歌盈绿畴之野。垂髫童子，亦知退让之规；皤发老人，竟遂安闲之乐。使无稗俗，

---

① 笔者收藏的《新安嘉福轩选单》（佚名无题徽州文书稿本，据内容暂拟），为清末民国时期婺源风水先生詹馨山所作。全书计 74 页（不计空白页面），记录有不少"作灶吉课""托寻佳城寿域""安葬吉课""安厝吉课"和"移厝吉课"等，甚至连迎神赛会时傩神菩萨的神宅如何布置，也必须请詹馨山履勘和指点。作为风水先生的私人笔记，《新安嘉福轩选单》既类似于个人的营业记录，又可成为江湖术士传授生徒、子孙世业的家传秘籍。同治六年（1867 年）立徽州文书抄本《安葬高祖妣支用账》，内有"请地理先生"一项，"谢金洋四元，又加接送吃酒钱壹千弍百五十七文，弍共钱五千五伯七十七文。"而"安坟支用"中，首项开支为"和尚经钱，计钱三千六伯文"。

② 《水口说》，载徽州歙县文书抄本《书启》，1 册。

里有儒风，乐时序康体，均年岁之劳逸，是所望于君子，跻其室而齐其俗，为乡里之一助耳。

　　除了《文会说》之外，《书启》一书中还有《祠说》《社说》《三馔说》《水口说》《祠社俗杂说》《葬说》《蒙馆俗弊说》和《社稷说》等，反映了徽州民间对于乡村社会的理论思考。文会成员一般称为"斯文"①，或许正是因为文会及其斯文的普遍存在，才形成了徽州的这种状况。关于这一点，还有待于更多史料的进一步确证。

──────────

①　关于"斯文"的具体研究，参见本书"一、徽州村落文书的形成——以抄本《新安上溪源程氏乡局记》二种为中心"。

五、迎神赛会与地缘组织——明清以来徽州的保安善会与"五隅"组织

（一）明清以来徽州的保安善会

保安善会是流行于皖南的一种傩俗，简称"善会"，是徽州民间迎神赛会中较为重要的一种。

关于保安善会，明代嘉靖《徽州府志》卷2《风俗志》就曾记载："闰月之岁，绩有善会禳疫。"此篇《风俗志》虽然记述的是徽州一府六县的民俗风情，但谈及"善会"，则专以绩溪为例，这说明在16世纪，绩溪的善会极为典型。关于绩溪的善会，明末清初绩溪旺川一带的《应星日记》就记载：

> 天启三年……是年六月，三王庙做善会，兴福僧俱去做道场。

> （崇祯十七年）六月，祠内接观音，做保安善会，共壹

千六百柒拾弍丁，每丁出银壹分。

（弘光元年）六月，三王庙善会……

明末崇祯十七年（1644年）旺川曹氏宗祠所做的保安善会，参与的人数多达1672丁，规模颇为庞大。同书还记载，弘光元年（1645年）六月廿二日三王庙合都做保安善会，二十二、三、四日净街，二十五日登舟，后因故诸姓发生大械斗[①]。以上三条可见，"善会"或"保安善会"的时间均放在当年的六月。

及至清代，乾隆《绩溪县志》卷1《方舆志·风俗》记载："闰年民间卜日致斋，建善会，造龙舟，分方隅祀五帝，以禳疠疫。"[②]嘉庆《绩溪县志》卷1亦云："闰年于六月中，阖城卜日致斋，造瘟丹，分方隅祀五方神，并祀张睢阳殉难诸神，名曰善会。十一日，为张睢阳诞辰，坊市分五土之色，制花灯，遍游三夜，日出瘟车，以驱疫疠。"[③]此处亦明确指出，绩溪的保安善会，是在闰年的六月份举行。与此相同，清代乾隆以后的《绩溪县城市坊村经理风俗》第34课亦曰："闰年于六月中，阖城卜日致斋，造龙舟，分方隅祀五方帝，并祀张睢阳殉难诸神，名曰

---

① 《应星日记》为绩溪旺川发现的民间抄本，关于该书，可参见：王振忠《从〈应星日记〉看晚明清初的徽州乡土社会》，《社会科学》2006年第12期。

② （清）陈锡等修，（清）赵继序等纂，清乾隆二十年（1755年）刊本，"中国方志丛书"华中地方第723号，台北，成文出版社1985年版，第82页。

③ 嘉庆《绩溪县志》卷1《舆地志·风俗》，（清）清恺等修，（清）席存泰等纂，嘉庆十五年（1810年）刊本，"中国方志丛书"华中地方第724号，成文出版社1985年版，第38页。

善会。"① 宣统元年（1909 年）绩溪当地在对岁时风俗的记录中写道："闰年六月中，各乡村卜日致斋，造瘟舟，分方隅祀五方神，并祀张睢阳殉难诸神，名曰善会。城中现已革除。"② 因龙舟的制造是为了押送瘟神出海，故民间亦有"瘟舟"之称，善会也就有了"瘟舟善会"的说法。前引清末的记录，接着在对神道的调查中又指出："按其所崇者，是睢阳殉难诸义士，而附会为瘟神，其舟用竹木为架，以雷万春为大王，以南霁云为小王，站立艄首舟尾，大王蓝脸，小王红脸，较别像为大，腔［船］内盛以石块，重近百斤，少年有力者争抢此神，满街跳舞，各村各社，多有此会，几如镇江之天都［都天］。"③ 与此差相同时，绩溪人胡适，亦曾于清末写过十数回的章回小说《真如岛》，其中的第6 回提及徽州府绩溪县下泉村的善会④，与此处的描摹颇相吻合。1929 年 12 月，绩溪旺川人曹诚英在国立中央大学农学院编辑的《农学杂志》特刊上，发表了《安徽绩溪旺川农村概况》的调查报告，其中也提及保安善会的做法。旺川与胡适故居上庄毗邻，也是前揭《应星日记》反映的地点。这些，都与明代的记载一脉

---

① 清抄本，藏绩溪县图书馆。共 40 课，后半从第 25 课至 40 课为风俗，历述绩溪岁时节俗。绩溪县村都提及乾隆志，故此书当为乾隆以后之抄本。

② （清）刘汝骥：《陶甓公牍》卷 12《法制科·绩溪风俗之习惯》，见《官箴书集成》第 10 册，黄山书社 1997 年版，第 619 页。

③ （清）刘汝骥：《陶甓公牍》卷 12《法制科·绩溪风俗之习惯》，见《官箴书集成》第 10 册，第 622 页。

④ 详见王振忠《少年胡适及其短篇小说〈真如岛〉》，《读书》2008 年第 11期。按：胡适为安徽省绩溪县上庄村人，《真如岛》中的"下泉村"，从命名方式来看与此颇相契合。（"上庄"亦称"上川"，"上"与"下"相对，"川"与"泉"同类）。

相承。另外，新编《绩溪县志》记载，就整个绩溪而言，保安善会的会期一般为3—5天，但在胡适的故乡上庄一带较长，前后长达10天左右。会前要请篾扎师打龙舟，糊以棉纸，染以黄色，并画水浪、鱼虾等，每艘龙舟长约1.5丈，有24舱和36舱之别，其中各置大小菩萨24尊或36尊。通常是在船头立大王雷万春、小王南霁云，其大小与真人相似。而在舱中，则安置张巡、许远相对而坐[1]。

当然，保安善会不仅是绩溪一地的风俗，在休宁，清人俞鸿渐就曾描述过此种"异俗"：

> 休宁之汪村，每岁四月十三日起至十五止，有名打标者，盖为逐疫设也。其俗先期召巧匠，剪纸糊神像二，高大几倍于人，状极狰狞可畏。一蓝面者曰大王爷，即唐雷万青也；一白面者曰二王爷，则南霁云也。于祠堂中，洁正室奉之。届期，除地筑台，召名班演剧，远近来观者络绎不绝。村中人家家素食，五鼓，祠既开，老弱男妇毕至拈香。日中，则择健者数人，双手擎神像以出，巡行村中，导前树后，击鼓鸣钲，虽极偏僻处无弗到。好事者叠五色纸剪之，伺神所到，掷之空中，光彩陆离，耀人心目。方糊神像时，并糊纸船一，帆樯、楼橹及篙工、柁工俱全，中奉张睢阳公像。事毕，乃移南、雷二像，供船首尾，送水侧焚之，云疫

---

[1] 绩溪县地方志编纂委员会编：《绩溪县志》，黄山书社1998年版，第1054—1055页。

鬼将游西湖，故请睢阳公及两将军率之往也——其俗如是。至打标之名，则不知何所取，即问之汪村人，亦有耳熟而不能详者。又闻此会一名保禾，盖藉以祈年，故兼供观音大士，仗佛力以致绥丰，然毕竟逐疫其正意也……①

俞鸿渐（1781—1846）为清嘉庆二十一年（1816年）举人，曾任知县，后在常州等地设馆授徒。根据他的自述，道光十四年（1834年），自己前往常州处馆，主家叫汪樵邻。此人显系徽商，俞鸿渐应当是因这层关系，而出游过徽州。因此，在他的《印雪轩随笔》等书中，就有不少与徽商及徽州风俗相关的内容。此后，俞鸿渐之子、晚清朴学大师俞樾，亦与休宁汪氏保持着密切的联系。俞樾在其《春在堂诗编》卷2中，就有《打标》一诗：

> 有唐张睢阳，正气干云宵。即今对遗像，凛凛寒生毛。
> ……
> 独念南与雷，两君人中豪。面受城下箭，指断筵前刀。
> 城破等死义，大节皆无梢。鬼岂有大小，分别真徒劳。

上揭最后四句注曰："船中奉唐张睢阳以逐疫，而以雷万春为大王，南霁云为小王，神像大小因之。"俞樾于道光二十五年（1845年）秋天前往徽州，馆于休宁汪村（亦即充当徽商汪氏的

---

① 《印雪轩随笔》卷3，第16页下—第17页上。清道光二十七年（1847年）刻本，复旦大学图书馆藏。

家庭教师）。此后"萍踪岁岁客新安"，每年都是二月前往，十一月返归，前后历时六年①。他所撰写的《打标》诗，状摹的是休宁之保安善会。此外，其《曲园自述诗》亦曾吟咏："四月汪村例打标，锦棚歌舞闹昕宵。村夫子亦欣然出，去看梨园笑叫跳。"

在毗邻绩溪的歙县，保安善会的做法也相当普遍。清乾隆时人方西畴的《新安竹枝词》有："赛会保安甘破费，花筒纸爆不论钱。"该诗状摹的就是歙县一带的保安善会。与此差相同时的吴梅颠，在其所撰之《徽城竹枝词》中也写道：

（1）闰年做会为禳灾，华严龙舟锦绣堆。色按五方装五帝，轰天动地鼓声来。

（2）箫鼓中流光烛天，闰年费钞倍常年。满城人尽持灯出，争向水滨看亮船。

（3）通真封号与通灵，三四排行太子神。捍患御灾最灵感，多将香木肖其真。

（4）神降肩头酒态狂，步行之字扭腰忙。夜归倒散（随从人等夜饮之名）酒味苦，煮用黄连充药方（村人能治劳伤）。

（5）黄杨闰厄信祥禳，处处村乡尽享祈。肖像张王与南八（即南公霁云），选人贾勇提乌棋。

（6）送神待宴倚风斜，道士居然称帅爷。拇战藏钩俨宾

---

① 详见王振忠：《朴学大师俞樾眼中的徽州风俗》，《徽州文化研究》第2辑，安徽人民出版社2004年版。

主，蟒袍角带顶乌纱。

（7）嶂山出会神骑马，披绣裙为锦障泥。卤薄铺陈无队伍，百余花伞百余旗。

（8）竦口当年北野县，保安做会名为善。虔诚无敢食荤腥，犯此令人多不便。

上述 8 首，描摹了保安善会的种种情态。第（1）首也提到"闰年做会"，目的是为了"禳灾"，届时要造龙舟，祭祀五帝。第（2）首也是说闰年时，要看驱瘟的仪式——登舟。第（3）、（5）首则是说举行保安善会时，必须抬出三、四太子和张巡以及南霁云的神像。关于这一点，与新编《绩溪县志》中的描述比较相近。唯一乍看有点奇怪的是——其中提及"三、四太子"，因为在歙县民间，直到现在仍然流传着唐太宗追封汪华九子为"一、二、三太子，四、五、六诸侯，七、八、九相公"的说法。通常认为：一、二、三太子神像极小，四、五、六诸侯无神像，七、八、九相公神像高大。竹枝词中出现的"三、四太子"，似乎与此不相吻合。不过，在清代，确实也出现过三、四太子的神像。20 世纪 50 年代，安徽学者石谷风在徽州从事民间工艺征集工作，于岩寺歙业的桂芳斋老花纸店内，找到一批罕见的明代以前纸马原版片 40 余块，其中就有"三四太子尊神"，这与《徽城竹枝词》的描述恰相吻合①。此外，第（4）（6）（7）三首，描述

---

① 石谷风：《徽州木版年画》，天津人民美术出版社 2005 年版，第 20 页。该书收集的一些木版年画，对于考证徽州民间信仰的流变极有助益。只是作者对徽州的民间信仰似乎了解有限，故常以中国大传统的一般认识，去诠释徽州的小传统。

了迎神赛会时的各种场面以及执事人等的种种样态。第（8）首则是描写竦口一带保安善会的禁忌。竦口位于歙县东北部，地处双竦河口，公元 654 至 770 年曾于此地建北野县，故曰"竦口当年北野县"。

三四太子尊神像（石谷风：《徽州木版年画》）

对于歙县的保安善会，乾隆《歙县志》卷 1《风土》记载：

> 四月，郡邑奉各神像，遍巡坊市，钲铙震天，各乡落厢隅以次至，逾月而置，曰善会。西乡则夏秋之际，扎造龙舟，装饰彩绘，碟牲醑食，号曰保安。

此处提及"各乡落厢隅以次至"，这与后文将要讨论的"五隅"有关。相同的记载，也见于道光《歙县志》。这里将"善会"
与"保安"分而为二，分别是在四月和夏秋之际举行。不过，到
民国《歙县志》中，二者就合称为"保安善会"了：

> 傩礼俗尚不齐，乡党好事为之也。……夏秋之际，制龙
> 舟，装饰彩绘，磔牲醻食，号曰"保安善会"，崇其神曰太
> 子，并奉张、许二公，会终之夜，燔其旗于所居之下游，名
> 曰"送圣"。

简单地说，举办善会是为保佑居民安宁，故而称为"保安善
会"。保安善会亦简称为"保安会"，如在歙县岩镇（今属黄山市
徽州区），晚清时期有一副《大埠头戏台联》曰：

> 岩镇保安会，以大埠头始，以绣衣里止，年例然也，故
> 谓之开门、关门云。（通街七十二保，相传由此处开门）①

举行保安善会时通常需要演戏，关于这一点，《上渡桥戏台联》
指出："岩镇对河保安会傩而不戏，垂六十年矣。庚戌七月，居民
江若、徐有志复旧，毅然输巨赀，选新庆升一部以张之，豪举也。
台临水，据练江上游，会始初五，迄初七，盖立秋后一日云。"②
关于歙县的保安善会，清末的调查亦指出：

---

① 《龙山楹联汇稿》，第 8 页上—第 8 页下，此书刊本藏歙县档案馆。另，笔者
收藏有此书之抄本。
② 《龙山楹联汇稿》，第 14 页上。

（歙县）年例有保安会，数年开光一次，游神演戏，科敛丁口，其所供奉者不一，大约五瘟、大王、小王及汪公、八、九相公居多。①

（歙县）至下流社会则好以迎神为事，其逐年一行者，有保安会。②

敛钱演戏，名曰保安，此神权时代之作用也，今非其时矣。③

上述的第一条指出，保安善会的经费来源是科敛人丁，供奉的神麻有五瘟、大王、小王及汪公、八、九相公。第二条说保安会是"逐年一行"，并未专指闰年六月一行。第三条虽然说保安的做法已时过境迁，但在事实上，此种做法后来仍持续了相当长的一段时间。

关于保安善会，在族谱中也有一些记载，歙县《石潭吴氏宗谱》④中就有专门的"庙会"一节，提及：

闰月之年，每逢夏已卯日，大举善会，纸糊龙舟，以乘瘟部诸神，供五帝，恭迎太子、观音。期前三日，斋戒

① （清）刘汝骥：《陶甓公牍》卷12《法制科·歙县风俗之习惯·神道》，第582—583页。
② （清）刘汝骥：《陶甓公牍》卷12《法制科·歙县民情之习惯·集会结社之目的》，第580页。
③ （清）刘汝骥：《陶甓公牍》卷4《批判·礼科·歙县附贡汪文瑞呈批》，第492页。
④ 民国十九年（1930年）春晖堂木活字本，上海图书馆谱牒研究中心藏。此谱承李甜同学提示，特此致谢。

禁屠，意甚虔诚。届期香烟特盛，四方遥远来集者亦复不少，盖平日有生疾病者，辄祈太子，俗名许设粥，届期而酬愿也。是会也，计五日夜斋场，道人为之，而以太子尊神（在？）场镇压，日换衣数起，或坐装，或立而武装，种种形式，如戏装焉。非常在，自然灿烂，俗名扎靠。相传演安禄山作乱事，太子尊神能镇诸邪，故尊敬之。其末日即己卯日，开五色旗，即五隅五帝之旌帜也。古有五隅之阵，今道人扮安禄山，假演拒敌李、郭，偷劫五方阵，卒被获。既获，即宰羊，盖以开河道、戮豕血，以展旌旗。羊即杨妃，豕即禄山，此摩［模］仿之意也。五旗者，青旗属思善，白旗属至善，黑旗属坚善，皆春晖祠所辖也。红旗属立善祠，黄旗属叙伦祠，因善会而分也。

在歙县石潭，举行善会的时间固定在"夏己卯日"。从上述的记载可见，当地将五隅、五帝与古代的五隅之阵相提并论，并将保安善会与安禄山、杨贵妃的故事联系在一起。文中提及五旗分属于春晖祠下的三派以及立善祠、叙伦祠，这应即五隅的划分，只是更为详尽的细节不得而知[1]。

为了了解更为细致的内容，我们不得不求助于徽州文书的记载。

---

[1] 此外，当代徽州的一些史志资料中，也有回忆性的文字，如：苏绍周《篁墩保安会兴散记》，载政协屯溪区文史资料研究委员会编《屯溪文史》第5集，1996年版，第60—63页；《歙南雄村的"保安善会"》，稿藏歙县地方志办公室。

（二）徽州文书所见1941年歙县大梅口的保安善会

十数年前，笔者在歙县收集到两册文书抄本，即《阁村保安会开会记录》和《保安善会五隅科钱簿》。二书封面除书名外，前者另有"值事西隅　前门管账/民国卅年辛巳四月五立"，后者则有"西隅前门司账/民国叁拾年五月吉立"字样。由此可见，保安善会的主持人应当是轮流做东，民国三十年（1941年）轮到西隅东门的汪氏正伦堂（祠堂）主持。

该两册文书涉及的地域为大梅口，属歙县南源口乡。"口"是口岸之义，在新安江畔，凡有码头之处往往称"某某口"。此

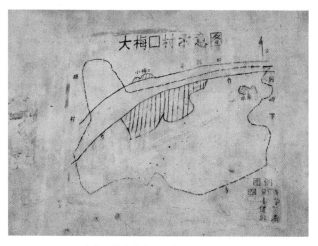

大梅口村内墙壁上所绘的大梅口村图

歙县大梅口村

处因村庄较大，古多梅树，且靠新安江，故名。^①前述文书反映
的是1941年徽州保安善会的步骤程序及具体操作，显然可以弥
补史志资料之未备。

1. 1941年保安善会的组织、经费筹措

《阆村保安会开会记录》一书，详细记录了1941年保安善会
的组织和经费筹措。该书开首即曰："民国卅年闰六月大年，保
安会本隅吾祠管账，邀请本隅四管，先行讨论，请帖于下。""大
年"也就是闰年，故绩溪荆州的保安善会亦作"大年会"^②。《阆
村保安会开会记录》书中抄录的请帖曰：

迳启者，本年阆村保安会轮着敝祠主持，定于本月

① 《安徽省歙县地名录》，歙县地名委员办公室编，约1982年10月出版，第
17页。
② 今人汪汉水撰有《荆州"大年会"》，载《荆州遗韵》，2009年版。

歙县大梅口的遇金庵（图中的老妇为以前的尼姑）

二十八日，敬请贵祠耆老驾临敝祠，互相提议，勿吝玉趾，至纽公谊。此致△△堂，汪正伦堂启。

另一份《请东、南、北、中隅帖》：

为阖境保安会事。请于阴历四月初一，假坐遇金庵开会，提议届期聘请贵隅耆老出席，实深感荷。

保安会值年西隅公启。

此次会议是由西隅的汪正伦堂负责，称"保安会值年西隅"。在四月初一日，五隅代表齐至遇金庵讨论，当时参加的人名如下：

参加保安会的五隅代表名单

方　隅	姓　名	身　份
东隅	汪贤	桥东族长
南隅	汪帝帝	田干族长
	汪老皮	里门里
	江	江祠族长
西隅	孙理卿、孙顺连、汪桂、姜好妹、姜癫痢、汪永福、汪泰生、汪寿福、汪继云、汪灶龙	
北隅	江	
中隅	胡寿福、汪春生	
	姜全仕	头名香首
	胡荣辉	二名香首

从上表来看，参加会议的既有族长，也有一般的族众，另外还有 2 名香首。当时讨论的议题如下：

一、讨论坛场，胡族长言：从前租堆楼时，言明做会攅让。

二、讨论作场，江祠长云：前租桐油堆楼时，亦定做会迁移，让做作场。

三、神前讨筶后，六月或八月胜筶，准八月即择期。

上述的"江祠长"即江祠族长。歙县的保安善会是在夏秋之间，故而由神前讨筶决定日期，最终决定定于八月，此次会议还决定了迎神赛会的具体程序及时间安排。另"议出圣牌，约每出洋叁元，因物价油、米较前轮贵三五倍、十倍不一，纸扎、木匠、竹匠、道士亦必昂贵，须将此四项讨价，加以约计。香烟、纸、油、菜、柴、米包、麦粉、肉、鸡、猪头等再议，配科圣牌云云"——这是讨论圣牌的价码，亦即以颁发圣牌筹措资金，用以支付迎神赛会的各项开支。

如果从四月初一开始筹划起，到八月初八迎神赛会开始，前后有四个多月的准备时间。其具体的人手安排，五隅统共派出的25名，均通过抽阄决定：

方　隅	职　司	备　注
东隅	管香灯 司厨 管帅旗连打标 管财宝连打纸 乡办	江大眼 江福寿 汪灶钰 汪永和 汪西祥
南隅	管香灯 司厨 总甲 参抬头 烧茶	
西隅	管账 管香灯 司厨 管督旗 挑茶水	前门 外姜 住后 大宅 后门
北隅	管香灯 司厨 管财宝连打纸 接送道士箱连送茶饭 又　　又　　又①	

---

① 又，在民间文书中，是指与上一行相应位置相同的文字。

方　隅	职　司	备　注
中隅	管香灯 司厨 司茶酒 挑饭水连洗菜 城办	
其他	传锣议事	社首　2 名

社首也称社老，当即青舟社的社首。四月二十六日又开会，集合四隅 12 人①议定经费，"议定道士价洋壹百五十元，连斋簿六本，五隅报纸两，对河源头水口报纸、坛场报纸卅二张，共六十八张，在内。议定木匠六指司做龙舟、五帝架、驳舟架，督旗下构五猖牌，沙旗构帝旗，构帝牌，计法币壹百念元"——这是请道士和纸扎师傅的相关费用。接着，《阁村保安会开会记录》收入《五月初一日发圣记录》：

　　青舟社　发圣牌壹位

　　坛场胡祠　发圣牌壹位

　　前门正伦堂　发圣牌壹位

　　大宅佑启堂　发圣牌壹位

　　住后叙和堂　发圣牌壹位

　　鲍门　发圣牌壹位

　　心本堂　发圣牌壹位

---

① 东隅，汪贤；南隅，汪老皮、汪；本隅（即西隅），孙顺连、汪灶法、汪贵、汪永福、汪寿福、汪佛良、汪灶记；北隅，未到；中隅，胡寿福。

里姜存德堂　发圣牌壹位

孙家德懋堂　发圣牌壹位

外姜耕善堂　发圣牌壹位

上楼上汪慎德堂　发圣牌壹位

溪塝头汪慎友堂　发圣牌壹位

上田干汪敦义堂　发圣牌壹位

下田干汪承恩堂　发圣牌壹位

桥东汪敦叙堂　发圣牌壹位

作场江叙伦堂　发圣牌壹位

城门里汪承荣堂　发圣牌壹位

程家�程恩养堂　发圣牌壹位

下汪汪叙德堂　发圣牌壹位

遇金庵　发圣牌壹位

关帝庙　发圣牌壹位

对河江本源堂　发圣牌壹位

以上圣牌二十二位，不科圣牌钱。

　　文中的"对河"，即小梅口。可见，此处的保安善会，是大、小梅口联合举办。其中提及的青舟社、坛场胡祠、前门正伦堂①、大宅佑启堂、住后叙和堂、鲍门、心本堂、里姜存德堂、

---

① 同时收集到的有正伦堂光绪元年（1875年）正月吉立《改用收租管年总登》（抄本）、正伦堂民国丙寅年（1926年）立《清明祭祀支丁簿》。按：本书所引文书，凡未注明出处者，均为私人收藏。

孙家德懋堂、外姜耕善堂、上楼上汪慎德堂、溪塝形汪慎友堂、上田干汪敦义堂[①]、下田干汪承恩堂、桥东汪敦叙堂、作场江叙伦堂、城门里汪承荣堂、程家垅程恩养堂、下汪汪叙德堂、遇金庵、关帝庙、对河江本源堂，共22个单位，这些单位要么是各姓的祠堂，要么是青舟社、遇金庵和关帝庙。从五月初一日发圣记录来看，参加保安善会的共有18族以及社、庵、庙。所谓不科圣牌钱，是说这22个单位是发起者或协办者，他们得到一块圣牌是不需付费的，但从另一方面来看，这显然也说明，颁发圣牌是整个活动筹措资金的一种方式。关于筹措资金，《保安善会五隅科钱簿》还有详细的账目记录：

《保安善会五隅科钱簿》中的账目记录

方　隅	总　数	族　姓	各姓人数
		汪	50
		江	45
		胡	6
		王	5
东隅	111	方	1
		程	1
		黄	1
		姜	1
		项	1

① 同时收集到的有民国十六年（1927年）八月新立的《汇议》（汪敦义堂）、民国三十五年（1946年）《货源》。以上均系抄本。

方　隅	总　数	族　姓	各姓人数
南隅	90	汪	52
		江	20
		程	9
		胡	4
		黄	2
		刘	1
		孙	1
		王	1
西隅	152	汪	92
		姜	23
		孙	19
		江	7
		鲍	3
		方	3
		黄	3
		程	1
		胡	1
北隅	66	江	47
		汪	8
		孙	3
		方	2
		曹	2
		孟	1
		朱	1
		胡	1
		油坊	1

方　隅	总　　数	族　姓	各姓人数
中隅	60	胡	29
		汪	21
		江	5
		洪	1
		梅	1
		许	1
		凌	1
		王	1
总计		479	

（上表各姓人数为478人，加上油坊，应为479人。——编者注）

歙县大梅口的姜氏宗祠

上述的《保安善会五隅科钱簿》抄本，除书名外，题作"西隅前门司账/民国叁拾年五月吉立"，"吉"亦即"一"的另类表达。可见，《五月初一日发圣记录》与《保安善会五隅科钱簿》反映的时间相同。发有圣牌的22位不科圣牌钱，故加上这22个单位，正好是500的规模。从账册来看，每人的收费基本上都是大洋4角。征收钱款的时间则起自七月一日，迄至八月十日。从《保安善会五隅科钱簿》中，可以看出各隅姓氏的分布：

姓氏排序	族 姓	总 数	大致比例
1	汪姓	223	0.47
2	江姓	124	0.26
3	胡姓	41	0.09
4	姜姓	24	0.05
5	孙姓	23	0.048
6	程姓	11	0.02
7	王姓	7	
8	方姓	6	
8	黄姓	6	
10	鲍姓	3	
11	曹姓	2	
12	孟姓	1	
12	朱姓	1	
12	洪姓	1	
12	梅姓	1	
12	许姓	1	

姓氏排序	族　姓	总　数	大致比例
12	凌姓	1	
12	刘姓	1	
12	项姓	1	

其中，东隅、南隅、西隅均以汪姓为数最多，北隅（小梅口）则以江姓最占多数。另外，从总体上看，汪姓计223人，接近总数的一半比例，在大、小梅口占据了绝对的优势，他们分别隶属于大梅口不同的11个祠堂。江姓为124人，占总数的四分之一强，分属于大、小梅口的2个祠堂。胡姓为41人，姜姓为24人，孙姓为23人，程姓11人，这些姓氏虽然人丁多寡不一，但他们均有各自的祠堂。其中，姜姓甚至还分为里姜和外姜。题作"宏农浮梦樵记"抄录的《新安歙邑都图式》中，三十七都七图和九图之下，均有"梅口"的地名，后者并于"梅口"之下注明："王、江、汪、胡、张五姓。"《新安歙邑都图式》一书为清乾隆以后的抄本，该书的特别之处在于——在记载了都图村落之后，有的还记录了村落中的族姓分布，这对于我们了解都图里甲的编排，以及与相关宗族的关系，提供了不少便利。其中提及的各姓中，原先列于首位的王氏，在《保安善会五隅科钱簿》中只有7名，所占比例微乎其微，在当地亦未见有相关的祠堂。此外，列于最末的一姓——张姓，在《保安善会五隅科钱簿》一书中则全然未见，这当然可以解释为是清代民国时期长期发展的结果。

歙县小梅口

2. 保安善会的程式

据《阁村保安会开会记录》记载，歙县大梅口四月初一日议定的迎神赛会之具体程序及时间安排如下：

八月初八夜，神进坛场；

初九净街；

初十；

十一日起首；

十二日行香安帝；

十三日禳①火登舟；

十四游船（起土安灶）；

十五游船；

十六送帝；

十七送圣②。

这份记录比较简单，我们不妨参考一下现有的其他文书记载。由于保安善会的做法具有比较固定的程式③，在一地相关文献不足的情况下，可将各类相关文献放在一起，藉以拼合出大致清晰的轮廓。

---

① 此应是"禳"的俗字。

② 保安善会送神时，无关人等应当躲避。《徽州歙县诉讼案卷集成》（原抄本无题，据内容暂拟）第 2 册中，就有"具书人石山下诉为纠党酿祸，闯门毁掳，围殴伤重，懦弱难生事"。其中提及："缘强邻塘里阁村做保安送神，身子正楚在坞头油榨内佣工打油，于初六夜歇工回家路过，诓塘里恶等△△，反嗔怪子不早躲避，以为故意挡道，要将身子捆打，身子惊急奔逃，幸未遇害。而恶等犹不肯休，反藉端以滋事。诘朝即至身村投词，声言要身罚出数洋，方肯寝事，否则定遭毒手。奈身家贫无措，以致未遂其欲。恶等复于初十日下午纠党多人，大肆咆哮，蜂拥而来，闯围身门，将身家内动用什物打毁一光，随将值钱物件并栏内耕牛牵掳而去。身有胞兄长开，又系伊托之原中，出为理阻，反遭暴打一顿，顶破血流伤重，命见垂危，似此凶横甚于发匪。况塘里距身村只三里许，素称野蛮，并恶等结有十三太保，声势赫赫，远迩知名。而左近惯遭鱼肉，虽身村叠遭毒害，每多不敢声张。今纠党围殴，肆行毁掳，皂白不分，则身家断无生理矣。为此迫不得已，据实叙情，伏诉自治会绅董老先生台鉴，仰求公论，赐甦保蚁命以生全，遏蛮凶之立至，免祸患于将来，则鸿恩永感无既，谨诉。"这就是太平天国以后因保安送神引发纠纷的一个案例。

③ 绩溪的情况亦与此相类似。"从定坛起会，相继登舟、安圣、安五方、唱船、抢载、禳星、设粥（祝）、收圣、禳火、收火、祭旗、待宴、送圣等会议"。（绩溪县地方志编纂委员会编：《绩溪县志》，第 1055 页）

关于保安善会的程式，歙县文书抄件《胡埠口保安善会法事》①有如下的记载：

胡埠口今将保安善会法事列上于后：

初之日

铺设道场，净坛解厌，申文发牒，奉送公文，安神许愿；

式之日

一、九龙荡秽，迎接观音，观音请醮，迎圣开启
　　恭迎大王，瘟司下界，恭迎五帝，行香摆道
　　五帝点光，五隅安位，五帝请醮，散花光临
　　讽诵妙经，百户问安，安神定位；

三之日

一、九龙法水，三官请醮，百户早安，午供中呈
　　圆经送经，五帝请醮，禳火灭荧，往返离宫
　　百户晚安，青华焰口，安神施食；

四之日

一、荡秽除氛，万灵大醮，禳星永命，拜奏表文
　　大设和悦，五方解咒，百户问安，大犒猖兵
　　安神施食；

五之日

扫净尘坛，百户问安，洞渊请醮，五帝请醮

① 散件 1 份，抄录于黄纸正、反两面，乙亥年当为光绪元年（1875 年）或 1935 年。

接舟到坛，大王点光，接圣登舟，游船试水
祭舟顺水，安奉定位；

六之日

清洁坛场，奉送观音，五帝请醮，五隅起帝
接帅点将，迎接七圣，待茶奏乐，发牌放标
摆阵游旗，文书打标，开操祭旗，各家收圣
道场满散，祭赛花灯，禳瘟设粥；

终之日

打扫晏席，主帅安席，土地下呈，铺司下书
晏待天兵，送圣回天复命，洗恩锡福祯祥；

开天符　总本　榜文　文书

十供献　五帝牒　土对（二百五十对，左右）　押牌

禳星谱　星主关　船引　和合赦

三界关　五帝牌　挂函（十一）　方函（六）

中界关　五帝牌　法事单　六神牒

五隅谱　斗牌正坛十三　表文

五隅榜纸卅式张

头门四张画八仙

白沙湾榜纸水口四张

村头庙四张

对河村头四张

胡埠村头佛堂庙四张

水口庙四张

胡埠口保安善会，乙亥年七月初式日写至十一日止，拾三日卯辰时发鼓，至十九日周圆。

在策具单

胡埠口位于歙县南部的胡埠口乡，地处深山区，街源河经皖浙交界处的街口汇入新安江。此处的保安善会共 7 天，比大、小梅口的 10 天要短，但其组织方式显然也是按五隅进行。其中提及的一些内容，如"打标""开操祭旗"等，与当代人回忆的许村"六月一"庙会等的情形亦相吻合。另外，如"土地下呈，铺司下书"等，现存有相关的文书。譬如，笔者手头的 1935 年《泰山召帅》科文，首先为一段唱词：

凛凛威风透天光，鬼魅闻知心胆寒。
援请大帅来下马，欢天喜地下坛场。
日吉时良天地开，温公大帅下坛来。
是日今时祭犒后，收买代人永除灾。
正直无私纠察神，玉皇有令下凡尘。
阴阳判断无私曲，铁笔一下不顺情。
擂鼓三咚到坛霆，捉拿代人替灾星。
弟子供奉来引接，主火铁笔有神明。
大圣　帅威感应天尊

接着之后是一份科仪：

温元帅像（《徽州木版年画》）

伏以道通天地，妙运阴阳，吉凶皆赖于神明，祸福全凭于祈祷，是日仰劳符官土地、里域正神。想到以来，为吾传奏，弟子虔诚，稽首下拜，以今奉道告度泰山求寿信士△△，有此一端情由，百拜上请供养，唵吽吽。一执天门开，二执地户烈［裂］，三执万神降。……雷霆都司号令，执如心火，十方三界，顷刻遥闻，道香一炷，发鼓三咚，万神感应，以今仝请玉皇台前，左桶右边，显圣铁板、抚拘铁汉，温大元帅部下，小瘟元帅，温、李、铁、留、杨、康、张、岳、孟、韦十大太保，绣毬郎君，薛、纪、许、黑四大副帅，太立三千、甲马吏兵、收买代人使者、捉生替死神祇、温公大帅，腾云驾雾，走马飞云，焚香初召，火速来临。……东岳温元帅，助我救神明，展开宜挽弓，放出神光会。如要不听我，桃木山上行，我在左右立，火速现金身，急急如东岳泰山，天齐大生仁圣皇帝法旨，令召温公大帅，速降坛庭。

温公大帅，开点神光，

若不开点，接请三声，

召请温大将军，谅已来临，下赴前坛，敬上菜酒，礼行奉献。（敬菓盒酒）温公大帅，请上美酒。

接着唱道：

温大将军身挂腰牌大将军，奉勅玉旨下坛庭，凛凛威风下临坛。手执着，金桔大将、蚕鎚大神，下赴临坛。

继而又有对白：

〔又〕 大帅吓，我今起请望来临，收买代人替灾星。拜请着，大帅威灵。

〔又〕 请你下马皆感应。向来酒礼，三奠告毕，所有疏文，洗耳恭听。

〔念疏纸〕 谨备疏文，冒干上听，宣读完周，化贡宝马长钱，金银利市钱财，焚火炼化，献上温公大帅部下、小温元帅，一同领纳钱财，到于扬州，收买代人顶替弟子，替度灾迍。天雷认认，猛虎加兵，温公大帅，起马登程，手拿财宝扬州去，捉拿代人到坛庭。

（外召代人） 不及细载。

〔铺司下公文〕 我是浙江杭州府城隍司纪老爷差来的铺司，今日都天大力元帅，有马牌前来。俺老爷差俺，迎接列位大王、老爷，观看西湖景致，沿途打听，在于徽州△府△县△都△图△地方，特来迎接。无令不敢擅入，故此在外面喧闹。

〔介〕 吾问你可有家书？

〔介〕 有家书在此。么〔没〕有家书，难道我（冒）名前来撞酒吃不成？

〔介〕 你有家书，代〔待〕俺前去通知，元帅有令，方可传进。

〔介〕 待我通报。启禀元帅，外面有一家人，无令不敢传进。

〔帅〕 可有家书？

〔介〕 他说是有家书。

〔介〕 既有家书，叫他息了锣声，放他进来。

〔介〕 晓得。息了锣声，传你进去。

〔介〕 是！报，铺司进。

〔介〕 笑。

［介］　好所在！果然好所在！

［唱］　（驻马听）步入丹墀，为下公文到这里。迎接温皇圣，阆苑群真合成灵，愿王返驾奏天庭，赦宥众等合门俱宁静，即便登程。

［又］　大家同看西湖景。

［又白］　大王老爷在上，小铺司叩头；陪神老爷在上，小铺司叩头；城隍老爷在上，小铺司叩头。

［介］　吠！

［介］　元帅老爷，你不晓得？说什么城隍老爷？

［介］　我家杭州，乃［那］个城隍老爷，面相全他差不多，是小铺司冒渎了，得罪元帅。老爷在上，小铺司叩头。

［介］　你今日是乃［哪］里来的？

［介］　小铺司是杭州纪老爷差来的。

［介］　你是纪老爷差你前来，可带得家书么［没］有？

［介］　有家书一封。

［介］　这有家书，你到大王老爷案前，下了公文，再来领赏。

［介］　晓得。

［介］　这是纪老爷有书一封，多多拜上张老爷、老相公。自从杭城分别后，不着将来又一春。从别之后，并无音信。娘娘家中，产生麒麟太子，喜浓浓；因此上，命小人到坛庭，下公文，迎接大王，观看西湖景，三杯两盏，即便登程。

［又白］　陪神老爷，我家老爷有书，多多拜上。

［介］　　元帅老爷，俺纪老爷有书，多多拜上，乃书皮上，有诗为证。

［唱］　　山外青山楼外楼，西湖歌舞几时休。暖风薰得游人醉，莫把杭州作汴州。

［白］　　是吓。

［介］　　果然一字无差。铺司，你可会吃酒？

［介］　　小铺司吃酒，吃得五壶半醉，十壶正好。

［介］　　吩咐拿酒来，赏铺司吃。

［介］　　帅爷吃的罗汉酒。

［介］　　怎说？

［介］　　小铺司吃的乃［那］酒，乃嘴一脂［张］开，岂不是像个罗汉？我们杭城卖的上好的酒，葡桃录［绿］、竹叶青、状元红，上好吃的老酒。

［介白］　铺司，你吃了酒，将你杭城的西湖景致，细说一番，有何不可？

［介］　　领命！我的讨反［饭］家伙，乃［哪］里去了？原来在乃［那］里。你是个好人，要是到我杭城之内，待我做个东道，请你列位朋友。你们内中，也有到个［过］杭城的，你们各位朋友听着，待我道来：

说起西湖景致，天下一十三省，到处闻名。乃［那］钱塘江，湖来滚滚，六和塔接近江边；朝天门上，有铜壶滴漏，定昼夜十二时辰；吴山上，有精奇十面；四周围，有十二座城门，城中有三十六座楼殿阁。又有三十六条柳巷，七十二座广寒宫。军门前旌旗闪色［烁］，察院内翠柏苍松，石牌坊重重叠叠，歌管楼（台）密密层层。闹洋洋六街三市，静悄悄白屋朱门。吃的是上府的白米，烧的是下八郡的柴薪。旧府改作上林院，李华英金榜题名。楼［按］察司贡院相近。三年出考一次举人。弼教坊上好酒饭，吃一飨价银一分。大林巷汗巾手帕，回回堂水粉胭脂，丰大桥大样油纸，每一张价艮二分。白马庙上好的雨伞，每一把价艮六分。清河坊油衣出卖，打铜巷美目佳人。钱仲泉，驰名的香扇，出卖与南北两京。混音乐天下第一，贴一张百病除根。正阳门通了海宁，草桥门人来不绝。北门关，通了南北二京。涌金门于坟求愿，少保庙可问前程。青波门西湖景致，通病船来往纷纷。昭广寺，卖的僧衣僧货，叔宝塔隔在近邻。关帝庙烧香不绝，岳飞坟万古忠臣。湖南有一个静佛寺，五百尊罗汉金身，三尊大佛，唐朝勅建，年年有施主斋僧。六条桥上桃红柳录［绿］，俱般有"十里荷花满乾坤"。

　　［介］　诗曰："十里西湖景致奇，微风吹动水依依。桃红柳录［绿］君相问，晓月玲珑归甚迟。"

　　［介］　归甚迟。

　　［又］　俺家住，近湖西，睡到日高三丈起，醒来依旧醉如泥。启元帅，诸般景致说不尽，略说中间一二分。迎接大王归天府，方见西湖彩色新。西湖景致说完了。元帅乃［那］日，小铺司在西湖边经过，遇见一伙人，在乃［那］里打长拳、舞短棍、插标枪。内中还有一个人，手内拿着一

个东西，放出去一丈长，收将来手内藏，瓜又不是个瓜，梨
又不是个梨，启禀元帅，乃［那］是个什么东西？

　　［介］　　乃［那］是个流星。

　　［介］　　元帅吃了三钱大黄，因此上，迎接大王，流星
去也。

　　［介］　　你是旱路来？是水路来？

　　［介］　　我是水路上来的。

　　［介］　　你是水路上来，可有什么湍名么有？

　　［介］　　杭城上来，湍名有，待我略道几个：

（滩名总录）

紫埠滩	桐庐湍	牛泥滩	严州府上来
马石滩	风蓬湍	牙旗滩	铺驲湍
雪溪湍	常浦滩	返垱湍	赖牛滩
下内湍	石邦滩	朱池滩	杨溪湍
山河滩	江村湍	仓后滩	四舫湍
小溪滩	杨树滩	进闲湍	木樨滩
高港湍	下炉滩	塔竹滩	凤凰湍
罗喝滩	下绝湍	故事湍	新船滩
淳安县上来的湍名			杨浈湍
猪口滩	牛栏湍	鸟村滩	下慈湍
上慈湍	下锡滩	中锡湍	上锡滩
油瓶湍	青弯滩	云头湍	威坪湍
杨家滩	和尚湍	火筒滩	管界湍
到了徽界街口		笤幕滩	八郎湍

尾 湍	天镇湍	牛 滩	横石湍
山茶滩	磨船湍	三港湍	骷髅滩
大川湍	舟头滩	白石湍	长 滩
汪公湍	大儿滩	防塞滩	绵 湍
漳 滩	箬竹湍	姚村滩	金 湍
汪龙滩	麦 湍	梅口湍	丰村滩
庙儿湍	铁索滩	七里湍	林村滩
仰月湍	到了徽州府（金钱花）		

［又白］　小铺司跪在堂前。

［介］　　大王休得迟延。

［又］　　顺风顺水快开船，急急去，莫迟延。

［又白］　启上元帅，小铺司有个计儿，与你猜一猜。

［介］　　什么计儿？

［介］　　乃［那］个人家，造了一间房子，叫了一个家人去，接个泥水匠。乃［那］个泥水匠，家内的人，回他不在家了。

［介］　　此话怎说？

［介］　　小铺司，在乃［那］大河边，专等候了。

［又下］

［又加滩名］

余景滩	森村滩	余岸滩	叶干滩
吉林滩	松村滩	义程滩	朱家村
梅口滩	南源口	麦 滩	金 滩
姚村滩	薛坑口	张潭滩	绵潭滩

深　渡　　九沙滩

［直下］

［回杭］

新安江三百六十滩（《徽州府志》）

　　上述的科仪及小戏，以新安江为背景，故有滩名。其中的梅口滩，即在大、小梅口一带。小铺司以西湖景致相夸耀，科仪与插科打诨的小戏相交融，既娱神又娱人。根据明初的法令，在交通要道，凡15里设急递铺一所，每铺设铺兵四名，铺司一名，负责递送沿途公文。《泰山召帅》中的小铺司，即模仿人间的急递铺。他以新安江下游的西湖美景，引诱温元帅急速启程沿江而下。

与此相关的科仪，还有另一份佚名无题抄本。该书因系辗转传抄，且为蠹简残编，文字颇不连贯雅驯。该书全本要目分为"设粥""请十庙""大王出身""船出水"和"铺司"等，内容也是以新安江沿岸为其活动空间，展示了"收瘟摄毒满船装，安奉龙舟来供奉"的迎神赛会场景。其中，有一段叫《大王出身》，吟唱的便是张巡、许远困守睢阳的历史故事，歌颂二人的奇勋伟绩孤忠劲节。书中的大段铺叙中，亦穿插着徽、杭二地的相关内容。该书的第 1 章《设粥》中有：

> ……
>
> 家家户户送财宝，拜送大王上天堂。
> 海河船头大王招风起，船尾小王把舵摇。
> 两般［船］水手齐用力，摇橹荡桨往苏杭。
> 三百六十有名滩，滩滩去去［处处］有人家。
> 过了一滩又一滩，转了一湾又一湾。
> 杭州有过［个］西湖景，西湖景里好风光。
> 杭城土地来迎接，迎接大王到杭城。
> 饯送大王归大海，流恩锡福降祯祥。

徽州素有"一滩高一滩，一滩高一丈。三百六十滩，新安在天上"的俗谚，形容旧时新安江水路交通之艰险。根据前引《石潭吴氏宗谱》，"设粥"是酬愿的一种方式。另外，佚名无题科仪抄本中还有《铺司》一节：

山外青山流［楼］外流［楼］，杭城歌舞几时收［休］，暖风吹得由［游］人醉，变［便］把杭城作片舟［汴州］。

一大青山水连天，白水忙忙［茫茫］多是船，重山不见神仙出，周公来问打鱼船。

［白］打叹［探］军情事，分为夜不收，日间重草内，黑夜过山头。

［唱］戴月披星，昼夜驰驱，不暂来此新安郡，即［急］忙下马问原因，听其情报喜音，纪爷命我来传信，飞捷前来报信音。

［白］凡［烦］你通禀一事：杭州府出门关十五里到卖鱼桥，进了混塘卷［巷］，四十里到余杭县，余杭县起程，三百式十到徽州府，十里、五里俱有村郭、市镇，说不尽，有两句总语听我道：一自余杭旱路走清山，并五柳、西寺、前王到北［化］龙、对石、镇东、方园口、昌化、义桥、手穿司、朱村、结口到车盘清风岭、水玉岭头，老竹木盘到叶桥、三羊坑，过三跳岭、鸡子里、齐武，过苏村、佘坑、山后、七贤桥、方村、北岸、大佛、蔡坞口、章岐、周［稠］木、七里头、新安关进府守也。有两句总语听我道来：一自鱼梁坝，百里至街口，八十淳安县，茶源［园］六十九，九十沿［严］州府，钓台同胪［桐庐］首，同子关富扬［阳］，三结［折］龙光［垅江］口，徽州至杭州，水程六百有。说不尽西湖景致，天下一十三省，到处奇名……

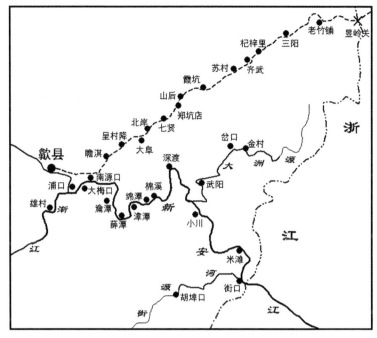

徽州至杭州水、陆两道交通图

　　此处的《铺司》，其所铺叙者，将徽州至杭州的水、陆两道都包括在内，同样也是以新安江流域为其背景。其中的《水程捷要歌》①，亦见于该书的《船出水》章。在明代以来的商编路程中，水路即"徽州府由严州至杭州水路程"，陆路则

<hr />

① 明末清初西陵憺漪子（汪淇）所编《天下路程图引》卷1"徽州府由严州至杭州水路程"所附《水程捷要歌》："一是渔梁坝，百里至街口。八十淳安县，茶园六十有。九十严州府，钓台桐庐守。樟梓关富阳，三浙坵江口。徽郡至杭州，水程六百走。"（杨正泰校注：《天下水陆路程、天下路程图引、客商一览醒迷》，山西人民出版社1992年版，第361—362页）

歙县《全邑山川图》所见徽州至杭州水、陆两道（乾隆《歙县志》卷首）

明清以来徽州村落社会史研究（修订版）

是"杭州由余杭县至齐云岩陆路"的绝大部分路线（至徽州府为止）[①]。

此外，抄件《胡埠口保安善会法事》中还提及"船引"，这在徽州亦有发现。笔者手头有《登程船引》抄件，颇为罕见：

> 钦差瘟部都督宪府大堂张，为出巡世界，检察庶民，经过沿河旱道，须备神夫、轿马、舡只等项，护送 本部 上奉玉旨，今行水路，禁止私造舡只，即贩私货，令行立拿究治。今照得江南徽州府绩溪县杨山乡高凤里厚儒社内预禳保安善会，特备龙舟、花篮、彩旗，饯驾回天，请旨颁恩，赦尔等之愆，赐将来之福，灾消祸散，名利两全，须至牌引，

---

① 西陵憺漪子（汪淇）所编《天下路程图引》卷1 "杭州由余杭县至齐云岩陆路"中的部分线路如下："杭州府　出北关门，过湖州墅，共十九里。　至卖鱼桥。在混堂巷搭船。四十里至　余杭县。　起旱。十里　丁桥铺。远。十里　青山。远。十里　五柳。十里　西市。　十里过河至钱王庙，即凌村铺。二里　金头。七里　化龙铺。　十里　横塘。　十里至藻溪。十里　戴石。远。十里　镇角头。　十里　方员铺。十里至　太阳铺。　二里　太阳桥。八里　芦岭铺。十里　昌化县。十里　白日桥。远。　十里　手宰检司。远。前面有三条小岭，俗称画眉三跳。十里　朱柳。有东平王庙，递年七月二十里起大会。　十里　颊口。远。十二里　车盘岭脚。远。路崎岖。过才人岭。至顺溪。四里　杨家塘。六里　界山。有活王分界圣迹。七里　老竹岭脚。三里　老竹铺。七里　老竹铺。七里　叶村。三里　王干巡司。十里　中岭。无店。十里　杞梓里。三里　齐坞。七里　苏村。八里　斜干桥。二里　蛇坑。十里　山后铺。无店。五里　郑坑口。五里　七贤。五里　方村。二里　北岸。二里　大佛。七里　蔡坞口。三里　章祁。十里　稠木岭。三里　七里头。七里　徽州府。……"（杨正泰校注：《天下水陆路程、天下路程图引、客商一览醒迷》，第373页）上引《铺司》一节中所述的沿途地名，虽然写法上更加俚俗，但与此一商编路程可以比照而观。

合行通用，如违即拿，重究不贷，速速！

须至牌引者。

中华民国　　年　月　　日吉时发行

引　右仰舡神，送至杭州钱塘县富春驿投缴。

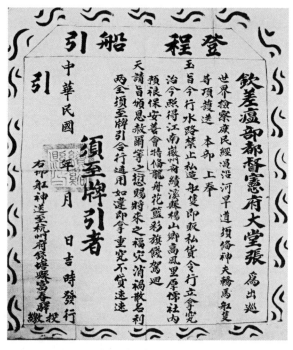

《登程船引》，民国抄件

《登程船引》中提到的"杨山乡"，辖有五都、六都，与旺川、上庄一带的七都、八都壤境相接，趋尚略同。而从水系发育的情况来看，分别流经杨山乡、旺川和上庄的小溪共同汇入大源河，并辗转流入扬之河，最后进入新安江、钱塘江，一直到达下游的杭州，这种共同的流域背景，更促成了彼此的风俗大同小异。也正是在此种背景下，这一带的保安善会，才会出现《登程船引》这样的文书。《登程船引》实际上是模仿新安江上官府出巡的行舟，将瘟神押送出徽州境内，一直送往下游的杭州府，最后"龙舟花灯归大海"，实际上也就是将之驱逐出海。

以五隅为迎神赛会的单位，在歙县并不罕见。徽州文书抄本《联句总集》中有"保安会场各隅联扁"，其中曰："四境沐深恩岁稔时和聊借笙簧酬帝德，五隅蒙盛泽民康物阜且资歌舞答神庥。"而抄本《芳义明录》中的"神联"，亦分东、南、西、北、中五隅①。举行保安善会时，需动员五隅内所有的人参与。抄本《据帖杂集论说》②中，就有《六月会修路帖》，其中写道：

> 具帖为关照事。缘吾村保安善会，择于本年六月初一日迎接观音，所由之路荒芜难行，急于修理。兹订于本月十六日，凡属支丁，按丁齐往，年满十五岁以上，六十岁以内，各无推诿，特此关照。

由于绩溪的保安善会均放在闰年的六月，故亦称曰"六月

---

① 此外，反映晚清歙县南乡社会生活的《献廷公酬世文墨遗稿》抄本中，亦有相当详细的《做保安会五隅演戏联匾》，该书首页题作："黟侯六十六世孙献廷公酬世文墨遗迹，宣统元年初秋次男德坤谨抄。"
② 抄本1册，封面除书名外，另钤有"程志仁章"方章一枚。书中提及的"上源""茶源""里洪坑""外洪坑"等地名，均位于今绩溪县大源乡。

会"，此处是为了举行迎神赛会而预先发帖，号召村民参与修路。另外《善会派物帖》曰：

> 具帖为关照事。缘吾村保安善会，择于本年六月初一日迎接观音，各户派火把一个，或幡或铳。若有铳者，则不派幡；如有幡者，则不派铳。至期，一概男丁各执其事，另外派灶头一名，齐皆上路，各无推诿，特此关照。公具。

这是对每家每户所派的物品。另外，还有《善会拖猪帖》：

> 具帖为关照拖猪事。阖村议定，由八名起猪人，依老路净街而行，闲人毋许乱拖，若敢故违，罚洋廿元正，特此关照。

所谓依老路净街而行，说明保安善会均有一定的路线①。在歙县大梅口，《阖村保安会开会记录》载：

> 先齐集社庙，由社庙出发，走社路，总甲、参抬头、两香首、两社老鼓锣，青角社头旗搞□吉锣至坛场，胡祠粘圣牌壹位，改打□锣鼓出行，再由社路至西隅花园内发圣牌，

---

① 如篁墩的保安会，老菩萨（程忠壮公）之出巡路线就是由篁墩到草市，过江到南溪南，由此到王村、烟村、虹梁、马岭、罗田然后返回篁墩庙堂。（见苏绍周《篁墩保安会兴散记》，《屯溪文史》第5集）

现收圣牌钱，再发前门，大宅、住后挨发，转头发中隅、南隅、东隅，再过河，直到源头转头，发江本源堂，再各家，随科圣牌钱。转身来邀道士及各值事，再至胡祠安圣。用八斤烛一对，全红纸壹刀，箍香壹子，大锭五对，一百边①一串，水酒壹碗，安毕回社庙，用照前香烛、纸锭、炮竹安主坛，上坐。（再各分熟肉、酵饼、腐角、腌熟鸡子、水酒，此注）

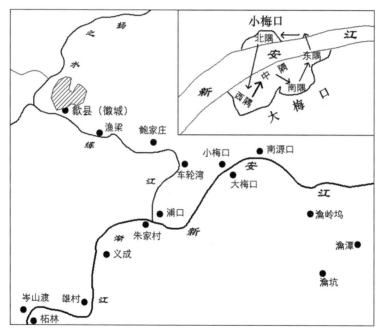

大、小梅口保安善会巡游图

---

① "边"即"鞭"（鞭炮）。

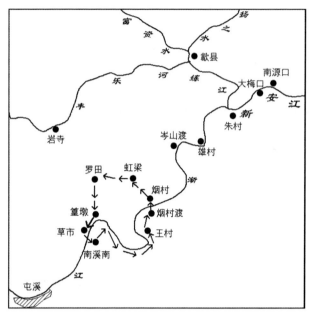

篁墩保安会巡游路线图

上文括号中注明安圣后的分熟肉、酵饼、腐角、腌熟鸡子和水酒等。此外,《阁村保安会开会记录》中的另一处,亦记有类似的内容:

　　两社老;

　　两香首:姜全社、胡荣辉;

　　道士:目好;

　　五隅行头,共二十五名;

　　共卅名,分肉七斤半,市秤;

　　　　分饼卅个,计灰面　市,七斤半;

分腐角六十块，每人结洋一分六厘；

分水酒卅碗；

分腌鸭子六十个。

以上的食品，显然是犒劳社老、香首、道士和五隅行头等。另外，迎神赛会时的具体人手安排，主要由轮值的西隅出力：

大小众科钱　二名

铺设看隅　　四名

烧茶挑水　　乙[①]名

城乡办　连管才［财？］乙名

《保安善会五隅科钱簿》中亦记录了参与保安善会的各种角色：

司厨、管香灯、总甲、参抬头、花篮、小鼓、小锣、管财宝、驼主坛

安圣人手：道士、总甲、参抬头、花篮、鼓、锣

堆沙打标人手

收圣人手：道士、总甲、参抬头、花篮、小鼓、小锣、管财、两社老驼主坛

送圣人手：道士、总甲、参抬头、花篮、小鼓、小锣、

---

① 在民间文书中，"乙"即"一"。

管财宝、驮主坛、背纸篮、雇驮龙舟壹名。

"做事人"共有道士八位、社老二位、香首二位、五隅执事人五位、帮忙人五位和管账一位。这里提及的"打标"①，在俞樾笔下亦有提及，至于具体的做法是否相同，不得而知。不过，对于人手的安排②，具体是通过抽阄的办法决定：

程　序	分　工	人　数
安帝	抬汪王祖	4 名
	驮老大［太］子	1 名
	驮新太子	1 名
	驮关帝	1 名
	驮张飞	1 名
	驮钟馗	2 名
	驮五帝	2 名
	驮帝旗	1 名
	驮头旗	1 名
	香首	1 名
	清道飞虎旗 4 面	4 名

① 关于打标，根据许九益《许村"六月一"庙会情况简介》(歙县地方志办公室卷宗 40) 介绍，歙县许村六月初一的庙会，由东、南、西、北、中五大方轮值。"初三日下午打标，在石德东边的广场上，按五大方各方的地段，赛放鞭炮。在燃放鞭炮的同时，各方、各村、外村等平时许愿的户，将大肥猪赶来广场，杀猪放血还愿。只将猪杀得半死，让它边跑边流血，血尽猪倒，看谁家的猪跑得最远，最远最吉利。猪倒地后，由指挥发令，各方举着棉布制成的色旗赛跑，从广场上起，跑到水口庵，谁先到，谁得胜。五方到齐，再用香纸焚化祭旗，然后解散"。转引自蔡思潮：《从明清歙县民众宗教生活看中国传统社会》，安徽师范大学硕士研究生毕业论文 (1995 年 4 月)。笔者按：许村的东、南、西、北、中"五大方"，即绩溪和歙县其他地方的"五隅"。
② 此处只是简单的人名记录，但由人手的安排来看，保安善会的规模相当之大。根据苏绍周《篁墩保安会兴散记》回忆，参与篁墩保安会的巡游队伍约有 300 人。(《屯溪文史》第 5 集)

程　序	分　工	人　数
安帝	蜈蚣旗 4 面 神伞 2 把 大绸旗 1 面 挑鼓 打鼓 打钹 打尖镲 打锣	4 名 2 名 2 名 1 名 1 名 1 名 1 名 1 名
烺火	乌旗、刀旗、花篮、大鸡、水桶、打锣、打鼓	
安灶	乌旗、刀旗、花篮、托盘、起土、打锣、打鼓	
送帝	抬汪公 驼关帝、张飞、两太子 驼钟馗 驼五帝 驼帝旗 驼头旗 香首 清道飞虎旗 蜈蚣旗 神伞 大纺绸旗 管鼓钹 管财宝	4 名 4 名 2 名 2 名 1 名 1 名 1 名 4 名 4 名 2 名 2 名 5 名 1 名
念五行 头坛场 值事	总甲 参招头 管帅旗连打标 管督旗 管财宝连打纸 管香灯各隅 1 名 司茶酒 城办 □办 □〔司？〕厨各隅 1 名 挑饭水连洗菜 挑茶水 烧茶 接送道士箱连送茶饭 管账	1 名 1 名 1 名 1 名 2 名 5 名 1 名 1 名 1 名 5 名 1 名 1 名 1 名 2 名 1 名

此处提及保安善会安帝、送帝时的神明，主要有汪公、关帝、张飞、两太子、钟馗和五帝。所谓两太子，根据书中其他部分的说法，一是老太子，一是新太子，不知是否即三、四太子？但总体上看，该次保安善会中的神明并不太多。对此，我们不妨对比一下其他的相关文书。晚清民国徽州日用类书《酬世汇编》①卷7《期书、继书、阄书、关书》中，有一包揽议约，是有关保安善会的：

> 立包揽议约人绩邑南门外△△△，今身揽到大洲源金村宅上十年一次保安善会纸扎一宗，计开观音大士莲座一架，五隔五帝并坐骑五只，龙、凤二舟并拨舟一只，香亭一架，平台一架，烟火一个五套，以上几宗所有装束诸神，以及戏文菩萨，另开有单存照。凭中三面议定工价钱陆拾捌仟文正，今身揽来，合倩有名司务，不惜工本，用心承做，不得草率了事。所有火食、灯油，均身自包承值，其生菜、柴火，东家津贴工价，陆续支付，准期做就应用，毋得误期。如有误期以及了〔潦〕草塞责、生枝发叶等弊，凭公理究。恐口无凭，立此包揽议约存照。
>
> 谨将诸神开列于后：
> 观音座架上
> 观音大士、金童、玉女三位，三官上帝，胡元帅

---

① 《酬世汇编》抄本共10册，为20世纪50年代歙县大阜吕龙光所编的民间日用类书，其内容在时间上上自清同治、光绪，迄至1954年。反映的地域，除了歙县外，还涉及绩溪、旌德和浙江严州府建德县西乡等处。

韦驮，灵官，汪公大帝

城隍土地，灶司，关老爷

值符，五谷神，土地

财神、九相公二位

太子，社公

社母，东平王

以前均用裱绫压线

五帝五尊并坐骑五只（披袍现甲，裱绫压线）

龙舟三十六位（五三裱绫压线，水夫听做）

凤舟二十四位（五夫人裱绫压线，水夫听做）

拨舟一只

平台一个三间，菩萨戏文、武两套，听做

香亭一个（均用裱绫压线，菩萨照例）

五瘟七位

烟火一个（五套）

　　大洲源发源于皖浙边境老山西侧，在岔口一带西流汇入新安江，因河口有大沙洲而得名。金村在歙县有好几个，但上揭契约中的"金村"，应位于岔口与周家村之间，地处大洲源北岸。契约中谈到当地举行十年一次的保安善会，前往绩溪南门外聘请纸扎师傅，做了大批的纸扎。其中提及"五隅五帝"，与绩溪方志中有关"分方隅祀五帝"的记载恰相吻合。除此之外，《酬世汇编》中的另一份《善会戏关》又载：

立戏关人金村首事人△△、△△等，今因敝舍例有十年善会一坛，共戏十本八阕足，今特请到浙江同春贵班前来唱戏，三面言定，计价洋壹百零伍元正，其戏箱并行李，准于十月十八日扛到，以备十九正日扮八仙迎接观音，不得有误。其戏准于二十五日出东，风雨无阻。所有火食并胭脂、水粉、颜料、台里烛火，一应贵班承值；台外烛火、柴菜，东家承值。其接箱脚陆路四十里，水路式拾五里为紧，如过四十以外，贵班津贴扛箱工钱，不得异言。其戏不得误期，如有误期，凭公议罚，恐口无凭，立此戏关为据。

类似的戏关，亦见于另一册民国时期的日用类书抄本①。这份戏关，也同样是大洲源金村十年一次的保安善会之契约。其中提及，保安善会时，需前往浙江聘请同春贵班前来演戏助兴。上述的两份契约，可以作为大梅口保安善会之参考。

3. 民国时期徽州保安善会的困境

清末民国时期，随着新知识的普及，愈来愈多的人主张破除迷信，减少迎神赛会的破费。宣统元年（1909年），绩溪当地在对神道的调查时就指出，瘟舟善会"城中现已革除"。②在此背景下，一些地方的保安善会，受到了部分村民的抵制。如篁墩保安善会，就因罗田方槐三的带头抵制而于1922年偃旗息鼓。及

① 抄本1册，何莲塘抄录。书中的卖契，内有"自前清移居徽歙大洲△△△地方"之句，大洲应即大洲源一带。

② （清）刘汝骥：《陶甓公牍》卷12《法制科·绩溪风俗之习惯》，见《官箴书集成》第10册，第619页。

至抗战前后，徽州百物腾贵，民间的祭祀活动都受到了相当大的影响①。另外，来自行政方面的压力乃至干预也愈来愈强。这些，都造成了徽州各地迎神赛会的普遍困境。

从现存的文书来看，大梅口1941年的此次迎神赛会也一波三折。《阁村保安会开会记录》记载，六月初二，西隅发帖，邀请各祠耆老定于初五下午开会，帖底曰：

> 敬启者，缘阁村保安善会，原议照旧进行，迄县政府鉴于时势，百物皆贵，严禁迎神赛会在案，为此邀请贵隅、贵祠耆老，于本月初五日下午驾临遇金庵公同讨论，从检妥善办法，藉答神恩，届期请出席为荷。
>
> 西隅公具。

六月初五日下午开会，参加者共18人，代表了梅口的18族②。六月初十再开会议，当时发帖称：

> 为大梅口保安会经县政府禁止后，另拟改小办法，呈请

---

① 如民国三十五年（1946年）《继福公清明簿》（抄本，笔者收藏）中谈及散胙法时就指出："旧列十碗，兹因战后物资高涨益炽，公议粉干、山粉、猪肉、酒包、鲜笋，五样双上。"

② 胡致和堂，寿福；上楼上，汪慎德堂，小恶（即永清）；溪塝头，汪慎友堂，根泰；河北，江本源堂，百有；前门，汪正伦堂，永福；住后，汪叙和堂，锦春；大宅，汪佑启堂，桂；里姜，存德堂，志通；外姜，耕善堂，老炳；孙家，德懋堂，顺连；孙家，心本堂，灶法；上田干，汪敦义堂，和银；下田干，汪承恩堂，寿祺；城门里，汪承荣堂，尼姑（天福）；程家境，思养堂，尼姑；江叙伦堂；桥东，汪敦叙堂，贤；下汪，叙德堂，雨祥。

贵公所备文，连同原呈，特祈县政府核示遵由。呈为大梅口地方，凡逢闰月之年，例有建设保安之举，演剧酬神，祈求人口清吉。但鬼神之为物无形，自可属诸迷信，乃大梅口为一较大农村，人烟稠密，文化薄［薄］弱，而知识分子、公正士绅因农工妇女不暗［谙］国法者居多，主张利用鬼神制止一般愚顽蠢动，挺［铤］而走险，所以补助国法之不及。今年农历闰月，以致保安援例举行。钧长本村人士，地方民意，习俗相沿，知之已稔。业因县府对于本村今年保安予以取缔，布告禁止，地方民众顿萌不安状态，尤其一种保安观念最深之男女，谣惑频传，恐滋事端。保安值事人已于农历六月初五日召开全村会议，提案停办保安而符禁令，到会人俱各三缄其口，哄然而散。初十日，续开会议，佥谓村大人众，死亡疾病，无月无之，如果保安废止，此后死亡疾病之家疑鬼疑神，必归咎于消灭保安者之身焉，可不加顾虑？由是全村十八族，每推代一人，公同改善废除办法，演戏而崇禁令，设坛供像，安戢众心。为此公民等相应联名，具告改善办法，呈请钧长关怀桑梓，迅予备文，附同原呈，转请县政府俯念民情，准予改办而慰众望，实为公便，谨呈三谊镇长汪转歙县县长马。

汪永福、汪桂、程金荣、汪锦春、姜老炳、孙顺连、汪永德、汪雷祥、汪寿池

公民：胡寿福、汪贤荣、汪灶德、汪根泰、江全庆、江百有、汪和银、姜志通、汪天福

1941 年，歙县全县划为一镇（即歙县的驻地徽城镇）、三区，下辖41 个乡（镇）。其中，三谊镇驻地就在大梅口，属王村区管辖。此处提及，大梅口的"文化簿［薄］弱"，当地应当没有处理跨宗族事务的文会组织[①]，五隅的组成是由全村18 族，每族推代一人。此帖中有"迷信""公民"等字眼，颇为时尚。但与此同时，帖中亦指出：神道设教，对于维持地方社会的稳定，具有极为重要的作用。及至六月十四日，轮值的西隅再次发帖贴在墙上：

> 五隅公共保安，因禁令已成僵局，急宜如何挽救，以洽众望。迭经两次集同五隅开会，奈各讷不发言，致无效果。今定农历六月十五日下午三时开第三次保安，为［维］持会地址：遇金庵。一出聘本镇镇长，大、小梅口各保长加入，商榷解决难题。事关公众清吉，请各隅、各祠准期赴会，提具意见，同心协力，共济时难，此启。
>
> 五隅保安会西隅办事处。
>
> 又请梅溪保长孙理卿、梅中保长江涛、梅淪保长汪一言、梅川保长江系吕。

这是让五隅代表与乡镇保甲一起，探讨妥善的解决办法。七月七日，又发出《大、小梅口五隅拾八族通知书》：

> 为通知事。五隅公共清吉保安会政令禁止后，猝成绝

---

① 当然，徽州文会的形态、功能并不完全相同，有的文会仅是文人诗文聚会的组织，有的则是处理地方事务的基层组织。此处是指后一种形态，但并不排除当地有文人诗文聚会的组织。

境，人心均感不安，经过五隅会议两次，设法挽救，卒无效果。特约农历六月十五下午三时，假遇金庵续开第三次保安维持会，函聘镇长暨各保保长参加，互商挽救办法。事关贵隅人民清吉，相应敦请贵保长准时出席参加，勠力维持，一致挽救为荷，此致△△保长△△△。

汪、江、胡、孙、程、姜氏十八族联合保安维持会。

关于18族联合保安维持会，亦作"五隅十八族维持保安联合会"，笔者手头另有1941年7月的《签名册（附会议录）》[1]：

到会名单：镇长汪自信
梅溪保保长孙理卿　　到
梅中保保长江春涛　　胡长根代
梅岭保保长汪一言
梅川保保长江繁臣
桥东汪敦叙堂
下汪汪叙德堂
上田干汪叙义堂　　和银
下田干汪承恩堂
　　　　江叙伦堂
城门里汪承荣堂　　庆元
程家塇程思养堂　　金荣
门前汪正伦堂　　永福、寿荣
大宅汪佑启堂

---

① 抄本1册。

　　明清以来徽州村落社会史研究（修订版）

住后汪叙和堂

      心本堂

里姜存德堂

外姜耕善堂　润生

孙家德懋堂　子代

河北江本源堂　受一代　国治　爱日、受一代表

上楼汪慎德堂　永清

上溪塝头　汪慎友堂　春生代到　福善

胡叙和堂　胡寿福　知

东隅总代表　上东隅　汪贤荣

　　　　　　　下东隅　江全庆

南隅总代表　汪和银

西隅总代表

北隅总代表　江受一

中隅总代表　汪春生　胡月林

　　这也是由镇长主持，保长参与，与五隅代表、各祠堂代表共同商议。除了上述的签名册外，会议录上只有简单的三行字：

提议案

　　县府禁保安会

决议事项

　　最终结果如何未见记载。不过，由此寥寥十数字，却可见旧知与新学之间的矛盾，以及民间习俗遭遇行政压力时的尴尬。

（三）徽州的"五隅"

　　从上述的诸多文书中，我们注意到了"五隅"的提法。乾隆年间有一位就任萍乡知县的胥绳武，就写过一首《萍乡竹枝词九首并序》："五隅年例扮迎春，忙煞城中城外人，所幸太平毛个事，颃随衡去跳傩神。"这里也指出，迎春时五隅有跳傩神的迎春仪式。不过，此处的"五隅"，究竟是以五隅的方式来组织的迎神赛会，还是说五隅只是县城关隅的另一种称呼，并不清楚。

　　不过，在徽州的一些县份，五隅是区分方位的一种方式，清抄本《绩溪县城市坊村经理风俗》中，对绩溪县城的五隅，作了详细的解说：

课	坊市	隅、街巷
第一课	东坊市	东街口，司谏坊，东关亭，仁慈坊，大理坊，里仁坊，义井坊，小东门，东作门，白石鼓
第二课	南坊市	南街口，总督府，觉今园，水圳塝，大司城，程家巷，染巷桥，南门头，孔家庙，晏公庙
第三课	西坊市	西街口，周家巷，葛家巷，积庆坊，西关，木牌坊，西察院，集贤坊，新西街，项家桥，登云坊，崇德坊，世科第，画锦里，西成里，中巷，眉昆阁，麻山关，官社坛，堡坞岭，进贤门
第四课	北坊市	官巷口，美俗坊，乐安坊，翰林第，清河坊，白鹤观，北门头，舒家巷，任家巷，张家巷，崇贤坊，太和坊，颍川坊，导泉坊
第五课	中坊市	太平坊，中正坊，中和坊，遵义坊，台宪第，福泉坊，遵亲堂，处仁坊，中心堂，尚书府，仁寿坊

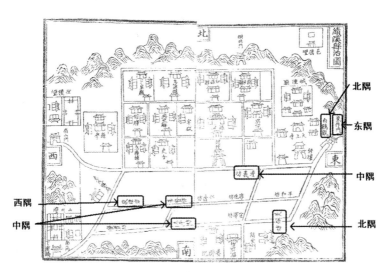

明弘治《徽州府志》所见绩溪县治五隅图

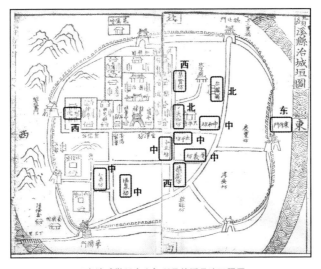

明嘉靖《徽州府志》所见绩溪县治五隅图

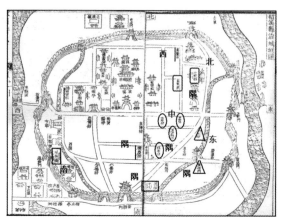

康熙《徽州府志》所见绩溪县治五隅图

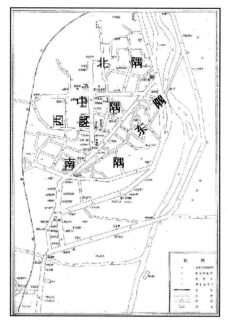

绩溪县城五隅图

明清以来徽州村落社会史研究（修订版）

对此，嘉庆《绩溪县志》卷1《舆地志》亦载，城内坊市共十一图，分五隅^①。《绩溪县城市坊村经理风俗》一书的第6课《宋坊市》指出："宋朝坊市分五隅，坊名之数共有七，归德、崇贤与崇仁，连城、敦礼并清宁，仍有一坊曰临河。"此处提及的"宋朝坊市分五隅"，在宋代亦有其他地区的佐证。

当然，在徽州文献中，一府六县的其他县份，城内更多的是四隅之划分。明代万历《歙志》"邑屋表"就指出："城居之户编为四关四厢，四隅中有图焉。"至于这四隅，即：东南隅：十横街，翀山巷，太子堂前；西南隅：南街，新安卫前，城隍庙，南公馆，旗纛庙边；东北隅：东门头，里仁巷，上北街，永丰仓前，府学前，黄荆岭，倪家巷；西北隅：小北街，穆家坦，府前。右四隅共九图。此外，《歙县都图地名及各图字号》中有东关五图、西关二图、北关二图、古关二图、东关隅二图、西关隅二图、东北隅二图、西北隅二图。可见，东关隅、西关隅、东北隅和西北隅，合为县城四隅。在休宁，抄本《休宁县都图字号乡村地名便览》也指出："在城四隅。"其中，东北隅共三图，西北隅共二图，东南隅共三图，西南隅共二图。上述的二县，都只出现过四隅的说法，只有绩溪的情况有点特殊。《绩溪县城市坊村经理风俗》第34课曾指出："闰年于六月中，阖城卜日致斋，造龙舟，分方隅，祀五方帝，共祀张睢阳殉难诸神，名曰善会。"县城中的五隅，后来结合"五方帝"的

---

① 嘉庆《绩溪县志》卷《舆地志·风俗》，第324—325页。

信仰①，组织而为保安善会。

除县城内的五隅划分外，在县城之外的广大乡村，也有五隅的划分。前述的歙县大梅口，不仅有五隅之划分，而且，在五隅之下，有的更细分为上、下二隅。譬如，根据1941年7月的《签名册（附会议录）》，大梅口的东隅，就分作上东隅和下东隅。除此之外，根据今人汪汉水的讲述，在绩溪荆州一带，参加"大年会"的中节（今上胡家、下胡家两个行政村）范围内的所有村庄，分为五隅：

东隅：坑里、下胡家、老屋下、洪家庄

中隅：里庄村

---

① 除了县城外，乡村的五隅亦与祭祀五帝密切相关。民国时期歙县日用类书（何莲塘抄录）中有一《作会祭五帝文》："伏以天心丕显，群瞻霄汉重光；帝运亨昌，共庆车书一统。作善乃降祥之本，借五隅而冀望休祥。嘉会礼之征，越十载而循行古礼。兹者，岁星当柔兆之次，月令值孟冬之辰，祥占吉日，敬告尊神，肃具斋供，虔修祀事。青、黄、赤、白、黑，五色本自成文；东、西、南、北、中，一堂何妨并列？惟愿在旁在上，骏惠覃敷；更期同气同声，鸿恩广播。四民敦居首，歌氂士之攸宜；百谷用告成，咏农夫之克敏。居肆擅公输之巧，经商追端木之风。从心所欲，群黎共庆生成；有感皆通，庶汇均叨化育。动植飞潜殊其性，随遇能安；刚柔燥湿异其宜，因材以笃。且喜降魔伏怪，仰仗神威；还祈逐疫驱邪，宏施法力。魑魅从兹远遁，祯祥自此频添。无灾无害，同游仁寿之天；有幹有年，各满篝车之愿。清酌三巡，办香一炷，统希藻鉴，曷任葵倾，尚飨。"当然，除了五帝外，五隅中祭祀的，也有其他的神庥。譬如，晚清徽州歙县三十都八图金村日用类书抄本中，就有题作"做会用"的《观音大士祭文》，其后的《善会祭文》作："大清光绪△△年岁在丙戌小阳月庚申朔月越祭日△△之辰，坛下五隅信士弟子等，谨以香帛清酌庶馐之仪，稽首百拜，致祭于南无大慈大悲救苦救难广大灵感观音大士慈尊之神前而言曰：'……慈值小阳之月，适占中澣之辰，爰集五隅庶姓，会酬十载深恩，先三日而持斋洁静，历一旬而顶礼虔诚……'。"

南隅：铁钨、铁钨庙圩、东山、石桥头、塘钨口、石壁山脚、横钨、柯子山

西隅：上胡家、里杨村、外杨村

北隅：钱家钨、凹塘里、下村垱①。

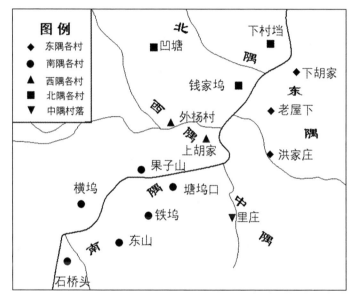

绩溪荆州保安善会——"大年会"五隅示意图

类似于此在乡村的五隅，还见有其他的例子。前引的《酬事汇编》卷5有一科仪：

> 维大清光绪二十二年岁次丙申小阳月壬戌朔越祭日庚辰之期，金村坛下五隅信士弟子等，谨以清酌庶馐香帛之

① 汪汉水：《荆州"大年会"》，载《荆州遗韵》，第91页。

仪，稽首百叩，敢昭告于南无大慈大悲救苦救难观世音大士慈尊之座前而言曰：伏以士以大名，念切慈悲而大发；音胡观得，心存恻隐以观人。拯斯民于急难之中，捍巨患于方隅之外。慈航期普渡，施一片之婆心；觉路喜宏开，置群生于道岸。林居紫竹，闻揭谛而共出迷途；座拥红莲，冀皈依而咸成正果。在昔修身养性，三味潜通；而今救困扶危，万灵不爽。顾慈尊既广施骏惠，而众姓爰同沐鸿恩。歌髦士兮攸宜，毓秀舒翘，待鹿鸣之高唱；咏农夫兮克敏，仓千箱万，欣鱼梦以频占。经商坐贾，腰缠万贯之赀；执业呈能，艺擅百工之巧。四民已叨其护佑，百族尤荷夫帡幪。动植飞潜，各安其性；刚柔燥湿，胥适其宜。既幸灾祲疫耗之咸除，还蒙福祉祯祥之叠赐。于斯厚贶，敢不恭酌酬。思古例之循行，刚周十载；喜今人之踊跃，不惜千金。费则仍照男丁妇口以匀科，事则公举谙练老成之董办。五隅首事人等，同心酌议，协力从公。庶务咸康，先三日而净街茹素；群情共奋，合一村而迓圣临坛。月则逢夫己亥，期则选夫庚辰。瞻香云瑞霭之缤纷，金锣开道，旗幡载道；讶绿水青山之热闹，鼓乐喧天，铳炮连天。此虽沿习俗之遗风，却无愧保安之盛会。睹红梅兮点点，如闻供佛香花；看黄叶兮飘飘，俨化酬神楮帛。幸逢吉日，虔告慈尊。玉粒咸庆修收藏，金经适宜讽诵。愧乏交梨火枣，肃备斋供；惟凭蕴藻蘋繁，聊申敬意。礼宜从俗，彬彬乎文物衣冠；享岂多仪，蔼蔼然灯花酒醴。伏冀神灵有赫，泽永布于金溪；还祈呵护无疆，恩偕承于玉宇。佑群伦而载生载育，歌麟趾兮振振；保庶汇而无害无灾，乐宴燕安兮岁岁。仰瞻在旁在上，俯赐来格来歆。敬竭微忱，尚希洞鉴，惟兹不腆，幸恕不恭。伏惟尚飨。

文中状摹了迎神赛会的准备及实施过程。此处祭祀的主神为观音大士，其中的"金溪"亦即金村。该科仪并指出，费用支出是男丁妇口平均摊派，其组织者则是五隅首事。该份文书由一个叫王国贞的人撰写，此外，另一份由王氏撰写的资料如下：

维大清光绪二年岁在丙子己亥月戊子朔越祭日庚子之辰，坛下五隅众弟子等，谨以香帛清酌庶馐之仪，虔诚百叩，致祭于东、南、西、北、中五帝之神前而言曰：伏以天心丕显，群瞻霄汉之重光；帝运恒昌，共庆车书一统。作善乃降祥之本，偕五隅而冀望休祥；嘉会有合礼之征，越十载而循行古礼。兹首岁星当柔兆之次，月令值孟冬之辰。详占吉日，敬告尊神；肃具斋供，虔修祀事。青、黄、赤、白、黑，五色本自成文；东、南、西、北、中，一堂何妨并列。惟愿在旁在上，骏惠覃敷；更期同气同声，鸿恩广播。四民孰居首，歌髦士之攸宜；百谷用高成，咏农夫之克敏。居肆擅公输之巧，经商追端木之风。从心所欲，群黎共庆生成；有感皆通，庶汇均叨化育。动植飞潜殊其性，随遇能安；刚柔燥湿异其宜，因材以笃。且喜降魔伏怪，仰伏神威；还期逐疫驱邪，宏施法力。魑魅从兹远遁，祯祥自此蘋〔频〕添。无灾无害，同游仁寿之天；有干有年，各满篝车之愿。

清酌三巡，瓣香一炷，统希藻鉴，曷任蔡倾。尚飨^①。

这里提出五隅和五帝，五帝之面色各不相同。隅是一种方位，五隅为地缘性的组织，每个隅下可以包含 N 个姓氏。这在歙县大梅口是如此，在金村亦是如此。《酬世汇编》卷 6 即有一合墨：

立合墨南隅会内众等，缘我南隅有朱、吕、何、胡、凌、吴六姓，会内公款，除办物外，尚存大洋五十余元，而吕、何、凌、胡四姓，其先人另立有汪九相公神会，朱姓历来对于众事，间常均属北隅，惟逢阖村善会，则列在南隅，故从前未加入九相公会。吴姓虽入村卜居以后，凡事均属南隅，特卜居之初，已在吕、何、凌、胡四姓立有九相公之会之后，故亦未及加入。从前迎神所用之旗伞、锣鼓、桌围、五事等件，则为南隅所办，其余则均为九相公会所办。今幸吕、何、凌、胡四姓众等，愿以九相公会内历年购办之地业器具，以及滚存之银洋百有余元，一概公诸南隅全体，将九相公会与南隅会合并为一，以便年年灯节，迎神坐会，六姓共同热闹。由是朱、吴两姓，念从前于九相公会未有捐助，朱姓愿出大洋拾元，吴姓愿出大洋拾捌元，助入会内，共同生息备用。自是义务既均，权利共享，化除畛域之见，永无

①　吕龙光编纂：《酬世汇编》卷 5《祭神文、札付、会序、魁星赞》。

彼此之分。此系出于南隅六姓众等公同议定，当场一致赞成。惟愿此后同心协力，勿意见之参差；好义急公，群精神之踊跃。如有藉故生端，自相破坏，自当凭公理论，决不稍示姑宽。欲后有凭，立此合墨一样六纸，六姓各执一纸，永远大发存照。

民国十五年夏正丙寅十一月立合墨人△△△、△△△、△△△

　　　　　　　　　　　　　△△△、△△△、△△△

　　　　　　　　　　　　　△△△、△△△、△△△

　　　　　　　　　　　　　△△△、△△△、△△△

　　　　　　　　　　　　　△△△、△△△、△△△

　　　　　　　　　　　　　△△△、△△△、△△△

可见，每个隅本身就是个会组织，不过，有时另建有其他名目的会①，与各隅并不重合。有关金村南隅的九相公会，另见有《金村南隅九相公会做众屋墨据》：

　　立墨据南隅九相公会众等，缘我南隅人丁稀少，经济鲜充，财力既有所未及，屋宇亦殊无足观，由是坐会安隅，苦无相当住所。我众等言念及此，幸皆各具热心，议购基地，以建公厅，为我众等同谋公益，惟恐工程浩大，非一人之力所能为，岁月推迁，非一年之间所可就，爰乃邀集众等，妥

---

① 南京大学历史系资料室藏《道光十年—同治十二年太子神会簿》（编号000115），其中提及某地西隅有胡、唐二姓，该隅另有太子神会。

定章程，凡我同人，咸宜遵守，事必从贤能以计议，费则按丁口以均科，男丁须做粗工，妇口须供匠饭，不可因端推委［诿］，以私废公；不可利己损人，以强欺弱。倘有此情，凭公理究论。愿此后同心协力，视一隅如一家；恐后争先，视众事如己事。行见此举，聿观厥成，而我南隅休有烈光者矣。欲后有凭，立此墨据，永远大发存照。

民国十六年夏正丁卯月　日立墨据人△△△、△△△、△△△[①]

此外，1932年夏的包揽议约《石匠议事兴基》，亦提及"金村南隅九公会内众屋基一堂"[②]。

超越一个家族的地域社会内的公共事务，或由一隅众姓共同承担，或在更大范围由五隅众姓共同承担。《酬世汇编》卷6《金村水口桥路记》：

自水口社庙移置古基，创建鼎新之后，五隅原董即行议造坑口石桥，以及沿溪直上至板凳形之路。适原作石工吴和司前来包揽，一切工食在内，计洋不过百余金之谱，工大值廉，谁不遵议。比即择吉兴工，按丁科费，是诚千载一时之善举也。不料桥虽草劼［创］，路未经营，而所费不赀，难乎为继，石工包揽之款，经已用尽无余，尽将退缩，既不能变产贴赔，又岂能枵腹从事，诸董束手无策，尽将退

---

① ② 吕龙光编纂：《酬世汇编》卷6《宗谱、祠庙、桥路公启、合同、墨据、禁约》。

缩不前。惟予叔△△，念水口桥路，关乎一村之光面，何容半途而废，致贻诮于往来行人，爰不惮早夜筹谋，措出资费，增益石司工食，务期相与有成。幸获△姓二甥△△、△△贤昆仲，自兰旋里，撙掇帮扶洋饼数十余番，始克告厥成功，化歧途而为坦道，有志者事竟能成。若非予叔之终日不食，终夜不寝，费尽垂老心血，曷克臻此？计创始于己丑新正，至庚寅闰二月望日告竣，即于清明日落成酬神，旋于节后二日，公众饮落成酒，予叔嘱定桥名，以垂不朽，予曰："可名镇安桥。"盖取此桥为通村镇制，恒保比户安和之意云耳。董斯役者，东隅即吾叔候补巡政所字△△印△△，南隅△△△、△△△，西隅△△△，北隅△△△，中隅△△△等，予不敏，忝附末光，因援笔而为之记。

仁邑商籍庠生王国贞撰

　　致芬甫王国佐书

　　石作吴和司

从中可见，五隅原董，包括东、南、西、北、中五隅董事。事实上，五隅也成为村落联合体的议事机构。从上引的资料来看，金村亦称金溪，碰巧的是，笔者手头另有一抄本《豁然如见》[①]，便是记载金村一带五隅活动的文书，全书计 32 条，兹将有关五隅活动的相关条目列表于下：

[①]　该书封面除书名外，另题有"周炽昌识"字样。

序号	标 题	五隅活动	备 注
1	金溪建造水口庙	五隅首事齐集，照丁科奢，每丁粗工，每口饭工，每丁口科钱三伯［佰］五十文正，后用去不敷，复又奢洋每丁式角，芭芦每丁口五升。遽闻所奢去芭芦，并未出支，均是北、西隅首事独吞，可见人心叵测，实难逆也。	
3	水口镇安桥并路	五隅相商，路为保村之要，桥乃方便之图，不可任依颓废，五隅首事立即允诺，村脚路与桥修建，再准同修上村头路。不料建成后，置上路于不问，我东隅每丁出去钱式角，好在保村之路，亦不计较。不一年，镇客桥忽被暴雨涨水冲推倒，迫不得已，我东隅首事见此无人料理，只得动土重建，所用去之洋，均在东隅首事料知，未知其何故，谅是前日造时，仍有余洋也。不然，何肯一人垫之，其间可原。	
5	稻香村路头	时在光绪丙申春，我等邀集四隅修砌，讵知人心不一，村脚路已阖村协力同心修成，村头路置之不问，我等不得已，再三邀集，何料伊四隅屡云：是你等保家保田之路，与我四隅何干？……不几日，又复邀集酌理，彼四隅如故，我东隅独酌修砌…… 又批：村脚下庙之左前塝，尚有一少缺，四隅诡计多端，视我东隅修路，思前日修下路，比即允诺，村头路五隅同修，今乃傲心恶语，不肯同修，特暗邀集四隅，批洋式三元之谱，请石司填补此缺，以破同修之计。（南隅吴用吉，北隅王春妹，西隅许炳南，中隅王和寿）此事后亦模糊不计耳。	我父光同，亦在司事之内。丙申年三冬月上浣初五日，普芬特笔
6	酬神众事	丁酉年春正月半，每年迎接十大相公，我等视四隅修路壹事，欲要瓜分，不能同气。至十四夜十五早，四隅未见提及迎神之事，我等细思，村事不和，神宜要敬，何能搁置，特速邀隅下迎神，于支祠门首祭之。至戊戌，逐疫之事皆不提及。至己亥春十四日，顿生诡计，你修路，我即修福田庵，即选日期修葺，我等思之，四隅独修，俟至年湮，彼将云与我东隅无分，我等即云：众事本众家修葺，何得独理？比岁月半，与修禊壹事，都要同心敬神……	己亥年夏四月下浣念四日普芬笔记

序号	标 题	五隅活动	备 注
8	重修水口庙	辛丑夏，霉雨连绵，降水无涯，连长数次，庙之游廊底塝，被降水推去，庙已悬空，彼四隅见之，诡心又起，邀集四隅首事人，南隅吴用吉，西隅许炳南，北隅王春妹，中隅王和启，管大总账出入王宏洛、王乃臧，惟我东隅，并无一人在场，可知剔去东隅，彼四隅或批洋，或批饭工，或批粗工，皆有首事人向伊家批，视我东隅且有不得已之故，向德基家批洋式元，于理云公事公办，乃有私为批助外，而不脅丁口钱之理。将来批钱者有分，不批钱者可以无分矣。如此细思，总是破我村头修路之计耳，不然，何以至此？再于七月初八日，拆墙动工，东隅并未在场，修成后亦未提及。	辛丑年初秋月十一日普芬之笔记
12	修选班下	自光绪念八年，首事共议，收作戏铺场为始，其洋置于方四闪处，乃吴荣彬经手修上庙，后又历年作戏收洋，积至善会之年，会首始选班下，并未照丁科眷，仍多之洋，该隅首事悉知。东：王富妹；南：吕招富；西：方明德；北：王福妹；中：王五妹。	内五年腊月，任贤谨识
14	重修班下	丁未初夏，各支丁见新造班下墙皮异样，总是砖、木二匠糊涂，以致如此，各隅首事见此情形，岂忍今日造，明日颓，坐观败乎？……	
22	金村公事又一大乱	乱之由也，肇自金村主为首事而已。夫己亥事轮年戏头也。今轮目莲[连]为首事者，东隅之致芬村主也。	乙卯三月十一日笔
24	丙辰善会公事又一乱也	乙卯年众事已拗冬，村外水口河边，夜夜于更净时，鼓乐声声不息，至该处不见动净[静]，众心皇皇[惶惶]，故于新正月半，众事仍然不行。至十八朝过，东隅王炎光，性素矫拗，出为邀集会事，不料二、三次间，众皆允诺。及五月间，许神悬张善会吉期。及五月，众心复起做台之见，又皆供膳粗工，一概努力进行。至会场告竣，其作台费用，皆有赌博抽头，计洋式伯六十余洋，以开支用，仍多者存众。及会场毕日，算账时，中隅更属不堪，厨灶旁边人家，碗之一事，已带去伯铨，只夜膳时，对比蒙山台下一般，仔细观之，皆是中隅一派不要脸人也。不二日，又反将总房中所存等物，一并抢去私囊。当是时也，其外四隅，皆声言下次分会可也。不然，都是为中隅人利己而已。	

此书成书于民国八年（1919 年）^①以后。书中的第 3 条所述，与《酬世汇编》卷 6《金村水口桥路记》的内容基本相同。从上述所引诸条可见，当地五隅间的矛盾重重。不过，尽管如此，举凡建造水口庙、水口桥、道路、迎神赛会和搭建戏台等，五隅都要共同出资、出力，相互协商。各隅亦唯恐被人排除在外，以失去"有分"的地位。

（四）结语

"保安"一词，亦即普通民众极为朴实的愿望——保平安，而保平安涉及的内涵相当广泛。乾隆时代的徽州村志《橙阳散志》卷 7《风俗》就有"保安"一节，其中提及：

> 五月设坛延僧道斋醮，曰保人口。与事家，各事斋戒极虔。
> 里、外介塘，各于六月广设旗幡伞盖，至潜口迎观音大士神演剧，设醮以保禾稼……
> 中秋夜农民演傀儡于社坛，用报秋成，沿为乡例……
> 十月间各祠设坛净醮，禳解火灾，或则演剧以示驱攘^②。

---

① 书中有《正口叙伦堂》《三进厅前公地记》二条，均提及民国八年（1919 年）事。
② （清）江登云纂：《橙阳散志》，乾隆四十年（1775 年）刻本，"中国地方志集成"乡镇志专辑第 27 册，第 647 页。

在这里，从五月至十月，所做的这些事情，都属于"保安"的范畴①。另外，该书同卷中另有"游神"条："八月十六奉瘟元帅像巡行，村内人设牲醴于各祠祀焉，乾隆辛巳建都天庙，始行之。"②此处奉瘟元帅像巡行，应即保安善会。

有关保安善会，在徽州各地不尽相同。善会的具体日期也不同，如绩溪是在闰年的夏历六月十五日，而歙县则是在夏秋之际的任何一日③。此外，休宁县虽有类似的做法，但却是在每年的

---

① 延僧道斋醮保平安的科仪抄本，亦颇有所见。另外，还有《保安会人丁草簿》（宣统叁年正月吉立，中班）、《中班保安人丁谱》（民国拾九年三月　立，西山下中班订），也与此相关。

② （清）江登云纂：《橙阳散志》，第647页。该处提及都天庙与瘟元帅的关系，似乎颇耐人寻味，这应当说明清时代江南各地的都天会，与徽州的保安善会有着密切的关系。

③ 这是就歙县范围内的总体而言，具体到某个村落，有的也有固定设在某一天者。如《橙阳散志》中八月十六奉瘟元帅像游神，即是一例。另外，《丰南志》亦载："端午门前插蒲艾，户粘桃符，并制角黍、醛饼为食，且以雄黄和酒分饮，家人谓可辟邪，而茧虎、香囊竞奇炫巧，尤属闺闱韵事。并于是时，仁义寺前演戏酬神，复巧制南、雷二将军像，又龙舟一艘，内神人十余尊，名姓不详，内一位服明代庶人衣冠，肩负伞一柄，伞端悬药膏数张，相传向呆人吴用也。又有韩将军世忠及韩夫人梁氏像。又有五位老人，不知何神。又制绸大旗一面，以巨竹为杆，上有旗顶，顶有神二尊，黄烟一筒。是会于四月杪起戏，五月二日诸神巡街，端阳收圣回辕。时会中燃大披高升边炮，对面声息人影不见，村中少年手举诸神，驰于台畔数十转，而后散会。是日午前，僧登台祭旗屠猪宰鸡，以其血畔旗顶，并将黄烟燃发，由大力者举旗台前绕场三匝，嗣沿二世祖坟前，由中街直下村东龙王亭下，树旗于丰水之傍，俟即晚五鼓送圣，一共焚化之，戏亦演至端阳晚间为止。"（吴吉祜纂：《丰南志》，"中国地方志集成"乡镇志专辑第17册，江苏古籍出版社1992年版，第255—256页）另外，笔者手头有《丰南志》的另一稿本，其中提及村中的"保安会"，"溪南、长林、石桥宋氏、登氏、胡氏众姓于元年，所以奉五显。按：神即婺源灵顺庙香火，乡人原共三百余人一会，共分为七甲。"这些，并不见于今本《丰南志》。《丰南志》的两种稿本为丰南吴氏族长吴吉祜所编纂，但从吴氏的上述描述来看，他对保安善会等民俗活动似乎并不十分清楚。

四月十三日至十五日间举行，而且似乎未见有"保安善会"的称呼。休宁县僧会司科仪书^①有《和瘟祭舟科》《祭船曲·金钱花》等，都与驱瘟的仪式有关。另外，休宁文书《要目摘录》^②中收录有一份科仪《禳送札文》：

> 瑜伽大法司，本司今据中华民国江南安徽省休宁县千秋南乡和化里云溪大社管奉佛修设春祈禳瘟送火驱虎恩丰祈福保安法事信首弟子王△△、△△暨阖村众信士人等，是日焚香百拜，上干洪造，虔修祝词：盖为阖村通家眷等，一年遥远，四季攸长，住居团聚，烟户稠蜜［密］，恐有不测灾青，怕生未萌愆咎，不无瘟风传染，时气流行，山林虑虎狼作孽，田畴恐鼠兽为灾，于是涓今某月某日之吉，阖村斋戒，虔设醮坛，延僧申达文款，虔请佛真主盟，修建春祈法事，预行禳送，剿虎恩丰，设舟饯送，保安醮筵一会，自某日净坛为始，于某日深宵施食告终。仰望神功大显灵通，为一方保障，作万民福宰，阴中解厄，暗里消灾，瘟风遣归北海，烈焰送下长江。僧投乞宣行，本坛得此，除已奏申佛圣证盟，依科修设法事外，合行札为，此札请照验明，更冀详前事件，光临法会，俯鉴众信禳送之忱，乞赐阖村平安之

---

① 佚名无题抄本，书末有一倒装页，写作"休宁县僧会司"字样。内容分别为禳解太岁、度伤科、和瘟祭舟科、祭船曲等，其中有关贿赂、迎送神鬼的内容颇为风趣。

② 抄本1册，封面除书名外，另有"王子强识"。封三有"黄小羊字、王子强识"，作"摘要目录"。

福，临晚伏望摄召境内孤幽，来赴长空，听经说法，受度超升。其各源疆界，仰伏本境把隈土地尊神，维持护卫，远遣瘟风，长存瑞霭，殄除狼虎，杜绝鼠耗，咸沾利益，永保安康，立望感通，须至札者，"东""西""南""北"方管界把隈土地尊神。

年　　月　　日吉时发行。

从形式上看，这也是一种保安善会，亦有龙舟，其目的也是送瘟，个中亦提及"保安"的名目，但仔细看来，其中只有东、西、南、北四界，似乎并无五隈的分法。

就目前掌握的史料来看，分五隈组织迎神赛会的做法，主要是歙县和绩溪两地。《左传》曾曰："国之大事，在祀与戎。"这是中国自先秦以来传统的国家观念和政治哲学。如果我们从国家的层面将眼光下移，将视点移至村落一级，虽然御侮的"戎"有时亦不可或缺，但显然，"祀"的意义更显重要。对于传统村落社区而言，祭祀是增强身份认同最为重要的一件事情。于是，组织迎神赛会的"五隈"，亦逐渐成了徽州基层社会的一种重要的组织机构。

在徽州，除了宗族外，还存在着形式多样的地方组织。其中，此前人们常常提到的文会最为重要。如晚清时期婺源东北乡五村联合组成的"丽泽文社"①，亦即文会组织。关于文会，歙

---

① 詹鸣铎著，王振忠、朱红整理校注：《我之小史》第13回《办自治公禀立区，为人命分头到县》，安徽教育出版社2008年版，第214页，注（3）："按丽泽文社始于同治戊辰年，经环川詹梦仙（逢光）、庐源詹以贤（澧）和凤山查相卿（人纲）诸老前辈联合五村组织而成。"

县当地认为："乡有祠，有社，有文会，有水口。祠以聚族，社以聚农，文会以聚礼，而水口以聚一乡之树木、桥梁、茶亭、旅舍，以卫庇一乡之风气也。……文会之责在读书之士……"，[①]"文会聚一乡族社之绅衿士类，礼义之坊也，上焉宣天子教乡之圣训，下焉守里闬耕读之淳风，息争讼之端，严盗赋［贼］之防，去游闲之习，行亲睦之功，任綦重矣"。[②]在徽州民间，文会起着调节民事纠纷的作用，成为基层社会组织之一种。诚如乾隆时代歙人方西畴的《新安竹枝词》所言："雀角何须强斗争，是非曲直有乡评，不投保长投文会，省却官差免下城。"

就基层社会组织的发展形态来看，文会最早是有功名者或读书人聚会的一种组织，如乾隆时代佚名《歙西竹枝词》所言："聚族而居重社祠，遥遥华胄亦同支，衣冠乡党联文会，月旦评文不受私。"这里的"衣冠乡党联文会"，就是一个纯粹的文人聚会组织。当然，由于文会之参加者皆具有一定的身份，故而有的文会（特别是文风蔚盛、文人众多的文会），后来便逐渐发展而为跨越村、族的基层组织。与此一发展态势颇相类似，一些原本是迎神赛会时临时性的"五隅"组织，后来也逐渐发展而为常设性的地方基层组织。

从地理的角度来看，"五隅"的划分城乡皆有，五隅是五

---

① 《书启·水口说》。徽州民间日用类书抄本《书启》，1 册，是以治河凌氏为主，杂抄歙县附近诸姓的资料而成。此外，也抄录了邻近县份（绩溪、旌德）的少量资料。从内容上看，《书启》一书均为清代资料，其中，有明确纪年的最晚一份为《咸丰三年年岁饥荒帖》。

② 《书启·文会说》。

个方位，包括的范围可大可小①，具有相当的灵活性。五隅的划分，显然与五方之帝的信仰有关，但保安善会的主神却不一定是五帝，也可以是观音，也可以是其他。由于祭祀是徽州村社中最为重要的一件事情，故而负责此类迎神赛会的五隅，也就成了地方的基层组织之一②。在此背景下，"五隅"既是一种地理划分，又是一个迎神赛会的组织机构，并由此衍化而为处理超越单个家族公共事务之基层组织，在一些地方，实际上起着文会组织的作用。然而，文会与五隅组织又有所不同，因为文会成员通常称作斯文，他们一般需要有功名，至少也必须是有文化的读书人方能参与。但在有的地方，由于读书人较少，无法组成能广泛代表一定地域范围内村民利益的文会组织。在这种情况下，五隅组织就起到了与文会类似的作用。因为五隅组织的参加者重在其人有见识、能代表本隅利益者即可参与。因此，在一些文风不竞的地区，五隅组织便起着类似于文会那样的作用，成为当地最为重要的议事机构。另外，从地方基层组织发展的一般趋势来看，为处理一定地域范围内的社区公共事务，五隅组织可能较早出现。此后，随着各地文风的兴盛，文人达到一定的规模，文会组织开始出现，逐渐取代了五隅组织，成

① 据说，绩溪龙川（今瀛洲乡坑口村）整个村落呈船形，"胡氏子孙枝繁叶茂，人丁兴旺，于是自然地繁衍派生成东、西、南、北、中五隅（支），中隅为长房"。（http://www.tourmart.cn/marketing/Content.do?topid=1063）唯未见原始文献，不知其何所据而云然，姑存于此待考。

② 根据《族事汇要》的记载，晚清民国时期黟县当地围绕着神庙形成的"六关"，似乎亦是类似于"五隅"的地缘组织，参见本书"六、晚清民国时期的徽州宗族与地方社会——黟县碧山何氏之〈族事汇要〉研究"。

为地方上最为重要的议事机构。换言之，由徽州社会发展的基本轨迹推测，除了宗族、文会之外，五隅反映了地方基层组织较为原始的形态，而这则是既往的徽州研究所不曾涉及的重要问题。

六、晚清民国时期的徽州宗族与地方社会——黟县碧山何氏之《族事汇要》研究

世纪之交，以安徽黟县西递和宏村为代表的"皖南古村落"，被联合国教科文组织列入"世界文化遗产保护名录"。在此背景下，如何进一步发掘传统徽州的文化内涵，愈益受到学界内外的重视。黟县原是徽州一府六县中的荒僻小县，直到清初，经商风气方才蔚然成风。改革开放以后，随着公路的拓展，黟县才逐渐与外界有了密切的沟通，境内的各类民间文献也开始逐渐为世人所知。不过，就目前所见，与徽州的其他县份相比，黟县的史料远非丰富，因此，应加强收集的力度，以期透过民间文献的发掘和研究，复苏久远的历史记忆。

笔者收藏的《族事汇要》2册，民国十七年（1928年）冬安徽屯溪科学书馆石印本 [①]。编者何宗愈字卫侯，黟县三都碧山

---

① 关于碧山何氏，除《族事汇要》刊本外，笔者尚收集到书信汇编《墨雁留迹》抄本1册，内收录黟县何敦睦堂何氏书信，如民国二十八年（1939年）前后的《为碧山成教堂烈位事去鸿留迹》等。

（何村）人，自号惜抱居士，其人自称："余贾人也。"① 是位曾在苏州从业的徽商。民国《黟县四志》卷5《选举志》载，其人为"五品蓝翎布政司理问"，这一官衔显然是由捐纳而来。1925年，何宗愈曾在黟县渔亭经理鼎太典务，兼司渔（亭）商会分所所长，② 应是20世纪前期在黟县颇有身份的商人。1928年出版《族事汇要》时，何宗愈已69岁。他指出："从来为善莫大于报本，报本必期于睦族，然报本、睦族，原非易事，非有力、有才者莫能为也。"显然，他本人就属于族中的"有力、有才者"。何宗愈曾独捐洋钱30元，作为村中登津桥的维修费用③。宣统元年（1909年）春季，他还经手宗祠新置杉木椅桌；1918年春季，又独捐宗祠后厅杉木椅16把、杂木八仙桌6张和杉木茶凳4个。在该书收录的许多契约上，也都有何卫侯（宗愈）的署名，这从一个侧面显示其人在乡村社会中的地位。

从《族事汇要》来看，何宗愈负责何氏宗祠的管理，对于宗祠建设颇多贡献。当时，他有感于宗族凌夷之势，孳孳于族事，从宣统初元迄至1928年，"此二十年中经纬万端，不胜枚举"。④ 有鉴于此，1928年，何宗愈花了数月精力，将历年所办族事以及有关族中紧要事略，编成两册，名为《族事汇要》，付之石印，"以诏族人，所冀族人之阅是编者奋然兴起，由救宗族以救国家"。⑤

---

① 《族事汇要》第2册，民国十一年（1922年）何宗愈撰《感化新社庙会序（旧名茶庵）》。
② 《族事汇要》第2册，《本村兵差过境派夫照七保半雇人否则摊费》。
③ 《族事汇要》第2册，民国九年（1920年）何宗愈《登津桥序》。
④ 从《族事汇要》第2册中，亦可看到何宗愈的这方面的行动。
⑤ 何闰生：《族事汇要序》。

（一）《族事汇要》所见何氏的宗族管理

何氏族人聚居于碧山之东，此处隶属黟县三都。沿溪南岸，屋舍俨然，当地人称该溪为何家溪，溪之西岸，宗祠居其上，祖墓在其下，祠前下首筑塌一道，蓄水养鱼，名垆下塌，墓后有石桥曰乐成桥，"关锁水口，形如张弓"，岸旁古树蔽日参天，漳水经行其间，"澄清见底，游鱼可数"。^① 由于笔者没有找到何氏的族谱^②，对于三都碧山（何村）一带的情况所知有限。不过，乾嘉时代黟县著名学者俞正燮著有《黟县山水记》，其中提及："章山水，《汉志》所谓渐水也。其南源南行迳枳溪、余村，过水口庙下，石钵盂山水自西北来入之。又南迳枳溪、邵村、程村，山水荦确，水行如在枳中。出枳溪尼庵西，石壁有宋汪纲等游记，下过西门桥，迳何村，为放生处，溪水停流，鱼聚影焉。"^③ 这里的"放生处"，即指何氏宗祠一带。另外，民国《黟县四志》中

① 民国十八年（1929 年）何闰生：《重修何家溪东岸碑记》，载《旌事汇要》第 2 册。
② 王鹤鸣等主编《上海图书馆馆藏家谱提要》，未见有黟县何氏族谱。与此相关的族谱有《何氏统宗谱》，清康熙三十二年（1693 年）刻本，其提要如下："始迁一世祖嘉，宋乾道间自乐柳桥迁婺源菊径。后裔又有迁往安徽之黟县、祁（门）县、桐城、休宁，江西之鄱阳、景德镇、安仁、万年等地。此为各地支派之统宗谱，修于菊径。"（上海古籍出版社 2000 年版，第 250 页）
③ 《癸巳类稿》卷 8，载《俞正燮全集》第 1 册，黄山书社 2005 年版，第 372 页。

有《碧山八景二十二首》, 对于当地的自然及人文亦颇多描摹,
兹举一首:

　　村东漳水往东流, 傍水人间尽画楼。若是春来能荡桨,
挂帆安稳到杭州①。

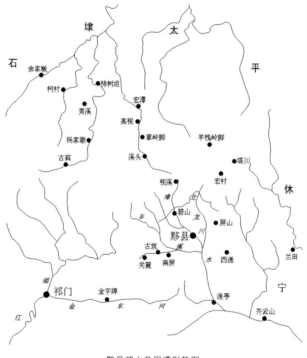

黟县碧山及周遭形势图

---

①　汪浚:《碧山八景二十二首》, 载民国《黟县四志》卷15《杂志·诗录》, 吴
　　克俊、许复修, 程寿保、舒斯笏纂, "中国地方志集成"安徽府县志辑第58
　　册, 江苏古籍出版社1998年版, 第482页。

何氏自宋末由徽州婺源菊径迁居黟县碧山，宗族的繁盛始于明末清初，其全盛时期则是在清乾嘉时代。嘉庆三年（1798年），何氏扩建宗祠，名曰成教祠，"其时叶茂枝蕃，支丁达七百人"，是为何氏宗族最为繁盛的时代。[①] 及至编纂《族事汇要》的20世纪前期，"老成寥落，少壮复多夭亡，合族仅二百数十人"，[②] 仅达三分之一强。有鉴于此，何宗愈撰有《宣统元年办族事五端细目》，对族事提出五个方面的规划：

一、修宗祠以新气象。
一、砌鱼尾以壮观瞻。
一、修祀事以隆报本。
一、竖披屋以保茶亭。
一、造桥垛以便行旅。

这五个方面的规划是他于宣统元年（1909年）正月提出来的，随后便逐渐付诸实施。这些，在《族事汇要》中均有详尽的记录。以下，就以《族事汇要》的记载，对碧山何氏的社会生活作一概括性的描述。

1. 宗族经济运营

《族事汇要》第2册中有一《枧溪源一带山业看山字》：

---

① 何闰生：《族事汇要序》。何修的跋亦称："乾嘉之间，吾族有名诸生斑臣公者董理族务，识大体，竟大功，劳神焦思，……斑公当族运全盛之时，人众财饶，一鼓足以集事。"
② 何闰生：《族事汇要序》。

立看山字约^{叶定基}^{支丁兴家}，今承看到何成教堂名下枧溪源一带山业，土名乌珠坑、罗汉肚、枞树冢、童子壌、和尚垒、寒信坑等处山中杉树，包看包养，此外一应杂树，有尺围者，亦均一律爱惜养护，不得监守自盗。山中硬柴茅草，递年拼出若干钱，照旧例：成教得六成，看山人得四成，两人看守，出息对分，不致于中取巧。山中柴薪，只准看山人妻孥及何姓之妇女入山斫柴，外姓之人不准带领，致干未便，倘有徇情察出，无论何人，公同议罚，决无情面可讲，恐口无凭，立此看山字约存照。

民国二年阴历二月吉日　　　立看山字约^{叶定基}^{支丁兴家}

支丁卫侯经手。

枧溪今属碧山乡，碧山乡一带为低山丘陵地区，以种植水稻为主，兼产茶叶、木材①。据当代地名志记载，枧溪两山夹一水，地形似枧，故名，古人依溪建村，得名枧溪，此处为山区，旧时村民多以卖柴炭为生，俗有："吃江西，烧枧溪"之谚②。关于此一俗谚的前三字，乾嘉时人孙学治《和施明府源黟山竹枝词》曰："山田力薄半无泥，养得爷娘子又啼。此地年丰休便喜，须将水旱问江西。"可见，由于黟县长年粮食不足，故而粮食供应很大一部分来自江西。而谚语的后一句则表明，枧溪一带是黟县境内柴炭的重要供给地。而何姓的富源之一就是山林，包括杉树及山中的硬柴茅草。关于这一点，另有两份契约可资证明。其一

---

① ②　黟县地名委员会办公室编：《安徽省黟县地名录》，1985 年版，第 72 页。

　　　　　　　　　明清以来徽州村落社会史研究（修订版）

为《长坑屏风山胡姓看山字》：

立包字胡月等，缘何姓屏风坑山业，向系身等看养，于本年二月二十一日，何姓踏看，见火烧去嫩苗及盗斫尺围树百数十根，并开挖垦种，被控在案。身等托凭亲友恳息，愿承包养，复补新苗，嗣后倘有失火及盗斫、私种等情，尽向身等是问，听何姓执凭呈官究治，恐口无凭，立此包字，永远存照。

嘉庆十一年二月二十八日立包字胡官三

胡月

胡佛金

胡富贵

凭中　韩际飞、邵森平

亲弟胡怀远

亲叔胡得卿

地保邵吉全

其二为：

三都何成教堂长坑、屏风坑山场八十余亩，嘉庆初年，胡月、胡富贵等承看，嗣因盗斫杉树，禀控有案，年代既久，鞭长莫及。今正查出盗斫树木多人，理应鸣官究办，经中言情，罚洋二十二元寝事，不追既往，只儆将来，嗣后本山树竹，概作养林，如再有盗窃情事，知风报信者，酬钱壹千文，代为拿获者，酬钱二千文，决不食言，特此布告。

民国二年阴历三月吉日何成教堂具　支丁卫侯经手。

可见，除了枧溪一带外，何成教堂在长坑、屏风坑计有山场80余亩，早在清朝嘉庆十一年（1806年）以前，就由胡姓看养，其间虽然颇有纠纷，但其局面一直维持到民国年间。

此外，碧山乡因位于黟县县城西北，地处交通要道，何氏还通过建造栈屋出租，获得经济利益。①

2. 祭祀

何宗愈在《宣统元年办族事五端细目》中指出："向来清明摆执式，至墓前祭祀，今则挑食箱，发担夫，且支丁到者寥寥，不成大族体统，……"在何宗愈的自我感觉中，何氏应是当地的一个"大族"②。因此，在《族事汇要》中，收录了大批与"大族"身份相符的祭祀方面之文献，如《清明祀土文》《清明祀祖文》《中元请门神文》《中元祭祖文》《冬至祀祖文》《腊月廿四日请门神文》《腊月廿四日祀祖文》《祭礼》《新婚拜天地文》《拜祖先文》《中元廿四清明三节写包》《冬至节写包》《冬至节老配享装盆定式》《冬至祭毕发胙饼每股（肉票贰 花饼壹）斤》和《光绪十八年七月廿三日列位所议新立配享递年冬至装碗定式》等。

何宗愈对于何氏宗族的各类文献作了重新的梳理，这使得

---

① 参见《宣统元年办族事五端细目》《重建东头街店屋原委》及《登津桥会后序》诸文。

② 民国《黟县四志》卷5《选举志·仕宦》中，列有17名具有头衔的何村何姓族人。

《族事汇要》保存了极为丰富的史料。如《崇报祀会序》：

> 崇报祀会者，取崇德报功之意，为族先达挺臣公立也。……公讳学揩，邑庠生，清乾嘉时人……公勇直有古风，生平热心公益，对于族事尤极意经营，故老相传盛事甚多，其荦荦大者为改造成教宗祠、创建乐成石桥二事。当日族小力微，捐资不继，公朝夕督工，见有外贸归里之支丁，辄令卸去长衣，躬亲畚揭，其成此伟大工程者，非公之精心果力，为族人所敬服，曷克臻此？……①

当时，设立崇报祀会奉祀乾嘉时代对于宗族建设有功的何挺臣。据何宗愈和何闰生共同发起订立的《崇报祀会简章》记载："本会为崇报斑臣公而设计，基本金壹百元，发存殷实商户生息，即以息洋作为备办祭祀、修理坟墓之需，如有盈余，妥为保存，俾得积少成多。"文中的"斑臣"，即前述的"挺臣"。《崇报祀会简章》并规定，清明前数日，应由该会雇人，将坟墓附近之荆榛草莽芟除净尽，以便届期致祭。此外，还详细记载了清明墓祭应需物品：

> 堂灯，执事，鼓乐，祭桌，屏桌，猪羊，单桌，表礼，帛，祀土文，祭文，香，冥包，百锭（祀土用），纸钱，四两烛（屏桌用），子烛（掌灯用），边爆，馔盘，馔碗，馔碟，汤碗，礼壶（并酒），酒杯（十个），筷（十双），饭

---

① 民国十五年（1926 年）何闰生：《崇报祀会序》。

（十盂），茶（二碗），面盆（并架），手巾，拜垫（主祭用），洋火，纸煤，饼筹，牌架。

清明祭品，仿照宗祠成例，装二十盆，除四干、四海、四甜可以借用外，其四鲜、四素必须支钱购办，俟墓祭毕，即将所购鲜素各品办成四盘，加四小碟，邀本会出捐人或其亲属于本日晚间在祠会餐……

祭品中的四干、四海、四甜、四鲜、四素，具体如下表：

名　目	祭　品
四干	干鸡，干鱼，干肉，鸡蛋
四海	海参，淡菜，蛏干，鱼肚
四甜	红丝，云片，墨枣，橘饼
四鲜	蹄包，猪肝，肉圆，鲜笋
四素	金针，粉皮，豆腐，洋菜

除清明节外，如七月半、二十四，亦应写包赴祠祭拜，所需香纸、锡箔、鞭炮、蜡烛和酒肴等物，也统由崇报祀会购办。

对于一年内对祖先的祭祀，《族事汇要》亦有详细的规定：

岁　时	盆筹（廿四枝）			馔筹（式枝）	说　明
冬至	青果　橘子　荸荠 栗子　海参　大爪 淡菜　蛏干　冬笋 金针　香菰　洋菜 员条　雪片　贡枣 桔饼　猪干　猪耳 腊肉　猪舌　鲜鸡 鲜鱼　鲜肉　肉员			鲜鸡一碗，酒杯廿个，筷十二双，饼十六盂，礼壶一把，表礼花座，香案，帛 鲜鱼一碗，鲜肉一碗，汤碗三个，馔碟三个，有盖茶碗两个，进馔盘四面，写祭文，前后进扫地	冬至节装盆，统归配享家，每年十三家，每家抽筹两枝，照筹分装

岁　时	盆筹（廿四枝）	馔筹（式枝）	说　明
七月中元节	莲藕，雪梨，葡萄，枣子，羊角，茄子，豆芽，冬瓜，洋菜，粉丝，香菰，金针，面徹，油糍，麻糖，素员，鹅颈，米花，软糕，油腐，贡枣，橘饼，员条，雪片	酒杯十六个，筷子十六双，馔碗三个，馔碟三个，汤碗三个，饭十六盂，有盖茶碗两个，酒壶一把，祭祖文一道，请门神文一道，写纸包共壹百六十个，自始祖写起，惟一、二、三世祖^均用双包。装包，八十银十六块，一百张锭一副（请门神用），五百头边炮一串，烛台三副，四两蜡一对（香案桌用），包丝三封（主祭桌、祖位前、馔所），香案全副，桌毡一床，进馔盘四面，表礼，帛，香九枝，鼓乐，前后进扫地	四房共装祭盆廿四面，每房六盆，抽筹为定。馔碗，司年之家办
腊月廿四节	腊月廿四节装盆，照冬至盆筹四房分抽，每房六盆，共装盆廿四面	鸡鱼肉三碗，馔碟三个，汤碗三个，饭十六盂，有盖茶碗两个，酒杯十六个，筷十六双，酒壶一把，写祭文一道，表礼帛全副，写纸包壹百六十个，自始祖起惟一二三世祖均要双包，八十银千六块（装用），四两烛一对，包丝烛三对，子烛一对（点堂灯），五百炮一串，香案，桌毡，桌围，烛台三副，进馔盘四面，香九枝，叫鼓乐，前后进扫地	馔碗，司年之家办
正月初六日	盆品，照廿四节四房分装，原样每房六盆	鸡鱼肉三碗，馔碟三个，汤碗三个，酒杯九个，筷九双，有盖茶碗两个，饭九盂，酒壶并酒，香案，桌毡，桌围，五百边炮一包，四两烛一对，包丝烛三对，子烛壹对，祭文，表礼帛，一百张锭一副，进馔盘四面，烛台三副，叫鼓乐，前后进扫地，礼生主祭者每人发饼壹斤，进馔四人，每人发饼壹双，祭后收容入匣待清明交下手领去	馔碗，司年之家办

岁　时	盆筹（廿四枝）	馔筹（式枝）	说　明
清明节	计开平盆二十面	子鸡、干鱼、鲜蹄包、肉员、海参、淡菜、蛏干、片肚、金针、粉皮、豆腐、春笋、红丝、雪片、黑枣、桔饼、猪干、猪肚、猪肺、鸡蛋（以上均装平盆，配齐二十样，惟不见盆底则可耳） 表礼一副，帛三副（株林、沙园、木主三处用），祀土文三道，祭祖文三道，酒杯四个，筷四双，饭四盂，有盖茶碗两个，酒壶一把，汤碗三个，馔碟三个，馔盘四个，桌围、手巾、铜盆，香两只，纸猪羊，瘗毛血盘两上，写纸包一、二、三世祖均用双包，五百边炮三串，一百张锭三副，子烛、四两烛各一对，纸钱	清明节司年之家所办各事

　　徽州祭祀由族人共襄盛举，为示公平，祭祀所需的食品分成几类，由族人分别抽签供给[1]。书中还详细规定了"祭祖司年家在祠中办饭菜蔬"，即：鲜肉一碗，肉圆一碗，猪肝一碗，猪肚一碗，猪肺一碗，蛋花一碗，春笋一碗，豆腐一碗，粉皮、金直菜一碗，烧酒半斤。还有"清明节司年之家所办各事，计开人夫"：祭桌四名，每名二百；屏桌两名，每名一百；猪羊架四名，每名一百；堂灯两名，每名七十；红蓝伴贰名，每名八十；旗四名，每名五十；锣两名，每名一百；铳两名，每名五十；牌四名，每名八十；粗细乐四名，三处连卖封共钱壹千八百；牌架一名，每名一百；单桌一名，每名一百；表礼、百盆架一名，每名一百。

---

[1] 类似的情况亦见于社祭，参见拙文：《徽州的春祈祭社——介绍一份社祭的菜单》，《华南研究资料中心通讯》第25期，2001年10月25日。

如清明日遇雨，在祠祭拜，伕费减半发给。这些制度性的规定，使得徽州的祭祀具有比较严格的章法，"徽礼"显得有条不紊。

祖先祭祀之外，还有对各种神明的祭祀。《碧山八景二十二首》对于当地的迎神赛会有着概括性的描摹：

> 新正女伴预商量，明日齐过土地堂，膜拜神前求利市，人间个个尽浓妆。
>
> 元宵好景冠三春，灯火鱼龙百戏陈，人字街前声扰攘，往来细步踏红尘。
>
> 春光好景三月三，箫管迎神路共谙，堪羡先春门外路，一丛珠翠过花南。

而在《族事汇要》中，则有《案神祭文》，从中可见何姓所祭之高宗昭明文孝皇帝、敕封越国汪公大帝、唐封给事中书舍人通真三太子、敕封仁武侯翊烈大王和敕封护国显应周宣灵王等。

《族事汇要》中对于祭祀活动的详细记载，亦见于黟县的其他文献[①]。

（二）何氏宗族与地方社会

何氏是黟县碧山一带的"大族"，随着实力的增强，它采取

---

① 如《祀事孔明》(亦即《南屏叶叙秩堂值年规则》)，叶叙秩堂印行，民国十五年（1926年）四月，黄山学院徽州文化资料中心复印本。

各种措施重新定义宗族的势力范围。如光绪元年（1875年）冬，"江姓支丁长生、长荣等，因修墓无资，议将沙园始祖墓脑古杨树一根出拼，枝桠已去，正身仅存"，何姓因念荫木不宜伐斫，且与江姓祖墓毗连，出拼价制钱三千五百文，赎回长生、长荣等所立字据，内江姓祖墓之树，载明即系何姓之树。[1]1920年，"江姓族运更不如前"，何姓又将"沙园始祖墓余地，前至拜坛大路为界，后至脑背古杨树下何姓荒地为界，左至臂土旁与何姓坟地毗连为界，右至臂土旁大路为界，四至之内，切恳何姓保存，以杜两姓后患。何姓借洋贰拾四元。"

在与周围族姓的交往中，偶尔亦曾发生纠纷。何成教堂前临大河，族人夹河而居，一向放养鲜鱼。这是因为村内没有水井，日常用水都是饮用河水，藉养鱼以验水之无毒，相沿成例。祠之右首，有石堨名埁下堨。清朝同治年间，埁下堨被洪水冲坏，经何姓阖族捐资修建。石堨之旁，原有水沟，遇天旱之年，可以引水灌溉下游查姓及众姓之田。从前每当引水灌田之际，先由各佃户出帖，向何姓告借。民国八年（1919年）四月间，邻村查吏铨等人未照旧章，自行率众前往开沟。有鉴于此，何氏唯恐鱼随水流，即于沟口排立木桩，结果又被查姓拔毁，以致引发诉讼，[2]官司一直打了三年，[3]最后请省长告示方才案结。

除了诉讼纠纷外，在群雄并存的地方社会，各个族姓之间更存在着颇为紧密的协作关系。神庙的建设及祭祀的运作，是各宗族协作的一种表现。《六关修神庙议事启》曰：

---

① 《沙园始祖墓江姓坟坛余地合墨字》，载《族事汇要》第2册。
② 《埁下堨三审终结简要判词》，载《族事汇要》第2册。
③ 《感化新社庙会序》。

启者：前于光绪二十三年公建六关神庙于立川精林寺西，听从各姓迎坐，并立善后章程，法尽美矣。经今仅十余稔，而后幅墙已倾危，恐及神座，西向高墙亦有土崩之势。敝关责重值年，岂敢膜视，故特具帖前来，定于月之十三日午后一句钟，请贵祠名下书名芳衔，签到字为盼。

民国玖年九月初十日松鹤关请六关议事启。

议决后本族成教堂独关派出洋拾元，付讫。

由其后的《六关下帖式》可见，六关神庙由附近的各族姓组成：

姓　氏	关	祠　　堂
何	独关	何成教堂
张、金、李、余、袁	湖洋关	张承德堂，李树德堂，金仁让堂，余世德堂，袁庆善堂
胡、项	榆树关	胡光裕堂，项宏叙堂
汪、汤、曹、吕、宋	历阳关	汪怀德、汪徽典、汪昭德堂，汤孝友堂，曹和义堂，吕仁让堂，宋辰保堂
汪、江	沙园关	汪承德堂，江敦本堂
李、汪	松鹤关	李敬德堂，汪叙伦堂

上述的六关中，只有何姓的独关是单独一姓占有一份，其他的五关都是两姓乃至多姓占有一关。由此，似可从一个侧面看出何氏在当地社会中的地位。

光绪二年（1876年）沙园村施放蒙山，查、江两姓出面，告借何氏始祖墓脑后余地搭坛起场，何宗愈抄有当时的帖底留存，此即《沙园施放蒙山借地搭坛帖》：

> 谨择月之十八日，敝村施放蒙山，告借贵族祖墓后余地搭坛起场，事关善举，特此告借，幽明同感。何成教堂台照。_{江敦本}_{查爱敬}堂同启。

对于地方社会的事务，当地也有约定俗成的义务。《族事汇要》第2册，有《碧山股无论大小事，习惯照九股半派费例》：

族　　姓		派认股份	备　注
汪氏大本宗祠	适安堂，仁让堂，宝善堂，贻善堂，遗安堂，尚义堂，树德堂，义安堂，明睦堂，光绪堂，孝友堂，名贤堂，世德堂（以上本村13门）	4股半	
王氏世禄宗祠		1股	
何氏成教宗祠		1股	
众姓	塘上汪敦义堂，黄陂汪遗清堂，胡永庆堂（步周）	3股	按照老例，学宫派费，丁、查两姓派壹股，继统汪派壹股，众姓派壹股
	穆让汪乐善堂，后门田汪义本堂，李尚德堂（培芳）		
	欧阳一经堂（伟卿），胡缵绪堂（联鑫），丁怡顺堂		
	查爱敬堂，环山塘姚姓，长坑徐姓		
	际头汪，叶姚方董村，青山堨口杂姓		

上述是派费，而当差则另有规定。《本村兵差过境，派伕照七保半雇人，否则摊费》：

祠　　堂	保	族　　姓
汪大本十三门统祠	4保	汪积善，汪福先，汪安定，汪洪
王世禄堂	1保	王公义
何成教堂	1保	何成（教）
叶姚方董村	合1保	民国十三年甲子是方敦本派保
穆让汪乐善堂	半保	汪善源

　　如民国十三年（1924年），常德盛率军骚扰赣边，由婺源过境，安徽省派驻大通一带营官杨徐乔等前来徽州弹压。七、八两月，黟县约用招待费4000元，何氏宗族照惯例9股半摊派三次，缴兑兵差费洋43元。

　　这种以股份方式分摊地方义务的做法由来已久。笔者手头另有《抄社仓规则（附合都合同稿）》1册[①]，内容是说黟县三都众姓，自乾隆初年起办理本都社仓谷石，到乾隆四十二年（1777年），已经办理了41年，"轮值一周"。由于以前并未定有章程，所以每当上下交接时，往往"彼此留难，致伤雅道，甚非一都和同之谊"。乾隆四十二年（1777年），招集各姓老成（汪大本、何成教、王世禄、丁怡顺、汪遗清、汪继统、查爱敬、汪乐善）议立合同，"以作轮流，永为通都成规"。此后凡属更代之年，"据墨办理，无烦争论"。为此公立合同一样16张，每家各执1张，存公1张，以作凭证。其中的条规主要有：规定社长三年一

---

① 徽州文书稿本1册，封面题作"嘉庆二年十一月　日立"，版幅约16.5×25 cm。除封面文字外，其他字体相当整脚，应为文化程度不高者所记录。嘉庆二年为1797年。

更，"照依派定次序，上交下接，无得推诿，总以年冬退、认两状，约会同递"。社谷作九股轮管，即：汪大本四股半，何成教一股，王世禄一股，丁怡顺、汪遗清一股，查爱敬、汪继统一股，汪乐善半股，一共九股。从丁酉年（即乾隆四十二年，1777年）春起，先后由以下数姓经管，"照依定则周而复始"。笔者根据社仓规则的记载排列下表：

时　　间	经管人	备　　注
乾隆四十二年至四十五年（1777—1780 年）	汪大本	
乾隆四十五年至四十八年（1780—1783 年）	何成教	
乾隆四十八年至五十一年（1783—1786 年）	汪大本	
乾隆五十一年至五十四年（1786—1789 年）	王世禄	
乾隆五十四年至五十七年（1789—1792 年）	汪大本	旁注：五十四年尚义推往义安三门管
乾隆五十七年至六十年（1792—1795 年）	丁怡顺、汪遗清接管	
乾隆六十年至嘉庆三年（1795—1798 年）	汪大本	
嘉庆三年至六年（1798—1801 年）	查爱敬、汪继统	
嘉庆六年至九年（1801—1804 年）	汪大本、汪乐善合接管	

上述充当社长的"汪大本""何成教""王世禄""丁怡顺""汪遗清""汪继统""查爱敬"和"汪乐善"等均非人名，而应当分

别汪氏、何氏、王氏、丁氏、查氏等家族的名称。除了这些家族之外，还有一些姓氏出于某种原因（原因不明，文书称"未便合同接办"），所以公议由他们量力出费，"兑交合同之家，轮流生息，永为接管，以作垫费"。此处的社谷由九股轮管，可见，到清末民国时期，虽然已变为九股合办，但以股份方式分摊地方事务的做法并无二致。

族姓之间的协作，还表现为各姓之间的默契。《四都古筑支祠保管布告》：

> 四都古筑远公支裔迁居之支祠，现租开木匠店，兹闻五桂妻有出卖之说，虽是传言，诚恐妇人无知，该支列祖宗灵爽式凭，何所倚赖，恐外姓不知，故具此白，幸勿与之接洽，致生事端，是为至要。
>
> 民国十七年戊辰阴历二月二十九日三都何成教宗祠布告。

其后注明，是"交孙望之侄婿带至古筑张贴"。孙氏是黟县四都的大族，通过由何姓出具布告，由古筑孙氏张贴，目的是杜绝任何人与五桂妻买卖交易的可能。

何氏还通过官府的告示，维持地方的秩序。如《请更正何村东头地名布告公函》（丙寅六月十九日阴历五月初十日）：

> 敬启者，顷奉钧署颁到六月九日布告两张，一书实贴何村，一书实贴汪村东头街。查东头街前后左右，均为敝族所

居，原属何村地段，《黟县三志》卷二《都图门》内何村有东头街等处，尤足以证明也。此次颁发布告所书汪村东头街，定属笔误，合将原颁布告缴呈，敬请钧署更正，另发布告一张，填明何村东头街字样，俾张贴至纫公谊，此致黟县知事吕　　何^{宗愈}^{闰生}

按此项布告，比蒙吕知事更正发贴，鹭生识。

此外，《族事汇要》中还见有乾隆四十七年（1782年）八月十四日《署黟县正堂加五级纪录六次钟禁渔告示》、光绪二十三年（1897年）七月初十日《署黟县正堂俞禁渔告示》，都是类似的例子。

（三）结语

《宣统元年办族事五端细目》之末注曰："民国十七年戊辰阴历秋季，因汇《族事要略》，卫侯谨识。"从文意上看，"《族事要略》"似为一个专有名词，应是《族事汇要》成书之前的一个名称。而《族事汇要》主要是将与本宗族相关的重要文件汇集成册，这是保存宗族文献的一种方式。

民国十七年（1928年）休宁举人何修在为《族事汇要》所作的跋中指出，全书"纲举目张，毫发无憾，其中荦荦大者，如图始祖基地，记登泽桥下水栅二桥，论垮下塌主权，修鱼尾坝旧迹，重建感化新社，保存古筑支祠，其他如冠婚丧祭之仪，迎神配享之规，与禁渔、守山、合基、借地诸楮墨，纤悉靡遗，事有近古者，有通俗者，登载一仍其旧，间附识语，俾后人开卷瞭然"。从上述的跋语中可见，《族事汇要》保存了一个宗族的重要文献，对于研究晚清民国时期徽州宗族与地方社会的诸多侧面，提供了极具价值的史料。

晚清时期，"物竞天择，适者生存"的进化论思想深入人心。对于一个区域而言，宗族所处的生存环境，也如同列强环伺的国际环境一样，存在着弱肉强食的规则，故此，此种进化论的观点，很容易在地方社会中引起强烈的共鸣。如与何氏祖墓毗邻的江氏，"自发逆乱后，支丁式微，迄今检查支裔在里暨外贸者不满十人"，与何氏签订《沙园始祖墓江姓坟拜坛余地合墨字》的江贞元，"只一弱儿，形影相随，不珠薪桂，贫不能支"[1]。何宗愈在《感化新社庙会序》中指出"前岁庚申埁下堨讼累三年，无端受本村豪族及众姓侵凌，虽三审终结，幸赖祖宗庇荫，达到主权目的。"此处提及的"主权"，显然也是近代以来的概念。

《族事汇要》的序文是 1928 年由何闰生所书：

> 今日之救国者，鉴于国势之衰微，人心之涣散，以我国之宗族旧制主义太狭，起而提倡国族主义，而我何氏族人，则尚抱家族主义，对于宗族且漠不关心，奚足与言救国哉？诚可叹而可惧也！[2]

---

① 《沙园始祖墓江姓坟拜坛余地合墨字》，载《族事汇要》第 2 册。
② 何闰生：《族事汇要序》。

何闰生字梅先，也是黟县何村人，曾任河南督军署全省巡缉营总司令处执法股股长[1]。撰写序文时，他正任职于国民革命军第二集团第八方面总指挥部，对于孙中山的主张应当是耳熟能详。孙中山在《三民主义·民族主义》中提及对家族主义的态度，旨在将之改造为国族主义，团结国人，外御列强。孙中山号召"合各宗族之力来成一个国族，以抵抗外国"，就是"用宗族的小基础，来做扩充国族的功夫"[2]。

另外，从《抄社仓规则（附合都合同稿）》来看，徽州黟县三都众姓，自乾隆初年起办理本都社仓谷石，乾隆四十二年（1777年），招集各姓老成（汪大本、何成教、王世禄、丁怡顺、汪遗清、汪继统、查爱敬、汪乐善）议立合同，"以作轮流，永为通都成规"。社谷作九股轮管，从丁酉年（即乾隆四十二年）春起，先后由汪氏、何氏、王氏、丁氏和查氏等数姓家族经管，"照依定则周而复始"。从中可见，自明代中叶以来，随着徽州商业的发展，契约意识渗透到民间社会的各个角落，在徽州，各类的社会活动或公共事业（包括官方差役、迎神赛会等）均出现了股份化经营、商业化运作的特点，从《族事汇要》可以看出，此类的股份化经营、商业化运作在徽州社会长盛不衰，使得无论是商业发展还是社会秩序均显得井井有条，这反映了传统民间社会的自我管理能力，从这一角度来看，也极大地提高了徽州社会应对自然灾害和社会动乱的能力。

---

[1] 民国《黟县四志》卷5《选举志·仕宦》，第47页。

[2] 关于这一点，详见冯尔康先生《18世纪以来中国家族的现代转向》第6章《20世纪上半叶社会各界的家族观》，上海人民出版社2005年版，第279页。

七、清代一个徽州小农家庭的生活状况——对《天字号阄书》的考察

（一）徽州分家文书的形成、收藏及其价值

1. 分家文书是研究人们社会生活和经济活动的重要史料，这些分家析产的文书，从南宋（1127—1279 年）迄至 20 世纪 50 年代，在徽州民间有着各种不同的称呼，如关帐、义帐、标帐、阄书、勾（句）书、龟书[①]、分关、分书、谕言、标书、摽单、摽分书、分单（簿）、阄分墨、分晰（析[②]）、分阄（书）、遗嘱[③]

---

① 勾（句）、龟，应当均为"阄"字的俗写。

② "分析"在民间文书中有时也写作"分拆"，但从字义上看，"拆"字不太吉利，实际上应为"析"之讹写。

③ 有的"遗嘱"也是分家书的一种，对此，徽州村落日用类书抄本（何莲塘抄录）中有一份遗嘱有所解释："所谓遗者何？以产业遗后人是也。世所谓嘱者何？以嘉言嘱后嗣是也。"当然，遗嘱的类型多种多样。遗嘱阄书即分家书，有时亦作"嘱书"，如光绪五年（1879 年）十一月的《弟字号嘱书》(抄本），即是其例。按：本书凡未特别注明收藏单位者，均系私人收藏。

（阄）书、遗嘱分关、遗嘱关书、分授文书、分单阄书、分单嘱书、分家合同、分家勾（句）书、分家文书、分家产书、分拨阄书、分析阄书、分析产书、析产文书、分产标帐、分晰遗产阄书和兄弟协议分书等[1]。此外，有的分家文书之冠名，则另以其他表达吉利的成语或熟语，如写作"人丁兴旺""满门吉庆""日升月恒""源远流长""宜尔室家""长发其祥""大发其祥""积少成多""流芳百世""丕振家声""从此兴隆""起家发福"或"堆金积玉"等。

关于分家惯习，在徽州民间的日用杂书中有不少描摹，如抄本《通用杂字》即言[2]：

> 承分祖产，管业至今，拨单可据，品股均匀，拈龟为定，毋许争论，各遵规条，不可相侵。

抄本《备用六言杂字》也有：

> 分单阄书禁约，亲族眷戚居中。田地物件品搭，各样器皿公平。抽阄照据执管，不可谋占相争。若有倚强欺弱，父母阴魂不宁。

---

[1] 以上各种名称，均为徽州文书所见。此外，在其他地区的文献中，尚见有"合同分（拨）据"的称呼（见清末江南日用类书抄本《契据写式》）、"拨遽［据］""拨付"（见清末江南日用类书抄本《应酬录》卷5）。

[2] 封面除书名外，另有"吴日沛记／道光七年（1827年）冬月　吉立"字样，此书中的《地理》类曰："明君一统，南北二京，十三省道，布政司名。……"据此，则该启蒙读物反映的内容似由来已久。

抄本《六言杂字》亦云：

> 兄弟本为一体，莫存尔我之心。
> 切莫怀私积蓄，有伤手足至情。
> 若是分居各囊，必须浼托亲朋。
> 田地高低品搭，物件估值均匀。
> 阄书开载明白，庶免反悔异心。
> 田氏紫荆复茂，张公九世不分。
> 不可守株待兔，常言坐食山崩。

上揭者均为徽州民间流传的启蒙读物。一般说来，民间启蒙读物所载，往往是当地民众的通俗常言，集中反映了民间社会通常的惯例。

诸子均分是中国各地民间分家的惯例，徽州自不例外。订立分家文书时，通常是邀请众人（如亲戚、朋友和族人[1]，也有的是请保长、甲长、乡约等）做证，按照参与分家人数的多少，将产业基本上平均分成数份，标明字号——如孝、弟二阄（或天、地二阄，或仁、义二阄，或富、贵二阄，或乾、坤二阄），天、地、人（仁）三阄（或福、禄、寿三阄），忠、孝、节、义四阄（或天、地、人、和四阄，或文、行、忠、信四阄，或元、亨、利、贞四阄，或天、地、元（玄）、黄四阄），仁、义、礼、智、

---

[1] 清光绪二年（1876 年）《杨兴立关书》中简称"凭友、戚、族"。见中国社会科学院历史研究所收藏整理《徽州千年契约文书》清民国编卷 3，花山文艺出版社，序于 1991 年，第 80 页。

信五阄，礼、乐、射、御、书、数六阄，或孝、弟、忠、信、礼、义、廉、耻八阄等，往往是在祖先灵前燃香发誓，让诸子以拈阄的方式决定自己所应分得的那份家产。由此形成的分家文书，亦遂根据承分人（即参与分家者）人数之多寡，而形成为若干本。

程序化的分家文书一般包括有序言、析产内容和落款三个部分。在序言部分，通常会比较详细地缕陈父祖辈创业的艰辛，追溯祖业之来龙去脉；第二部分的析产内容则是分家文书中最为核心的部分，详细列明自留、存众的家产，以及分给诸子的田地、房屋等项；而落款部分则详列立阄书人、中见及代书人等，各人姓名之后，通常还有花押或印章①。关于花押，唐朝李肇所撰《唐国史补》卷下载："宰相判四方之事有堂案，处分百司有堂帖，不次押名，曰花押。"这是后世花押之由来。而就现存的徽州文书之押名来看，可能是根据个人身份、文化水平的不同，目前所见者大致有三种形式：一是花押，二是十字，三是圆圈，其中，划十字和画圆圈当然是最为简单不过的一种形式。

除此之外，有的分家文书后还附有分家时房屋、田产的相关地图。②上述这些，是分家文书通常所见的内容，不过，个别的

---

① 参见张研、毛立平：《19 世纪中期中国家庭的社会经济透视》，中国人民大学出版社 2003 年版，第 71—82 页。

② 如《正德十二年吴珰等分家合同》中，就收录有"天字阄"的地图二份，见《徽州千年契约文书》宋元明编卷 1，第 360—361 页。另外，据说有的阄书还加盖官府印章。譬如，田涛、［美］宋格文、郑秦《田涛藏契——田藏契约文书粹编》（中华书局 2001 年版）第 3 册，收录有明代天顺七年（1463年）的《华字阄》（簿册文书），释文部分除了加盖"磻溪双宝堂记"印外，据说还有"徽州府印""休宁县印"和"休宁提调正官关防"三印（第 96页），但笔者遍寻该书所附原件（第 90 页），实未见此三印，不知释文何所据而云然？姑且存疑于此。

分家文书还收录了其他相关的内容。如笔者收藏的清雍正三年（1725 年）《分单簿》中，还附录了《（关帝会）会酌规例》（这使得该份分家文书具有特别的价值）。而就用纸而言，分家文书抄件，一般用红纸书写，而簿册文书（即抄本）少数也书写在红纸上。有的簿册文书虽然不用红纸，但却在一张红色的小长纸上题写书名，然后将之粘贴在分家文书抄本的左上侧以作标题。在中国民间，传统上将红色视作喜庆和庄重，故而上述这种郑重其事的做法，显然反映了分家在民众日常生活中所具有的重要意义。

　　程序化的分家文书由来已久，早在公元 9—10 世纪的敦煌文书中，即见有分家文书及分家文书格式[①]。而明清时代在全国通行的日用类书刊本中，也有一些"分关体式"，亦即分家文书的活套格式。如明万历二十五年（1597 年）福建建阳宝善堂刊行的《新锲全补天下四民利用便观五车拔锦》中，即有"分关体式"，计有"代人分关""为人作分关"和"兄弟分关"三种[②]。而在现存的徽州村落日用类书抄本中，更有各式各样的分家文书活套，供人们在分家时根据不同的情况加以套用，这些分家文书的形成，应是以全国通行的日用类书中的"分关体式"为蓝本，结合徽州本地的实际情况加以改造、细化，并编列而成。兹举数例，列表如下：

---

① 张传玺：《中国历代契约会编考释》上册，北京大学出版社 1995 年版，第 454—472 页。
② 《五车拔锦》卷 24《体式门》，见〔日〕酒井忠夫监修《中国日用类书集成》第 2 卷，东京，汲古书院，平成十一年（1999 年）版，第 402—406 页。

编号	日用类书	分 家 书 目 录	备 注
1	婺源抄本《目录十六条》，1册	分单，分关，阄书，关书	抄本内容为康熙、雍正、乾隆时代（17—18 世纪）
2	歙县抄本《新旧碎锦杂录》，1册	阄书稿（六兄弟分家），阄书稿（父立阄书，二子分家），阄书稿（父立阄书，五子分家），阄书稿（二兄弟分家）	清光绪十四年（1888年），方达本校订
3	清民国歙县抄本《简要抵式》，2册	兄弟分析阄书，分单嘱书，［分单嘱书］，阄书分单	封面有"曹志成□（立?）"字样
4	清民国歙县日用类书抄本，1册	阄书，分单阄书，嘱文，分家小引（分拆阄书），兄弟分拆，分阄书，分阄，分析，遗嘱（阄书），分析阄书，父立分关式（分授文书），嘱书，阄书（又一种）	抄本封面有"何莲塘抄录"数字
5	抄本《用心记取》，1册	父立分关，兄弟分关，父立关书，父遗嘱分单式，遗嘱母分单式，父托孤遗嘱分单式，兄弟分关，分阄书，分单	抄本封面有"胡达三"三字

在不少日用类书抄本中，均夹有一些纸条（文书散件），这显然是徽州人在日常生活中实际应用的例子。纸条上的内容是根据分家析产的实际情况，抄录该日用类书中的相关内容，并略作修改。如歙县抄本《简要抵式》中，就有相当多这样的夹纸。譬如，以上的"［分单嘱书］"即是书中的夹纸，明显的是以《简要抵式》书中的"分单嘱书"条作为蓝本抄录而成，兹比较如下：

明清以来徽州村落社会史研究（修订版）

抄本《简要抵式》原文文字	夹纸内容
立分单嘱书人△△△室△氏，所育四嗣：长云△△，娶媳△氏；次云△△，娶媳△氏；三云△△名，娶媳△氏；四云△△名，负寄女△氏。二身今已杖乡，年俗桑榆，家务繁冗，难以照略，承蒙族房戚友为证，将祖遗自己置赎屋宇、山场、产业、零星叶［什］物，一概掴搭均分为定，诸凡开载明白，俱系至公无私。自分之后，照分单各管各业，以及双亲年迈，不得钿［佃］种，任意四人供膳。后日永诀之时，衾棺斋醮支款，亦四人均派，不得推委［诿］，各宜安分，毋许争强竞懦，亲戚往来，须当尽礼，四无翻悔，恐口无凭，立此元、亨、利、（贞）……	立分单嘱书人曹△△室△氏，所生三子：孟云△△，仲云△△，季云△△，娶媳△氏。身今杖乡余△△（三度），△△，年俗桑榆，家务繁冗，难以照略，承蒙族房戚友为证，将祖遗自己置赎屋宇、山场、产业、莛星，一概掴搭均分为定，诸凡并载明白，俱系至公无私，自分之后，照龟书各管各业，以及父亲年迈，不得耕耘，任意三人供膳。后日永诀之时，斋醮支款，亦是三人均派，不得推委［诿］，各宜安分，无许争强竞弱，亦无翻悔［悔］，恐口有［无？］凭，立此一样天、地、人三号，各执一号，永远大发存照

　　虽然夹纸上的内容是三子分家，与《简要抵式》原文的四子分家不同，但基本文字还是一脉相承的。根据笔者对《简要抵式》内容的初步研究，该书应系清朝道光至民国年间歙县孝女乡延宾里下璜田义合社曹氏文书之一种，因此，夹纸中的"曹△△"，显然表明分单嘱书中的分家，应是实有其事的一个例子。而且，夹纸上的《分单嘱书》，很可能是《简要抵式》的保有者曹志成[①]为分家者（曹姓族内的某人）拟写的分家文书。

───────────

① 　关于曹志成的身份，苦无其他史料不得而知，但可能是由他抄录、保存的《简要抵式》，显然是村落中日常生活礼仪应酬方面的指导性文本。因此，他很可能是当地的塾师或其他的文化人。一般说来，民间日用类书的编纂者通常都是乡间的塾师，后者往往是村落中最"有学问"的人，他们负责指导一般民众的日用伦常。譬如胡适的母亲冯顺弟在出嫁前，就由她外婆"到祠堂蒙馆，请先生开一个庚帖"。（胡适：《四十自述·我的母亲的订婚》，载欧阳哲生编《胡适文集》第1册，北京大学出版社1998年版，第40页）

在徽州，有的人家根据日用类书中的活套编写好分家文书的初稿，并请有经验、有文化的人加以修改。民国三十二年（1943年）正月胡余氏所立《义字阄书》抄本中，夹有一张"试笔"（阄书初稿），即可说明此点。该纸条上这样写道：

> 立遗嘱关书人△△△，自夫于旧冬去世，际此时国难时期，家务难以维持。吾身所生三子：长曰，不幸幼殇；次曰，俱已完娶；三曰，亦未婚配。窃思唐代九世同居，历朝旌表；然田氏感荆复茂，今古流芳。此二者，皆一"忍"字也。奈今人不古矣，树大则枝分，水长则派别，是以邀集宗族亲戚，将祖遗下田地、房屋、各物等项，以作二股均分，抽阄为定。虽然祖业淡薄，创之难辛，守之不易也。自分之后，各管各业，两无异说，务宜兄弟和气，莫效煮豆之残，各自立志，立此遗嘱一样两本，各执一本，永远遵守存照。
>
> 老前辈斧正为荷。
>
> 试笔。

这份"试笔"中的文字，与通行的标准分家文书在格式及行文遣辞方面均无二致，显然是抄自相关的日用类书，当事人还将"试笔"交给"老前辈斧正"。目前所见到正式的《义字阄书》与这份"试笔"相比，也没有多作改动。只是文中的"长曰""次曰"和"三曰"之后，本应将三位儿子的名字填入，作为"试笔"，当然可以简略，但在正式的《义字阄书》抄本中，竟也没有出现三位儿子的名字，这可能说明订立阄书的相关人等在抄袭格式化的分家文书时，只是依样画葫芦，并未完全理解分家文书中逐字逐句的真正涵义。

分家以订立契约的形式加以确认，以后倘若发生各类纠纷，分家文书便是具有法律意义的产权凭证。[①] 因此，阄书通常放置在家庭或家族的公匣中，由家中的长辈负责妥善保管。如清雍正三年（1725年）《分单簿》序称："凡一应文书簿契，眼全贮匣，付长分收匣，长分收执钥匙，以便查考。"另一份清代前期项氏父子之间诉讼的长篇抄件，从中亦可看出阄书在家庭中的保存和管理。其中的一方项兆骏剖呈曰："本房虽无公匣，而高祖逢明公契文、阄书，载明山地各契，封固交日铨、先林收执。日铨即兆琨父也，因彼一家之长，交他收管。阄书载明，炳如朗星……"清道光二十一年（1841年）《正字阄书》抄本中，夹有一张红纸：

> 内屋契两张，田契四张，并推单俱存。此屋契、田契均系祖遗，先年放在辉壁堂众匣之内，民国十二年鉴公去世，经在（引者按：在为人名）仝兆华（引者按：兆华亦为人名）检查，老据失去墩下田契壹纸，未明真相，改日望去补契，切切，在白。十二年菊月廿日留字。

---

① 抄本《徽州歙县诉讼案卷集成》中，有歙县三十三都一图孀妇方张氏的呈词，呈词计有8章，其中都反复提到分单阄书。状后批曰："是否实情，候差理直覆夺，阄书、租批附发房差汪胜、胡魁、王明。"

文中另注明："此墩下之契已于民国廿六年在□和堂匣检出，已陈报。（七勺）"这些都说明阄书与屋契、田契、推单等均存于家庭或家族的公匣（或众匣）之内。[①]关于公匣（或众匣），顾名思义，当指存放公共契据的小箱子。数年前，笔者曾收集到一批契约，这批契约便是安放在一个精美的小木箱内，类似的小木箱，应即家庭或家族内的公匣（或众匣）。

保存契约文书的公匣

1949年中华人民共和国成立，随着社会制度的巨大变化，特别是土地改革以后，中国农村的田地、房产得到了重新的分

---

① 同治九年（1870年）《分晰遗产阄书》抄本中，也有不少对阄书契据管理方面的规定。

配，分家文书遂失去昔日作为产权凭证的效力，也无法作为类似于历史时期发生诉讼纠纷时的依据。虽然基于历史的惯性，此时的少数家庭间或也仍然制作了少量的分家文书，但从总体上来看，分家文书已基本上失去了昔日赖以存在的社会土壤。在徽州，大批的分家文书散落出来变成废纸，被化作纸浆或用来作为制造鞭炮的原料，其中的一部分在50—60年代为全国各地的图书馆、博物馆、档案馆和高等院校研究机构等公藏单位所收藏[①]。

2. 美国哈佛大学哈佛燕京图书馆收藏的"《婺源沱川余氏族谱》"抄本，收录有南宋咸淳七年（1271年）的《千九上舍公兄弟关帐序》，虽然只有序文，但这是笔者目前所见最早的徽州分家书。

从南宋时代起，历朝历代的徽州分家文书都有发现。其中，尤以明清以来的分家文书数量最为可观。《徽州千年契约文书》中收了一些分家文书，最早的一份散件为元代泰定二年（1325年）祁门谢利仁兄弟分家合同[②]；而在该书收录的簿册文书中，若以明确标名曰"阄书"者，为明代弘治元年（1488年）祁门吴仕昌所立的《竹字阄书》[③]；若以实际内容考察，则《正统休宁

---

① 关于50—60年代皖南徽州文书的收集，最新的报道可见汪志伟的采访——《余庭光："中国历史文化第五大发现"的第一功臣》，载《徽州社会科学》，2005年5月。

② 《徽州千年契约文书》宋元明编卷1，第12页。另，张传玺所编《中国历代契约会编考释》中，收录徽州最早的分家书，为元泰定三年（1326年）徽州谢智甫等分家文书，北京大学出版社1995年版，第669—670页。

③ 《徽州千年契约文书》宋元明编卷5，第137—178页。

李氏宗祠簿》^① 中即抄录有永乐七年（1409 年）的分家句书。《徽州千年契约文书》基本上反映了中国社会科学院历史研究所的徽州文书收藏，而在中国社会科学院经济研究所也收藏有一批分家文书，以契约文书研究擅长的章有义先生，在其编著的《明清及近代农业史论集》一书中，附录有《清代徽州地主分家书置产簿选辑》。^② 此外，国内其他的研究机构中，也或多或少地存有一些徽州分家文书（见后附表）。

近年来，徽州分家文书仍时有发现，在北京私人收藏家田涛等人所编的《田涛藏契——田藏契约文书粹编》一书中，即披露了明代天顺七年（1463 年）的《华字阄》，据说这是目前所知传世簿册阄书中最早的一部^③。2004 年，真实记录茶商家族历史的"明代徽州江氏家庭分家阄书"（原藏安徽省黄山市档案馆）入选第二批"中国档案文献遗产名录"，这批阄书包括从明代永乐迄至万历年间的文书共 3 件 9 张，其中最早的为明代永乐二十年（1422 年）。另外，根据近十年来笔者收集徽州文书的体会，在皖南民间，土地契约、医书、尺牍和阄书这几类民间文献相当常见，数量也最为可观。在旧书市场上，分家文书原先是最不受人关注的一类文书。

不过，对于社会经济史研究而言，分家文书却有着极为重要

① 《徽州千年契约文书》宋元明编卷 5，第 3—101 页。
② 中国农业出版社 1997 年版，第 303—356 页。
③ 田涛、[美] 宋格文、郑秦：《田涛藏契——田藏契约文书粹编》第 1 册，第 1 页，"前言"。前言中作"华字阄谱"，但原件为《华字阄》，见该书第 3 册，第 86—96 页；另，同册收录清光绪二十九年（1903 年）歙县张氏析产天字号阄书（第 96—99 页）。

的史料价值，一向深受中外史学研究者的广泛关注。[①]尤其是近年来，中国人民大学清史研究所的张研教授，对分家文书作了多方面的考察，陆续发表了《对清代徽州分家文书书写格式的考察与分析》[②]、《试析清代的"分家"——以48件徽州分家书为中心》[③]和《19世纪中期以前中国小家庭的社交圈——以安徽为中心》[④]等文。后来，在她与博士生毛立平合著的《19世纪中期中国家庭的社会经济透视》（中国人民大学出版社2003年版）中，第一章即是张研执笔的《分家》，其中对分家文书作了详细的考察和分析，所利用的文书主要就是徽州文书，尤其是章有义辑录

[①] 中国学者中，张海鹏、王廷元主编：《徽商研究》，安徽人民出版社1995年版，其中《对几份徽商析箸阄书的研究》的一部分发表于1986年，见张海鹏：《从〈汪氏阄书〉看徽商资本的出路》，《光明日报》1986年4月23日；栾成显：《明末典业徽商一例——〈崇祯二年休宁程虚宇立分书〉研究》，《徽州社会科学》1996年第3期；《〈成化二十三年休宁李氏阄书〉研究》，载《明清论丛》第2辑，紫禁城出版社2001年版；阿风：《徽州文书中"主盟"的性质》，载《明史研究》第6辑，黄山书社1999年版；《徽州分家书所见妇女的地位与权利》，载李小江等编：《历史、史学与性别》，江苏人民出版社2002年版；李文治、江太新：《中国宗法宗族制和族田义庄》第7章《明清徽州府分家书及置产簿所反映的族田事例》，社会科学文献出版社2000年版，第328—354页；邢铁：《家产继承史论》，云南大学出版社2000年版；陈瑛珣：《明清契约文书中的妇女经济活动》第2章《明清契约文书中的妇女》，台明文化事业有限公司2001年版；汪庆元：《汪氏典业阄书研究——清代徽商典当业的一个实例》，《安徽史学》2003年第5期；日本学者有，仁井田陞：《中国身分法史》，1942年1月初版，东京，东京大学出版会1983年2月复刻版；滋贺秀三：《中国家族法原理》，张建国、李力译，法律出版社2003年版，其中有对分家的深入探讨；臼井佐知子《徽州における家产分割》，载《近代中国》，1995年，第1—58页。
[②] 《清史研究》2002年第4期。
[③] "中国经济史论坛" 2003年8月28日发布。
[④] "中国经济史论坛" 2003年10月22日发布。

的中国社会科学院经济研究所收藏的 48 件徽州分家文书。根据张研的概述，"48 件徽州分家书中，除 9 个家庭经济情况不详（没有具体的数字）外，分家前有田 500 亩或有银 1000 两以上的上等家庭 10 个；有田 500 亩以下、100 亩以上或有银 1000 两以下的中等家庭 14 个；有田 100 亩以下的下等家庭 15 个"。[1] 而在她归纳的 15 个"下等家庭"中，最少的也有田 10 亩。由此看来，因资料的限制，上述的研究绝大多数都是有关商人、地主家庭的分家书（所以章有义将之直接定名为"徽州地主分家书"），而生活在社会底层的小农之经济状况似乎还未能进入学界的视野。

正是由于以往所见者多是有关商人、地主家庭的分家书，故而有时会形成一种错觉，以为有条件分家的多是殷实之家。譬如，以往就有学者认为，清代万宝全书中关禁契约被大量删削乃至不复刊载，是因为其内容不符合一般民众的日常需求。如学关体式与分关体式主要适用者是那些家境较为富裕者，他们才有一定财力延师教子以及分家析产，而普通百姓则没有条件采用此种内容。[2] 这从逻辑上似乎是言之成理，但如果以徽州民间的实际情况来看，显然尚可进一步斟酌。张研指出："既是分家，便须有产可分、有子可继。自耕农以上均为有产；虽为佃农，但房屋、佃业（田皮）也在可分之列，这样，有'产'可分的家庭便在社会上占据多数。"[3] 这应是合乎事实的看法。

---

[1] 张研、毛立平：《19 世纪中期中国家庭的社会经济透视》，第 56—61 页。

[2] 吴蕙芳：《万宝全书：明清时期的民间生活实录》，台北：政治大学历史系，2001 年版，第 470 页。

[3] 张研、毛立平：《19 世纪中期中国家庭的社会经济透视》，第 7 页。

其实，徽州分家文书的类型多种多样。个中，既有一纸或数纸的散件，又有若干页的簿册文书（有的分家文书内容竟有300余面之多）。而在簿册文书中，既有富商之家的豪华型阄书（如笔者即收藏有黟县南屏典商的《畲经堂阄书》稿本，不仅内容丰富，而且形式上亦颇为考究），又有许多下层农民内容非常简约的分家书。由于徽州分家文书的数量极为可观，进一步详尽的研究仍有待于日后持续不断的努力。

在对分家文书的总体考察之后，本章此处拟介绍清代前期一份徽州农民的分家书，并略加分析。

（二）《天字号阄书》所见徽州小农家庭的社会生活

《天字号阄书》一份，版幅约 23.5 × 27 cm，连同封面计 9 页，封面题有"天字号阄书"5 字，此外有字的部分仅寥寥 7 面，相当简单。《天字号阄书》开首有《分阄书序》：

嗟！予生不逢辰，家业衰薄，虽赖乾坤之覆育，实藉祖宗之荫庇，内受父母严训，外得师友良言，惟夫惟妇，朝夕疲劳，克勤克俭，戴月披星，谨身节用，交朋以信，侍上接下，靡有不周。予生三子二女，长曰育鲤，次曰育龙，三曰育英。长子婚娶，生孙女已出适。雍正二年，长子育鲤听信傍言，致生分爨，身父文松不得已立墨，将所遗产业品作三股阄分。予犹拮据劳瘁，卜买叶石塘、小尖等处穴地，安葬父母并身夫妻生茔，无遗后累。续为次子育龙婚配，满拟同心笃义，孰意次子育龙始为婚娶，遂有分爨之念。三子育英，年仅十四，佣趁在外，尚未婚配，微贴备婚之资。其余若置田园、屋业及各项家（伙）器皿，复央亲眷、约保，肥硗均搭，三股平分，拈阄填注管业，并无厚薄等情。但产业虽无多增，较予所承祖、父，颇亦无愧。尔等当思父母辛勤，各自保守，毋起争端，照阄管业，不得妄生异议，有伤和气，以乖天伦，笃志守成，克绍宗祊，以期昌炽云尔。

时雍正拾年九月	日立阄书父冯时亮	押
	中见保长　黄汉英	押
	亲眷　　　俞御文	押
	俞御天	押
	见分　　　黄云远	押
	代书　　　黄楚源	押
	依议男　　冯育鲤	押
	冯育龙	押
	冯育英	押

根据上揭文书可知，主持分家的是父亲冯时亮，他共生有三子二女，长子叫冯育鲤，次子叫冯育龙，三子叫冯育英。雍正二年（1724年），因长子冯育鲤要求分爨，祖父冯文松立墨，将产业品搭，作三股阄分，该三股应即冯文松、冯时亮和冯育鲤。此后，冯时亮买地安葬父母以及准备了自己和妻子的生茔。接着

又为次子育龙婚配，冯育龙随即也提出分爨。当时，幼子冯育英年仅十四，正是徽州俗谚所谓"十三四岁，往外一丢"的年纪，"佣趁在外"，大概是指在外务工。因他尚未婚配，所以为之预留了准备结婚的资财。其他的田园、屋业及家伙、器皿等均分为三股，由三子拈阄平分。当时作成的阄书应有三份，即天、地、人三号，而我收集到的这份《天字号阄书》，当为长子冯育鲤所有[①]——

　　计开田产列后：

　　一、湖田捌秤，分育鲤名下管业；

　　一、湖田拾贰秤，分育鲤名下管业；

　　一、祖田拾秤，_{内分五秤以作赠长孙管业，内分五秤与育鲤名下管业；}

　　一、祖田伍秤，系文松公分长孙田，与育鲤为业；

　　一、住基屋五间，计价银贰拾捌两；

　　一、修理住屋，计用银拾肆两；

　　一、前披回廊，约计银贰拾四两；

　　一、吴田圩粪坝壹只，分育鲤为业，并园一片入众

　　　　亦　押

　　　　申　押

　　　　蒋　押；

　　一、湖田菜园前段一片；

　　一、鼓乐生业，今系_{育鲤育龙}承做，每人递年纳遵膳银乙

---

① 《天字号阄书》中的文字不尽规范，一般均保持原貌，仅少数略作改动。

[一] 两弌钱，_{倘日后育英回家承做，即分三股均做，如育英自不愿做，即不必分股数。}

　　分到育鲤名下的湖田、祖田计 35 秤。徽州田地计量不用面积，通常是以租额表示。根据章有义的说法，徽州各地每秤大约为 20 斤，而平均每亩约合租谷 200 斤，因此，35 秤大约折合 3.5 亩。这在清代前期的徽州，显然属于少地的农民[①]。另外还有粪缸一只、基屋五间和菜园一片等。在这份阄书中，有两点值得注意：

　　其一，阄书中有两处提及"祖田"，其中，第一处是由冯时亮分给冯育鲤之子（长孙）的（长孙田），第二处则是冯时亮之父冯文松分给冯育鲤的长孙田。尽管我们没有看到地字号和人字号的阄书，但在分家时，虽然是诸子均分，但长子、长孙的利益显然也得到了特别的关照[②]。当然，权利和义务是连带而生的，关于这一点，下文还会另外说明。

　　其二，阄书中还提及家庭中的一项重要生计——鼓乐生业，当时是由冯育鲤与次子冯育龙共同承做，每人每年交遵膳银 1 两

[①]　1 秤折合斤数之多寡，徽州各地的标准不一，此处姑从章有义的标准。参见章氏所著《明清徽州土地关系研究》（中国社会科学出版社 1984 年版）、《近代徽州租佃关系案例研究》（中国社会科学出版社 1988 年版）二书。

[②]　在分家中，长孙的利益得到了特别的关照。道光七年（1827 年）《阄书》抄件中，"提硬租拾秤，拨与长孙仕荧"。光绪二年（1876 年）《杨星立关书》中提及分家时，"提长孙谷拾壹石（整）"。（《徽州千年契约文书》清民国编卷 3，第 80 页）民国十四年（1925 年）四月《天字阄书》："……将家产派作两阄，器具分为两股，长子、长孙业已批明账目，会期两股均派……"不过，似乎也有长子、长孙未曾特别关照的。如何莲塘抄录日用类书第一份阄书中就指出："至于长子、长孙，分承公评（平），产业无容另坐……"。

2钱，此银应当是交给父亲冯时亮的。这可能说明，冯家平日种田，遇有乡间的婚丧吉庆时，以鼓乐为业，藉以帮贴家用。而鼓乐生业则是从父亲冯时亮手中传下，换言之，从事此一行当的权利为冯时亮所让渡。儿子冯育鲤和冯育龙每人每年交给冯时亮1两2钱，则以孝养父亲的"遵膳银"名义缴纳。冯时亮每年的"遵膳银"收入便有2两4钱，他的两个儿子从事鼓乐生业的实际收入自然要较此高得多。清代徽州民间启蒙读物《逐日杂字》[①]中，有"做农庄，雇长工，一年几两；作生活，要发狠，加你几钱"的记载，两相对比，可见鼓乐生业的收益尚属可观。

除了分到田产、房屋外，此次分家，冯育鲤还分到了一些日常生活用具，对此，《天字号阄书》载——

计开家伙：

一、柜一眼，系与育龙共该分左边一格，存堂前；　一、桌三张；

一、凳壹对，系长凳；　　一、谷箩三只，竹簟弍只，小租箩乙［一］只；

一、吊桶壹只，小茶盘壹面；　一、水罐酒埕瓶共十乙［一］只；

一、火箱壹个，提篮壹只，蓑衣弍件；

一、黄桶壹只，碗厨壹眼，水砚一只，井桶乙［一］只；

一、木床弍张，木粪窖乙［一］只，宫碗拾捌只，粪桶乙［一］担；

① 封面题作"张尔炽／皖南虎川张尔炽"，年代不详，但反映的内容为清代。

一、木梯乙［一］张，竹笼壹只，谷筐伍个，铜杓
壹个；

一、菜刀乙［一］把，乌木筯拾双，钵头叁个，草爬乙
［一］把；

一、锄头乙［一］把，犁壹张，爬捞乙［一］把，湾刀
式把；

一、浴盆乙［一］个，脚盆乙［一］个，饭盆壹个，耙
二梁；

一、存众乐器，鸡栖壹个，猪食槽乙［一］介。

上述都是一些非常琐碎的日常生产及生活的工具。其中有一
些还是共享的，如鼓乐生业因是兄弟二人分两股承做，所以乐器
是存众的。而堂前的柜子，也还是兄弟二人合用，左右每人一格
（碗厨壹眼，可能也存在类似的情形），这样的划分颇为有趣，反
映了徽州民间日常生活的生动细节①。此种家庭分家时的柜子划
分，倘若需要转让，必须另订契约，笔者恰巧收集到这样的一份
契约：

立卖柜契人胞弟文熙，今因欠少使用，自愿将大屋内堂
东边柜一作，凭中出卖与胞兄名下为业，三面言定，得受价
足钱壹仟文正，其钱当即收足，其柜即交封锁管业，不得异

---

① 这种细节，并不仅见于《天字号阄书》。清光绪九年（1883 年）《光锽阄书》
抄本中，两男分家，规定"楼上大纱帽柜乙［一］作，计上、下四格，各房
各管乙［一］半"。

言。此系刃〔两〕相情愿，并无威逼等情，亦无重复交易，倘有异说，俱身承当，不干受人之事，恐口无凭，立此卖契存照。

……

乾隆四十八年十月　日立卖契人胞弟文熙　押

凭中洪占男　押

洪日明　押

亲笔　押

这份同胞兄弟转让柜子的契约，发生在《天字号阄书》之后数十年。中国俗语有"亲兄弟，明算账"的说法，但像此类转让柜子所有权的契约还极为罕见。这种洋溢着浓厚契约意识、颇为"无情"的卖契，在通常印象中极富"人情味"的中国乡土社会，多少显得有点出人意料。

在分家文书中，有些产业或物品并不拿来阄分，而是作为存众公用。《天字号阄书》中还有"存众物件"，开列有：

一、嘉坑风水生茔，桌围式条，风车乙〔一〕个；

一、黄柏铺风水生茔，一锡器，水车乙〔一〕梁；

一、粟树园菜园，秤式把，大树二根；

一、溪边菜园，屏风乙〔一〕个，牛屎架一个；

一、五成街北粪缸一只，饭甑式个，晒谷马二个，
　　铺门堂桥二扇。

存众的对象中，以生产工具及生产场所为主，还有少量的风水生茔。相对于前述细琐的日用必需品，此处所列各项大概属于"大件"的动产或不动产。这反映出两个方面的问题：一方面是这些存众"大件"，是劳动协作中所不可或缺的；而在另一方面，亦可见小农的贫困，使得他们并没有更多其他的财产可供阄分。

阄书中还有"计分该各宅手尾"，载明分家前家庭的债务，以及三子应当承担的义务：

> 一、借德融朝本银共贰拾贰两，其利算雍正十一年起。
>
> 　派育鲤还本捌两，
>
> 　派育龙还本柒两，
>
> 　派育英还本柒两，
>
> 一、借启东朝本银伍两，派育鲤名下还本，利雍正十一年起。
>
> 一、钱粮银三股派纳。
>
> 一、门户祖宗祀事三股承值。
>
> 一、收过之会，以后浇银，三股派浇无辞。　十二两一个会，三两一个会。

除了钱粮银和祖宗祭祀事宜应三股承担外，家庭的债务计27两，也由三子分担，长子需要负担最多，计13两，将近一半，这可能是因其成家最早，所得的利益也最多，分家时再加上长孙的部分得到了更多的份额，故此相应地亦应更多地为大家庭分忧。文中的"德融朝"和"启东朝"之"朝"，均应是"朝奉"

的省称，是指徽州民间的财主①。《天字号阄书》立于雍正十年（1732年），而从上述所借银两起利的雍正十一年（1733年）来看，就在订立阄书之时，冯家已背上了一些新的债务。除此之外，还有一些尚未了结的老债务——为了融通银钱，冯氏参加了两个"会"，但均已依次收过会银，所以在雍正十一年后，应陆续支付其他的会银，这实际上也成了家庭的一项债务，亦由三子均分。

冯时亮在《天字号阄书》卷首的《分阄书序》中指出："产业虽无多增，较予所承祖、父，颇亦无愧。"但从现有的分家阄书来看，经过雍正二年（1724年）和雍正十年（1732年）的两次阄分，先后身为长孙、长子的冯育鲤所得财产实在是寥寥无几，这说明从冯时亮的祖、父一直到他的儿孙辈，冯氏的家境一直很差。幼子外出务工，以及长、次子继承父业依靠鼓乐生业帮贴家用，这可能是冯家除了务农以外维持家庭生计的一种手段。

清末的调查提到，歙县"家计稍裕者，遇喜庆事，或雇吹手作乐，歌曲所唱，多徽调乱弹，间以昆腔，亦有邀清客小唱者，名曰唱灯棚"；②绩溪"行礼时有乐无歌，开筵时杂以锣鼓、胡琴，唱而不演，或唱徽调，或唱昆曲"；③婺源"昏［婚］丧则皆用鼓乐"；④黟县"大姓多世仆，皆习乐歌，凡婚嫁喜庆，必令奏

---

① 参见王振忠《"徽州朝奉"的俗语学考证》，《中国社会经济史研究》1996年第4期。

② （清）刘汝骥：《陶甓公牍》卷12《法制科·歙县风俗之习惯·乐歌》，载《官箴书集成》第10册，黄山书社1997年版，第582页。

③ （清）刘汝骥：《陶甓公牍》卷12《法制科·绩溪风俗之习惯》，第620页。

④ （清）刘汝骥：《陶甓公牍》卷12《法制科·婺源风俗之习惯·乐歌》，第597页。

乐唱歌"。①这些虽然是清末的调查资料，但可以作为冯家鼓乐
生业的一个注脚。在清代，大姓人家在冠婚丧祭时的奏乐鼓吹
往往是由佃仆（乐仆）承担，在徽州社会，能够从事此一行业的
即使不是佃仆，也一定是经济状况相当拮据的赤贫小农。从《天
字号阄书》来看，冯氏有其独立的住基屋以及自购的坟茔，故其
身份应非佃仆，极有可能是经济窘迫的小农家庭。分家后的冯育
鲤仅有田产 35 秤，无论其身份如何，均不能不以鼓乐生业补贴
家庭。

在清代，鼓乐生业在许多地方都是一种贱业，如浙江绍兴的
堕民和山西的乐户等，鼓乐生业是他们经济生活的重要组成部
分之一。与此相关的契约文书，在绍兴，有堕民的"门眷"文
书②，而在山西乐户中，则有"衣饭"契约③。这些，都是以契约
方式确立，可以买卖、典当的一种服役权。譬如，乐户家庭分家
时往往要分"衣饭"（绍兴堕民"门眷"的情况应当也与此相类
似吧），这与《天字号阄书》中分家时对鼓乐生业的二股分割颇
相类似。《天字号阄书》中的"鼓乐生业"，与绍兴堕民的"门

---

① （清）刘汝骥：《陶甓公牍》卷 12《法制科·黟县风俗之习惯·乐歌》，第
609 页。

② "门眷"又称主顾、门户或脚埭，是一种排他性的服役权利，具有极强的依
附性和寄生性，这种权利成了浙东堕民子孙世业的衣食之源，甚至比房产和
土地更为重要。参见俞婉君：《绍兴堕民服役权"门眷"的田野调查》一文，
载《民间文化论坛》2004 年第 6 期。

③ 山西乐户以吹打技艺维持生计，他们有祖辈传下来固定的活动区域，有了这
些活动区域，他们的收入便有了一定的保障。此种活动区域，便被称为"衣
饭"或"坡路"。"衣饭"成了乐户家庭里相当固定的财产。（参见乔健、刘
贯文、李天生：《乐户：田野调查与历史追踪》，台北，唐山出版社 2001 年
版，第 298 页）

眷"、山西乐户的"衣饭"相似，应是徽州下层民众一种特殊的财产形式。

（三）结语

在 12—20 世纪的徽州，立契分家应是相当普遍的现象。"不患寡，而患不均"是分家的指导思想，这一点，无论贫富均概莫能外。

对于中国人分家制度的优劣，历来有过不少争论。例如："析产之利，可以命各子弟知稼穑之艰难，可以使子弟绝觊觎之观念，可以使子弟勤奋以谋生活；不析产之害，可以使子弟恃有父兄而自暴自弃，游手好闲，可以使子弟兄弟不和而同室操戈，争竟椎刀之末"。[①] 揆诸实际，徽州的一些分家文书序文亦持这种观点，如民国二十二年（1933 年）《二房阄书》抄本曰：

> 立预嘱书人江汪树，窃闻姜家大被同眠，千古传为盛事；田氏荆花复茂，一时播为美谈。此昔贤之崇古道、笃天伦而敬友恭，后来者以资借镜也。无如目今世局，大非昔比。欧美家庭制度，凡人届成年者，即担负家庭责任，卓然自立，以谋生活，此欧西国家之所以富强者，亦国民自立之

---

① 鲁云奇编：《家庭万宝全书》卷 6 第 12 编《分析产业法》，上海中华图书集成公司印行，民国七年（1918 年）版，第 36 页。

效。我国当取法欧西，以免除人之倚赖根性。

当然，对于分家也存在着另一方面的见解，"世之反对析产者，以谓设有千金，于此分之则见其少，不足以营业，徒然潜消暗蚀，一事无成，则是析产之害也。合之则见其多，可以有为，且一家之人，通力合作，不虑其不足以成业，则是不析产之利也"。① 从徽州分家文书的情况来看，分家当然使得分家后的世代较上一代经济实力有所削弱。不过，徽州人的分家也存在着颇为理性的一面，原先大家庭的合作仍然必不可少，这表现在大型的动产与不动产的存众，以及涉及商业运作的部分，也往往是以存众的方式保留。如徽州油商金章武、金章文、金章耀同侄金在陶，虽然在乾隆五十一年（1786年）阄分德广宗记、玉记两店，各分得七甲钱3300两，但他们仍然"恪遵祖训，合本贸易"，到道光九年（1829年）三月再次分家时，已续开正大和德丰两店，商业发展似乎并不因先前的分家而受到多大影响。类似的例子还有，清同治八年（1869年）《阄书》（抄本），当事人虽将"祖遗并手置屋宇、田地等项品搭均分，拈阄为定"，但亦指出"至于姑苏瑞丰、泰来，深渡生大店业，以及另开大买、小买并大小买田地、山场、屋宇、风水，仍旧长、式两房同心合业，庶几家分而心不分，店合而心益合……"。民国五年（1916年）阄书中规定："郡城大北街义泰兴茶漆铺，二老在生坐膳，殁后再议。"兄弟虽然分家，商铺却也仍然存众。民国五年茶商方介眉立遗嘱分

---

① 鲁云奇编：《家庭万宝全书》卷6第12编《分析产业法》，第36页。

析店业中曾指出：民国元年（1912年），"所有家业，秉承萱堂懿旨，凭亲族酌派，尽将山场、田地、产业概行分析，因店业只能合做，势难析分，亦承慈命订定店规，长、二两房按年支应家用洋三百元，不得过额。"从以上各例来看，分家与店铺经济实力变化和商业盛衰隆窳并无直接的联系。这可以用来解释——虽然分家在徽州相当普遍，但该地的商业却生生不息的一个重要原因。另外，对于科举功名，在分家时通常也有特殊的关照，清乾隆五十一年（1786年）《孝字阄书》中，对于捐监，就有专项的"拨存"。光绪七年（1881年）《二房仁字阄书》中，即有"尔父昔年拨存德广玉记店功名之款，作为次孙鉴读书灯油之资，尔等日后毋得异说，如有违吾言者，则以不孝罪论等云"。这种对科举功名的特别关照，当然是为了光大门户，以维护家族的整体利益。

　　另外，社会学家费孝通先生在《乡土中国》一书中曾指出：在乡土社会中不用文字是相当自然的一件事，因为乡土社会的一个特点就是——生活在这种社会中的人是在熟人中长大的，面对面的往来是直接接触，没有必要舍弃比较完善的语言而采用文字。也就是说，在面对面的乡土社会中，有话可以当面说明白，不必求助于文字，文字是多余的。只有当社会乡土性的基层发生变化后，文字才有必要下乡[①]。费氏所指的当然是一种理想化的乡土社会之原初形态，不过，从这个意义上来看，徽州遗存有目

---

① 　费孝通：《文字下乡》《再论文字下乡》《血缘和地缘》，见氏著《乡土中国》，北京大学出版社1998年版，第12—23、69—75页。

前所知中国国内为数最多的契约文书，这本身也就折射出徽州的一个显著特征——这是一个纷繁复杂、即使是面对面也需要大量文字的社会。对此，《天字号阄书》及相关文书提供了极为典型的例子，从中我们看到，在徽州民间，兄弟之间的分家可谓锱铢必较，即使是很小的财物，产权都需要明细的规定，一旦发生转让，均须以契约的形式加以确认，这显然与徽州社会作为商贾之乡浓厚的契约意识有关。"金令司天，钱神卓地"[①]，在金钱面前，乡土社会中的父子[②]、兄弟成了契约关系中的甲方和乙方，商业的高度繁荣，产权的变动不居，人情亦遂变得异常淡漠。日常生活中这种浓厚的契约意识，使得徽州农村社会的人际关系，主要以"契约和理性"为其支撑点。在涉及利益的问题上，明清以来江南各地人们时常所见的典当商人中那种冷冰冰的"徽州朝奉脸"，即使是在徽州本土亦屡见不鲜。这种不讲情义、刻薄俭啬的"徽州朝奉脸"虽然为世人多所诟病，但契约意识与商业发展实际上形成了一种微妙的互动，这应是明清以来徽州社会一个相当突出的特点，换言之，徽州成为中国著名的商贾之乡，看来绝非偶然的巧合。

---

① 万历《歙志》考之卷 5《风土》。

② 章有义《明清徽州土地关系研究》中，曾列举徽州置产簿，说明嫡亲父子之间田地的产权转移也需立契存照（第 109 页）。

　明清以来徽州村落社会史研究（修订版）

附录：部分徽州分家文书目录 ①

编号	分家文书	年　　代	册　　页	收藏单位	备　注
1	黟县城北黄陂适安堂汪氏基业土地阄书	明（1368—1644年）	抄本1册，14349	国家图书馆，善本	
2	古歙呈坎罗氏分家阄书	明嘉靖（1522—1566年）	抄本1册，14524	国家图书馆，善本	
3	李氏荣字阄书	明隆庆四年（1570年）	抄本1册，14405	国家图书馆，善本	
4	休歙程氏阄书	明万历（1573—1620年）	抄本1册，14380	国家图书馆，善本	
5	祁邑赤桥方氏阄书	明万历（1573—1620年）	抄本1册，14537	国家图书馆，善本	
6	万历癸未谢太常公析产阄书	明万历三十三年（1605年）	抄本1册，16286	国家图书馆，善本	
7	地字阄书（不分卷）	明万历三十三年（1605年）	抄本1册，17372	国家图书馆，善本	

---

① 按：笔者私人收藏的分家文书，截至2005年，不包括此后陆续收集到的相关文书。

编号	分家文书	年代	册 页	收藏单位	备 注
8	朱氏阄书	明天启（1621—1627年）	抄本1册，14543	国家图书馆，善本	
9	吴氏阄书	清（1644—1911年）	抄本1册，14533	国家图书馆，善本	
10	祁邑赤桥方氏阄书	清康熙（1662—1722年）	抄本1册，14538	国家图书馆，善本	
11	罗永亨分家书	明成化二年（1466年）	抄本1册，563790	上海图书馆，线（装）普（通古籍）	
12	吴尚贤分家簿	明正德十三年（1518年）	抄本1册，563500	上海图书馆，线普	
13	渭南朱世荣分家簿	明天启（1621—1627年）	抄本2册，563780，563781	上海图书馆，线普	典当商
14	方氏分家合同	明（1368—1644年）	抄本1册，563421	上海图书馆，线普	
15	方氏分家簿册	明（1368—1644年）	抄本1册，563408	上海图书馆，线普	
16	程廷范户分家田亩册	清乾隆（1736—1795年）	抄本1册，491415	上海图书馆，线普	
17	吴氏分家簿	清乾隆（1736—1795年）	抄本1册，563383	上海图书馆，线普	
18	存众产业合同	明万历三十七年（1609年）、顺治五年（1648年）九月，六年（1649年）七月，九月，七月十六，八年（1651年）十月十六，康熙三十四年（1695年）和乾隆七年（1742年）十一月再批	抄本1册，27×30 cm，计33面	私人收藏	

编号	分家文书	年　代	册　　页	收藏单位	备　注
19	歙南沐川王氏阄书（拟）	清康熙三十五年（1696年）立，三十七年（1698年）再分	抄本1册，23.5×51 cm，计18面，另康熙二十五年（1686年）卖契1份	私人收藏	祖社、关王会、周王会、观音会、太子会
20	阄书（拟、残本）	清康熙五十一年（1712年）八月初一日	抄本1册，计24面	私人收藏	浙江衢州府开化县马金街元升字号
21	分单簿	清雍正三年（1725年）	抄本1册，计57面	私人收藏	亳州义门集开厂厂基、怀远县市房并厂基、汪伴偌、江伴偌、周王会、关帝会、张仙会、观音会、中元会、会酌规例
22	天字号阄书	清雍正十年（1732年）九月	抄本1册，23.5×27 cm，计7面	私人收藏	鼓乐生业
23	大安名下阄书	清乾隆四年（1739年），乾隆十八年（1753年）续立	抄本1册，计34面	私人收藏	清光绪二十一年（1895年）秉章抄本。仆人、太邑山、本邑山

编号	分家文书	年　代	册	页	收藏单位	备　注
24	元字号阄书	清乾隆十八年（1753年）三月	抄本1册，22.5×29.5 cm，计24面		私人收藏	歙南梅川，苏地店屋
25	五房收执	清乾隆三十年（1765年）	抄本1册，计18面		私人收藏	歙县扬州盐商，根窝
26	利字号阄书	清乾隆三十四年（1769年）	抄本1册，计7面		私人收藏	
27	孝友堂穆斋公支人字号阄书（三房衍泽收执）	清乾隆四十八年（1783年）	抄本1册，计14面		私人收藏	
28	孝字阄书	清乾隆五十一年（1786年）四月	抄本1册，计37面		私人收藏	遂邑德广、宗玉二店，油车，捐监
29	分关（拟）	清乾隆五十五年（1790年）三月	抄本1册，计13面		私人收藏	
30	（方明德堂）阄书	清乾隆五十八年（1793年）孟冬月	抄本1册，计15面		私人收藏	
31	日新月盛（天字号）国诰执据	清嘉庆二年（1797年）	抄本1册，计9面		私人收藏	
32	起家发福（张鹤岩执）	清嘉庆四年（1799年）荷月	抄本1册，计3面		私人收藏	

编号	分家文书	年　代	册　　页	收藏单位	备　注
33	歙水南乡王源立阄书（拟）	清嘉庆十二年（1807 年）	抄本 1 册，计 13 面	私人收藏	
34	阄书（拟）	清嘉庆十三年十二月（1809 年 1—2 月）	抄本 1 册，计 6 面	私人收藏	阄书序文及内容均极简约
35	让字号分关簿（勤收）	清嘉庆二十三年（1818 年）五月	抄本 1 册，计 12 面	私人收藏	后有"朴山自叙"，私塾先生
36	日新月盛	清嘉庆二十三年（1818 年）十月	抄本 1 册，计 10 面	私人收藏	
37	中阄书（道甫）	清道光二年（1822 年）六月	抄本 1 册，计 15 面	私人收藏	同治十一年（1872 年）七月万美抄录，族批
38	阄书（拟）	清道光三年（1823 年）十一月，道光十年（1830 年），道光十二年（1832 年）再批	抄本 1 册，计 25 面	私人收藏	
39	……源远长流底稿	清道光五年（1825 年）	抄本 1 册，略残，计 336 面	私人收藏	苏州徽商
40	主析阄书（拟）	清道光七年（1827 年）	抄本 1 册，计 7 面	私人收藏	
41	孝字阄书	清道光九年（1829 年）	抄本 1 册	私人收藏	油商

（续表）

编号	分家文书	年　代	册　　页	收藏单位	备　注
42	关书（四保股）	清道光十二年（1832年）二月二十日，咸丰二年（1852年）三月十二日再批	抄本1册，计21面	私人收藏	清明会、宗谱
43	贞字克和收执（阄书）	清道光十三年（1833年）	抄本1册，计10面	私人收藏	
44	分家勾书（拟）	清道光十三年（1833年）	抄本1册，计14面	私人收藏	
45	福字号阄书遵记	清道光十三年（1833年）正月	抄本1册，计34面	私人收藏	
46	天号阄书	清道光十四年（1834年）七月	抄本1册，计7面	私人收藏	
47	分单（拟）	清道光十六年（1836年）七月、道光二十九年（1849年）、咸丰元年（1851年）六月二十五日再批	抄本1册，计13面	私人收藏	汪公会
48	分单阄书（拟、张阿关氏立）	清道光十八年（1838年）	抄本1册，计7面	私人收藏	
49	忠阄家树得	清道光二十年（1840年）四月	抄本1册，计12面	私人收藏	内附有大门菜地图、菜园上菜地图、大圹前地图及新塘下地图及无名图一幅

编号	分家文书	年　代	册　　页	收藏单位	备　注
50	信陶家济得	清道光二十年（1840年）四月	抄本 1 册，计 11 面	私人收藏	内附有大门口柒地图，大坟前柒地图，柒园上柒地图
51	贰房陶书	清道光二十年（1840年）杏月	抄本 1 册，计 20 面	私人收藏	水碓
52	陶书（拟）	清道光二十年（1840年）五月十六日	抄本 1 册，计 17 面	私人收藏	
53	福字号	清道光二十一年（1841年）七月十二日	抄本 1 册，26×29 cm，计 15 面	私人收藏	内附精美手绘地图
54	正字陶书	清道光二十一年（1841年）九月，光绪九年（1883年）孟夏月复陶	抄本 1 册，计 22 面，另 1923 年抄件一页	私人收藏	
55	勤房分陶	清道光二十二年（1842年）三月	抄本 1 册，计 10 面	私人收藏	
56	陶书（拟）	清道光二十九年（1849年）	抄本 1 册，计 5 面	私人收藏	龙王会
57	陶书（寿柒股）	清道光二十九年（1849年）正月十七日	抄本 1 册，计 21 面	私人收藏	
58	陶书（坤叙得）	清道光三十年（1850年）七月十三日	抄本 1 册，计 17 面	私人收藏	

编号	分家文书	年　代	册　页	收藏单位	备　注
59	阄书（千辛得）	清道光三十年（1850 年）七月十三日	抄本 1 册，计 15 面	私人收藏	与上册属同一次分家形成的文书
60	阄书	清咸丰三年（1853 年）四月	抄本 1 册，计 9 面	私人收藏	
61	人丁兴旺	清咸丰三年（1853 年）	抄本 1 册，计 20 面	私人收藏	
62	满门吉庆	清咸丰三年（1853 年）	抄本 1 册，计 20 面	私人收藏	与上册系二人分执
63	父嘱阄书	清咸丰四年（1854 年）冬月，同治十年（1871 年）再批	抄本 1 册，计 18 面	私人收藏	
64	大发其祥（张承高记）	清咸丰六年（1856 年）	抄本 1 册，计 13 面	私人收藏	
65	阄书（林时来字燮严股）	清咸丰六年（1856 年）仲春月十一日立，七年二月二十一日另立	抄本 1 册，计 28 面	私人收藏	
66	贰房分受关书	清咸丰六年（1856 年）十一月	抄本 1 册，计 33 面	私人收藏	巢县店业
67	汪开桐立阄书（拟）	清咸丰七年（1857 年）	抄本 1 册，计 18 面	私人收藏	
68	分拨阄书（拟）	清咸丰八年（1858 年）	抄本 1 册，28 × 31 cm，计 25 面	私人收藏	

编号	分家文书	年　代	册	页	收藏单位	备　注
69	阄书卅一都一图三甲郑君信户	清咸丰八年（1858年）	抄本1册，计22面		私人收藏	
70	福	清咸丰八年（1858年）五月，光绪二十年（1894年）三月初六日再批	抄本1册，计14面		私人收藏	
71	《二房大伸阄书》	清咸丰九年（1859年）八月	抄本1册，19.5×30.5 cm，计28面		私人收藏	水南田业、油榨
72	崇实堂四房阄书（七房洙弟名下执）	清同治六年（1867年）	抄本1册，计16面		私人收藏	亦名"分析田业阄书"
73	利字号	清同治七年（1868年）正月	抄本1册，计18面		私人收藏	
74	阄书（拟）	清同治八年（1869年）桃月	抄本1册，计11面		私人收藏	
75	长房（阄书）	清同治八年（1869年）	抄本1册，计12面		私人收藏	油商等
76	阄书（拟）	清同治八年（1869年）葭月	抄本1册，计16面		私人收藏	姑苏瑞丰、泰来，深渡生大店业
77	分晰遗产阄书（拟）	清同治九年十二月（1871年1—2月），光绪七年（1881年）五月，民国二十一年（1932年）	抄本1册，计55面		私人收藏	油榨

编号	分家文书	年　代	册　页	收藏单位	备　注
78	寿字阄书	清同治十年（1871年）	抄本1册，计21面	私人收藏	开化店业
79	阄书（拟）	清同治十二年十一月（1873—1874年）	抄本1册，计11面	私人收藏	
80	阄书（拟）	清光绪元年（1875年）七月	抄本1册，计17面	私人收藏	
81	分阄书（拟）	清光绪四年（1878年）	抄本1册，计21面	私人收藏	
82	阄书（拟）	清光绪四年（1878年），民国六年（1917年）七月再批	抄本1册，计8面	私人收藏	立阄书人为族长、耆长、房长
83	阄书（拟）	清光绪四年（1878年），民国六年（1917年）七月再批	抄本1册，计10面	私人收藏	立阄书人为族长、耆长、房长
84	《弟字号嘱书》	光绪五年十一月（1879年12月）—1880年1月），光绪十三年十二月（1888年1—2月）再批	抄本1册，计18面	私人收藏	
85	阄书（会友）	清光绪六年（1880年）	抄本1册，计15面	私人收藏	
86	拾又家书	清光绪六年（1880年）冬月	抄本1册，计12面	私人收藏	封面另有"婺源县正堂批阅"字样

编号	分家文书	年　　代	册　　页	收藏单位	备　　注
87	二房仁字阄书	清光绪七年（1881年）秋月	抄本1册，计14面，另2页抄件	私人收藏	祀会、店业
88	阄书	清光绪八年（1882年），光绪三十二年（1906年）	抄本1册，计19面	私人收藏	水碓油榨、窑场
89	光镗阄书	清光绪九年（1883年）六月，宣统元年（1909年）八月初七日	抄本1册，另附"接续阄书规列［例］"和"阄分莱地什物底"2张，计31面	私人收藏	学馆束金、岁首年终年事、上海贸易
90	二房阄书	清光绪十年（1884年）冬月	抄本1册，计9面	私人收藏	
91	阄书（信房执照）	清光绪十一年（1885年）	抄本1册，计30面	私人收藏	
92	积少成多	清光绪十七年（1891年）六月	抄本1册，计7面	私人收藏	
93	堆金积玉	清光绪十七年（1891年）桂月	抄本1册，另抄件2页，计15面	私人收藏	切面酒业
94	阄书（拟）	清光绪二十二年（1896年）十月	抄本1册，计11面	私人收藏	李王会、小李王会、文昌会、老狮会

编号	分家文书	年　代	册　页	收藏单位	备　注
95	鸣族遗命关书（拟）	清光绪二十二年（1896年）十月十八日	抄本1册，26.5×27 cm，计9面；另有《屋字竹山菜园地坵拈阄均分单》1份	私人收藏	建祖祠、造神庙、做庄屋、修宗谱、丁钱费用
96	鸣族遗命关书（拟）	清光绪二十二年（1896年）十月十八日	抄本1册，26.5×27 cm，计9面	私人收藏	内容与上大同小异，唯连义字号条下多出"承父船壹只"等字样
97	桥作梓述（天字吴大荣阄书）	清光绪二十六年（1900年）春王月	抄本1册，计11面	私人收藏	
98	义字号阄得分关	清光绪二十六年（1900年）季春月初五日	抄本1册，计13面	私人收藏	
99	长房成魁总仝孙男源兴分单簿	清光绪二十七年（1901年）三月	抄本1册，计32面	私人收藏	永聚会、社户
100	长发其祥（长房阄书）	清光绪二十九年（1903年）	抄本1册，计17面	私人收藏	
101	阄书（拟）	清光绪三十三年（1907年）	抄本1册，计5面	私人收藏	
102	遗嘱	清宣统元年（1909年）	抄本1册，计23面	私人收藏	南汇县大团镇合丰茶、漆、油麻、磁店

编号	分家文书	年　代	册　页	收藏单位	备　注
103	阄书（二房张庆念藏）	清宣统二年（1910 年），民国二十年（1931 年）重整	抄本 1 册，计 14 面，另抄件 2 份	私人收藏	水碓
104	阄书（长房）	清宣统二年（1910 年）七月	抄本 1 册，计 23 面，另抄件 1 页	私人收藏	寄苏学业
105	禄字阄书	清宣统三年（1911 年）四月立，民国二年（1913 年）六月重订	抄本 1 册，计 13 面	私人收藏	
106	长房阄书	民国元年（1912 年）二月，民国十五年（1926 年）六月再批	抄本 1 册，计 12 面	私人收藏	
107	长房阄书	民国元年（1912 年）七月，民国十七年（1928 年）再批	抄本 1 册，计 21 面	私人收藏	
108	（钟山洪荣浩）阄书（坤字）	民国元年（1912 年）菊月	抄本 1 册，计 9 面	私人收藏	
109	从此兴隆	民国二年（1913 年）二月	抄本 1 册，计 12 面	私人收藏	
110	奕叶京昌（仁阄）	民国四年（1915 年）春正月	抄本 1 册，计 13 面	私人收藏	
111	遗嘱分关阄书（拟）	民国四年（1915 年）小春月，民国十四年（1925 年）十月	抄本 1 册，计 18 面	私人收藏	

编号	分家文书	年　　代	册　　页	收藏单位	备　　注
112	阄书（拟）	民国四年（1915年）六月	抄本1册，计7面	私人收藏	
113	阄书（长房汪寿根）	民国五年（1916年）三月	抄本1册，计8面	私人收藏	
114	阄书（二房汪寿椿）	民国五年（1916年）三月	抄本1册，计8面	私人收藏	与上册为二人分拨
115	阄书（拟）	民国五年（1916年）三月	抄本1册，计12面	私人收藏	徽州府城大北街义泰兴茶漆铺
116	遗嘱（拟）	民国五年（1916年）腊月	抄本1册，计6面	私人收藏	分析店业（浙嘉石门湾方有盛店业）
117	汝房阄得	民国六年（1917年）	抄本1册，计14面	私人收藏	
118	世钰阄书	民国九年（1920年）	抄本1册，计15面	私人收藏	
119	关书（拟）	民国十年（1921年），民国三十三年（1944年），三十四年（1945年）批字	抄本1册，计14面	私人收藏	
120	忠字阄书（邵增礼执业）	民国十一年（1922年）	抄本1册，计12面	私人收藏	
121	元字（阄书）	民国十二年（1923年）二月	抄本1册，计15面	私人收藏	

编号	分家文书	年　代	册　页	收藏单位	备　注
122	长房阄书	民国十二年（1923年）四月	抄本 1 册，计 11 面，另抄件 1 份	私人收藏	刱商业于沪滨，戚长、祠首、宗族、房长
123	求忠堂（二房礼字号）阄书	民国十二年（1923年）二月	抄本 1 册，计 19 面	私人收藏	
124	天字阄书	民国十四年（1925年）四月	抄本 1 册，计 21 面	私人收藏	
125	仲字阄书（崇楷）	民国十五年（1926年）桂月	抄本 1 册，计 8 面	私人收藏	
126	长房阄书（福）	民国十六年（1927年）荷月	抄本 1 册，计 12 面	私人收藏	
127	分书（周三元）	民国十七年（1928年）四月	抄本 1 册，计 5 面	私人收藏	
128	分书（周吕元）	民国十七年（1928年）四月	抄本 1 册，计 6 面	私人收藏	
129	三房阄书	民国十八年（1929年）	抄本 1 册，计 7 面	私人收藏	
130	阄书（潘崇善）	民国十八年（1929年）王春月，1950年12月再批	抄本 1 册，计 30 面	私人收藏	再批为"中华人民共和国卅九年十二月"

编号	分家文书	年　　代	册　页	收藏单位	备　注
131	丕振家声（坤字号）	民国十九年（1930年）春正月	抄本1册，计20面	私人收藏	
132	公议阄书（思本堂四房）	民国二十年（1931年）四月	抄本1册，计29面	私人收藏	
133	分家产书	民国二十年（1931年）十月	抄本2册，计7面	私人收藏	其中1册题作"民国二十四年十二月"
134	谕言	民国二十一年（1932年）	抄本1册，计12面	私人收藏	
135	信字阄书（姚宗鉴执管）	民国二十二年（1933年）四月	抄本1册，计9面	私人收藏	
136	二房阄书	民国二十二年（1933年）八月	抄本1册，计7面	私人收藏	
137	弍房阄书	民国二十二年（1933年）八月	抄本1册，计7面	私人收藏	
138	佑启后人（箕房、绍房收执）	民国二十四年（1935年）春王月	抄本2册，计22面	私人收藏	
139	二房祖产遗分书	民国二十五年（1936年）	抄本1册，计10面	私人收藏	
140	贞号阄书四房收执经管	民国二十六年（1937年）	抄本1册，计10面	私人收藏	

（续表）

编号	分家文书	年代	册页	收藏单位	备注
141	阄书（弍房振隶）	民国二十六年（1937年）二月	抄本1册，计10面	私人收藏	
142	二房孝字阄书	民国二十六年（1937年）八月	抄本1册，计19面	私人收藏	茶园、张仙会、中元会、土地会、水口岭添丁会、上下边香龙会、关帝会、社会、龙潭观音会、下元会、人丁会、龙潭财神会
143	承先裕后（季房）	民国二十七年（1938年）	抄本1册，计27面	私人收藏	
144	分析产书	民国二十七年（1938年）腊月，民国三十六年（1947年）桂月	抄本1册，计13面	私人收藏	
145	（隆二房）阄书	民国二十九年（1940年）杏月	抄本1册，计5面	私人收藏	农民
146	（洪炳校）分阄（兰字号）	民国三十一年（1942年）春正月	抄本1册，计7面	私人收藏	鱼塘、水碓
147	阄书（拟）	民国三十一年（1942年）	抄本1册，计19面（序残）	私人收藏	

编号	分家文书	年　代	册　页	收藏单位	备　注
148	日升月恒（余家桂置，三房庭样收执）	民国三十二年（1943年）	抄本1册，计37面	私人收藏	
149	义字阄书	民国三十二年（1943年）正月	抄本1册，计7面，另抄件1份	私人收藏	
150	阄书（贰房）	民国三十二年（1943年）三月	抄本1册，计18面	私人收藏	族长、房长、保长、甲长
151	流芳百世	民国三十六年（1947年）十月	抄本1册，计7面	私人收藏	
152	丕振家声（方观渡执书）	1952年农历元月	抄本1册，计11面	私人收藏	
153	合同分书	1954年三月	抄本3册，大房、三房和四房，各计18面，另有1张分家地图	私人收藏	此3册提及土改，但是否为徽州文书无法确定
154	嘱合同	清康熙十八年（1679年）	抄件1份，契纸	私人收藏	轮管油榨水碓
155	阄书	清道光七年（1827年）	抄件1份，折页	私人收藏	
156	阄书	清光绪十三年（1887年）二月	抄件1份，折页，书写于红纸上	私人收藏	

编号	分家文书	年　代	册　页	收藏单位	备　注
157	分家条款	清光绪二十四年（1898年）六月初九日	抄件2页，抄写于信笺上	私人收藏	条款计16条，补充1条
158	阄书图	年代不详	3张	私人收藏	

说明：上表中北京国家图书馆、上海图书馆所藏分家文书，据各该馆目录，由于两馆的分类标准不同，故有"善本"和"珍贵特别珍贵"之分。关于分家文书的面数尺寸，除封面外，每页2面，除封面首，只计算各抄本中含有文字的部分，形制较佳或其内容特别珍贵者注以版框尺寸。原书无题或不见《徽州文书类目》等书中，则暂据内容拟定相关书名。

另外，《徽州历史档案总目提要》《徽州文书类目》等书中，也提供了一些单位收藏的分家文书目录，而《徽州千年契约文书》中，更收录了一些分家文书散件及簿册，兹不赘列。

余论：在田野中解读历史

（一）

在明清以来中国社会研究方面，田野调查的方法由来已久。日本学者森正夫曾概述在这方面具有重要影响的一些中外学人及其相关工作：1936 年费孝通在长江三角洲农村的调查；1940—1942 年日本学者对华北农村惯行的调查，同一时期福武直在华中农村的调查；1949 年前后美国学者施坚雅在四川农村所进行的调查，以及 20 世纪 80 年代前期费孝通的小城镇调查等。2001 年 3 月，滨岛敦俊出版《总管信仰——近世江南农村社会与民间信仰》一书，该书将访谈资料与文献资料相结合，以揭示传统中国民间信仰和祭祀中的共同性组织及其活动领域 [①]。近年来在中

---

① ［日］森正夫：《田野调查与历史研究——以中国史研究为中心》，载唐力行主编《国家、地方、民众的互动与社会变迁》，商务印书馆 2004 年版，第 87—97 页。

国史学界影响日增的"华南学派"，其田野调查与文献分析的方法更是为学界所瞩目。而就徽州研究而言，由于当地的文献史料极为丰富，此前学界的注意力多放在对文书、文献的研究上，田野调查虽已出现了一些重要的成果，但亦尚有极大的开拓空间。

森正夫指出："在发掘作为史学研究基础的文献资料时，田野调查发挥着重要的作用。……近几年中国史学界划时代的成果——徽州文书、巴县档案以及福建宗教碑文的收集、整理、研究和出版也可以说是田野调查。"

在徽州研究中，以往曾有一些学者在立足文献分析的同时，通过田野调查丰富自己的历史认识。例如，20世纪60—70年代，叶显恩先生在研究徽州佃仆制与农村社会时，就曾到安徽歙县、祁门、休宁和绩溪等地做实地调查，他的《关于徽州祁门查湾和休宁茗洲佃仆制的调查报告》，就是利用实地调查的资料，结合文献史料撰写而成。这为他以后出版《明清徽州农村社会与佃仆制》(安徽人民出版社1983年版)，奠定了扎实的基础。

除了佃仆制度外，棚民研究也是明清以来徽州社会的一个重要问题。关于棚民，历史文献中有不少记载，内容也比较丰富，甚至棚民的数量在某些年份也有明确的统计数字，因此，以往的不少研究成果，大多是从文献到文献的描述性分析。1998年2月至3月间，日本学者涩谷裕子在休宁县南部的山间地带做了两周的实地考察，收集到一些珍贵的碑刻史料及口碑资料，对棚民的移住形态与地域社会的状况作了细致的调查和分析[1]。她的研究，

---

① ［日］涩谷裕子：《清代徽州休寧縣における棚民像》，载［日］山本英史编《傳統中國の地域像》，东京，庆应义塾大学出版会2000年版，第211—250页。

丰富了人们对于清代皖南棚民的认识。

明清以来，徽州是个宗族社会，宗族问题历来备受关注。郑力民认为：对于宗族问题，史学的唯文献研究方法虽然可以解决不少问题，但也存在着诸多的局限，"它不能对宗族所赖以生存的那个社会或宗族的社会性问题予以有效的关心，尤其是作为维系这一社会而存在的族际乃至村际间的关系网络结构"。与一般纯粹依靠文献研究宗族问题的方法不同，作者主要通过田野调查，对徽州社屋的诸多侧面加以探讨。对社屋的基本形态（包括祠社关系、社庙结构）、"嬉菩萨"分段解读以及地方神凸显的"一体化"观念等，都做了细致的分析。作者综合口碑资料，对传统徽州迎神赛会"嬉菩萨"中的"接""嬉""坐""送"四个段落加以分段解读，展现了人们藉助神事活动，实现世俗生活中族际间沟通、和谐的愿望。①

近年来，法国学者劳格文（John Lagerwey）主持的"徽州的宗教、社会与经济"["Religion, Society, and the Economy in Huizhou（Anhui）"，2008—2011]国际合作项目，计划通过与徽州当地人士的合作，做类似于此前他在客家地区所做的研究。该项目的基本方法是以田野调查所获的口碑和地方文献，客观描述 1949 年以前徽州的传统经济、民俗与宗教。根据他的设计，在对一地作研究时，除了首先了解此处的地理位置、人口、历史、姓氏以及当地对风水的基本认识之外，还应当对宗族、经济

---

① 《徽州社屋的诸侧面——以歙南孝女会田野个案为例》，载《寺庙与民间文化研讨会论文集》下册，台北，汉学研究中心 1995 年版，第 553—578 页。

和民俗三个方面作细致入微的考察。希望通过上述几个方面的客观描述，为我们提供一个地区比较完整的社会生活实录。在此前几次联合的实地调查中，我们曾有不少意外的收获。譬如，在歙县周邦头，我们找到了目前所知在徽州唯一的一座尚有活动的祠堂，找到负责祠堂日常运作的当地村民周良荣。周氏对传统时代当地的民俗、宗教活动极为熟悉，并已应我们的要求将这些撰述成文。另外，在歙县鲍家庄，通过访谈，我们也了解到旧时新安江水上运输中的一些惯例，这些都是文献记载中所无从得知的。

歙县周邦头周氏宗祠

在田野调查中，我们常常可以看到文献中没有记载，或与文献记载并不完全一致的社会文化现象。譬如，绩溪县伏岭脚下大障峡谷口的北村，每年大年三十，当地程姓四十岁男丁做寿，抬社猪敬祖先，此一风俗颇为独特。据耕田农夫《四十大寿》一文描述：

　　盛典的重头戏，是社猪，最能体现典礼的气派风度。几百斤的大肥猪宰杀后，保持完整，搭起架子，将猪固定在架子上，猪头戴宫花，插帽翅，系围脖，嘴里含着黄色的大明珠，身上披红缎……。起驾了，四个壮汉各执一角，随着整齐的号子上了肩膀。长者手执寿钱开道，社猪在锣鼓鞭炮声中上了路，后面跟着长长的队伍，有捧寿鸡的，有捧寿鱼的，有脖子上吊着寿条的（年糕），有抬着寿包的（大馒头，一斤面粉三个），数不清捧贡品的，队伍逶迤地向程家祠堂进发。……锣鼓咚咚铿，鞭炮啪啪响，喇叭呜里呜里呀，整个村庄在鞭炮的硝烟和鼓乐的欢快声中，迎来了北村最为壮观的一天。五家的社猪都抬来了，一字排开；五家的菜肴都上齐了，摆满了五张八仙桌。祠堂里三层外三层都是人，挤得个水泄不通。祠堂张灯结彩，正中挂起了祖宗的容象，两边的对联是："节届中春时交五戊，村前击鼓陌上吹箫。"①

抬社猪之俗，最近两年还相当盛行。此年俗虽然独特，但亦渊源有自。据说，北村程氏于明初永乐时来自歙县北乡富堨，始迁祖程文贵深感世俗认为40岁走下坡路的偏见误导子孙，故立下家规：男丁四十要举行社祭，"感天地之造化，祈神明之庇佑，思先祖之恩德，立后人之楷模"，世代相沿，遂在北村形成独特

---

① "故园徽州"网：http://bbs.huizhou99.com。

的风俗。

其实，从上揭的对联"节届中春时交五戊"来看，因为立春后的第五个戊日为春社日，故此风俗应源自徽州春社日的祭社。这从该项活动中的另一对联"祭社祈年四季风调雨顺，迎神迓福千秋国泰民安"，亦可得到印证。清乾隆时歙县人吴梅颠《徽城竹枝词》有："村村赛社为春祈，四五百斤猪透肥。摆祭般般相赌赛，乡人好胜世间稀。"吴氏描述的是歙县境内的赛社习俗。乾隆时代佚名抄本《歙西竹枝词》亦有："春祈秋报事如何，稠墅由来富者多。百十肥猪同日宰，轮流齐献社公婆。"稠墅也在歙县西乡。绩溪县图书馆收藏的《绩溪县城市坊村经理风俗》一书，备述当地的岁时节俗，其第三十课有："戊日祀社，春祈秋报，岁凡二举，里自为域，献豜醉酒，尚遗古风，社神为男女二像，庞眉皓首，呼为社公、社母。"其后注曰："豜，音坚，大豕也。"也正是四五百斤的社猪。上述这些，都是状摹社日时的景象。从现场的情况来看，"节届中春时交五戊，村前击鼓陌上吹箫"对联中央的图像，应是社公、社母的画像（即《歙西竹枝词》中的"社公婆"），而非上揭文章中所说的"祖宗的容象"。因此，北村的抬社猪，实为社祭的一种变异。因社祭须由成熟的男丁主持，而除夕亦有祭祀社稷的习俗，结果遂演变成为一种除夕的祝寿庆典。这从现存的对联、祭文中，亦可看出其中演变的轨迹。譬如，晚清民国绩溪杂抄抄本（1册，私人收藏）中，有《祀年祭社稷文》2份，《祭社公祝文》1份，这些文字既可用于元宵，又可用于春社日、秋社日，祝文基本内容不变，只是稍加变通数字。另外，根据笔者以前在绩溪的调查，绩溪人讲述，当地男子一生有三件大事，即一是娶老婆，二是盖房子，三是砌生宫。"生宫"亦即人在生前即修好的墓穴。据说，一个成功的男子，四十岁左右就应修好生宫，建好墓，刻好碑。这说明四十岁是当地男丁的一个重要的年龄断限（所谓男子四十岁以后走下坡路的俗见，亦缘于此），北村抬社猪祝寿以四十为标准，显然亦与此有关。可见，田野调查是了解民俗流变的方法，而这反过来又可成为我们理解历史文献的重要途径。至此，将徽州文书、竹枝词、《浮生六记》等历史文献与活生生的民俗相结合，便可清晰地看出地方文化演变的轨迹。

上述的几项成果，都是通过走进"现场"，收集口碑史料，结合历史文献所作的研究。另外，如何以文本（徽州文书）为基本线索开展实地调查，可能是今后需要进一步展开的一项研究。

（二）

以往有学者称，徽州文书与甲骨文、秦汉简帛、敦煌文书、大内档案（明清宫廷档案）一起，合称为 20 世纪"中国历史文化的五大发现"。揆诸史实，在上述的"五大发现"中，其他四种发现，或是离当代历史久远（如甲骨文、秦汉简帛、敦煌文书），或是与民间社会相距甚遥（如大内档案），唯有徽州文书在时代上绵延至晚近，而且直接来源于民间社会生活，因此，可以也应当放回到民间社会中去考察。徽州文书的这一特点，为在田野中解读历史提供了可能。不过，由于现存的徽州文书绝大部分是通过市场买卖辗转收集而来，故而有不少资料难以理清其间的脉络，特别是一些散契，因与其产生的社会环境缺乏对应关系，而大大降低了它的利用价值。不过，也应当看到，仍有不少文书可以重新放回到当地的社会环境中加以考察。譬如，近十数年来笔者收集到的一万余件（册）民间文献，以及安徽大学徽学研究中心编辑出版的《徽州文书》中收录的文书，其中有不少记载有明确的来源地。这些，均可放回到当地的社会环境中去理解。

2001年，笔者在上海收集到一册来自江西婺源（原属徽州）的文书，内容是1949—1950年乡村少年的日记。以此为线索，笔者前往日记反映的地点——婺源县古坦乡水岚村，在村口竟然巧遇日记的作者——现年70多岁的老农詹庆良，通过两度的实地走访和座谈，收集到主人公以及当地社会的一些文书史料，后来写成《水岚村纪事：1949年》（生活·读书·新知三联书店2005年版）一书。该书透过对詹庆良日记的整理和解读，记叙了"站在历史和地理边缘"的一个山村少年的经历，以此折射出1949年解放前后的风云变幻和徽州地域文化的传承与嬗变，出版后在学界内外有一定的反响。该书的出版，为学界提供了一些新发现的民间文献，具有比较重要的学术意义。另外，在该书出版前后，香港凤凰卫视、上海电视台纪实频道、安徽电视台等，都为此拍摄过纪录片或电视片，主人公的命运遭际，据说曾感动过不少人。

2002年，笔者意外发现《我之小史》抄稿本2种，这是目前所知唯一的一部由徽商创作的章回体自传。该书的内容从清光

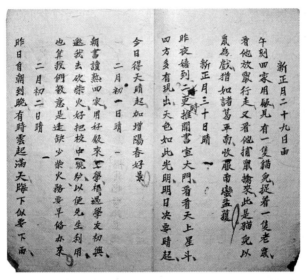

詹庆良本日记

绪九年（1883 年）迄至民国十四年（1925 年），逐年记录了一个家庭的社会生活。类似于此长达 40 余年、多达 20 万字的连续记录，在以往的徽州文献中尚属首次发现，该书的发现，是近年来民间文献收集中最为重要的一次收获。此后，通过对小说持有者——《我之小史》作者嫡孙的采访，以及对江西省婺源县东北乡庐坑村的多次实地调查，收集到与此相关的大批文书（日记、文集、启蒙读物、宗教科仪等），最终整理出版了《我之小史》（安徽教育出版社 2008 年版）。在实地调查中，我了解到，迄至今日，庐坑当地族姓分布的格局并未发生太大的变化。因此，在《我之小史》出版之前，詹氏后人就反复要求应删去书中涉及大小姓纷争的部分，对与清代世仆以及“开豁贱民”过程有关的字眼（如"跳梁""脱壳鳖"等）均应予以删除，以免引起现实上新的矛盾。《我之小史》第一版出版后，谨小慎微的詹姓后人再次要求删去其中的一些文字，并与我反复讲到其间的顾虑：直到20年前，当地民众还因大小姓祖坟的问题，引发了赣、皖二省族姓较大规模的磨擦和冲突。从这些事件来看，正说明了历史时期佃仆制度的影响之深——由于明清以来徽州是个宗族社会，有限的资源空间常常引发激烈的生存竞争，这在一定程度上使得族姓之间的恩怨纠葛不断。及至今日，虽然早已时移势异，但族姓聚居的格局并未完全被打破，数百年传统的深刻影响也远没有骤然消解。上述的这些影响，没有任何文献可以反映，唯有通过田野调查方能得以证实。

2008年，笔者在歙县南乡收集到一批文书，共计抄本63

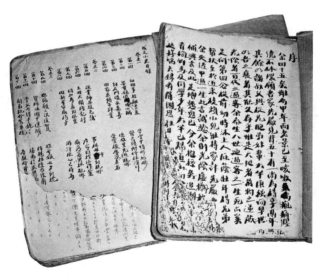

《我之小史》抄稿本2种

册，散件 8 张。从文书内容来看，该书可以明确归属于歙县的何家坞，为方姓家族的一批文书。何家坞，又名何川，位于今安徽歙县苏村乡。苏村乡驻地距歙县县城约 30 公里，该乡属山区，农业生产以茶、桑、林为主。昌源河流经中南部，杭徽公路斜贯中部，有支线苏（村）唐（里）公路和齐（武）水（竹坑）公路以该乡为起点，是个极为偏僻的皖南山村。我对这批文书作了简单的归类，共分家庭宗族类（阄书、家谱）、经济类（田产税赋文书、契约合同等日用类书、会书）、诉讼类、婚姻类（撒帐歌、婚姻礼单）、丧葬祭祀类、信仰类（科仪、命相文书）、游艺类和教育类（启蒙读物、其他），共计八类。对于这批文书（特别是其中的家庭宗族类文书、经济类文书），我们完全可以结合徽州（特别是歙县南乡）现存的大批文书，做历史文献学及经济史的

歙县何川文书

分析。但与此同时，也应当看到，以往学界处理的徽州文书种类仍然相当有限，特别是对于后五类的文书，如何处理和研究，我们仍然相当缺乏经验。

譬如，在婚姻类文书中，单单是撒帐书就有十数种。撒帐是中国民间重要的一种婚姻习俗：洞房花烛之夜，夫妇二人就床对坐，由赞相礼仪者及嘉宾以金钱彩果散掷，称作撒帐。近世徽州启蒙读物在描摹当地婚俗时这样写道："接亲到，开轿门，参拜天地，吵新人，吃喜酒，撒帐贺房。"撒帐时所唱之歌称为"撒帐歌"（或曰"撒帐诗"），而民间有关撒帐歌的抄本，就叫做"撒帐书"（或"帐书"）。在徽州，撒帐书的遗存极为繁多，就目前已发现者，就达数十种之多。但一个家族文书中一下子出现十数种撒帐书，则是第一次发现。那么，何以一个家族会有这么多的撒帐书？这与活跃在民间为人料理婚丧红白喜事的"先生"（有的地方称礼生）者是否有关？这个家族是否在当地主要从事此类职业？目前，都还没有答案。因为文本本身并没有提供相关的线索，而这些，唯有通过实地走访的田野调查，方能得到解读。在研究之前，我们可以有各种各样的假设，但最终能够证实或证伪的，便是田野调查。另外，其他文本中的一些内容，也只有通过实地调查方能真正读懂。譬如，科书《目下土地灶司祝文》中有"大民国江南徽州府歙县南乡长乐里齐武大社横山路新兴社何家坞白莲社管居住信士方△△"的字样。从时间上看，由政区沿革的书写方式分析，"大民国江南徽州府"说明民间的此类祭祀活动由来已久，该书记录的仪式和过程，可以上溯到清代甚至明代，因为祝文中的"大民国"，明显只是将"大明"或

"大清"稍加改动而已。但套语中的"歙县南乡长乐里"之下还有"齐武大社""新兴社""白莲社",这几个"社"之间的相互关系究竟如何,从宗教科仪文本本身却无从得知。而这实际上应与民间基层社会的宗教信仰、村落结合、社区关系等密切相关,其中必定包含着丰富的社会文化内涵,这些,也只有通过田野调查方能得以充分的挖掘和展示。

好在这批文书不仅可以明确定点,而且其中的绝大部分均为晚清至民国时期的文书(少量涉及清前期),部分内容则可能一直沿用到当代。譬如,民国抄本《谨疏(付联据约杂诗)对》末有"春联:江山千古秀,人民万代福""苍松千年翠,祖国万年春。"这些文字的墨迹及字体,均与该书的前面部分完全不同。从"人民""祖国"之类的用词来看,此书直到1949年以后仍在使用。另外,民国科书《目下土地灶司祝文》,最后有"公元一九△△年△月良日之吉叩敬"字样,这说明该书在解放后也仍在使用。所有这些都说明,以实地调查的方式去理解这批文本反映的民众生活,具有相当的可操作性。

实地考察是我们读懂历史文献的方法,诚如中山大学历史系刘志伟教授所言:"我们做田野是为了能更好地读懂文献。比如,让我读徽州的文献,我想我只是能从字面上看懂它,却不能从中看到一个真正的徽州,除非我亲自到那里去做了长期的田野工作。这是因为,对我们来说,历史既是一个时间的过程,又是在特定的空间展开的,这二者之间存在着很复杂而又辩证的关系。对于历史时期的了解,我们不能直接感受到,只能是间接地从文献中认识,但对于了解历史的空间,我们有可能直接去认识,那就是只有让我们自己身处在那个空间中才能做到，尽管我们依旧会受到很多局限，大多数地方现在早已不是历史上的样子，已经面目全非了，但我们仍然可以通过置身于特定的'场景'之中，细致地、反复地琢磨与体验，在某种程度上获得对历史的感悟。人类是在一定的空间中创造历史的，如果没有对于空间历史的认识，我们解读的历史就只能是一条单纯的时间线索，而且即使是这条单线我们也把握不好。"对此，厦门大学历史系郑振满教授也认为："为了直接体验空间的历史，我们就亲自到文献中所记载的那些地方去做田野调查。那些文献上死的历史在田野中就变得活生生的，而且在田野中还会发现文献上没有记载的内容，并且看到它们原本就不是孤立存在的，而是与其周围的事物联系在一起，历史就变成立体的。然后，我们反过来再到文献中去寻找田野中所发现的一切。"而当我们重新审视文献时，"原来没有意义的内容在田野经验的积累中都变得有意义了"。①

近年来，各地也陆续发现、出版了一些民间文书。譬如，此前在东南某地发现了一批文书，有个别学者片面强调它是比徽州文书分布更为集中、更具典型性的民间文书，藉以凸显该地文书发现之重要性。但据笔者对这批文书的观察和了解，应当指出：徽州是个十户九商、社会流动性极大的区域社会，此一特点决定了其经济形态和社会文化的丰富性，这不是一些商品经济落后的孤村僻壤所能比拟的。平心而论，新史料的发现，无论多少

① 史克祖：《追求历史学与其他社会学科的结合——区域社会史研究学者四人谈》，《首都师范大学学报》1999 年第 6 期。

无论是什么，也都有其学术价值，毋需刻意高评或低估。但迄今所见，可以说没有一个区域的文书有徽州文书那样数量庞大、类型多样、内涵丰富。现在之所以会提出这样或那样的看法，如果不是出于自我炒作，那只能说是对徽州文书的全貌缺乏了解所致。而由于徽州文书的涉及面极广，几乎涉及明清以来社会生活的诸多侧面，因此，田野调查大有用武之地，这将促成对徽州文书更大程度的利用。譬如，徽州文书中有大批的宗教科仪和民间小曲等，仅笔者手头就有数百册之多，对于这批民间文献，至今利用到的人还相当之少，其中的不少内容，我们甚至难以读懂，只能大致知道它的用途而难言其详。这是因为宗教科仪、民间小曲，目前我们所见到的只是抄本上的文字，而在传统时代，仪式、音乐都是活生生的流动的过程，这需要人们去表演，去即兴发挥，单单只是文本，我们只能看到一板一眼的操作程序，而在文字之外生动的人物活动和社会关系则被完全过滤掉了，因此，藉由这些文本，我们难以了解传统社会乡村生活的实态。在这方面，历史学之外其他领域的研究者所做的田野调查似乎已先行一步。譬如，音乐研究者冯建至在《婺源县溪头乡下呈村丧葬仪式考察报告》一文（《中国音乐学》2006年1期）中，记录了2002年5月16—17日江西婺源县溪头乡下呈村姚姓宗族的一次丧葬仪式及音乐运用，以此个案展现中国民间丧葬仪式中普遍存在的信仰、仪式行为、仪式音声之互动关系。这一论文虽然略嫌单薄，但它记录了仪式的整个过程，对于各个环节吹打乐曲的曲目、科仪的内容，都有简单的说明。同为音乐研究者的齐琨，也在其《村落仪式和象征中的音乐——以徽州黟县古筑村和祁门县彭龙村为例》[①]一文中，以"民族音乐学的田野工作方式"，于1999年7月至2000年8月间，走访了徽州三县中的21个村落，考察了当地的礼俗音乐。其中，在黟县古筑村，她以通过采访获得的口碑资料，还原了1946年古筑村最后一次祭神、祭祖仪式的过程以及其中的用乐情况。在《论仪式音乐的程式——以徽州礼俗仪式音乐为例》一文（《艺苑》2006年第2期）中，齐琨通过综述18位当地乐人的访谈后指出："时至今日，徽州各县礼俗仪式及音乐发生了不同程度的变化，然而，一些祠堂保存较完好的村落，仍在祠堂中举行婚丧礼俗并延请乐手吹打奏乐助兴，演奏的乐曲基本为传统的部分曲目，亦存在良莠不齐的现象，但多数技艺高超的民间艺人，仍会恪守传承自上一代乐人的奏乐程式。"在这篇文章中，我们看到了大量的民间小曲曲目，从中，可以清楚地看出民间用乐的基本情况[②]。结合这些田野

民间朝山进香的实物

---

① 香港中文大学音乐系、中国艺术研究院音乐研究所、中国传统音乐学会合编：《中国音乐研究在新世纪的定位国际学术研讨会论文集》下册，人民音乐出版社2002年版。

② 关于这方面的成果，尚可参见茆耕茹：《目连资料编目概略》，王秋桂主编"民俗曲艺丛书"，财团法人施合郑民俗文化基金会1993年版；茆耕茹编：《安徽目连戏资料集》，1997年；施文楠编著：《安徽目连戏唱腔选编》，1999年版。

清代齐云山碑刻　　　　　　　　　　当代齐云山碑刻

调查，此前所见到的那些宗教科仪、民间小曲，便被还原成许多活生生的社会生活画面。

　　与仪式相关的是民间宗教的研究，例如，现存有关齐云山道教方面的资料相当之多，仅笔者收集到的就有不少，如徽州至九华山、齐云山的路程，朝山进香时的善男信女所记录的账簿，朝山进香时携带的实物（如香袋等），在齐云山上住宿时与道士签订的契约，各类与朝山进香有关的宗教科仪，还有九华山的木刻版画等。这些资料，都是研究传统时代徽州民间朝山进香习俗以及民间宗教的重要史料。除此之外，在我们的田野调查中，许多村民都详细描述了朝山进香的组织、过程以及相关的习俗。而在对齐云山、九华山的实地考察中，我们也发现了不少自古迄今朝山进香的痕迹。譬如，道教名山齐云山在 20 世纪 60—70 年代虽然受到严重的破坏，但仍保留下不少宗教建筑，而山上一些新立的碑铭，则证实了朝山进香之俗仍在民间长期延续。这些都说明，有关朝山进香与民间宗教、民众生活等方面的研究，可以以徽州文书为基本线索，结合实地调查加以综合性的研究。

（三）

徽州是个文献之邦，传世文献和民间文书浩繁无数，在充分重视历史文献的同时，亦应开展田野调查，唯有如此，方能更好地理解民间社会的基本面貌。当然，我们也应该认识到，田野调查所获的认识需要经过严格的检证。

20 世纪 80 年代以后，随着改革开放的进程，中国农村社会发生了巨大的变化。具体到徽州，原先不通公路的许多乡镇都通了公路，电视的普及，使得山区的民众对外界有了更多的了解。近年来徽杭高速公路的开通，更使古老的徽州与经济发达的长江三角洲更为紧密地联系在了一起。但在另一方面，徽州又是一个经济欠发达的地区，历史时期徽州的繁荣，与在外务工经商的徽州人密切相关，而如今，外部资金的挹注早已不复存在，这与经济发达、海外资金源源不断的福建、广东等沿海地区所呈现出的状态完全不同。在福建、广东，迄至今日，新旧祠堂、寺庙林立，不少地方的迎神赛会亦极为活跃，地方文化脉络绵延，与传统时代并没有太多的中断。相比之下，从总体上看，徽州文化缺乏活力，基本上是一种逝去的文化，虽具审美价值，却难以看到复兴的可能。这使得文书文献上反映出来的一些社会文化现象，有不少难以得到现实的印证。另外，随着时间的流逝，老人的故去，以及农村社会进城务工者的大批离土离乡，田野调查面临的困难以及紧迫性均日渐增加。诚如此前一位长期在中国调查的日本学者曾经感叹，现在他在江南农村能够找到的"老人"，比他的年纪还轻。的确，如今离 1949 年已 70 余年。对于 1949 年以前有所了解的人，年龄至少也有 80 多岁，垂垂老矣，思路清晰而且尚能讲述者真是少而又少。另外，也并不是调查对象所说的话都是有用的资料，必须认真分析研究后加以取舍。

后 记

2001年，笔者主持承担了国家社会科学基金青年项目"徽州文书所见明清村落社会生活研究"（项目批准号：01CZS003），数年后的结项成果分为学术专著和资料集两部分。专著部分主要利用徽州文书，结合文集、族谱和方志等相关史料，对明清时代徽州村落的生活环境（经商风气的蔓延、交通与商业）、棚民经济、祭祀礼仪与社会生活、自然灾害与民间信仰、风土习俗等，均作了较为细致的探讨。该课题在结项时获评优秀，并受通报表扬："《徽州文书所见明清村落社会生活研究》和《徽州村落文书资料类编》，由复旦大学王振忠教授主持完成，总字数35万。成果立足于村落社会史，以徽州村落文书为基本材料，对明清村落社会的日常生活、祭祀礼仪、灾害信仰与民间习俗等问题展开深入而细致的分析。成果既具资料价值，又有理论深度，对于中国村落社会史研究和徽学研究都有所裨益。"①

---

① 见《社会科学报》2005年6月23日。另，该项成果简介收入全国哲学社会科学规划办公室编《国家社科基金项目成果选介汇编》第3辑，社会科学文献出版社2007年版，第253—258页。2009年7月，笔者主持承担的国家社会科学基金项目"新发现的明清以来徽州商业类书研究"（06BZS015）通过专家鉴定，再度获评优秀。

本书即在上述研究的基础上，利用通过田野调查在徽州民间收集到的珍稀文献撰写的系列论文整合而成，为村落文书与村落社会史研究的专题论文集。收入本文集的论文，绝大部分均是近十年来参与各类国际合作项目的成果。

2003—2004 年，笔者在美国哈佛大学哈佛燕京学社访问。其间，接到日本学者臼井佐知子教授来信，邀约我参加由日本国文学研究资料馆档案研究系渡边浩一教授主持的国际合作项目"歴史的アーカイブズの多国間比較に関する研究"（日本学术振兴会，2004—2007）。该国际合作团队以日本学者为主，另外包括数位韩国、中国、法国、英国和土耳其的"海外研究协力者"，共同比较研究东亚、伊斯兰、西欧的档案文书①。作为其中唯一的中国学者，本人与臼井教授一起，主要研究中国的徽州文书。该国际合作项目，曾先后在韩国首尔、中国上海、日本东京、土耳其安卡拉、法国巴黎召开过五次国际学术会议。收入本文集的《徽州村落文书的形成——以抄本〈新安上溪源程氏乡局记〉二种为中心》一文，即是我参加该项目第一次国际学术会议（"近世东亚的组织与文书"，首尔，韩国国史编纂委员会，2004 年 11 月）提交的学术论文，该文后被翻译成日文和韩文，与中文原稿一起，刊载于《"历史档案的多国比较研究"成果年次报告书

---

① 继"历史档案的多国比较研究"之后，笔者又参加了"9—19 世纪文书资料の多元的な複眼的比較研究"国际合作项目，此项目之第一次国际学术研讨会"東アジア契約文書の諸樣相"于 2011 年 1 月在韩国首尔韩国学中央研究院召开，笔者因故未能与会，但提交了《地方性知识的传承与社会秩序之维持——以清代徽州的村落日用类书为中心》一文，以书面论文参与了讨论。

（平成十六年度）》^①。后又以"Compilation of a village chronicle and records in Huizhou prefecture, China"为题，摘要发表于 Redefining the Archives History: Multilateral comparative Study on Archives during the medieval and early modern period^②。2005 年 8 月，日本国文学研究资料馆、东京外国语大学与复旦大学历史地理研究中心在上海联合召开"档案文书与东亚的家庭、商业及社会"国际学术研讨会，围绕着档案文书，对东亚的家庭、商业、诉讼、城市社会管理等诸多侧面展开讨论。《清代一个徽州小农家庭的生活状况——对〈天字号阄书〉的考察》一文，即是提交此次会议的学术论文，该文的日文本后刊载于东京外国语大学《史资料ハブ——地域文化研究》2006 年卷^③。本书中的"余论"部分，则是根据笔者 2009 年 3 月 5 日在日本国文学研究资料馆档案研究系发表的学术演讲《在田野中解读历史：徽州文书

① 大学共同利用机关法人人间文化研究机构、国文学研究资料馆アーカイブズ研究系，2005 年 3 月。

② Edited by The Research Project on Archival Resources with a Central Focus on East Asia, Department of Archival Studies, National Institute of Japanese Literature, National Institutes for the Humanities. Tokyo, Japan, February 2010。中文原稿节略发表于《社会科学》2008 年第 3 期，并为《新华文摘》所摘编。

③ 中文原稿节略发表于《上海师范大学学报》2006 年第 1 期，日文稿后收入国文学研究资料馆档案研究系编《中近世アーカイブズの多国间比较》（东京，岩田书院，2009 年 3 月 31 日）。又以"Living conditions of a petty peasant family in Huizhou during the Qing period: a study of the documents about the division of the Family estate"为题，摘要发表于 Redefining the Archives History: Multilateral comparative Study on Archives during the medieval and early modern period。

与实地考察》①修改而成。"历史档案的多国比较研究"国际合作项目，已于 2009 年公开刊行研究成果《中近世アーカイブズの多国间比较》(日本国文学研究资料馆档案研究系编，东京，岩田书院)。此一项目的推进，较大程度上提高了徽州文书在国际学术界(特别是中国史研究领域之外)的知名度。2010 年 10 月，应日本史研究者、东京大学吉田伸之教授之邀，我赴东京参加"关于 16—19 世纪传统城市的分层性社会·空间结构的比较类型论研究"学术研讨会，另在东京大学做了两场有关徽州文书的学术讲座。徽州文书以其数量庞大、前后接续且自成体系，成了中国文书的典型代表，围绕着徽州文书展开的明清史研究，亦遂成为国际视域中东亚社会研究的一个可能的重要参照。

2008 年开始，应法国学者劳格文(John Lagerwey)教授之邀，我参加了他所主持的"Religion, Society, and the Economy in Huizhou"项目②，与他合作，在皖南从事徽州传统社会的调查、研究。其间，跑遍了新安江沿岸的主要村落和港口，搜集到不少口碑和文献史料。《迎神赛会与地缘组织——明清以来徽州的保安善会与"五隅"组织》一文，以十数年前在皖南收集到的民间文献为基本线索，并于 2009 年 8 月 20 日、10 月 10 日，与劳格文教授、姚存山先生(歙县地方志办公室)及博士生李甜同学

---

① 载［日］渡边浩一编：《人间文化研究资料の多元的複眼的比较研究》，国文学研究资料馆アーカイブズ研究系，2009 年 3 月。中文稿后载《探索与争鸣》2009 年第 6 期。

② 该项目由中国台湾地区 CCK 基金会资助，亦作为香港中文大学科大卫教授主持的"中国社会的历史人类学研究"计划(卓越领域学科计划项目)之子项目。

（复旦大学）一起，两度前往安徽黄山市歙县小梅口、大梅口调查。此文即结合历史文献及实地考察撰写而成，曾提交美国华盛顿大学人类学系赫瑞（Stevan Harrell）教授主持的"中国地方社会研究的新路径学术研讨会"（美国华盛顿大学人类学系、台北财团法人施合郑民俗文化基金会和厦门大学民间历史文献研究中心合办，2010 年 6 月）。

此外，《清代前期徽州民间的日常生活——以婺源民间日用类书〈目录十六条〉为例》一文，是我参加台湾"中央研究院"历史语言研究所李孝悌研究员主持的"明清社会与生活"主题计划①、出席"中国日常生活的论述与实践"学术研讨会（International conference on "Discourses and Practices of Everyday Life in Imperial China"，美国哥伦比亚大学，纽约，2002 年 10 月）宣读的论文，后收入武汉大学历史系陈锋教授主编的《明清以来长江流域社会发展史论》（武汉大学出版社 2006 年版）。《礼生与仪式——明清以来徽州村落的文化资源》一文，则作为台湾东吴大学王秋桂教授主持的国际合作项目"历史视野中的中国地方社会比较研究"成果之一，曾提交"中国地方社会仪式比较研究国际学术研讨会"（香港中文大学崇基学院宗教与中国社会研究中心、香港中文大学文化及宗教研究系合办，2008 年 5 月）。《晚清民国时期的徽州宗族与地方社会——黟县碧山何氏之〈族事汇要〉研究》一文，曾提交"亚洲新人文联网"第四次会议

① 关于该主题计划，参见李孝悌《〈中国的城市生活〉序——明清文化史研究的一些新课题》，台北，联经出版事业股份有限公司 2005 年版。

"文化传承与历史记忆"学术讨论会（四川大学历史文化学院、中国藏学研究所和香港城市大学中国文化中心主办，2007年10月，四川成都）①。《大、小姓纷争与清代前期的徽州社会——以〈钦定三府世仆案卷〉抄本为中心》一文，则提交厦门大学民间历史文献研究中心举办的"第二届民间历史文献论坛"（2010年7月）以及"区域、跨区域与文化整合"国际学术研讨会暨中国社会史学会第13届年会（山东聊城，2010年8月）。

上述诸文的写作时间前后跨度长达10年左右，在此期间，学界的诸多师友都曾给予过无私的帮助。除了上文提及的各位学者之外，还应当特别感谢：华东师范大学王家范教授，厦门大学郑振满教授，南京大学范金民教授，南开大学常建华教授，安徽大学卞利教授，上海社会科学院马学强研究员，以及日本九州大学中岛乐章准教授，韩国高丽大学洪性鸠博士，他们都曾以各种方式对我的研究给予关注和帮助。最后，还应感谢业师邹逸麟先生和上海师范大学唐力行教授的鼎力推荐，使得本书得以列入2010年《国家哲学社会科学成果文库》。各位师友的鼓励和支持，永远是我在学术道路上继续前行的动力。

2011 年 1 月 20 日

---

① 该文发表于《社会科学战线》2008年第4期，后为中国人民大学报刊复印资料《中国近代史》全文转载。

再版后记

　　《明清以来徽州村落社会史研究》一书，2010年被收入首届"国家哲学社会科学成果文库"。根据全国哲学社会科学规划办公室对该文库的"出版说明"："……入选成果经过了同行专家严格评审，代表当前相关领域学术研究的前沿水平，体现我国哲学社会科学界的学术创造力。"此书于翌年由上海人民出版社出版，并在2012年荣获上海市第十一届哲学社会科学优秀成果著作类二等奖。在我看来，这些褒奖，应视作对过去多年田野考察与实证研究的一种鼓励与鞭策。

　　本书从区域研究的角度，"在田野中解读历史"，对村落文书的动态演变及其基本功能、日用类书与社区日常生活、礼生与村落文化资源、民间基层地缘社会组织的嬗变、风俗地理与民事惯例、宗族与地方社会等问题作了新的探讨。

　　该书出版前后，笔者又与劳格文教授等一起在皖南开展了多年的田野调查，并于2011—2016年间合作主编、出版了《徽州传统社会丛书》5种6册（复旦大学出版社），此一丛书具体包括吴正芳著：《徽州传统村落社会：白杨源》，2011 年版；许骥著：《徽州传统村落社会：许村》，2013 年版；卜永坚、毕新丁编：《婺源的宗族、经济与民俗》上册、下册，2013 年版；柯灵权著：《歙县里东乡传统农村社会》，2014 年版；王振忠编：《歙县的宗族、经济与民俗》，2016 年版。丛书留存了 1949 年前徽州村落朝夕日暮的诸多记忆，有助我们更好地解读民间历史文献，增加对县以下中国地域社会的认识和理解。在我看来，此类来自民间抢救性的调查报告，随着现代化对中国农村社会的冲击以及乡土文化之日渐瓦解，其学术价值将日益凸显。

稍后不久，笔者又联合黄山市的一批民间收藏家，主编出版了《徽州民间珍稀文献集成》30 册（复旦大学出版社 2018 年版）。与迄今为止披露的绝大多数土地契约不同，该丛书在更为广阔的历史文献学视野下，收录日记、商书、杂录、书信尺牍、诉讼案卷、宗教科仪、日用类书和启蒙读物等，包括稿本、抄本、刊本等共计 146 种，其中除少数几种外，绝大多数都是首度向学界披露的私藏珍稀文献，内容丰富多彩，对于商业史、社会史、法制史、历史地理以及传统文化与遗产保护研究等方面，皆具有重要的学术价值。此一丛书，是迄今为止出版的民间文献新史料中涉及面最广、极具学术价值的大型文书汇编，其中披露了大批珍稀的徽州文书，有不少亦与村落社会研究有关。特别值得一提的是收录于第 19 册的《上溪源志》，更是与本书中的研究成果直接相关。《上溪源志》是与现存的两种《新安上溪源程氏乡局记》（简称《乡局记》）有关的珍稀文献。从内容上看，《乡局记》相当于是《上溪源志》的资料长编，而后者则以编年体的方式，辑录了上溪源一带的历史文献。该书虽题作"上溪源志"，但同时也标注为"即《乡局记》"，可见它明显脱胎于《乡局记》。虽然编者主观上可能是希望最终将之编纂而为村落的志书，但从现有的体例来看，仍然与《乡局记》并没有太大差别，依旧是杂抄或史料长编的性质，离村落志成书还有相当长的距离。不过，也正因为它的原始性，故而亦成为我们研究明清时代徽州历史的珍贵史料。具体说来，除了书中所反映的15—17世纪徽州基层社会的丰富史料之外，也为我们探讨从村落文书辑存到村落志编纂的动态过程，提供了极佳的个案。对勘该书与两种《乡局记》可见，其中虽有部分雷同的资料，但也有不少文字未见于另外二书。从新见的《上溪源志》来看，《乡局记》之编纂，诚如十数年前笔者在本书第一部分的研究中所推断的那样，的确是为了进一步编纂上溪源村落志书做准备。

从本书正式出版到现在，时间已过去了十多年，有关徽州文书与村落社会史的研究仍在继续。随着田野调查的开展，以及更多资料的持续积累，相关研究可望有进一步的推进。

2023 年暮春于新江湾

图书在版编目(CIP)数据

明清以来徽州村落社会史研究/王振忠著. —修订
本. —上海:上海人民出版社,2023
(王振忠著作集)
ISBN 978 - 7 - 208 - 18458 - 9

Ⅰ. ①明… Ⅱ. ①王… Ⅲ. ①村落-社会史-研究-
徽州地区-明清时代 Ⅳ. ①K295.4

中国国家版本馆 CIP 数据核字(2023)第 148987 号

责任编辑 马瑞瑞 杨 清
封扉设计 人马艺术设计·储平

王振忠著作集
明清以来徽州村落社会史研究(修订版)
王振忠 著

出　　版　**上海人民出版社**
　　　　　　(201101　上海市闵行区号景路 159 弄 C 座)
发　　行　上海人民出版社发行中心
印　　刷　上海中华印刷有限公司
开　　本　890×1240　1/32
印　　张　14.5
插　　页　13
字　　数　307,000
版　　次　2023 年 9 月第 1 版
印　　次　2023 年 9 月第 1 次印刷
ISBN 978 - 7 - 208 - 18458 - 9/K·3307
定　　价　88.00 元